**TEORIA E POLÍTICAS DE INTEGRAÇÃO
NA UNIÃO EUROPÉIA E NO MERCOSUL**

TEORIA E POLÍTICAS DE INTEGRAÇÃO NA UNIÃO EUROPÉIA E NO MERCOSUL

Manuel Carlos Lopes Porto & Renato Galvão Flôres Jr.

ISBN 85-225-0517-9

Copyright © Manuel Carlos Lopes Porto, Renato Galvão Flôres Jr.

Direitos desta edição reservados à
EDITORA FGV
Praia de Botafogo, 190 — 14º andar
22250-900 — Rio de Janeiro, RJ — Brasil
Tels.: 0800-21-7777 — 21-2559-5543
Fax: 21-2559-5532
e-mail: editora@fgv.br — pedidoseditora@fgv.br
web site: www.editora.fgv.br

Impresso no Brasil / *Printed in Brazil*

Todos os direitos reservados. A reprodução não autorizada desta publicação, no todo ou em parte, constitui violação do copyright (Lei nº 9.610/98).

Os conceitos emitidos neste livro são de inteira responsabilidade dos autores.

1ª edição — 2006

Revisão de originais: Mariflor Rocha

Editoração eletrônica: FA Editoração

Revisão: Aleidis de Beltran e Fatima Caroni

Capa: Inventum Design

Ficha catalográfica elaborada pela Biblioteca
Mario Henrique Simonsen/FGV

Porto, Manuel Carlos Lopes
    Teoria e políticas de integração na União Européia e no Mercosul / Manuel Carlos Lopes Porto, Renato Galvão Flôres Jr. — Rio de Janeiro : Editora FGV, 2006.
    420p.

    Inclui bibliografia e índice por assunto.

    1. Integração econômica internacional. 2. União Européia. 3. Mercosul. I. Flôres Junior, Renato Galvão. II. Fundação Getulio Vargas. III. Título.

CDD — 382.9

Sumário

Apresentação   7

Parte I — A teoria da integração
    Capítulo 1 — O quadro atual: de globalização e blocos regionais   11
    Capítulo 2 — A teoria estática das uniões aduaneiras   21
    Capítulo 3 — Outras razões econômicas apontadas para a
        formação de espaços de integração   33
    Capítulo 4 — As limitações das justificativas apresentadas   39
    Capítulo 5 — A promoção dos termos do comércio ou do
        domínio de empresas em mercados imperfeitos   45
    Capítulo 6 — A medição dos efeitos de integração   51
    Capítulo 7 — Os espaços de integração visando ao fornecimento
        de bens públicos   55
    Capítulo 8 — Razões não-econômicas para a criação de espaços
        de integração   57
    Capítulo 9 — Os espaços de integração como passos no sentido
        do livre-comércio mundial   59
    Capítulo 10 — Conclusões: as dúvidas levantadas pelo "novo
        (segundo) regionalismo"   67

Parte II — Políticas da União Européia
    Capítulo 11 — Fundamentos das políticas da União Européia   85
    Capítulo 12 — Políticas mais diretamente ligadas à promoção
        da concorrência e da circulação   89
    Capítulo 13 — Políticas setoriais   129

Capítulo 14 — A coesão econômica e social e a política regional 183
Capítulo 15 — O Ato Único Europeu e o mercado único de 1993 215
Capítulo 16 — Os passos no sentido da união monetária 223
Capítulo 17 — As ampliações que se avizinham 259

Parte III — O Mercosul: avanços e problemas
Capítulo 18 — Acordos preferenciais e de integração na América Latina: uma visão geral 279
Capítulo 19 — O Mercosul: a liberalização comercial 289
Capítulo 20 — O Protocolo de Ouro Preto e os principais protocolos subseqüentes 297
Capítulo 21 — A questão macroeconômica 303
Capítulo 22 — Outras dimensões da integração 305
Capítulo 23 — Os acordos e negociações com outros blocos 311
Capítulo 24 — Avaliação global e perspectivas futuras 323

Referências bibliográficas 327

Anexos
Anexo 1 — A teoria estática das uniões aduaneiras considerando apenas efeitos sobre a produção 401
Anexo 2 — A teoria estática das uniões aduaneiras considerando a oferta não infinitamente elástica do(s) país(es) parceiro(s) 403

Índice de assuntos 407

Apresentação

Embora com períodos de menor entusiasmo e êxito, há mais de meio século ocorre na Europa um processo sem paralelo, concretizado na criação de um mercado único e na adoção — já por 12 membros da União Européia — de uma moeda única. Mas possui também expressão mundial o que tem ocorrido na América Latina. Depois de iniciativas de maior dimensão territorial nos anos 1960 e 1980, com ambição institucional mas sem um compromisso real de abertura das economias, surgiram blocos mais localizados, e com um relevo econômico maior, como é o caso do Mercosul. Também aqui têm-se alternado o entusiasmo e a decepção; entretanto, pode-se dizer que os resultados alcançados ultrapassam expectativas otimistas.

Esperamos que este livro contribua para esse debate de grande relevância no Brasil. Seus autores são estudiosos da integração, em cada um dos lados do Atlântico, com diversos trabalhos sobre o assunto. Se o livro reflete, em boa medida, tais trabalhos, a sua grande novidade é a conjugação das análises num único texto, a partir de um tronco comum. Numa linha mais teórica, se expõe a problemática da integração, seguindo-se duas partes mais práticas, sobre as políticas da União Européia e do Mercosul, respectivamente. Nesta última, devido ao caráter mais recente do bloco, a discussão não se concentra só nas políticas, abordando-se outros temas que ainda são relevantes.

O livro foi concebido para ser útil a um público vasto, seja nas ciências sociais como nas jurídicas, seja ainda no âmbito das relações internacionais. Historiadores também poderão encontrar material de interesse.

Ultrapassado o conhecimento inicial, é natural que muitos leitores, por questões culturais ou profissionais, queiram aprofundar alguns dos temas tratados. Assim se justifica a extensão da bibliografia citada. Não se almejou, porém, uma lista completa, evitando-se, deliberadamente, referir tratamentos muito sofisticados das matérias, ou obras antigas que pouco tenham inovado ou acrescentado; mas sim uma bibliografia que, além de mencionar as contribuições originais para as teorias expostas, abrisse caminho para aprofundamentos posteriores.

Esta edição que se dá é fruto do entendimento entre duas entidades de prestígio, a Editora Almedina, portuguesa, e a Fundação Getulio Vargas, que une ao seu papel ímpar na investigação e no ensino uma também relevante atividade editorial no Brasil. A nosso ver, constitui um bom exemplo da conjugação de esforços que deve ocorrer entre os dois países irmãos, bem como, em termos mais amplos, entre o Mercosul e a União Européia: dois espaços de liberdade e progresso, que podem constituir casos exemplares, na luta por um mundo globalizado mais justo e equilibrado.

Manuel Porto
Renato Flôres

Parte I

A teoria da integração

Capítulo 1

O quadro atual: de globalização e blocos regionais

Nos últimos anos, uma extensa e interessante literatura sobre a globalização tem sido publicada. Não se trata de um fenômeno só de agora, tendo sido maior a abertura das economias em séculos anteriores,[1] principalmente no século XIX, quando os movimentos de mercadorias e serviços representavam percentagens maiores dos PIBs dos países, os investimentos estrangeiros constituíam percentagens maiores dos investimentos totais e também em muitos países — Brasil, demais países da América Latina ou os EUA — era muito maior o significado dos imigrantes na população ativa total.[2]

A primeira metade do século XX apareceu pois "contra a corrente", numa linha protecionista que não deixou saudades, nem no plano político nem no plano econômico. Nacionalismos exacerbados estiveram na origem da II Guerra Mundial, que começou na Europa mas teve conseqüências devastadoras que se estenderam a todo o mundo; e ficou bem claro que não são políticas de defesa de mercados que são capazes de criar condições economicamente mais favoráveis, sendo por isso de admirar a crença que nos anos 1960 ainda houve na América Latina em relação a estratégias de substituição de importações.

Compreende-se que, após um período de maior protecionismo, na primeira metade do século XX, se verificasse a partir de então um processo continuado de maior abertura das economias, em alguns objetivos atingindo ou ultrapassando mesmo os níveis de abertura do século XIX como conseqüência de

---

[1] A globalização pode reportar-se aos descobrimentos dos portugueses nos séculos XV e XVI, como é expressado no título (e no texto) de Vindt (1999).
[2] Ver Cable (1999:6), Maddison (2001), *The Economist* (2001), Manzagol (2003:16-19) e Porto (2004:209-210 e 395-6).

um processo determinado em grande medida por instituições pensadas durante a guerra, com a consciência de que não se deveriam repetir erros passados.[3]

Há todavia agora circunstâncias novas a que se tem de estar especialmente atento, com as suas virtualidades mas também com os seus riscos.

As novas tecnologias de informação e comunicação permitem uma rapidez (instantaneidade) antes não conhecida em determinados movimentos, principalmente nos financeiros (são também naturalmente importantes os progressos verificados nos sistemas de transportes). Sendo inegáveis os acréscimos de oportunidades conseguidos assim, há que se evitar os riscos de movimentos especulativos indesejáveis, com mecanismos de regulação adequados.[4]

Uma outra novidade é a de no quadro atual de globalização haver um movimento sem precedentes de formação de blocos regionais. Como se destacará adiante, depois de uma "primeira onda" menos relevante começada nos anos 1960, nos anos 1990 surgiu uma "segunda onda de regionalismo", com um grande aumento do número de iniciativas de diferentes naturezas, algumas com uma consistência antes não conhecida.[5] Assim, é preciso saber se não iremos assistir apenas à passagem para estes espaços geográficos das práticas protecionistas que em tempos anteriores tinham lugar nos espaços nacionais. Não se trataria de passos no sentido do livre-comércio e em geral da globalização, mas sim de passos no sentido da formação de "blocos fechados" (*stumbling blocs*, não *building blocs*, na expressão consagrada de Lawrence, 1991).

Breve evolução histórica

Mesmo na Europa, onde se avançou mais na integração regional, a experiência não é só de agora. Antecede aliás o uso da palavra "integração", que só em meados do século XX começou a ser usada para referir-se à associação de várias áreas "econômicas".

---

[3] Com uma síntese da alternância verificada ao longo dos dois últimos séculos, não só nos fatos mas também na teoria econômica, ver Porto (2001:26-43).
[4] Não deixa de ser curioso que a defesa de uma regulação exigente neste domínio seja feita por uma pessoa como Georges Soros (1996 e 2002).
[5] Uma descrição geral dos blocos formados fora da Europa é feita por Tercinet (2000).

A palavra "integração" tem origem no latim *integratio*, significando "renovação" ou "restabelecimento". Segundo o *Oxford English Dictionary*, a partir de 1629 começou a aparecer em "letra de forma" com o significado, apontando já para o atual, de "combinação de partes num todo". No campo da economia começou a ser aplicada logo para se referir à integração de diferentes áreas econômicas (ver Machlup, 1979).

Pode-se considerar, aliás, em termos idênticos, no plano econômico, a integração de diferentes espaços (ou seja, regiões) de um mesmo país, quando previamente haja entre eles obstáculos à concorrência. O mesmo não se pode dizer em relação à integração do conjunto da economia mundial, sendo precisamente o livre-comércio geral a alternativa que, na linha da teoria do primeiro-ótimo, pode e deve pôr-se em relação à formação de espaços regionais de integração (capítulo 4).

De fato, como assinala Robson (2000:8), só entre 1812 e 1914 verificaram-se 16 casos de constituição de uniões aduaneiras, sendo o mais significativo (antecipando, aliás, problemas institucionais importantes sentidos depois pela União Européia) o da criação do *Zollverein* em 1833, com a abertura das fronteiras entre 18 Estados alemães e o estabelecimento de uma pauta comum em relação ao exterior (P. Cunha, 1996:91 e segs.).

Não obstante essa experiência positiva do século passado (o *Zollverein* manteve-se entre 1833 e 1871), pouco se avançou na primeira metade do século XX, não se podendo por isso antever então a dinâmica de integração verificada depois na Europa, que contribuiu para o aparecimento de processos semelhantes em outros continentes. Bem pelo contrário, o período até a II Guerra Mundial foi marcado em grande medida por atitudes protecionistas entre as nações, contribuindo para provocar os exacerbamentos que estiveram na base dos conflitos bélicos. Haberler (1964:6-10) qualifica o período de 1914 a 1945 como de *desintegration*.

Compreensível, aliás, foi a experiência dolorosa das duas guerras, além do reconhecimento da incapacidade das políticas protecionistas para dar resposta aos problemas econômicos que se levantavam, que inspirou a iniciativa do processo de integração que estamos vivendo atualmente.

Já aqui, com ensinamentos para este processo, vale a pena ver a experiência comparada dos movimentos de integração que ocorreram na Europa, bem como na própria União Européia (na Comunidade Européia — CE —

anterior Comunidade Econômica Européia — CEE), a evolução verificada ao longo das suas quatro décadas e meia de existência.

Em tal observação não nos deteremos no movimento de integração dos países então socialistas que fizeram parte do Conselho de Auxílio Econômico Mútuo (Comecom), como fizeram vários autores em textos escritos até o final da década de 1980 e mesmo em anos mais recentes. Ver por exemplo Silva e Rego (1984), Robson (2000, cap. 12) e El-Agraa (1996:178-179 e 1999, cap. 18). O sistema desses países alterou-se e não há perspectivas de um novo movimento de integração.

A experiência dos países da Associação Européia de Comércio Livre (EFTA), formada pouco depois da CEE por países que não puderam ou não quiseram ter então a maior integração desta última, justifica uma reflexão atenta.

A passagem subseqüente (em momentos diferentes) da maior parte dos países da EFTA para a CEE (verificando-se em dois, a Noruega e a Suíça, uma vontade de políticos no poder que não é todavia sufragada em referendos pela população) aponta no sentido do reconhecimento dos maiores benefícios conseguidos com a União Européia.

Pode acontecer todavia que tal vontade de mudança não resulte do reconhecimento das maiores vantagens desse tipo de organização, mas sim da circunstância de estarem na União os países mais poderosos e centrais da Europa, dos quais seria inconveniente ficar afastado, havendo aliás quem continue a mostrar preferência por formas menos aprofundadas de integração. Neste quadro assumiu uma configuração inovadora o Espaço Econômico Europeu (EEE), composto pela União Européia e alguns países da EFTA, com algumas das características essenciais de uma área (zona) de livre-comércio (na medida em que a uma união aduaneira se juntam países que mantêm sua política comercial própria).

Com a integração na UE da Áustria, da Finlândia e da Suécia e com o resultado negativo do referendo na Suíça, o EEE engloba apenas, além da UE, a Noruega, a Islândia e o Lichtenstein. Trata-se de um espaço agora com pouca expressão mas que, além do interesse teórico que suscita, com a junção de duas formas de integração, poderá eventualmente vir a interessar outros países que não queiram ou que não estejam em condições de integrar os blocos que lhes estão próximos (na Europa ou em outros continentes, talvez na América Latina em face do Mercosul).

O Mercosul tem também as características de uma união aduaneira, justificando-se de um modo especial que neste livro se tome por base esta forma de organização, partindo-se dela para se proceder por exemplo à análise das zonas de livre-comércio (capítulos 2 e 5).

Com uma experiência muito mais longa, a própria evolução verificada desde o início na Comunidade Européia proporciona ensinamentos importantes. Houve uma primeira fase em que se avançou rapidamente no afastamento das barreiras alfandegárias e pouco nos demais domínios (exceto a Política Agrícola Comum, a PAC, com os seus benefícios mas também com enormes custos); uma segunda, de 1973 a 1985, em que se assistiu ao ressurgimento de atitudes protecionistas, não só em relação ao exterior como entre os países-membros; e por fim uma última fase, iniciada na segunda metade da década de 1980, avançando para o afastamento da generalidade dos obstáculos (não só alfandegários) à concorrência entre os países e no sentido da adoção de mais políticas comuns, incluindo a adoção de uma política monetária comum (com uma moeda única), na seqüência do êxito da aproximação cambial proporcionada antes pelo Sistema Monetário Europeu (SME).

Pode-se dizer que as duas primeiras fases, com os seus sucessos e fracassos, constituíram antecedentes importantes, fornecendo indicações de grande interesse quando, na seqüência do Ato Único Europeu e do Tratado de Maastricht, caminhou-se para a união econômica e monetária (embora com reticências e dúvidas da parte de alguns).

Os casos da União Européia e do Mercosul

Nos movimentos de integração podem-se distinguir várias formas, conforme o maior ou menor aprofundamento verificado: zonas de livre-comércio, uniões aduaneiras, mercados únicos (ou internos), mercados comuns e ainda formas mais avançadas de integração.

Casos de concessão de preferências podem ser citados, como as de antigas potências colonizadoras a seus territórios (as "preferências imperiais" britânicas) e o atual Sistema de Preferências Generalizadas (SPG), bem como casos de integração de apenas um ou outro setor, de que constitui um exemplo muito importante a Comunidade Européia do Carvão e do Aço (Ceca), por si própria e por ter aberto caminho ao movimento maior de integração iniciado com a CEE.

Numa área (zona) de livre-comércio há entre os países-membros liberdade de movimentos dos produtos em geral (podendo tratar-se dos produtos industriais, tal como acontece na EFTA), mantendo todavia cada um deles a possibilidade de seguir uma política comercial própria em relação ao exterior. Como zonas de livre-comércio citam-se a EFTA, de que Portugal foi membro fundador, a Área de Livre-Comércio da América Latina (Lafta) e agora a Associação de Livre-Comércio da América do Norte (Nafta), com um grande significado no quadro mundial, fundamentalmente devido ao peso dos EUA.

Em uma união aduaneira, além da liberdade de circulação das mercadorias há uma política comercial comum, traduzida designadamente na aplicação de uma pauta única em face do exterior e na negociação conjunta de qualquer acordo com outros países. É o caso da Comunidade Européia, do Mercosul, tendo ainda estas características o Mercado Comum da América Central (Costa Rica, Guatemala, Honduras, Nicarágua e El Salvador) e a Comunidade Andina (Bolívia, Colômbia, Equador, Peru e Venezuela).

Verifica-se também que as receitas alfandegárias são comunitárias, evitando-se assim que sejam especialmente favorecidos os países por onde entram mais bens na união, independentemente de se destinarem a consumidores de outros países, e podendo proceder-se a uma utilização das verbas de acordo com critérios definidos em comum. Entre os seis países iniciais da Comunidade Européia estariam nas circunstâncias de especial benefício a Holanda e a Bélgica, na medida em que entram pelos portos de Roterdã e Antuérpia muitas das mercadorias destinadas à Alemanha (conseqüência refletida na captação dos recursos próprios cobrados nesses dois países, como percentagem do respectivo PIB *per capita*; ver Coget, 1994:83; Porto, 1996b:44 e 205-206). Como alternativa a esses desequilíbrios inaceitáveis poderia proceder-se à distribuição das verbas pelos Estados-membros com a aplicação de uma fórmula preestabelecida, ficando cada um com a possibilidade de as utilizar de acordo com os seus critérios próprios, tal como acontecia no *Zollverein*. Tratava-se, assim, de uma solução "menos comunitária" (afastada naturalmente quando da unificação alemã em 1871, com a formação do II Império).

Entre as formas de integração poderá distinguir-se igualmente um mercado único (ou interno) caracterizado pelo afastamento não só das barreiras alfandegárias ao comércio como também das "barreiras não-visíveis" (*invisible* ou *non-tariff barriers* — NTB) que impedem a concorrência plena entre as economias: o que se pretendeu conseguir no "mercado único europeu de 1993", com o afastamento de barreiras técnicas e fiscais (além das barreiras físicas que se mantinham nas fronteiras) entre os países-membros.

Embora habitualmente se fale no "mercado único de 1992" é mais preciso 1993, pois só no dia 31 de dezembro de 1992, nos termos do Ato Único Europeu, deveria estar aprovada a maioria das medidas visadas pelo *Livro branco* (e estavam) e algumas (quando necessário) só depois seriam incorporadas, apenas a partir de então se produzindo o conjunto dos seus efeitos. Por outro lado, a designação de mercado "único" (tradução de *single market*) é preferível à de mercado "interno" na medida em que dá melhor a idéia, correta e desejável, de que não se visa um mercado fechado em relação ao exterior.

Justifica-se a distinção dessa forma de integração, com um significado muito especial agora na União Européia. Não era geralmente feita (Balassa, 1961a e b), podendo julgar-se talvez que se estaria apenas perante uma extensão em relação ao afastamento das barreiras alfandegárias (e podendo entender-se que se tratava de objetivo já constante do Tratado de Roma na sua redação inicial; ver, por exemplo, Pescatore, 1986; Porto, 1988). Veremos todavia que é em alguma medida diferente o significado econômico do afastamento dos obstáculos "não-visíveis" às trocas e à concorrência.

Nielsen, Heinrich e Hansen (1991) deram uma grande autonomia à criação de um mercado único (por eles chamado "interno"), dedicando-lhe um capítulo separado. Não se pode deixar de notar, todavia, que muito do que aqui é exposto se aplica — embora os efeitos possam ser menos sensíveis, por ser menor o nível de integração — às uniões aduaneiras: assim acontece com os efeitos de economias de escala e com os efeitos dinâmicos.

O que nos parece seguramente incorreto é confundir o afastamento desses obstáculos com a livre circulação dos fatores, considerando-o elemento também definidor de um mercado comum, como fazem Nevin (1991:56-57) e McDonald (1999:42). Pode-se conceber de fato um mercado único sem livre circulação dos fatores (não é o caso do "mercado comunitário de 1993", que visava igualmente este segundo objetivo) e vice-versa, sendo situações distintas que, como veremos, requerem um tratamento analítico próprio.

Em um mercado comum há a liberdade de circulação dos fatores, o trabalho e o capital. A Comunidade Européia visa ser não só uma união aduaneira e um mercado único como um mercado comum, objetivo também do Mercosul (e dos dois outros blocos da América Latina), faltando todavia alguns passos, mesmo agora, para que se verifique a liberdade total de circulação dos trabalhadores, assumindo-se plenamente como mercado comum.

Com o Espaço Econômico Europeu (EEE) verificar-se-á a situação de haver aceitação da harmonização de legislação do *acquis communautaire* (acervo comunitário), característica de um mercado único, bem como a liberdade de circulação dos fatores, característica de um mercado comum, sem que haja uma política comercial comum, característica de uma união aduaneira (Ferreira, 1997).

Por fim, numa fase de maior integração podemos ter a harmonização (maior ou menor) das políticas seguidas ou mesmo o seguimento de políticas comuns, envolvendo já alguma transferência de poderes para um âmbito supranacional: numa linha que, como se sabe, em boa medida já é também a da União Européia.

Blocos "formais" e "informais"

No quadro atual podem-se distinguir os *blocos formais*, resultantes de acordos celebrados e dispondo de estruturas institucionais mais ou menos complexas, dos *blocos informais*, resultantes de meras relações de mercado.

Numa terminologia já consagrada, trata-se em boa medida de distinguir entre *policy-led blocs (blocs induits par la politique)* e *market-led blocs (blocs induits par le marché)*.[6]

Incluem-se por exemplo na primeira categoria, com maior ou menor formalização, a União Européia, o Mercosul e o Nafta; e na segunda, o bloco asiático ou o espaço europeu para além da UE e do EEE.

As medidas negativas e positivas de integração

Numa distinção que remonta a Tinbergen (1965)[7] pode-se separar uma integração negativa de uma positiva.

---

[6] Ver, por exemplo, Cable (1994:7-8) e OCDE (1996:25-33), respectivamente.
[7] A 2ª edição, de 1954, já com o título de *International economic integration*, veio na seqüência da *International economic cooperation*, de 1945. A palavra integração não foi ainda usada no título desta edição dos anos 1940. Marcando a distinção entre integração negativa e positiva (ou em alguma medida liberal *versus* dirigista), ver, por exemplo, Pinder (1968) e Pelkmans (1980, 1984, 2001), podendo distinguir-se também uma *shallow* de uma *deep integration*, como Lawrence (1996); ver ainda Cable (1994), Snape (1996) e Calvete (1997). Sobre as perspectivas "funcionalistas" (e "neofuncionalistas") nos processos de integração, a partir da intergovernamentalidade, ver Sande (2000:26-18) ou, de forma mais extensa, Sandholtz (1996), Rosamond (2000, 2003) e Laffan, McDonnell e Smith (2000). Com uma interessante aplicação da teoria econômica da política (*public choice*) (Porto, 2001:165-173) à formação de blocos regionais, procurando analisar os fatores de procura e oferta que a determinaram em cada época histórica, ver Mattli (1999); ou ainda Faiña (2000), numa análise do caso espanhol. Em outra linha, de ciência política, ver Lobo Fernandes (2005).

Com uma integração negativa há apenas um afastamento das barreiras ao livre-comércio e a outros movimentos (dos fatores), esperando-se que com a abertura das economias haja benefícios das virtualidades proporcionadas pela dinâmica do mercado.

Passada todavia uma primeira fase — claramente a experiência da Comunidade Européia — começa a sentir-se a necessidade de tomar medidas positivas de integração.

Não está de tal forma em discussão, hoje em dia, o reconhecimento das virtualidades do mercado. Não restam dúvidas quanto a isso, sabendo-se contudo que elas só poderão ser devidamente aproveitadas com medidas corretas de intervenção.

Assim acontece, desde logo, para afastar imperfeições existentes, ou seja, obstáculos ao seu pleno aproveitamento.

Trata-se, além disso, de aproveitamento pleno que só será conseguido com a criação de economias externas indispensáveis, por exemplo com a construção de infra-estruturas de transportes e comunicações, com a investigação científica e tecnológica e com a formação profissional.

Como exemplo particularmente expressivo de uma atitude positiva de integração, sobre cujos benefícios econômicos não há dúvidas, podemos apontar ainda a política monetária seguida na União Européia: agora na gestão de uma moeda única adotada já por 12 países-membros (permitindo, como se verá a seguir, um melhor aproveitamento das condições que o mercado proporciona).

Justificativa para a prioridade dada no ensino da teoria das uniões aduaneiras

Compreende-se que se privilegie a exposição da teoria das uniões aduaneiras, não só por ter surgido primeiro na ciência econômica como também porque, como já citado, são uniões aduaneiras as instituições em que Portugal e o Brasil estão agora inseridos.

Aliás, mesmo do ponto de vista pedagógico poderá haver vantagem em proceder desse modo: partindo-se da exposição da teoria das uniões aduaneiras para, quando haja elementos diferenciadores, estabelecer a comparação com as áreas (zonas) de livre-comércio, com a simples atribuição de preferências alfandegárias ou com formas mais aprofundadas de integração, os mercados únicos e os comuns.

Capítulo 2

A teoria estática das uniões aduaneiras

A teoria estática das uniões aduaneiras[8] beneficiou-se da contribuição dada pela teoria das divergências domésticas. Ou seja, a aplicação da teoria do bem-estar às intervenções no comércio (Corden, 1997; Porto, 2001:139-194).

Formulação básica

Na elaboração da teoria destaca-se a contribuição de Viner (1950).[9] A idéia que prevalecia anteriormente era, sem a discutir, de que tanto as uniões aduaneiras quanto as zonas de livre-comércio constituíam passos favoráveis para o livre-câmbio. Contudo, este autor considerou apenas os efeitos sobre a produção, sendo por isso de grande importância a extensão que depois autores como Meade (1956), Gehrels (1956/57) e Lipsey (1957, 1960 e 1970) fizeram, considerando igualmente os efeitos sobre o consumo.[10]

Neste livro, como elemento adicional às exposições básicas da teoria das divergências domésticas, temos que considerar não só o que se passa em relação a um segundo país, no qual podemos simbolizar todos os demais que se

---

[8] É esta a designação consagrada para a perspectiva que vamos ver em primeiro lugar; sendo difícil saber, diante de algumas das explicações que veremos a seguir, onde acaba a perspectiva estática e começa a perspectiva dinâmica.
[9] Também de Byé, no mesmo ano, mas podendo encontrar-se antecedentes já em trabalhos anteriores (De Beers, 1941, que menciona uma contribuição anterior de Viner em 1931).
[10] Que Viner (1965) diz estarem implícitos na sua argumentação, não sendo essa a nossa opinião nem da maioria dos seus intérpretes (Krauss, 1972:414; Ferreira, Paiva e Patacão, 1997:84-86). Considerando apenas efeitos sobre a produção, ver o anexo 1 deste livro ou Gowland (1983:56-58); e, com uma análise aprofundada das várias teorias das uniões aduaneiras, Calvete (2001).

integram na união aduaneira, como também o que se passa em um terceiro país, representando todos os que ficam de fora. Mesmo tratando-se de um modelo muito simples, como o que vamos utilizar, não poderemos deixar de considerar esses dois tipos de situações.

Com a nossa finalidade pedagógica é suficiente — e mais esclarecedora — a utilização de um modelo de equilíbrio parcial. É uma preferência que se verifica na maioria das exposições da teoria das uniões aduaneiras.

Seguir um modelo de equilíbrio geral não significa aliás a *"rejection of the simple demand and supply curve tools of analysis, and in particular"* a *"rejection of the welfare measure associated with these"* (El-Agraa e Jones, 1981:9-10); tendo já mostrado Arrow e Hahn (1971) que *"partial equilibrium can be regarded as a special case of general equilibrium analysis"*. Constitui de fato uma forma de análise especialmente favorável para se evidenciarem e medirem os efeitos de transferência de rendimento e de bem-estar que se verificam com a formação das uniões aduaneiras (ver Molle, 2001:93 e segs.).

Trata-se assim de um modelo de três países e um bem (podendo admitir-se, em relação a um modelo de dois ou mais bens, que a alteração da procura e da oferta do bem em análise não altere as condições da procura e da oferta dos demais).

Antes de continuarmos com a exposição, evidenciando melhor os aspectos básicos da teoria, podemos ver um exemplo numérico muito simples (quadro 1), em que I é o nosso país, II o país com que nos integramos na união aduaneira (por exemplo, a França) e III o terceiro país (por exemplo, os EUA).

Quadro 1

Discriminação	I	II	III
Preço em cada país	50	40	30
Tributação geral de 50%	50	60	45
Integração de I com II numa união	50	40	45

Havendo uma tributação geral de 50% antes da formação da união aduaneira importamos do país III, chegando o bem aos consumidores por 45, menos do que o preço no mercado interno, de 50. Já com uma tributação geral de 100% o preço do bem vindo de III ficaria por 60, mais alto do que o nosso preço, e ficaríamos em economia fechada, ou seja, a procura seria satisfeita integralmente com oferta interna (Porto, 2001:139). Como é óbvio, o mesmo aconteceria se o nosso preço fosse mais baixo em nível mundial, por exemplo um preço de 25.

Passando os países I e II a fazer parte de uma união aduaneira deixa de haver a aplicação de restrições aos movimentos entre si. Sendo assim, apesar de o custo de produção ser menor em III, o nosso país passa a importar de II, chegando o bem aos consumidores pelo preço de 40.

Temos nesse caso um ganho (efeito de criação de comércio) resultante da circunstância de se dispor do bem por 40 em vez de 45; havendo todavia um prejuízo (efeito de desvio de comércio) por deixar de vir de onde era produzido em melhores condições, por 30. Esses efeitos são vistos na figura 1.

Como se verá melhor na figura 2, a partir de uma situação de economia fechada (mais desfavorável em termos de bem-estar) o movimento de integração teria apenas um efeito (maior) de criação de comércio, não de desvio de comércio.

Figura 1

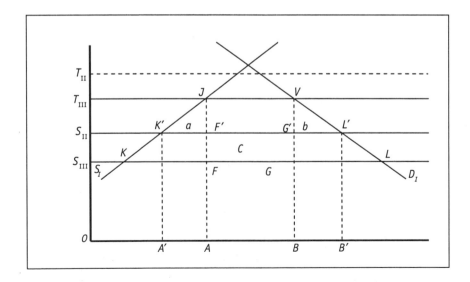

Tal como no exemplo numérico, continuamos a considerar que o país III (EUA) tenha um preço menos elevado (S_{III} O) do que o preço (S_{II} O) do país a que nos juntamos na união aduaneira (o país II, a França). Consideramos além disso, para simplificar — mas com realismo no caso português —, que o país em análise seja um "país pequeno" diante não só dos países externos como dos parceiros da união: ou seja, que tenha perante si curvas de oferta infinitamente elásticas de III e II. A hipótese de não ser infinitamente elástica a oferta de II é considerada no anexo 2; e a hipótese de uma oferta não infinitamente elástica de III, especialmente relevante para a teoria das uniões aduaneiras, no capítulo 5.

Antes da constituição da união aplica-se a mesma tributação (no exemplo de 80%) às importações vindas de todos os países, o que leva o preço no mercado interno a $T_{III}\ O$, resultante da aplicação desse imposto ao preço do bem onde é mais barato e por isso de onde é importado: o preço do país externo (os EUA, $S_{III}\ O$), sendo a procura interna, de OB, satisfeita em A por oferta interna e em AB por oferta do país III. Não tinha sentido importar da França, onde o preço é de $S_{II}\ O$: ficando o preço interno (com imposto) em $T_{II}\ O$.

Trata-se todavia de uma situação causadora de custos de bem-estar: um custo de distorção na produção, representado pelo triângulo KFJ, e um custo de distorção no consumo, representado pelo triângulo GLV (Porto, 2001:141-142).

Com a entrada do país II na união aduaneira deixam de lhe ser aplicados impostos alfandegários (ou outras restrições), não deixando todavia de tributar-se (ou onerar-se de outra forma) o que vem de III. Passa por isso a importar-se de II, chegando o bem aos consumidores pelo preço $S_{II}\ O$, mais baixo do que $T_{III}\ O$: aumentando o consumo para OB', OA' satisfeito com oferta interna e $A'B'$ com oferta do país II.

Há assim um ganho de bem-estar que não corresponde todavia ao somatório dos triângulos KFJ e GLV: ou seja, ao afastamento dos custos de bem-estar da intervenção alfandegária referidos há pouco.

De fato, descendo o preço para os consumidores de $T_{III}\ O$ para $S_{II}\ O$ os triângulos que representam os ganhos conseguidos são menores, os triângulos $K'F'J$ e $G'L'V$ (a e b, respectivamente): na medida em que o preço não chega a ser $S_{III}\ O$, ficando em $S_{II}\ O$.

Por outro lado, há que ter em conta que a par do ganho referido há um prejuízo de bem-estar, representado pelo retângulo $FGG'F'$ (c).

Na verdade, com a intervenção alfandegária sobre as importações de III a área *FGVJ* não representava uma perda social, na medida em que a perda da renda dos consumidores constituía receita fiscal do Estado, não se podendo fazer um juízo de valor sobre se se tratava de uma situação mais ou menos favorável (podendo mesmo admitir-se, como hipótese, que o Estado utilizasse o dinheiro recebido para subsidiar os consumidores na exata medida do que haviam pago com a tributação alfandegária). Pode-se dizer algo de semelhante se se trata de uma cota, com a qual há um ganho (uma transferência) para os importadores (comerciantes), ou talvez também aqui para o Estado, se os importadores tiverem comprado em hasta pública o direito de importar ou forem tributados na medida do ganho conseguido (Porto, 2001:142).

Com a formação da união aduaneira, passando os consumidores a comprar pelo preço do país que dela também faz parte (o preço S_{II} O), há uma decomposição da realidade que era representada pelo retângulo *FGVJ*.

O sub-retângulo *F'G'VJ* continua a representar (agora por razões opostas) uma situação indiferente de bem-estar, já que uma diminuição da receita fiscal é substituída, na mesma medida, por uma melhoria (uma recuperação) da renda dos consumidores, que passam a comprar o bem mais barato.

É bem diferente a situação representada pelo sub-retângulo *FGG'F'* (*c*). Vindo o bem de um país da união aduaneira não é obviamente cobrada receita nenhuma, mas em tal medida não há um benefício para os consumidores, obrigados a pagá-lo por S_{II} O. Trata-se de um sub-retângulo correspondente a uma situação que ninguém aproveita: nem o Estado, que deixa de ter qualquer receita cobrada nas alfândegas, nem os consumidores, que suportam um preço mais alto do que S_{III} O.

Constata-se que com a formação de uma união aduaneira além de um ganho, representado na figura 1 pelo somatório dos triângulos *a* e *b*, há uma perda, representada pelo retângulo *c*. O ganho é chamado efeito de *criação de comércio* e a perda, efeito de *desvio de comércio*.

No caso de se estar inicialmente em economia fechada (com a tributação impedindo qualquer importação) verifica-se apenas o efeito de criação de comércio, conforme pode ser visto na figura 2.

Figura 2

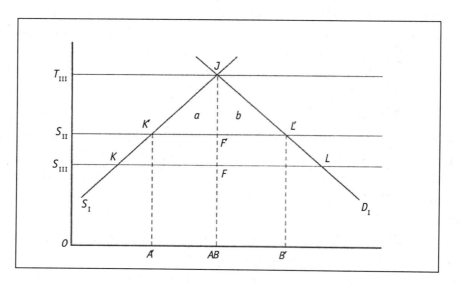

Com o imposto T_{III} O nada era importado, nenhuma receita era cobrada. O ganho com a formação de uma união aduaneira com o país II é o resultado na íntegra do afastamento dos custos de distorção na produção e no consumo representados pelos triângulos (maiores) K'F'J e F'L'J (a e b, respectivamente).

Este não é um primeiro-ótimo. Há uma ligeira vantagem em relação à situação de partida que era mais desfavorável, mas não se pode esquecer (como se verá no capítulo 4) que seria mais vantajoso o livre-comércio, com o qual a comparação não pode deixar de ser também feita. Na análise de uma união aduaneira, procurando ver se com ela há uma melhoria ou não, o efeito de desvio de comércio (se existir) deve ser comparado ao efeito de criação de comércio: só se verificando um ganho líquido se o segundo for maior do que o primeiro.

Compreende-se já que a probabilidade de haver vantagem líquida com uma união aduaneira deverá ser tanto maior:

- quanto maior for o nível dos direitos aplicados anteriormente entre os países-membros;
- quanto menor for o nível dos impostos aplicados em relação aos países externos;

- quanto maior ou, mais concretamente, quanto mais relevante for a parcela do comércio internacional que se dá entre os países que a constituam;
- quanto maior for o comércio (e outras relações econômicas) entre eles antes da integração;
- quanto mais concorrenciais (não-complementares) forem as economias (entre países igualmente industrializados);
- quanto maior for a proximidade geográfica (sendo mais baixos os custos de transporte)[11] (numa lógica que será melhor compreendida no capítulo 4).

Extensões da teoria
À formação de um mercado único

Com um mercado único verifica-se também o afastamento de obstáculos não-alfandegários (barreiras não-visíveis) às trocas e à concorrência. Eles assumiram maior relevo nas décadas mais recentes, quando, como conseqüência de compromissos assumidos (dentro da Comunidade Européia, em alguma medida também no Mercosul ou, em um âmbito mais geral, no Gatt, agora da OMC), foi afastada ou atenuada a aplicação de impostos e restrições quantitativas à circulação dos bens, não deixando todavia de se manter e exprimir forças protecionistas nos vários países (em especial desde a primeira crise do petróleo, em 1973, com o "novo protecionismo"; Porto, 2001:40-43).

Trata-se de objetivo que o Ato Único visou atingir na Comunidade Européia, com a fixação de uma data (início de 1993) e a flexibilização do processo legislativo de afastamento dos obstáculos que foram inventariados no *Livro branco* de 1985, consistindo sem dúvida na reafirmação de propósitos da redação original do Tratado de Roma.

A figura 3 nos mostra que significado terá esse afastamento.

---

[11] Ver por exemplo Swann (2000:123) ou Salvatore (2001:305), alargando o leque das circunstâncias em que ganhos maiores são previstos no caso de haver proximidade geográfica entre os países (ver também Hamilton e Whalley, 1985). Além disso, os efeitos dependem naturalmente das elasticidades-preço das importações e das exportações (sobre a medição, ver capítulo 6). Mostrando que os ganhos ou as perdas de bem-estar não coincidem com as alterações dos movimentos comerciais, ver Pelkmans e Gremmen (1983) ou Nielsen, Heinrich e Hansen (1991:33-4). Com a aplicação desta lógica à política comercial da UE, ver Silva (2004).

Figura 3

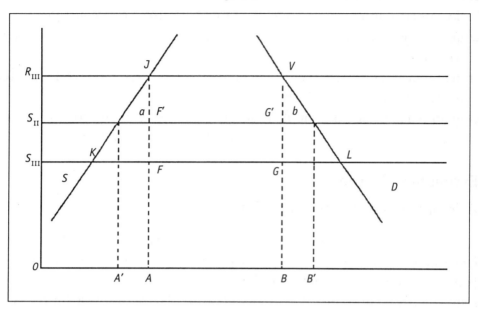

Neste caso o preço do bem está aumentado na proporção dos obstáculos ao comércio e à concorrência que analisamos. Sendo comuns aos países parceiros (II) e aos externos (III), é preferível importar dos últimos por um preço mais baixo, $S_{III}\ O$, chegando aos consumidores por $R_{III}\ O$.

Com o afastamento das barreiras em relação a II (conseqüência do afastamento de obstáculos proporcionado por um mercado único) já se torna mais favorável importar deste país, passando os consumidores a dispor do bem por $S_{II}\ O$.

Foi pelo reconhecimento dessa conseqüência, beneficiando naturalmente não só quem passa a importar como quem exporta em melhores condições, que a previsão da formação do "mercado de 1993" levou os países da EFTA a empenhar-se na formação do EEE: talvez receosos, com razão ou não, de que a Comunidade se transformasse numa "Fortaleza Europa". Após o afastamento das barreiras alfandegárias nos anos 1960 (e antecedendo a "transferência" do Reino Unido e da Dinamarca da EFTA para a Comunidade) foram celebrados (em 1972) os acordos comerciais CEE-EFTA, capazes de salvaguardar então os seus interesses. Mas os passos seguintes para o mercado único, depois do Ato Único Europeu, levaram esses países a uma posição desvantajosa de novo, julgando preferível a aceitação do *acquis communautaire* (apesar de não terem participado e continuarem a não participar na sua formação), como forma de não serem vítimas da aplicação de normas diferentes (físicas, técnicas e fiscais) que prejudicariam o acesso dos seus bens aos países da Comunidade (e os interesses dos seus consumidores) (Ferreira, 1997).

O relatório Chechini e outras análises se basearam nesse tipo de cálculo (ver capítulo 5); sendo aliás os resultados mais perceptíveis quando se consideram não só os efeitos estáticos como também os dinâmicos.

Diferentemente da figura 1, o retângulo F'G'VJ representa uma perda líquida de bem-estar (uma ineficiência) por não se ter os produtos nas melhores condições. Não há de fato neste caso uma transferência de recursos financeiros para o Estado, tal como quando as importações estão sujeitas à tributação (o que acontece, como vimos, quando se aplica uma cota).[12]

Assim, a integração com o país II num mercado único leva F'G'VJ a ser um ganho líquido para somar aos triângulos *a* e *b*. Por outro lado, não há efeito de desvio do comércio, porque antes não se importava de II em melhores condições (agravadas só internamente com a tributação, constituindo uma transferência para o Estado).

Conforme veremos melhor adiante seria obviamente maior o ganho se a integração fosse com o país III, podendo dispor-se então do bem pelo preço S_{III} O.

À formação de um mercado comum

Formando-se um mercado comum, a livre circulação dos fatores deve levar a um aumento de bem-estar.[13]

Podemos mostrá-lo com um exemplo relativo ao fator trabalho, numa demonstração aplicável igualmente ao fator capital (figura 4). Partindo-se então de uma situação de taxas de juros diferentes, neste caso provavelmente mais altas em I do que em II. Podem-se considerar, além disso, os efeitos conjugados da movimentação dos dois (ou mais) fatores.

---

[12] Ver Nielsen, Heinrich e Hansen (1991:50-51), que não tiram depois as conseqüências dessa diferença na exposição relativa à formação de um mercado único.
[13] Segundo Wooton (1988:525), *"there seems to have been no corresponding growth in the analytic discussion of the next stage in economic integration, the common market"* (como exceções importantes veja Kemp, 1969; Brecher e Bhagwati, 1981; e Robson, 2000).

Figura 4

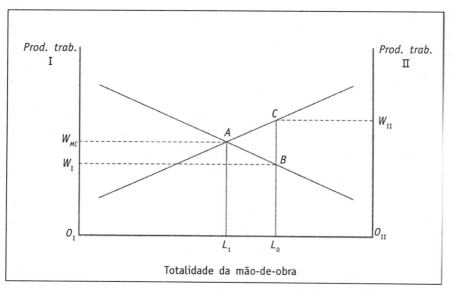

No eixo horizontal está a totalidade da mão-de-obra existente no mercado comum, sem a livre circulação dos fatores entre os países, que se divide entre $O_I L_0$ no país I e $L_0 O_{II}$ no país II.

No eixo vertical da esquerda medimos a produtividade do trabalho do país I e no da direita a do país II. Pela disponibilidade de mão-de-obra nos dois países produz-se em I com o salário $W_I O_I$ e em II com $W_{II} O_{II}$, ou seja, um salário muito mais baixo no primeiro do que no segundo.

Abrindo-se o mercado à circulação dos fatores é natural que a mão-de-obra de I seja atraída pela remuneração mais elevada de II.[14] Há por isso um deslocamento (uma migração) em tal sentido até que se verifique a estabilização com a igualdade dos salários, em W_{MC}, ficando o país I com a mão-de-obra $O_I L_1$ e o país II com a mão-de-obra $L_1 O_{II}$.

---

[14] A diferença nas remunerações deveria levar, aliás, na linha do teorema de Heckscher-Ohlin (ver por exemplo Krugman e Obstfeld, 2003:67-86; Guillochon e Kawecki, 2003:31-59; Van den Berg, 2004:88-91), a um movimento comercial com a especialização do país I na produção de bens intensivos em trabalho (devendo o país II especializar-se na produção de bens utilizando em maior medida o fator, o capital, nele mais abundante). Sobre os termos em que os dois tipos de movimentos podem substituir-se ver Mundell (1957). Com o exemplo do texto ver também Corden (1997:129 e segs.) e Porto (2001: 226-7).

A teoria estática das uniões aduaneiras | 31

Sendo até então o valor da produtividade do trabalho maior em II, vai-se obtendo um ganho que resulta de a mão-de-obra aí utilizada proporcionar produções com um valor que excede o valor da sua remuneração: sendo o ganho acumulado na produção das várias unidades representado pelo triângulo *ABC*. Trata-se de evolução com benefício para ambos os países: ganhando o país II mas ganhando também (ou podendo ganhar também) o país I com o melhor atingimento dos recursos que é assim conseguido.

Haverá é a necessidade de compensar os custos sociais dos movimentos dos fatores (caso dos trabalhadores), não só com o seu deslocamento e a sua fixação no país de imigração como com a desertificação ocasionada em algumas áreas de emigração.[15]

---

[15] Ver Mayes (1983); Nielsen, Heinrich e Hansen (1991:75-76). Segundo Wooton (1988:536), *"as long as a common external tariff is chosen correctly, a full common market would be better than a customs union alone"*.

Capítulo 3

Outras razões econômicas apontadas para a formação de espaços de integração

O aproveitamento de vantagens de especialização

Com o afastamento de barreiras entre os países-membros há naturalmente um aumento do comércio, explicável pelas teorias respectivas:[16] constituindo tal aumento o elemento-base do acréscimo de bem-estar considerado no capítulo anterior.[17]

São teorias que, de modo geral, além de explicarem por que há comércio, também o justificam, mostrando o ganho geral com ele conseguido (repartido entre os países consoante os termos do comércio).

Há um ganho com a especialização proporcionada pelo comércio internacional[18] de que se beneficiam os países que passam a fazer parte de uma união aduaneira.

O aproveitamento de economias de escala

Outra explicação para a criação de uma união aduaneira é a de se poder conseguir com ela a dimensão suficiente para se produzir com custos médios mais baixos. Porto (2004:133-136 e 2001:61-66) apresenta justificativas, com um dia-

---

[16] Constam, com maior ou menor desenvolvimento, de qualquer manual de comércio internacional. Ver por exemplo Greenaway (1983:9-31), Porto (2001:44-71) ou Rainelli (2003a e 2003b, o primeiro dedicado à "nova teoria do comércio internacional").

[17] Mas distinguindo-se as duas situações (ver nota 11).

[18] Tal como pode haver um ganho com a especialização no plano interno, conforme foi sublinhado já pelo próprio Adam Smith (ver Porto, 2001-47).

grama de equilíbrio parcial e outro de equilíbrio geral, considerando condições de produção iguais nos dois países (2001:65-66). Corden (1972) elaborou o argumento, enquanto Viner (1950:46-47) o tinha considerado, julgando, todavia, que as economias de escala seriam *"small enough to be ignored"*.

Muitos autores distinguem as economias de escala estáticas das dinâmicas, destacando, no segundo caso, os efeitos de aprendizagem (*learning effects*) que a grande escala pode proporcionar.

É duvidoso que a escala proporcione a dinamização da produção (por uma aprendizagem ou por qualquer outro modo), a qual tanto pode ser proporcionada pela grande escala quanto, pelo contrário, pela concorrência verificada entre unidades de menor dimensão (veremos isso melhor adiante). Em alguma medida pode-se comungar da dúvida de Pomfret (1991a:51), para quem *"why (...) scale economies are dynamic remains a mystery"* (ver também Porto, 1979:17; 1982:379-80, a propósito do argumento das indústrias nascentes).

Trata-se de dar relevo assim, no quadro de uma união aduaneira, a uma das explicações para o comércio internacional: em lugar de cada país produzir todos os tipos de bens (dois bens, nos exemplos que demos atrás) com custos mais elevados, independentemente de qualquer fator de vantagem comparativa haverá um ganho geral se cada um se especializar na produção apenas de alguns (ou de um deles, no exemplo), podendo vender no mercado mais extenso que abrange o próprio país e os seus parceiros comerciais.

É uma situação que pode ser vista na figura 5, considerando todavia neste exemplo a existência de condições diferentes em cada um dos dois países, tendo um deles condições mais favoráveis para a produção de um determinado bem (mas menos favoráveis do que um país externo). Além das economias de escala que são conseguidas internamente nas empresas (levando necessariamente a situações de imperfeição do mercado), aqui consideradas, deve-se levar em conta as que resultam do conjunto das condições do mercado; ou seja, distinguir entre as economias de escala internas e externas.

Admitimos (para simplificar) que inicialmente se está em economia fechada (não havendo comércio nem entre os países que formam a união nem entre eles e países externos); se assim não fosse, teriam de ter-se em conta também os efeitos de desvio do comércio, bem como que não há lucros de monopólio, no país I (em *a*) é produzida a quantidade $O_I A$ e no país II a quantidade $O_{II} E$.

Com a participação dos dois países na união aduaneira há a possibilidade de ambos beneficiarem-se com a concentração de toda a produção num deles. Tendo custos de produção (custos médios) diferentes, é natural que a produção se concentre no país com custos médios mais baixos, no exemplo o país II.

Figura 5

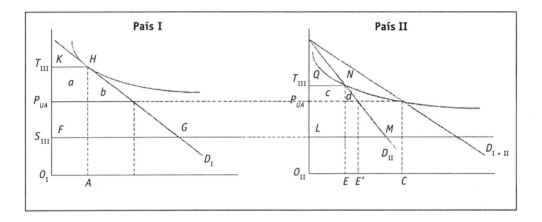

Também aqui com a abertura das economias não se fica na situação correspondente ao custo médio com que se vendia antes (neste exemplo, no país com custo médio mais baixo, o país II), ou seja, pelo valor $T_{III}O_{II}$. Sendo maior a procura conjunta feita a II, de D_I + II (a procura dos dois países), a produção que a satisfaz, $O_{II}C$, é conseguida com um custo médio mais baixo do que na situação de isolamento anterior, podendo ser praticado o preço P_{UA}.

Há assim ganhos de bem-estar de $a + b$ em I e de $c + d$ em II correspondendo a redução dos custos de distorção na produção aos quadriláteros a e c e a reduções dos custos de distorção no consumo aos triângulos b e d. Em I o efeito favorável de produção resulta de ir buscar um país parceiro (II) onde a produção é mais eficiente, sendo b o ganho de consumo como conseqüência de os consumidores conseguirem o bem por um preço mais baixo. Em II o retângulo c corresponde a produzir-se aí de um modo mais econômico, correspondendo d ao aumento de bem-estar por poder consumir-se um bem mais barato.

Temos assim uma vantagem em relação à situação anterior que a participação numa união aduaneira pode proporcionar. Por exemplo, não sendo o mercado português suficiente para justificar a indústria automobilística, mas tendo custos médios menores, já a justificará o mercado da União Européia, muito mais vasto.

Efeitos dinâmicos

Passando agora para um outro plano, com a criação de uma união aduaneira podem-se verificar efeitos dinâmicos, ligados ou não a economias de escala, levando a que se produza com custos médios mais baixos. Situação que pode ser vista na figura 6.

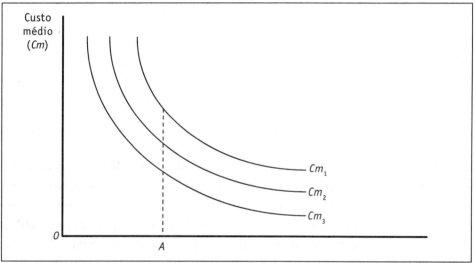

Tendo-se inicialmente o custo médio Cm_1, nos períodos 2 e 3 poderá ser conseguida a produção das mesmas quantidades (por exemplo OA) com custos médios mais baixos (Cm_2 e Cm_3, respectivamente). Nielsen, Heinrich e Hansen (1991:43) apresentam uma figura parecida para ilustrar o caso de economias de escala dinâmicas. É todavia uma evolução das curvas de custo médio na seqüência de aumentos de eficiência que tanto podem resultar de economias de escala como de uma maior concorrência entre empresas de pequeno e médio portes: também então se verificando uma diminuição dos custos médios. Trata-se de evolução que pode ser igualmente representada com um diagrama de equilíbrio geral (Porto, 2001:92). Deve-se saber as razões para haver tais reduções de custos.

Outras razões econômicas apontadas para a formação de espaços de integração | 37

Em alguns casos poderá se tratar de diminuição de custos resultante de se produzir com a maior escala proporcionada por uma união aduaneira: conseguindo-se designadamente então efeitos de aprendizagem que levam a uma maior eficiência. Numa linha diferente tem-se sublinhado que com uma união aduaneira deixam de se verificar situações de monopólio (ou outras de mercado não-perfeito) existentes em cada país, geradoras de ineficiências.

Poderá acontecer que a grande escala assim conseguida permita uma maior eficácia, com a integração vertical ou horizontal das fases de produção ou ainda por se tratar de uma forma de mercado (de monopólio) indispensável para que haja inovação, só com ela (ou com maior probabilidade com ela) havendo a garantia de se beneficiar do investimento feito em tal domínio. Poderá então revelar-se mais favorável a formação de um monopólio, com custos acentuadamente mais baixos (ver Ribeiro, 1992; Porto, 2004:173-176 ou, com a hipótese mais provável de os preços permanecerem mais altos, McDonald, 1999:49; Bishop e Walker, 2002:16-23; bem como o capítulo 12 a propósito da política de concorrência na União Européia).

São ineficiências que desaparecem no mercado mais aberto de uma união, beneficiando-se da concorrência resultante de as empresas terem de passar a competir então com as empresas dos demais países-membros.

Temos assim um argumento com um grande destaque para Portugal, que tinha monopólios estatais que não puderam manter-se com a integração na Comunidade Européia. Houve por isso razões para que fosse especialmente significativo o estímulo proporcionado pela integração deste país.

Poderá acontecer, por outro lado, que com a integração acabem por se criar condições para a existência de monopólios (ou outras formas imperfeitas de mercado), já não no nível de cada país mas no nível comunitário: com ineficiências talvez maiores do que as dos primeiros.

Trata-se de um perigo real ao qual, conforme veremos adiante, a Comunidade Européia tem estado atenta desde o seu início, com base nos arts. 81 e 82 do seu tratado (85 e 86 na numeração inicial do Tratado de Roma): numa luta "dia a dia" indispensável para que se consiga o aproveitamento máximo dos benefícios do mercado.

Numa terceira linha chama-se ainda a atenção diretamente para as vantagens de estímulo da concorrência que a integração numa união aduaneira pode proporcionar, independentemente do afastamento de situações de monopólio, oligopólio ou outras de imperfeição do mercado (podendo nem sequer existir inicialmente, com um mercado de pequenas empresas). É o caso da "eficiência X" de Leibenstein (1966; ver também Martin, 1978 e Corden, 1997:120-126).

Trata-se de benefício destacado quando da adesão do Reino Unido à Comunidade Européia, em especial pela voz de Harold MacMillan ao falar de um efeito de "estimulante chuveiro frio" (*cold shower effect*).[19] Devido a alguma letargia então existente admitiu-se que com a concorrência verificada no seio da Comunidade a indústria britânica teria uma "sacudida" benéfica, obrigando-a a ser mais eficiente.[20] Desse tipo de estímulo falou-se também muito quando da entrada de Portugal e da Espanha.

Efeitos de criação de rendimento

Numa perspectiva dinâmica destacam-se os efeitos que uma união aduaneira pode ter no aumento do rendimento, no período inicial e nos seguintes, como conseqüência dos efeitos do multiplicador do comércio exterior.[21]

Trata-se de linha de análise que, com algumas facetas próprias, pode reportar-se a Brown (1961) e Kreinin (1964), parecendo ser sensíveis os efeitos verificados[22] principalmente em cálculos mais recentes relativos ao mercado único de 1993.[23]

---

[19] Vindo a idéia já de Scitovsky (1958). Pode contudo ser efeito de "banho turco" se houver perda de dinamismo resultante de proteção diante de países externos.

[20] Com uma análise especialmente virada para o aumento de eficiência na Comunidade Européia, ver Pelkmans (1984).

[21] Com a sua noção ver Porto (2004:489-490) ou qualquer manual de comércio internacional.

[22] Sublinha Gowland (1983:63) que "*the macroeconomic effects of customs unions are much more important than the resource allocation (microeconomic) effects discussed above*" (ver também Nevin, 1991). Thirlwall (1979, 1983) e Mendes (1986, 1987, 1993), este último em relação a Portugal, procederam à medição dos efeitos do multiplicador do comércio exterior com a condicionante do balanço de pagamentos. Com uma perspectiva diferente Krugman (1987:371-372), sem negar a importância dos efeitos macroeconômicos citados, julga que "*problems of co-ordination could negate the macroeconomic benefits of expenditures integration*" ("*emphasis on trade multipliers is now seen to miss the most important point. What matters is not so much how much a given German policy affects France as the way that interdependence affects the policies pursued by both Germany and France*"). Problema a que voltaremos no capítulo 5.

[23] A esse propósito diz Richard Baldwin (1989:269) que "*by focusing exclusively on the static effects of 1992, previous studies of 1992 have seriously underestimated its economic impact. My analysis suggests that simply take account of the medium-run growth effect would roughly double the Chechini estimates of 1992's impact on EC income*" (voltaremos a este ponto no capítulo 5).

Capítulo 4

As limitações das justificativas apresentadas

Foi fecunda a contribuição das teorias referidas, mostrando a vantagem da formação de uniões aduaneiras relativamente a situações anteriores de não-participação ou de menor participação dos países no comércio internacional.

Acontece que em todos os casos a linha de argumentação seguida mostra que não se tem então a situação mais favorável possível, mais concretamente, que melhor do que a participação numa união aduaneira é a existência do livre-comércio mundial.

As uniões aduaneiras como soluções de segundo-ótimo

Trata-se de constatação feita a propósito da teoria estática das uniões aduaneiras, que está aliás ligada, na sua elaboração, à formulação da *teoria do segundo-ótimo* (ver Lipsey e Lancaster, 1956/57). Com a união aduaneira há quem fique melhor, na medida dos efeitos de criação de comércio, mas quem fique pior, na medida dos efeitos de desvio de comércio, não se tendo, pois, uma situação de ótimo de Pareto. Ainda que se fique melhor em relação à situação anterior, fica-se pior do que com o livre-comércio geral.

A exposição da teoria estática é de fato bem clara, mostrando que só teremos uma situação de primeiro-ótimo com o livre-comércio mundial. Para tal, recorremos à figura 7, na linha da figura 1, mas neste caso admitindo que o preço mais baixo em nível mundial seja o de um dos países que integram a união aduaneira: $S_{II} O$.

Figura 7

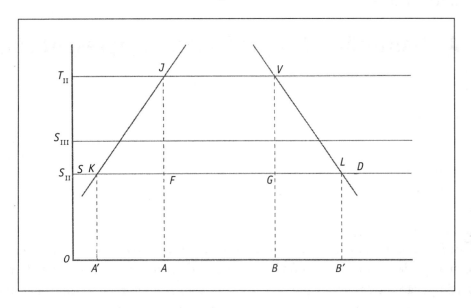

Sendo mais baixo, em nível mundial, o preço do país II, naturalmente que o bem em causa já era importado daí antes da formação da união aduaneira. Com a aplicação do imposto, os consumidores podiam comprá-lo por $T_{II}\,O$, verificando-se os custos de bem-estar representados pelo triângulos *KFJ* e *GLV*. Integrando-se o país na união aduaneira deixam de verificar-se esses custos, o que nos dá a medida dos efeitos de criação de comércio.

Por outro lado, passando os consumidores a dispor do bem pelo preço $S_{II}\,O$, que é o preço mais baixo mundialmente, não há nenhum efeito de desvio de comércio. Na medida da redução da receita do Estado, de *FGVJ*, há um aumento da renda dos consumidores, promovendo o seu bem-estar. Partindo-se de uma situação inicial (mais desfavorável) de economia fechada não haveria essa transferência de rendimento do Estado para os consumidores. Mas o ganho de criação de comércio seria então maior, representado pelo somatório dos triângulos *KFJ* e *FLJ* da figura 2.

É óbvio que se estará nessa situação se houver livre-comércio mundial, dispondo-se então necessariamente — e só então — do bem pelo menor preço possível. É essa, pois, a solução de primeiro-ótimo, sendo as soluções de formação de uniões aduaneiras apenas menos favoráveis, de segundo-ótimo, já que pode sempre estar de fora algum país com um preço mais baixo.

Chega-se naturalmente à mesma conclusão no caso, considerado no anexo 2, de não ser infinitamente elástica a oferta do país parceiro na união pelas mesmas razões, sendo igualmente aqui melhor o livre-comércio mundial. Na figura 17 seria o país III na união (com uma curva de oferta infinitamente elástica, como na figura, ou eventualmente com alguma inclinação crescente): sendo a criação de comércio representada pelo somatório dos triângulos *EFJ* e *GLV* em *a* e de *DEH* e *EIH* em *b*, não havendo efeito algum de desvio de comércio.

Por outro lado, a mesma lógica mostra que melhores do que "um" mercado único (como o de 1993) e do que um mercado comum são um "mercado único mundial" e um "mercado comum mundial", sem restrições entre os países, havendo entre todos eles concorrência perfeita e mobilidade plena dos fatores.

O "mercado único mundial" beneficiar-se-ia de ter dentro dele o país com os custos mais baixos (o país III, na figura 3) sem que se tivesse os obstáculos que entretanto impediam a sua concorrência plena no país I: somando-se aqui o ganho dos triângulos *KFJ* e *GLV* ao ganho do retângulo *FGVJ*.

Num mercado comum mundial estarão disponíveis todos os fatores de produção existentes, não só toda a mão-de-obra e todo o capital como algum outro fator generalizando-se o modelo, incluindo necessariamente os fatores dos países onde o seu preço for mais baixo. Com a livre transferibilidade para países onde é maior a produtividade marginal alargam-se ao máximo, no interesse geral, os ganhos representados pelo triângulo da figura 4.

A possível vantagem das áreas (zonas) de livre-comércio

Com uma zona de livre-comércio pode dispor-se do preço proporcionado pelo país de nível de protecionismo mais baixo.[24]

Tendo cada país uma política comercial própria e havendo livre-comércio entre eles, haverá vantagem em importar o bem de onde for mais barato, sendo esse o valor que se estabelecerá no conjunto da zona (numa lógica que será apenas atenuada com os custos de transporte, de grande importância se os países estiverem afastados, mas com pouco significado se estiverem próximos; dois tipos de situações bem distintos, que encontramos no seio da EFTA).

---

[24] Comparando as uniões aduaneiras com as zonas de livre-comércio, ver Shibata (1967), Price (1974) e Robson (2000, cap. 2).

Numa união aduaneira não haverá a preocupação de fazer entrar o bem por onde a tributação alfandegária for mais baixa. Mas, naturalmente, dentro dela há também diferenças de preços determinadas pelos custos de transporte. Panagariya e Findlay (1996) discutem a probabilidade de os custos de bem-estar do *lobbying* serem maiores numa zona de livre-comércio.

Para evitar as situações de "deflexão" (*deflection*) do comércio que assim se criariam, as zonas de livre-comércio têm de ter regras de origem rigorosas, tal como estão também estabelecidas para o Espaço Econômico Europeu, em conseqüência de os países da EFTA manterem as suas políticas comerciais próprias em relação ao exterior. Só havendo livre-comércio dentro do espaço se os bens forem integralmente produzidos num dos países-membros.

Extensão da crítica às demais justificativas

Por fim, evidencia-se que mais favorável do que a formação de uma união aduaneira é indiscutivelmente a prática do livre-comércio mundial.

Assim acontece com a justificativa das vantagens do comércio internacional e da especialização. Como é óbvio, as oportunidades serão ainda maiores (terão o alargamento máximo) com o livre-comércio mundial, podendo haver uma maior produção com os mesmos custos ou a mesma produção com custos mais baixos. Uma união aduaneira fica necessariamente aquém do que então se consegue.

Também as economias de escala não se limitam a justificar uma união aduaneira, por maior que seja. Se o problema é a escala, esta é ainda maior no mercado mundial, não se tendo então uma procura de 370 ou 450 milhões de pessoas (no caso da União Européia) ou de 220 milhões (no caso do Mercosul), mas sim uma procura de alguns bilhões (tendo-se naturalmente em conta, infelizmente, a capacidade de compra muito fraca de grande parte dessa população). Como vimos na figura 5 poderá beneficiar-se do preço $S_{III}O$, passando as figuras geométricas que representam o ganho de bem-estar a ser *FGHK* no país I e *LMNQ* no país II (distinguindo-se em cada um deles os ganhos na produção dos ganhos no consumo).[25]

---

[25] Sem que, pelo contrário, se verifiquem os efeitos de desvio de comércio que se verificavam antes caso não se estivesse em economia fechada.

O mesmo tipo de constatação aplica-se ainda aos argumentos dinâmicos, sendo maior a escala ou, noutra perspectiva, sendo maior a concorrência com o comércio mundial. Na primeira linha dispõe-se da procura potencial do conjunto dos países. Na segunda temos já uma concorrência feita mesmo aos monopólios do espaço de integração (havendo todavia ainda então o risco de se formarem monopólios — ou oligopólios — em nível mundial, de que há aliás alguns exemplos). E, independentemente das estruturas do mercado, é então necessariamente maior a concorrência estimulante feita às empresas da área integrada: nos casos da União Européia e do Mercosul vindo não só desses mercados como também dos EUA, do Japão ou de qualquer outro país, com o incentivo à eficiência promotor de um maior benefício geral (mas sempre com a dúvida de que uma grande concorrência leve a que ninguém arrisque na inovação).

Naturalmente que todas estas considerações se aplicam igualmente às zonas de livre-comércio, a menos que se trate de uma zona de livre-comércio sem regras de origem (ainda, onde os custos de transporte não sejam muito significativos) e onde um dos países tenha fronteiras totalmente abertas ao exterior. Não sendo assim o livre-comércio é igualmente superior.

Por fim, também os efeitos macroeconômicos de criação de rendimento (como conseqüência do efeito multiplicador do comércio exterior) serão mais sensíveis em nível mundial do que na união: mesmo que se concentrem especialmente nesses espaços, há um acréscimo geral do rendimento que se refletirá em toda a parte, principalmente aí.

Capítulo 5

A promoção dos termos do comércio ou do domínio de empresas em mercados imperfeitos

A promoção dos termos do comércio

Novamente neste caso os autores procuraram justificar as uniões aduaneiras com base numa explicação do comércio internacional, aliás uma explicação com grande ancestralidade: o argumento dos termos do comércio.[26]

De acordo com a sua constatação, tendo-se peso no comércio internacional é possível, com uma redução significativa da procura, alterar os termos do comércio de um modo favorável. Trata-se contudo de uma possibilidade de que não pode dispor um "país pequeno", ou seja, um país com um peso de tal forma reduzido que uma alteração da sua procura não leve a uma alteração dos preços mundiais. Não é preciso ir mais longe para o exemplificar, sendo este o caso de Portugal em relação à generalidade dos bens importados.

O que não está ao alcance de um país em tais condições poderá estar ao alcance de uma união aduaneira, com a política comercial comum, que constitui aliás, como vimos, um elemento definidor dessa forma de integração. No caso da União Européia, representando cerca de 1/5 do comércio mundial, é evidente que uma diminuição da sua procura levará em princípio a uma descida dos preços mundiais (e vice-versa se se tratar de um aumento da procu-

---

[26] Também sobre este argumento e a noção de termos do comércio (ou termos de troca, razões de troca ou preços internacionais), além de qualquer manual de comércio internacional, pode-se ver Porto (2001:37-38, 145-147, 160-163 ou 2004:418, 423-424, 448 e 542-543). A idéia da sua aplicação na justificativa de uniões aduaneiras foi adiantada já por Viner (1950) e Meade (1955); também depois, entre outros, Mundell (1964) e Arndt (1968) (ver também Hitiris, 2003:22).

ra). Petith (1977) apurou os ganhos para a UE pela melhoria dos termos do comércio, com resultados muito positivos que não se verificam nos cálculos de Mendes (1986 e 1987:106).

Já numa área (zona) de livre-comércio o mesmo efeito não pode ser conseguido, ficando uma alteração dos termos do comércio dependente da eventual força de cada um dos seus membros (ou da conjugação das políticas dos vários países-membros, verificando-se então por isso uma situação de fato semelhante à de uma união aduaneira). Acrescendo à influência que um grande espaço pode ter sobre os termos do comércio, o seu tamanho torna maior a possibilidade de se encontrar dentro dele o país com os preços mais baixos em nível mundial. Nielsen, Heinrich e Hansen (1991:51 e segs.) consideraram também a alteração dos termos de comércio entre os países de uma união, mostrando naturalmente que como deixa de poder verificar-se com a formação da união.

Num exemplo que continua a ter grande atualidade e importância podemos considerar o caso do petróleo. A maior parte dos países da União Européia, é o caso de Portugal, não tem uma procura significativa em nível mundial, de forma que se ela diminuir como conseqüência de uma restrição alfandegária não levará à descida do preço. Mas já o conjunto comunitário tem peso na procura mundial do produto, cujo preço diminuirá se houver aqui alguma retração.

O espaço de uma união aduaneira poderá "forçar" pela redução da procura (como conseqüência de uma restrição alfandegária) uma redução do preço mundial.

Sabe-se que se trata de uma possibilidade que merece reparos porque proporciona uma vantagem conseguida, nessa mesma medida, à custa do prejuízo do país ou dos países que ficam com os termos do comércio desfavorecidos (mostrando a teoria dos jogos estratégicos, capítulo 5, que será mais vantajoso haver cooperação).

Não é um argumento numa perspectiva do bem-estar geral: o que não pode deixar de se levar em conta numa organização como a União Européia, dadas as suas responsabilidades e os seus interesses próprios mundiais (o mesmo devendo dizer-se do Mercosul, se puder alterar os termos do comércio a seu favor).

A experiência mostra de fato que das intervenções nos termos do comércio, promovendo benefícios à custa dos interesses de outros, resultam guerras comerciais que por fim prejudicarão a todos. São muitos os exemplos, que não deixam dúvidas (independentemente de medidas de retaliação, as exportações podem ficar prejudicadas também pela diminuição de rendimento ocorrida nos outros países, levando a menor poder de compra e menos importações, como conseqüência da política seguida).[27]

De um modo especialmente chocante, poderá acontecer que de tais guerras resultem prejuízos maiores para países da união aduaneira que nada ou pouco se beneficiam com a alteração dos termos do comércio. Por exemplo, a intervenção protecionista da PAC, com pouco interesse para Portugal (dada a "filosofia" seguida)[28] pode prejudicar setores industriais de grande destaque, com a "retaliação" de países externos (caso dos EUA e dos países do grupo de Cairns, quando retardaram a conclusão da Rodada Uruguai).

Poderá acontecer também, sendo então desejável a intervenção, que a conjugação de esforços numa união aduaneira ou entre vários blocos "obrigue" outro ou outros blocos a seguir as regras do comércio internacional, conseguindo-se assim que todos se beneficiem (voltaremos a este ponto no capítulo 10).

A política comercial estratégica

Poderá haver justificativa para intervir à medida que, com mercados imperfeitos, seja seguida uma estratégia de obtenção de ganhos à custa dos demais.[29]

Isso só pode acontecer, naturalmente, quando o espaço em causa tenha uma posição capaz de fazer ceder os outros: podendo estar aqui uma razão específica para a formação de uniões aduaneiras, conseguindo-se nelas a dimensão e a força que não seriam conseguidas por cada país individualmente.

Trata-se pois de um ganho apenas à custa dos demais países, salvo se, conforme Haberler (1991), forem absorvidas assim rendas de monopólios ou oligopólios de empresas estrangeiras sem que venham as nossas próprias empresas a ficar com tais rendas: podendo haver então de fato um ganho geral.

---

[27] Porto (2001:161 e 2004:424). Numa posição bem diferente, julgando desprezíveis os riscos de retaliação, ver Strange (1985:252) e Batra (1993).
[28] Como veremos adiante (tabela 7, p. 140-141), vem para Portugal apenas uma percentagem muito pequena do dinheiro do Feoga-Garantia (mesmo com a melhoria da reforma de 1992).
[29] Com sínteses muito claras dessa perspectiva, ver Rainelli (2003a e b:59-65) e Porto (2001:163-165, 242-244).

Por fim, conforme veremos a seguir, há que ter em conta o risco de se entrar numa luta de represálias, com a qual todos perdem.[30]

O "dilema do prisioneiro"

A ponderação dos riscos assim ocorridos (comuns à política comercial estratégica e à manipulação dos termos do comércio) contribuiu para que fosse divulgado nesse domínio o "dilema do prisioneiro", com uma formulação que pode reportar-se a Von Neumann e Morgenstern (1944), ou, no campo da teoria política, a Axelrod (1981) (ver Poundstone, 1992).

O quadro 2 reproduz um exemplo de Krugman, um dos grandes entusiastas da nova perspectiva da política comercial estratégica, considerando dois países: os EUA e o Japão. O exemplo é de um livro seu com Obstfeld (2003:235-237). Ver também Schuknecht (1992:13-14), num livro sobre as estratégias comerciais na União Européia, ou Guimarães (1998), sobre as exigências institucionais.

Quadro 2

EUA \ Japão	Livre-comércio	Protecionismo
Livre-comércio	10 10	20 (–10)
Protecionismo	(–10) 20	(–5) (–5)

Em cada um dos retângulos da matriz no canto superior direito é representado o ganho ou o prejuízo do Japão e no canto inferior esquerdo o ganho ou o prejuízo dos EUA. Mostra que se o Japão se protege sem que os EUA reajam (retângulo superior direito) o primeiro tem um ganho de 20, sendo de

---

[30] Havendo além disso as dificuldades de "escolha de ganhadores", como veremos nos capítulos 9 e 13.

–10 o prejuízo dos EUA. Pelo contrário, invertem-se os papéis se os EUA se protegerem e o Japão se mantiver no livre-câmbio (retângulo inferior esquerdo).

Não se espera, como os autores afirmam, que com a intervenção de um dos países o outro não reaja. Pode-se ver aqui uma crítica ao argumento das indústrias nascentes, sem prejuízo do seu valor, na medida em que tem sido formulado pressupondo a ausência de reação dos demais países. Segundo Stegemann (1996:88) *"as presented" "until the early 1980-5" "the theoretical argument for intervention did not depend on recognized policy rivalry or on anticipated reactions by foreign rival firms"*. São exceção a exposição de Richardson (1980:291-294) ou a de Grubel e Lloyd (1975:150-153); ver também Krugman (1984).

Reagindo, é previsível que ambos acabem com prejuízo, de –5 cada no exemplo dado (retângulo inferior direito). Já o livre-comércio tacitamente aceito ou acordado dará no exemplo um ganho de 10 a cada um dos países (retângulo superior esquerdo).

Capítulo 6

A medição dos efeitos de integração

As dificuldades de medição

A sobreposição e algumas indefinições das contribuições teóricas explicam as dificuldades de medição. Mas elas verificar-se-iam de qualquer modo, num mundo em que são inúmeras as interdependências e de um modo especial quando um juízo acerca dos ganhos e das perdas de um processo (de integração) terá de ser feito estabelecendo-se a comparação com o que teria acontecido se não tivesse tido lugar (*anti-monde*).

Quando se dá um movimento de integração são muitos os fatores conjugados, sendo difícil ou impossível levá-los todos em consideração e distinguir apenas o que diz respeito à integração. A comparação não pode ser feita com a situação de início, uma vez que algo (talvez muito) se teria alterado de qualquer modo, eventualmente de um modo mais favorável do que com a integração (ver, por exemplo, Flôres, 1996a e 2003).

A escassez dos resultados apurados

As dificuldades levantadas explicam o reduzido número de medições feitas, deixando sempre uma sensação de insuficiência e incerteza, dependendo os resultados dos pressupostos de que se tenha partido.

Constata-se, aliás, curiosa e sintomaticamente que mesmo passados vários anos são em maior número as medições *ex ante*, feitas antecipadamente em relação a um processo de integração, do que as medições *ex post* (porém só decorrido um período razoável há uma base suficiente para uma medição deste tipo).

Constata-se que na maior parte dos casos não se tem ido além da medição dos efeitos estáticos, ainda assim considerando-se mais efeitos sobre os movimentos do comércio do que efeitos de bem-estar, nos termos já vistos.

Estará aí a explicação para os resultados positivos mas modestos a que geralmente se tem chegado, sendo de julgar (tem sido realmente constatado) que sejam muito mais favoráveis os resultados a que se chega com a consideração dos efeitos dinâmicos da integração.

As medições feitas na União Européia e no Mercosul

As medições dos efeitos da integração européia estão nessas circunstâncias, tendo havido uma queda de "entusiasmo" depois das iniciativas das primeiras décadas (Swann, 2000:124).

Em geral, pode-se dizer que as análises apontam para efeitos de criação de comércio ligeiramente superiores aos de desvio de comércio, sendo os ganhos já mais significativos considerando-se efeitos dinâmicos e de rendimento. Uma apreciação geral dos principais estudos realizados é feita por El-Agraa (1999, parte II e 2001a), que antes (1996:221) havia concluído que embora o trabalho empírico esteja *"on par with the most sophisticated of econometric exercises" "it still does not merit ocrious consideration simply because the nature of the integration problem makes the exercise an impossible one"*, destacando ainda que *"the problems of actual measurement are insurmontable"*. Como seria esperado (ver capítulo 13), são de qualquer modo negativos os resultados apurados em relação ao setor agrícola (Organização Mundial do Comércio, 1995:45).

Em Portugal uma dezena de estudos de avaliação dos efeitos da integração foram elaborados, sete com medições *ex ante*[31] e apenas três com medições *ex post*[32] (destacando-se que a integração de Portugal teve lugar há menos de duas décadas e que em vários domínios houve regimes transitórios).

Num estudo mais abrangente (Moreira, 1995), foi apurado um efeito de bem-estar positivo no período 1986-92, correspondente a 0,2% do PIB (considerando-se efeitos de criação de comércio, de desvio de comércio e de exporta-

---

[31] Lopes (1980), Dongues (1981), Feitor e outros (1982), Berends (1983), Sousa e Alves (1985), Corado e Melo (1985) e Plummer (1991).
[32] Mendes e Coelho (1990), Moreira (1995) e Africano (1995, 1996); ver também Mendes (1987, 1993) e Dias (1996). Mais recentemente, analisando efeitos vários, ver Fontoura (2004).

ção). Já somando os efeitos de transferências chega-se a 2,4% do PIB, valor de que se deve deduzir o efeito negativo verificado na balança comercial, que ficou desequilibrada na seqüência da integração.

Novos estudos, com a consideração dos efeitos dinâmicos da integração, continuam a ser esperados (considerando o "mercado único de 1993", ver capítulo 15).

Estudos sobre o Mercosul são citados no capítulo 19. Sendo uma realidade muito mais recente, compreende-se que sejam ainda menos numerosos do que os sobre a União Européia.

Capítulo 7

Os espaços de integração visando ao fornecimento de bens públicos

Diante da limitação das explicações já apresentadas, mostrando que a formação de um espaço de integração fica em princípio aquém do livre-comércio mundial, avançou-se com outro tipo de explicação.

Assim aconteceu com a explicação considerando tal espaço um meio de fornecimento de bens públicos, dando satisfação a funções de utilidade coletiva dos cidadãos: a sua industrialização ou ainda por exemplo a sua auto-suficiência em relação ao exterior (Cooper e Massell, 1965; Johnson, 1965a e b).

Considera Krauss (1972; ver também Tovias, 1991) que se terá entrado então numa segunda fase da teoria das uniões aduaneiras, na procura da justificativa (diante das alternativas possíveis), depois de na primeira ter havido mais a preocupação de saber como se poderiam medir os seus efeitos. Mas já Viner havia questionado o interesse geral das uniões aduaneiras.

Ela deve ser distinguida, contudo, consoante queiramos manter-nos no domínio econômico ou passar para o domínio político. De fato, se queremos manter-nos no domínio econômico não pode deixar de ser feita à luz dos ensinamentos desta ciência a avaliação das razões para a formação de um espaço de integração.

Sendo assim, se o objetivo for de industrialização temos de ver se a formação da união aduaneira é o modo adequado: com a passagem pelos "crivos" já citados, sendo necessário mostrar que um espaço de integração é superior ao livre-comércio mundial, o que, como vimos, não se consegue.

Capítulo 8

Razões não-econômicas para a criação de espaços de integração

Além dos objetivos econômicos, é, sem dúvida, compreensível que espaços de integração sejam criados por motivos políticos (de se assegurar a paz), sendo óbvio que tais razões tenham determinado em grande medida a criação da Comunidade Econômica Européia. Continuam claras as dificuldades de se avançar em domínios mais políticos nas várias revisões do tratado, principalmente no domínio da política externa (ver as reflexões recentes de Tsoukalis, 2003:84-91, com algum "otimismo", e de Porto, 2003c). Como destacado, foram sentidas ainda recentemente durante os trabalhos da convenção que levou ao projeto de Constituição Européia apresentado em 18 de julho de 2003.

Devem-se saudar sem dúvida os progressos conseguidos nos domínios da justiça e da segurança interna. Já quanto à Carta dos Direitos Fundamentais da União, não seria difícil obter consenso em relação a direitos já reconhecidos em outros níveis, mesmo nas constituições nacionais (também num espaço mais amplo, nas Nações Unidas). De qualquer forma, são passos menos significativos do que os que continuaram a ser dados no domínio econômico, como foram os casos que levaram à formação do "mercado único de 1993" e à adoção de uma moeda única por 12 países-membros da União Européia. Tsoukalis (2003:142) afirma que *"there is surely nothing in its fifty-year history of integration comparable to EMU in terms of political and economic significance"*.

Mas é preferível que se diga claramente que são essas as razões, mais do que legítimas, devendo ser analisado à sua luz o acerto do caminho seguido.

Naturalmente, uma avaliação econômica do espaço de integração pode e deve ainda ser feita, que será aliás útil mesmo como modo de racionalizar neste campo algo que tem um objetivo de outra natureza. Mas não devemos esperar que se encontre aí a sua justificativa, como solução de primeiro-ótimo para a resolução de problemas de origem econômica.

Capítulo 9

Os espaços de integração como passos no sentido do livre-comércio mundial

Lógica dessa evolução

Podem ser considerados aqui argumentos políticos, na medida em que a abertura comercial e econômica constitui um fator de aproximação entre os países.[33] No plano econômico, a que fundamentalmente nos ativemos, julgamos ter ficado claro na exposição anterior que só o livre-comércio mundial constituirá solução geral de primeiro-ótimo (com a exceção possível em relação a situações de mercados imperfeitos; ainda assim quanto ao objetivo a atingir e não, como veremos, quanto aos meios a utilizar).

Sendo assim os espaços de integração só se justificarão na perspectiva de tal abertura; devendo perguntar-se se serão vias adequadas, ou as mais adequadas, para a ela chegarmos. Perspectiva que justificou aliás o art. 24 do Gatt, ao admitir a existência de uniões aduaneiras e zonas de livre-comércio. Para isso terá contribuído a convicção então existente (em 1948, antes do livro de Viner) de que tais formas de integração eram necessariamente promotoras do livre-comércio e de maior bem-estar (não se tendo ainda em conta efeitos de desvio do comércio).

---

[33] Posições de defesa do protecionismo questionam mesmo essa vantagem política, dizendo por exemplo Strange (1985:233) que a *"assertion that restricted trade damages political relations is much more doubtful"*, e afirmando (1985:231) que *"trade experience in the early 1980's tells us that protection in fact poses no great threat to the world's trade system"*.

A implantação de novos setores com perspectivas mundiais
Critérios a satisfazer

Numa primeira linha é possível dizer que os espaços de integração poderão ser vias de promoção da implantação de novos setores, com a satisfação indispensável das condições de validade do argumento das indústrias nascentes (ver Porto, 1979; 2001:177-193; 2004:425-434).

Em primeiro lugar, terá sentido intervir, mesmo no interesse geral, se os setores em questão puderem competir em mercados abertos e se os benefícios conseguidos forem superiores aos custos suportados (testes de Mill e Bastable).

Teremos então uma situação bem diferente da verificada com o argumento dos termos do comércio e de um modo geral com a "política comercial estratégica", de acordo com os quais o benefício de quem melhora os termos do comércio e as suas empresas tem a contrapartida (na mesma medida) em quem fica por isso prejudicado. Já com o argumento das indústrias nascentes há um ganho geral, de que todos podem se beneficiar: tanto o país que implanta e consolida os novos setores quanto os demais, na medida em que poderão passar a dispor dos bens em melhores condições de preço e qualidade.

Trata-se contudo de via que tem as dificuldades de escolher os setores que justificam de fato apoio[34] e de o retirar logo que deixe de ser necessário.

Pode acontecer ainda que o argumento seja "utilizado" em benefício de determinados grupos de pressão, não sendo esse o interesse geral (Porto, 2001:165-173). Nas palavras de Lawrence e Schultze (1990:5), *"political pressures would convert an initially well-meaning intervention policy into a boondoggle for special interests"* (chamando Dixit e Grossman (1986:238) a atenção para casos em determinados domínios "de ponta", em que *"the real beneficiairies are the scientists whose wages rise"*).

É de se esperar e desejar, em suma, que sem racionalidade econômica a nova perspectiva não acabe por ter o efeito de *"lend new ideological support to mercantilistic interventionism"*; e de fato *"the record might well serve to damper the enthousiasm of policy activity"*, sendo muito poucos os casos em que foram corretas as escolhas feitas pelas autoridades públicas. Mesmo no Japão, país mui-

---

[34] *"Identify real-world industries to which their policy prescritions might apply"*, Stegemann (1996:94).

tas vezes citado, as empresas têm feito e financiado os investimentos estratégicos de maior êxito (Bangemann, 1992:58-59). Voltaremos a isso no capítulo 13.

Os meios mais adequados para intervir. As políticas internas em vez da política comercial

Nos termos da formulação mais recente do argumento das indústrias nascentes, com ensinamentos aplicáveis à política estratégica, sabe-se que mesmo quando se justifica a intervenção pública para a implantação e a consolidação de um setor não é a via protecionista a adequada para o efeito, sendo uma política de segundo-ótimo, com os custos de bem-estar assinalados. No fundo, trata-se de aplicar à problemática das uniões aduaneiras, na linha dessa formulação, as contribuições da teoria da intervenção no comércio (El-Agraa e Jones, 1981). Em lugar dessa via deve-se atuar diretamente para afastar as imperfeições que comprometem o seu aparecimento (ou a sua consolidação, no caso de se tratar de um setor já existente) e criar as economias externas que se tornam necessárias para tal: subsidiando a produção ou, se for o caso, atuando de um modo ainda mais direto, com o fornecimento de formação profissional ou de apoio tecnológico, todavia sem se perderem de vista os custos administrativos ou políticos (talvez mesmo psicológicos) que esses meios mais adequados de intervenção podem ter.

Também se poderá dizer que com eles será maior a pressão e o perigo de favoritismo de determinados grupos, vendo-se aqui um argumento a favor da via protecionista. Por outro lado, por se tratarem de intervenções mais diretamente dependentes de aprovações orçamentais anuais fica mais difícil a sua manutenção quando não estejam devidamente justificadas.

O mesmo se passa com a política estratégica, devendo ser uma política de apoio "industrial" (interno) estratégico e não de apoio "comercial" estratégico (Heffernan e Sinclair, 1990:133), nessas circunstâncias deve haver "*an industrial policy — not a policy of protection*" (ver também Bangemann, 1992).

A justificativa para a intervenção dos espaços de integração

Pergunta-se, todavia, se mesmo então se justificará a intervenção dos espaços de integração, ou seja, se os países não deverão antes — numa linha que o princípio da subsidiariedade veio agora reforçar na União Européia, com a sua consagração expressa e genérica no Tratado de Maastricht — proporcionar as condições indispensáveis para a implantação dos novos setores (ou a consolidação dos que já existam).

Serão de fato muitos os casos — a grande maioria — em que os países, ou entidades mais próximas dentro deles (sempre na lógica do princípio da subsidiariedade), deverão criar as condições indispensáveis para o aparecimento e a consolidação dos setores desejados, estando nas melhores condições para o afastamento das imperfeições do mercado e para a criação das economias externas que são necessárias.

Acontece que em alguns casos a dimensão e as características do apoio levam a que se deva intervir em espaços mais amplos. Por ser um projeto de grandes dimensão e risco não se pode esperar por isso que uma empresa ou mesmo um país assumam sozinhos, na íntegra, a responsabilidade por ele. Por exemplo, em uma investigação de grande fôlego poderia acontecer que um outro país (ou uma outra empresa do próprio país) viesse a conhecê-la e a colher os benefícios da sua utilização sem ter suportado os encargos inerentes.

Surge aqui um problema de escala e de externalidade que pode justificar a intervenção comunitária. Segundo El-Agraa e Jones (1981:84), pode haver então um *"strong general case for economic integration"* por haver *"externalities and market imperfections which extend the boundaries of national states"*. É a linha de intervenção que vem sendo seguida com êxito na União Européia, sendo talvez o projeto Airbus o exemplo mais expressivo até agora ocorrido.[35] Durante duas ou três décadas os países da Europa não concorreram na fabricação de aviões comerciais de médio e grande portes, sendo o mercado mundial preenchido na íntegra por empresas dos EUA: a Boeing, a McDonnell Douglas e durante algum tempo também a Lockheed. Ao se reconhecer que a Europa teria vantagem comparativa na produção de aviões desse tipo foi lançado o projeto Airbus, com a preocupação, correta, de satisfazer os testes do argumento das indústrias nascentes.

Com a experiência já conhecida parece claro que os testes de Mill e Bastable estão sendo de fato satisfeitos, sendo os Airbus capazes de concorrer em todo o mundo, mesmo no mercado americano.

---

[35] Justificando-se por isso o destaque privilegiado que tem tido na literatura econômica. Entre outros ver Pomfret (1991b), Golish (1992), Neven e Seabright (1995), Stegemann (1996:96-97), Gabel e Neven (1996), Harrop (2000:135-141) ou Krugman e Obsfeld (2003:279-282). Sobre outros casos de maior ou menor êxito em que se apoiou a investigação que se julgava desejável ver capítulo 13.

É um caso em que se justificava a intervenção comunitária, devido ao custo do empreendimento e às suas externalidades. Não poderia de fato esperar-se, por essas duas razões, que houvesse a iniciativa indispensável da parte de um só dos países: com um grande ônus orçamental e havendo o risco de que outros se beneficiassem igualmente com o apoio proporcionado (com a investigação feita) sem que tivessem suportado o custo inicial.

Além disso, em relação ao modo de intervenção não se seguiu a via protecionista. Teria sido fácil fazê-lo, estabelecendo impostos alfandegários muito altos ou restrições quantitativas à importação dos aviões americanos. Contudo, isso prejudicaria os consumidores e toda a atividade econômica da Comunidade, com a penalização (muito desvantajosa) de um modo de transporte de tanta importância (aliás já hoje mais caro na Europa por ser menor a concorrência na prestação dos serviços).[36]

Em lugar de se seguir tal via preferiu-se a promoção direta da produção, ajudando o projeto Airbus com apoios que se tornavam necessários, principalmente na investigação tecnológica.

Naturalmente, no futuro poderá se revelar vantajosa ou mesmo necessária — há já alguma iniciativa em tal sentido — a cooperação da União e dos EUA (talvez também do Japão) em projetos de aviação comercial de tão grande dimensão que nenhum desses espaços correrá o risco de os levar a cabo isoladamente.

Implicações para as políticas estruturais (para a política regional)

Além dos casos citados, de projetos de grande dimensão, poderá acontecer que a União tenha competitividade, em economia aberta, em determinadas regiões até agora mais desfavorecidas.

Além das razões políticas que poderão justificá-la, como veremos a seguir na sua dimensão atual é em grande medida nessa lógica que se justifica a política

---

[36] Isso será visto no capítulo 12. Curiosamente, os consumidores e a atividade econômica americanos ficariam (também) prejudicados com a concentração da Boeing e da McDonnell Douglas e com a exclusividade na compra de aviões que a Comissão Européia contestou recentemente. "Esquecendo" preocupações tradicionais nesse país (a Federal Trade Comission aprovou o *merger*...), parece ter prevalecido o desejo de "vencer" o concorrente europeu.

regional: uma lógica de eficiência em face dos desafios mundiais, que é comprometida com os grandes desequilíbrios que se verificam (ver capítulo 14).

É também em tal lógica, e embora tendo em conta o princípio da subsidiariedade, que se justifica que no Tratado de Maastricht a indústria passasse a ser considerada num título (Richardson, 1980:338 e segs.); justificando-se ainda o reforço da política regional e a criação do Fundo de Coesão.

Naturalmente a intervenção regional deve seguir as regras — em todos os propósitos — do argumento das indústrias nascentes: apoiando numa primeira fase regiões que depois terão de ser competitivas em economia aberta. O apoio — como está previsto — não deve ser dado com restrições ao comércio, que seriam distorcivas, mas sim dirigido diretamente ao afastamento de imperfeições e à criação de economias externas que se tornem necessárias.

Neste caso justifica-se a intervenção comunitária na medida em que a intervenção dos países seria insuficiente, diante da dimensão da desigualdade e do esforço de aproximação a fazer: sendo aliás do interesse do conjunto comunitário e mesmo mundial que se dê tal aproximação.

Outras razões para a intervenção

Embora reconhecendo as vantagens do livre-comércio mundial, há setores (ou fatores ou regiões) que terão dificuldades, pelo menos de imediato. A criação de uma união aduaneira ou de um espaço de integração com maior capacidade de intervenção pode revelar-se vantajosa em três propósitos.

Em primeiro lugar, cria de imediato oportunidades para esses setores, não sendo tão grande a reação negativa de quem fica prejudicado, oportunidades que a comunidade inicial já oferecia, sendo em maior número agora que o mercado interno dos 25 (ampliado pelo EEE) pode proporcionar. Nas palavras de Gowland (1983:65), mesmo *"in the France of the 1950's, no unilateral tariff cut was possible because no government that proposed it would have survived for more than few days"*.

Em segundo lugar, menos numa lógica de eficiência econômica mas tendo em conta que há custos sociais e políticos de ajuste que têm que ser suportados até se chegar à solução desejável (competitiva em nível internacional), os espaços de integração, beneficiando o seu conjunto, deverão ter a responsabilidade de assegurar as compensações indispensáveis (McDonald, 1999:23-41). É o caso de se ultrapassar uma dificuldade social e política, mas sem fugir do plano econômico, por se tratar de via para se chegar a um objetivo dessa natureza.

Em terceiro lugar, embora se saiba que as vias mais diretas (de primeiro-ótimo) não são as restrições comerciais, sua utilização justifica-se diante das dificuldades administrativas e políticas das primeiras.

Possibilidade que se mantém na Organização Mundial do Comércio (nos termos do Gatt) ao admitir uniões aduaneiras e zonas de livre-comércio (art. 24) (ver Pomfret, 1986:65). Não se cria assim um obstáculo jurídico a uma solução que não possui as referidas dificuldades.

Numa outra perspectiva, para além do reconhecimento geral das vantagens do livre-comércio, existe quem não o pratique, ocorrendo logo aos europeus os exemplos do Japão e dos EUA.

Trata-se de casos que não devem levar-nos a represálias, onde todos perderemos. Na linha do *managed trade* de Tyson (1990), abrindo caminho a soluções *a la carte* — de defesa do livre-câmbio para as exportações e de protecionismo para as importações —, para as quais não conseguimos encontrar justificativa na teoria e na experiência econômicas.

Deve-se esperar, sim, que um bloco verdadeiramente defensor do livre-câmbio use a sua força para obrigar todos a encaminhar-se nesse sentido. Nenhum dos países europeus, mesmo um dos maiores, terá peso para tal; mas o conjunto comunitário é capaz de obrigar os demais ao afastamento de práticas desleais. A moeda única européia, "fazendo frente" ao dólar, poderá ser um meio de promoção de maiores disciplina e cooperação no sistema monetário mundial, com vantagens gerais, mesmo para os americanos (ver capítulo 16).

Capítulo 10

Conclusões: as dúvidas levantadas pelo "novo (segundo) regionalismo"

Poderá haver um sentimento de frustração em relação à teoria das uniões aduaneiras, dizendo Pomfret (1986) que *"the theory of preferential trading has been one of the more disappointing branches of postwar economics"*. Mas, como acabamos de ver, pode-se encontrar alguma racionalidade — mesmo econômica — para a sua criação.

Atualmente ganha destaque a situação nova em que, além da Europa, diferentes espaços regionais (designadamente na América do Norte e na América do Sul) estão se organizando com uma consistência e uma ambição assinaláveis, liberalizando o comércio dentro deles mas sendo suscetíveis de constituir "fortalezas" em relação aos demais.

A designação "fortaleza Europa" (*fortress Europe*) foi atribuída pelos americanos à Comunidade Européia quando do Ato Único. Contudo há algum "jogo estratégico" nesta designação, por parte de quem era e é mais fechado em grande parte dos setores.

Com descrições breves dos blocos que estão se formando nos vários continentes, com destaques muito diversos (em particular na África, nos blocos de que fazem parte os países lusófonos, são sempre muito mais relevantes os níveis de comércio extrabloco do que intrabloco), ver por exemplo Medeiros (1998), Porto (2001:485-493; 2004:454-462) ou Tercinet (2000). Especialmente sobre as integrações na África ver Vasques (1997).

A tabela 1 dá a dimensão relativa desses "blocos" (antes do alargamento da União Européia em 2004).

Tabela 1

Blocos	PIB[1]	Número de países	Área[2]	População[3]	PIB per capita[4]
Nafta	8.852	3	21,293	400,4	22.108
União Européia	8.330	15	3,1191	369,7	22.135
Japão	4.089	1	0,378	126,3	350
Mercosul	1.112	4	11,911	210,0	5.295
China	924	1	9,597	1.255,7	736
Asean[5]	554	7	3,387	443,2	1.250
Índia	427	1	3,288	982,2	435
Austrália	387	1	7,741	19,0	20.368
Rússia	332	1	17,075	147,4	2.388

Fonte: Banco Mundial (1999/2000) (com dados mais recentes, ver *The Economist*, 2003, e World Bank, 2003). Com o alargamento de 2004, a União Européia teve um acréscimo de 23,1% na área, 20,3% na população e 5% no PIB (diminuindo, pois, o PIB *per capita*; ver Porto (2004:456).
[1] Bilhões de dólares (EUA).
[2] Milhões de km².
[3] Milhões de habitantes.
[4] Dólares.
[5] Os valores do Brunei são de 1995; sendo todos os demais de 1998.

Constata-se a perda de posição da Rússia e a subida de posição de países como a China e a Índia (sobre eles, que se beneficiaram com as aberturas dos mercados nos anos 1990, ver Dan, 2001, e Das, 2002, respectivamente).

Diferenciando por países, destaca-se o "peso" dos "quatro grandes" da União Européia, ocupando os quatro lugares a seguir ao Japão, acima da China. Segue-se o Brasil, com US$768 bilhões (US$4.630 *per capita*), acima do Canadá (com US$581 e US$19.170, respectivamente) e da Espanha (com US$555 e US$14.100), que vêm logo a seguir, ou ainda por exemplo com mais do dobro que o México, que tem US$368 bilhões de PIB (US$3.840 *per capita*). Tal situação está dando lugar a uma vasta e interessante literatura procurando, entre outros pontos, ver em que medida se caminha no sentido do protecionismo (com todas as implicações que vimos em termos de disputas entre os espaços regionais) ou no sentido do livre-comércio multilateral (mantendo-nos na lógica livre-cambista do art. 24 do Gatt): com as implicações favoráveis que foram apontadas.

O significado desses movimentos

Procurando perscrutar o futuro, é importante saber se deverão ou tenderão a constituir espaços auto-suficientes ou pelo contrário espaços de abertura em nível mundial. Constitui questão de grande importância para a Europa e para o Mercosul por causa da sua estratégia, devendo ter em conta o que se passa nos demais espaços.

A abertura muito diferente dos vários blocos

A situação peculiar dos vários blocos leva a que seja também muito diferente a sua interdependência e dependência de externos,[37] o que pode ser visto na tabela 2, considerando "blocos informais", de um modo aproximado, os espaços continentais.

Tabela 2

Região	Percentagem do comércio intrabloco/ano						
	1948	1958	1968	1979	1993	1997	2000
Europa ocidental	41,8	52,8	63,0	66,2	69,9	67,0	67,8
Pecos (ex-URSS)	46,4	61,2	63,5	54,0	19,7	18,6	26,6
América do Norte	27,1	31,5	36,8	29,9	33,0	36,2	39,8
América Latina	20,0	16,8	18,7	20,2	19,4	20,5	17,3
Ásia	38,9	41,1	36,6	41,0	49,7	50,7	48,9
África	8,4	8,1	9,1	5,6	8,4	9,4	7,6
Oriente Médio	20,3	12,1	8,1	6,4	9,4	6,6	6,5
No mundo	32,9	40,6	—	—	50,4	50,2	49,2

Fontes: Organização Mundial do Comércio (1995:39) e Barthe (2003:43).

Com dados mais desagregados para a União Européia (média de 1998-2000) ver Tsoukalis (2003:77). Quanto às exportações, além de 61,9% serem entre os 15 países então membros, 7,8% são para os países candidatos à adesão (já membros no dia 1º de maio de 2004), num total de 69,7%. Considerando ainda as exportações para a Suíça (3%) e os países mediterrâneos (2%),

---

[37] Num quadro geral de aumento da importância do comércio intrablocos no mundo, em 1985 já 53% do total (ver Serra et al., 1997:8).

temos que o "bloco informal" europeu garante cerca de 3/4 das vendas (noutros espaços assumem destaque apenas os EUA, com 9,0%, estando o Mercosul num conjunto residual, com 9,7%). Nas importações, 59,8% são intra-UE, vindo 4,5% dos países candidatos, num total de 64,3%, somadas a 2,6% vindos da Suíça e 1,6% dos países mediterrâneos, chegando-se ao valor de 68,5% para o "bloco informal" europeu, tendo destaque ligeiramente maior os movimentos do Japão (3,7% das importações), da Asean (2,8%) e da China (2,5%), mas continuando a ser os EUA o parceiro "exterior" mais importante (8,3%), com o Mercosul incluído numa rubrica de "outros" que representa 11,2%.

Vê-se que, em geral, aumentou o comércio intrablocos, constituindo a maior exceção o caso dos Pecos e da Rússia a partir do desaparecimento do Comecom (desaparecendo o "bloco formal" poderia eventualmente ter-se mantido um "bloco informal"). No caso do Oriente Médio, o aumento da dependência exterior está ligado à prevalência que passou a ter a exportação do petróleo (possibilitando também um grande aumento de importações). Por fim, destaca-se a manutenção do nível relativo do comércio intrabloco na América Latina e na África.

Além dessa evolução é interessante verificar a polarização regional de cada bloco, ou seja, a sua ligação aos demais. Trata-se de análise feita por Kol (1996), revelando que a Europa constitui um caso singular, de dependência fundamentalmente de si própria. Já nos casos de África e dos Pecos verifica-se um predomínio do comércio extrabloco, fundamentalmente com a Europa ocidental, que tem ainda um destaque muito grande — em primeiro lugar ou próximo do primeiro lugar — para todos os demais blocos (ver Porto, 2001:519-525).

Na evolução de 1960 para 1992 a diferença maior verificou-se naturalmente com os países que antes faziam parte do Comecom, passando de uma grande dependência deles próprios para uma muito maior da Europa ocidental; sendo também interessante a evolução do Japão, que passou a ser muito mais dependente da Europa ocidental. Curiosamente diminuiu a dependência da América do Norte em relação à Europa ocidental e desta em relação àquela, o que poderá sugerir um afastamento entre os dois lados do Atlântico Norte (que continuam todavia a constituir reciprocamente de longe os maiores mercados, tanto para bens materiais e serviços quanto para investimentos; ver Dicken, 2003).

Conclusões: as dúvidas levantadas pelo "novo (segundo) regionalismo" | 71

O aumento dos comércios intra e extra-regional

É importante porém destacar que com o aumento relativo do comércio intrabloco não deixou de haver aumento absoluto do comércio extrabloco, como mostra a tabela 3.

Tabela 3
Comércio intra e extrabloco

Ano	PNB	Comércio Total	Intrabloco	Extrabloco
1958	100	10	4	6
1993	200	36	18	18

Fontes: OMC (1995:41); ver também os quadros reproduzidos em Harmsen e Leidy (1994:130); e Comissão Européia (1997a:58).

Tendo duplicado o PNB, aumentou o segmento relativo do comércio, passando a representar 18% desse valor em 1993, quando representava 10% em 1958 (mais do que triplicou; ver Serra et al., 1997:IX; ou Porto, 2001:21-22 com os valores desde o início do século). Neste maior crescimento foi naturalmente mais importante o crescimento do comércio intrabloco, com um destaque em relação ao produto que mais do que duplicou (passou de 4 para 9% do PNB); mas não deixou de aumentar o relevo do comércio extrabloco, passando de 6 para 9% do PNB (ver ainda Comissão Européia, 1997a, loc. cit.).[38]

Não é pelo fato de, como seria de esperar, o comércio intrabloco aumentar mais do que o extrabloco que se deve considerar negativamente o regiona-

---

[38] Não deixando de qualquer modo de se avançar também no sentido da globalização (ou mundialização), com componentes que vão bem para além da componente econômica. Entre uma literatura em expansão, ver Lévy (1994 e 1997), Vernon (1996), Carfantan (1996), Martins (1997), Les Dossiers de l'Etat du Monde (1997), Fouquin e Siroën (1998), Friedman (2000), Panagariya (2000), Santos (2001), Passet (2001), Stiglitz (2002), Legrain (2002), Pettipor (2003), Dicken (2003), Berberoglou (2003) ou Held e McGrew (2003); ou na literatura portuguesa Silva (1996b), Lima (1998) ou Abrunhosa (1999). Com visões muito negativas ver Martin e Schumann (1998), Latouche (1999:8) e Chang (2003) ou, com perspectivas especialmente positivas, Minc (1997), Bhagwati (2002) ou Irwin (2003). Considerando a percepção e a resposta dada por alguns países europeus ver Verdon (2000), ou apontando para o que deve ser feito pelos países, em face da globalização, Weiss (2003).

lismo, podendo ser mesmo o modo de se avançar com mais segurança e/ou mais rapidamente para o multilateralismo.

Não é correta a sugestão de Yeats (1996), num estudo sobre o Mercosul, de que só será favorável uma situação em que o comércio extrabloco cresça mais do que o intrabloco (refutando a sua posição ver Flôres, 1996b). Na formulação da OMC (1995:45), *"the fact that third countries have a smaller share in the trade of member countries does not rule out an increase in the absolute level of third countries exports"*. Wei e Frankel (1998) mostram que pode haver uma melhoria do bem-estar mesmo sem o cumprimento da chamada "proposta McMillan", de alteração do art. 24 do Gatt, no sentido de se exigir a manutenção do mesmo volume de comércio com os países externos.

As estratégias dos blocos

Aqui, além de se ver a tendência em cada bloco, avaliam-se as estratégias comerciais que podem ser seguidas.

A dimensão de alguns blocos, como o europeu e o norte-americano, pode suscitar uma tentação protecionista, julgando-se que se tem aí um mercado suficiente para o desenvolvimento das economias. Com a totalidade do continente europeu (acrescido dos países do leste e do sul do Mediterrâneo) há um bloco informal de várias centenas de milhões de pessoas, podendo os EUA formar um bloco também de grande dimensão com os países das Américas, a Alca, proposta ora em debate (ver parte III), para não falar de uma "coligação" asiática pela Apec.

Cuidando apenas dos interesses próprios, os europeus e os norte-americanos seguiriam então políticas desfavoráveis às outras áreas: na linha do argumento dos termos do comércio ou das políticas comerciais estratégicas (capítulo 5). Poderá integrar-se aqui a posição de Tyson (1990) na defesa do "comércio controlado" (*managed trade*); em termos aplicáveis aos blocos comerciais, tendo-se conseqüentemente *stumbling blocs* e não *building blocs*, na já mencionada distinção de Lawrence (1991; ver também Bhagwati, 1991 e 1993; Bhalla e Bhalla, 1997), não se estando diante de um *open regionalism*.

Como já vimos, é preciso saber se é mais vantajoso seguir uma estratégia "agressiva" ou uma estratégia cooperativa, pondo-se aqui o "dilema do prisioneiro" (capítulo 5); e no caso europeu, além do interesse próprio, se seria uma

Conclusões: as dúvidas levantadas pelo "novo (segundo) regionalismo"

estratégia de acordo com as suas responsabilidades perante o mundo, em especial o menos desenvolvido, que está mais estreitamente ligado (ver os quadros da polarização regional em Porto 2001:519-525, sendo em especial impressionante a dependência da África, com os níveis de pobreza que podem ser vistos por exemplo em Porto, 2004:516-523, em relação à Europa).

Não se pode de fato ter a ingenuidade de pensar (há quem o faça) que os países externos assistiriam passivamente ao impedimento da exportação dos seus produtos, continuando a importar os europeus; havendo além disso também naturalmente um efeito negativo de rendimento sobre as exportações européias (ver Carfantan, 1996).

É diferente, como objetivo, uma posição de acordo com a qual se poderá usar o "peso" de que se disponha no comércio mundial para obrigar países e blocos fechados a abrir as suas fronteiras, posição representada, por exemplo, por Dornbusch, de que deveria haver um entendimento entre a Europa e os EUA, dois blocos de liberdade econômica e política, para "forçarem" os demais à abertura do comércio. Segundo Dornbusch, isso se aplica especialmente aos EUA, entendendo que eles deveriam "*threaten Japan with a tariff on its imports as a device to widen its markets for American goods*" (Lawrence e Schultze, 1990:11); mas "*it would be preferable for the United States to act in concert with the European Community in opening Japan*" (Dornbusch, 1990:124; Steinberg, 1997). Esta idéia é partilhada por Krugman (1991b:576): "*the great political advantage [to Europeans and North Americans] of regional pacts is that they can exclude Japan*". Julgamos não estar em questão "excluir" o Japão, mas sim levá-lo a seguir também as regras do livre-comércio.

EUA e UE são dois blocos com responsabilidades e interesses especiais, que deveriam abrir-se entre si (tabela 1) e poderiam exercer uma "pressão" desejável para a abertura comercial também dos outros espaços do mundo, especialmente do bloco asiático, avesso a seguir as "regras do jogo" do comércio internacional.

Assim poderão se beneficiar das vantagens gerais proporcionadas pelo comércio internacional, podendo e devendo os blocos regionais ter o papel que vimos, criando condições para que se implantem e consolidem setores competitivos no nível mundial, e contribuindo, com a sua influência e o seu exemplo, para que seja ampliado o âmbito do livre-comércio mundial.

A perspectiva de que se caminhe para o livre-comércio mundial

Apesar de haver forças que se opõem a esse interesse geral (Porto, 2001:163-173), deve-se saber se virão a prevalecer ou se, pelo contrário, prevalecerão as forças do livre-cambismo.

Quanto a isso, Krueger (1990 e 1995), Bhagwati (1993 e 1994), Lal (1994) e Wolf (1994) têm posições extremamente pessimistas, defensores convictos do livre-cambismo, que vêem com a maior apreensão a formação de blocos regionais,[39] julgando haver agora um perigo que não havia nos anos 1960.

O receio desses autores se baseia em razões de origens muito diferentes: o menor (ou nenhum) empenho no livre-comércio quando se consegue já nos blocos de que se faz parte as economias de escala consideradas suficientes (Lévy, 1997); a criação de uma mentalidade protecionista (uma *"fortress mentality"*, vendo-se um *"strengthened regional market as an excuse for erecting barriers to external competition"*; Serra et al., 1997:16; Hine, 1997); a falta de apoio político gerado (*"regional agreements might undermine broad-based political support for a multilateral agreement. The pace of multilateral liberalization will be slowed if the specialists needed to negotiate multilateral pacts are asked to spend their time instead on regional patterns"*); ou o empenho nos projetos regionais de pessoas e energias que deixam por isso de estar disponíveis ou motivadas para "lutar" pela economia livre mundial.

Naturalmente, esses autores juntam às considerações sobre a probabilidade de não se caminhar para o livre-comércio mundial juízos de valor negativos sobre os blocos. A alegação é que são seguidas as políticas "agressivas" e inconvenientes já referidas: *"as countries band together into regional trading blocs, their collective monopoly power in world market grows"*. Greenaway (1992:1488) cita os riscos de *"destructive trade wars"* num mundo *"dominated by three large and powerful trading blocs"*, não havendo a estratégia cooperativa.

Bhagwati (1993 e 1994) acha que os blocos "apagam" as nações, o que pode ser observado em diferentes planos, desde o político, mas que é considerado por ele negativamente no plano econômico, na medida em que se perderiam assim a diversidade e a dinâmica que se verificam no plano nacional (mesmo

---

[39] Krueger (1995) considera a tendência atual *"a tragedy in the making"*.

Conclusões: as dúvidas levantadas pelo "novo (segundo) regionalismo" | 75

regional), promovendo o aproveitamento das diferentes vantagens comparativas de que se dispõe. Silva e outros (1996:52) não compreendem, contudo, que Bhagwati (1994:240) tenha esta posição negativa em relação aos blocos, mas já em relação ao comércio mundial reconheça que "a diversidade das políticas, das instituições e das normas nacionais é em geral compatível com trocas livres e vantajosas para todas as partes", não entendendo "como é que uma lógica que pode ser positiva no quadro de uma nação, não o pode ser para um grupo de nações!?", mais concretamente, que a expressão da dinâmica nacional se afirme no plano mundial mas não no seio de um espaço de integração.

A abertura no plano mundial ou no regional, com o desaparecimento das "almofadas" protecionistas, estiolantes do engenho de cada um, tem a "virtude" de obrigar a "um conhecimento aprofundado das dificuldades e das potencialidades existentes e não pode descurar nenhum fator, onde quer que se encontre, capaz de ajudar a competir face ao exterior" (Porto, 1992a:47). Trata-se de desafio que acontece obviamente em qualquer nível de abertura.

Há indicações de que não seja esta a tendência, havendo forças no sentido do comércio mundial que, acredita-se, se sobreporão, contribuindo para que, como já vimos, junto com o aumento do comércio intrabloco, em termos absolutos, aumente também o extrabloco.

Uma tomada de consciência crescente das maiores vantagens do livre-comércio poderá surgir. Já vimos que mesmo a conjugação da experiência positiva de que se dispõe com os ensinamentos da teoria é com freqüência insuficiente diante das forças protecionistas (Porto, 2001:165-173). É especialmente ingênua a "fé" no conhecimento dos economistas expressada por Pechman (1975:72) com a afirmação de que é "uma situação que está a melhorar gradualmente, através de uma participação crescente de economistas em assuntos públicos e um tratamento sofisticado dos acontecimentos econômicos nos jornais, revistas e outros meios de comunicação". Mas a acumulação de indicações favoráveis[40] não deixará de ter a sua influência, "pesando" cada vez mais no prato da balança favorável ao livre-cambismo.

---

[40] Por exemplo, os resultados de grandes projetos de avaliação promovidos pela OCDE, resumidos em Little, Scitovsky e Scott (1970); pelo National Bureau of Economic Research (NBER), resumido em Bhagwati (1978) e Krueger (1978); e pelo Banco Mundial, primeiro com um projeto no início dos anos 1980, sintetizado em Balassa e outros (1971), e depois com um novo projeto no final da década, com a síntese em Papageorgiou, Choksi e Michaely (1990); o estudo sobre Portugal é de Macedo, Corado e Porto (1988) (ver ainda Sachs e Warner, 1995); e no plano teórico os ensinamentos da teoria das divergências domésticas são expostas em Porto (2001:147-162).

Sem dúvida, com o afastamento do protecionismo haverá sempre setores penalizados e espíritos derrotistas ou pelo menos inquietos; mas a comparação tem de ser feita com o interesse da maioria dos cidadãos e com o que teria acontecido sem a abertura comercial (*anti-monde*), havendo fatores independentes que teriam levado também (provavelmente em maior medida) aos problemas que agora nos afetam (especialmente o problema do desemprego).

A economia portuguesa é um caso bem significativo de dependência do exterior, em setores especialmente criadores de emprego, caso do setor têxtil e das confecções, a que podem acrescentar-se os setores de calçado, automobilístico, florestal etc. Pode-se imaginar o descalabro que resultaria do fechamento dos mercados onde os produtos portugueses são colocados, não se podendo obviamente esperar que Portugal fechasse sem que os outros fizessem o mesmo.

Com os interesses contraditórios presentes aguarda-se que se confirme o peso das grandes empresas multinacionais.[41] E que, ao lado de empresas menos ambiciosas que julgam ser o bastante ou se beneficiam com espaços mais restritos, vá prevalecendo o peso maior de empresas competitivas que não se satisfarão com esses limites.[42]

Independentemente de serem ou não grandes empresas ou grupos, observa-se também que há uma maior abertura com o processo de privatizações que acontece na maioria dos países do mundo. Os empresários privados, diferentemente das entidades públicas, não se podem dar ao "luxo" de deixar que se fique aquém das oportunidades de uma máxima eficiência, conseguida com a abertura comercial e o funcionamento do mercado, sendo também este o interesse dos consumidores, apesar da enorme dificuldade de fazerem prevalecê-lo (Porto, 2001:165-173).

---

[41] Veremos adiante as posições distintas de Holland (1976) e Ohmae (1995), defendendo que se verifica assim um atenuamento das fronteiras nacionais (sobre o papel que deverá continuar a caber aos Estados nacionais ver Hirst e Thompson, 1996; Weiss, 2003; ou numa outra perspectiva Porto, 1992a).
[42] Foi curioso o caso, que um dos autores deste livro acompanhou como relator do Parlamento europeu, de um acordo de abertura de compras públicas entre a União Européia e os EUA com uma demarcação nítida entre as empresas mais ou menos competitivas que foram convidadas a participar de uma audição pública organizada na Comissão das Relações Econômicas Externas (REX), tendo a maioria dos deputados ficado convencida da melhor razão da abertura comercial, aprovando na comissão e depois no plenário o acordo negociado (Porto, 1999a:135-138).

Conclusões: as dúvidas levantadas pelo "novo (segundo) regionalismo" | 77

Não se pode esquecer de que não só as empresas públicas querem o protecionismo, em muitos casos ele tem sido reflexo do *lobbying* de setores privados menos preparados para a concorrência que perdem com a abertura da economia. Não tendo as vias de influência mais direta das grandes empresas e dos grandes grupos, conseguem-na com o "peso" eleitoral do seu número, dos seus trabalhadores e da sua implantação geográfica, com a intervenção das suas estruturas representativas, conjugando-se aliás os esforços das estruturas patronais e sindicais para salvarem as empresas e os empregos em risco.

A formação de espaços regionais de integração é de fato uma via de aproximação do livre-comércio mundial. Cable (1994:12) menciona que se consegue com eles a atenuação dos nacionalismos econômicos, com o aumento da consciência da vantagem e mesmo da necessidade de uma maior interdependência; ou que de qualquer modo se ganha uma "experiência" útil de abertura comercial.[43] Assim se contribui para o afastamento de obstáculos a uma desejável liberalização.

Assinale-se também que mesmo nos blocos que constituem mercados muito favoráveis é clara a insatisfação dos seus responsáveis (não só das empresas multinacionais citadas), procurando sempre interseções com outros blocos e países. Assim acontece na União Européia.

Mas compreende-se que a insatisfação seja muito maior da parte de países que representam mais do que todos os demais membros do seu bloco, como são os casos dos EUA no Nafta e do Brasil no Mercosul, tendo obviamente de procurar outros mercados para a venda dos seus produtos, em outros blocos ou de preferência no quadro mundial.

São "forças de abertura" que têm prevalecido, reconhecendo a própria Organização Mundial do Comércio (OMC, 1995:2) que "*there have been no fortress type regional integration agreements among WTO members*"; tendo sido países de blocos regionais que "forçaram" a conclusão (difícil) da Rodada Uruguai, exatamente num momento sem paralelo de criação, alargamento e/ou reforço dos seus mercados. Podendo defender-se inclusive (Greenaway, 1992;

---

[43] Nas palavras deste autor, "*it is a useful laboratory for new approches to deeper integration which can be applied multilaterally (in relation for example, to product and technical standards, services, government procurement, state subsidies, competition policy and dispute settlement*"), dando, segundo Serra e outros (1997:17), "*valuable information that could make multilateral agreements more palatable and durable*".

Pomfret, 1996) que a formação de blocos regionais foi um sucedâneo ao retardamento de uma desejada conclusão da negociação.

Com menos capacidade de pressão mas sendo igualmente um elemento a atender, há que considerar por outro lado os interesses e o empenho dos países que ficam de fora de qualquer bloco[44] ou dos blocos onde estão os melhores mercados. A resposta a esses casos, que os membros dos blocos não deixarão de ser levados a dar, estará na celebração de acordos preferenciais (numa linha que, também em benefício dos países-membros, fará baixar os efeitos de desvio do comércio e multiplicar os demais ganhos proporcionados pelos espaços de integração).

Com a consciência das vantagens do comércio internacional, a formação de blocos pode ser ainda um elemento facilitador de negociações, na medida em que diminui o número de negociadores (fator sublinhado também por Cable, 1994:12; ou por Dent, 1997:5).

Assim acontece com a participação da Comunidade Européia, nas negociações do Gatt (agora da OMC), com somente a comissão (pelo comissário competente) participando nas reuniões, de acordo com o mandato de negociação atribuído pelo conselho.

Por fim, a formação de mercados "únicos" dentro dos blocos, embora visando primeiramente o interesse dos países-membros, vem harmonizar e uniformizar normas e criar outras condições que tornam muito mais fácil o acesso de países externos. A harmonização proporcionada na Europa pelo Ato Único faz com que um exportador ou investidor americano ou brasileiro não tenha de conhecer e adaptar-se a requisitos diferentes de país para país; pode ter acesso a todos eles com o cumprimento das mesmas regras.[45] É uma grande vantagem,

---

[44] Antes de poderem se beneficiar de um "efeito dominó" (Baldwin, 1993 e 1995), com a "junção" das peças que estão mais próximas (com os mesmos números), tornando-se membros de algum espaço de integração. Com a multilateralização do comércio, deixará de se julgar necessária a participação num bloco regional (Lloyd, 1996:39).

[45] Ver Murphy (1990:81 e segs.) e Woolcock (1994). No caso europeu com a vantagem para eles, que não existe em relação aos demais espaços de maior destaque, de haver instituições comuns de apreciação do eventual desrespeito às regras estabelecidas (a comissão e os tribunais da União). Uma outra vantagem proporcionada pela Europa é ainda o anúncio comum, no *Jornal Oficial*, dos concursos públicos de maior importância. Lawrence (1996) e Lawrence, Bressand e Ito (1996) destacam também o acréscimo de investimento estrangeiro assim conseguido. A Comissão Européia (1998b:5) menciona o reforço do mercado interno em resposta à multilateralização do comércio. No caso da América Latina as regulamentações internas e os protecionismos existentes contribuíram para o fracasso dos movimentos de integração das décadas anteriores (Porto, 1993b; Braga, 1994; Harmsen e Leidy, 1994, e Thorp, 1998).

esperada pela UE quando concorrer em mercados de outros blocos. Por isso, é do seu interesse que se aprofundem igualmente os processos de integração dos outros blocos. De um modo especial, a criação de uma moeda única veio facilitar a atividade negocial no espaço da União.[46]

O papel da Organização Mundial do Comércio (OMC)

Na evolução favorável que é esperada, a Organização Mundial do Comércio, criada na seqüência da Rodada Uruguai (na reunião final de Marrakech, em dezembro de 1993), deve ter um grande papel.[47]

Durante três décadas e meia foi sem dúvida importante o papel do Gatt, pelos dois mecanismos básicos de que dispõe: a aplicação da cláusula da nação mais favorecida e as negociações (rodadas) multilaterais.

Na Rodada Uruguai, a oitava realizada, conseguiram-se progressos expressivos. Havia sido muito grande o relevo dos anteriores, tendo o volume do comércio subido de US$10 bilhões na Rodada de Genebra (1947) para US$155 bilhões na Rodada de Tóquio (1973-79), com o número de países-membros subindo de 23 para 99. Mas foi um grande progresso que a Rodada Uruguai tenha considerado outros setores, como a agricultura, os serviços, a propriedade intelectual (as patentes), o ambiente etc., tendo o valor do comércio considerado subido para US$ 1 trilhão e o número de participantes no final já para 117 (são agora 146).

Também os passos na política *antidumping* devem ser registrados, bem como a atenção dada aos investimentos diretos estrangeiros, com uma importância crescente, multiplicando em 12 vezes entre 1973 e 1995, período ao longo do qual as exportações aumentaram oito vezes e meia (OMC, 1995); e podendo também com os investimentos haver efeitos de desvio muito negativos (Serra et

---

De la Torre e Kelly (1992), acreditam que isso se deveu à circunstância de serem países menos desenvolvidos. Numa linha de preocupação com a promoção da concorrência nos vários espaços do mundo está uma revista que a OCDE começou a publicar em 1999, *Revue de L'OCDE sur le Droit et la Politique de la Concurrence* (ver igualmente um livro recente de Romano, 2003).
[46] Lloyd (1996:35) menciona os efeitos de rendimento conseguidos com os blocos formados: *"real income effects on member countries are almost certain to benefit outside countries collectivelly, because of the increased demand for goods and services"*.
[47] Sobre esta instituição e as suas perspectivas ver Messerlin (1995), Fundação Luso-Americana para o Desenvolvimento — Flad (1998), Lafer (1998), Bhagwati e Hirsch (1998), Lima (1998), Medeiros (1999), Warêgne (2000), Anderson (2000), Rainelli (2002) ou Carreau e Juilllard (2003).

al., 1997:14-15). Constata-se que "*a necessary complement to trade liberalization is the liberalization of private investment*", não podendo por isso deixar de estar "*at the heart of the WTO*" (OMC, 1996).

Por outro lado, foi em especial a inclusão de um novo setor, o agrícola, que provocou dificuldades na Rodada Uruguai, levando as negociações a durarem sete anos, mais três além da data prevista para a sua conclusão em dezembro de 1990 (sobre isso ver Hodges et al., 1994; Josling et al., 1996; Cunha, 1999). Repete-se a "história" agora com a Rodada do Milênio, ainda recentemente com o insucesso da reunião de Cancún (em setembro de 2003), com a "novidade" de os EUA terem deixado de fazer parte do grupo dos "agricultores pobres", passando para o lado da União Européia, acusados de darem ajuda direta que impede condições justas de concorrência (ver Porto, 2005b).

Temos assim uma progressão verificável, estando no âmbito do Gatt a maior parte do comércio mundial. Trata-se de evento que poderá ajudar a que se caminhe com realismo e eficácia para uma melhor definição e um cumprimento maior das regras do comércio internacional, agora com a OMC; um papel que será de especial importância quando estão em causa questões com países fora de qualquer bloco, entre países de diferentes blocos ou mesmo entre países de um bloco que tenha dificuldades em ter um mecanismo eficaz de resolução de conflitos (devido à grande diferença na sua dimensão, como acontece no Mercosul e no Nafta).[48]

Com essa experiência devemos perguntar se não é necessário ir mais além, relativamente ao conseguido em Marrakech. É uma questão importante quanto à adequação das regras em vigor (parecendo ser necessária uma atualização do art. 24; ver Serra et al., 1977:27-55, que dedica a esse problema a maior parte do seu relatório), mas que para além disso tem um grande relevo a propósito do processo de resolução de conflitos (com a intervenção de "painéis" de peritos).

Os passos já dados foram positivos.[49] Mas só o tempo dirá se serão suficientes num mundo em que os pesos dos interesses em disputa são com fre-

---

[48] Com a análise teórica da vantagem de um mecanismo mundial de resolução de conflitos ver Lévy e Srinivasan (1996).
[49] Com a sua descrição e destacando o progresso conseguido em relação à situação anterior ver Renouf (1995), Robert Baldwin (1995:168-169), Cunha (1997) e os artigos inseridos em Flad (1998), principalmente os de Santos e Moreira. Sobre as forças políticas que em cada caso podem levar a uma maior ou menor abertura ver Hoekman e Kostecki (2001). Com uma perspectiva brasileira ver Lafer (1998).

Conclusões: as dúvidas levantadas pelo "novo (segundo) regionalismo"

qüência muito desiguais, estando naturalmente agora os olhares voltados para o modo como vai decorrer a Rodada do Milênio (sobre os riscos de ressurgimento de acordos bilaterais, em particular por parte dos EUA, ver Guimarães, 2005).

É muito recente a má experiência do "painel" das bananas, num conflito entre as grandes multinacionais americanas que produzem na América Latina e países ACP que têm alguma preferência no mercado da União Européia. Curiosamente a posição do painel foi contestada também por políticos do centro e norte da Europa, receando um precedente na condenação de outras organizações comuns do mercado da PAC, incluindo naturalmente aquelas em que estão interessados (por exemplo as organizações comuns do mercado da carne de vaca, dos produtos lácteos e dos cereais, ver capítulo 13).

Diante dos desafios da globalização, de que não se pode nem se deve fugir, devendo antes procurar-se mecanismos de regulação mundial, as instâncias regionais podem não ser suficientes. Todos os esforços possíveis devem ser feitos para que a OMC (ou alguma outra organização) se afirme de fato como uma instância eficaz, estabelecendo e assegurando o cumprimento das regras do comércio internacional.

Espera-se que esteja errada a opinião cética de Dent (1997:196), julgando que, não obstante o prestígio e o âmbito geográfico da OMC, "*its powers of enforcement, like those of its predecessor, are almost non-existent*" (ver Carfantan, 1996:175-181; ou uma publicação da própria OMC, 2000, especialmente um artigo de Anderson, sobre a sua agenda futura).

Os espaços regionais de integração podem e devem ter grande destaque no interesse próprio e mundial, como são os casos da União Européia e do Mercosul, com as políticas que passamos a analisar a seguir.

Parte II

Políticas da União Européia

Capítulo 11

Fundamentos das políticas da União Européia

Depois de conhecido o essencial da teoria da integração, veremos os traços fundamentais de algumas políticas da União Européia. Continua-se a falar em políticas "comunitárias", tratando-se de um modo geral de políticas das comunidades européias, quase todas da Comunidade Européia, a ex-Comunidade *Econômica* Européia, mas citando também a política energética da Ceca e do Euratom (capítulo 13).

Ao realizar uma seleção, visando o leitor brasileiro, privilegiamos políticas que ilustrassem melhor o que foi exposto na primeira parte e/ou fosse mais do seu interesse, por ter implicações na sua atividade, por exemplo como empresário, investindo ou vendendo na Europa, ou "sofrendo" no seu território com uma concorrência "desleal", ou ainda por exemplo como turista, circulando do outro lado do Atlântico. Justifica-se assim a abordagem de políticas como a de concorrência, a monetária (agora com a "moeda única"), a de circulação de fatores[50] (incluindo as liberdades de estabelecimento e de prestação de serviços), a criação do mercado único ou ainda a política agrícola comum (PAC). A exposição da política de transportes explica-se também (além de favorecer a atividade de empresários brasileiros na Europa) por poder conter indicações comparativas úteis para a política a seguir neste caso no Mercosul. Não teria sentido abordar a política orçamentária, sem relações próximas para quem esteja noutro bloco (a menos que fosse por exemplo um bloco dependente de ajuda externa da União Européia, o que não é o caso) não se antevendo que o Mercosul venha a ter um orçamento semelhante.

---

[50] Alguns aspectos da política social são abordados por causa da circulação dos trabalhadores.

Aspectos orçamentários de grande importância sobre a PAC, o ampliamento e a política regional não serão, todavia, excluídos. Algumas noções de harmonização tributária serão tratadas por causa da criação do "mercado único de 1993" devido a um problema de concorrência que existirá também no Mercosul, mesmo num só país (caso do Brasil), com tributações diferentes (sobre o consumo) de estado para estado.

Não sendo previsto também que haja uma política regional no Mercosul, porque requereria um orçamento que a promovesse, acabamos porém incluindo a exposição da política regional da União Européia. Por um lado, tratando-se de uma política determinada basicamente pelo reforço do conjunto comunitário, por um maior equilíbrio entre todas as suas partes (a experiência mostra que assim é), vem aumentar as possibilidades empresariais de quem está de fora, por exemplo de um empresário brasileiro investindo em Portugal. Tratando-se além disso de uma experiência bem-sucedida, poderá ter interesse para o leitor de um país, como o Brasil, ainda com grandes desequilíbrios espaciais[51] (independentemente de o apoio à política a seguir vir de um orçamento supranacional, federal ou de um dos estados do país). A apresentação da experiência portuguesa pode ser justificada como um *case study*, um caso bem-sucedido mas onde há ainda aspectos negativos a corrigir, podendo compreender-se também uma curiosidade particular sobre ela num país onde há tantos cidadãos com ascendência portuguesa (assim como tantos empresários interessados em investir em Portugal, pelo crescimento mais equilibrado e maior desse país).

Na exposição das políticas não há a preocupação de entrar em pormenores, em que os leitores deste livro não estarão interessados ou que, se o estiverem, terão um acesso fácil em muitas outras fontes.[52] O importante é dar os seus traços essenciais, em especial vendo como podem ser avaliadas à luz da teoria da integração (e abrindo caminho para as leituras complementares que julguem necessárias).

Procurando dar uma seqüência lógica à exposição, agrupamos primeiro políticas que são caminhos para permitir uma maior concorrência e uma melhor circulação (dos bens e dos fatores), depois as que visam diretamente a

---

[51] Ilustrados por Rossetti (2003: 259 e segs.).
[52] Também por motivo de espaço e como acontece em quase todos os livros-texto deste tipo não é mencionada a maioria dos diplomas (regulamentos, diretivas etc.) em que se baseiam as políticas (constituem exceções Barav e Philip, 1993; Moussis, 2003, sendo consultas recomendadas).

promoção de determinados setores e a seguir a política regional, que pretende um maior equilíbrio espacial, e, assim, a valorização do conjunto da União Européia.

Não é um critério totalmente satisfatório, podendo ser vistas na primeira perspectiva — para conseguir uma concorrência mais favorável — políticas como a industrial, a de pesquisa e desenvolvimento tecnológico ou a regional, e não deixando por exemplo os transportes de ser um setor com objetivos específicos, procurando corresponder aos interesses dos consumidores. Diante das hipóteses que poderiam abrir-se, incluindo a de não se seguir nenhum critério, essa ordenação parece ter uma justificativa substancial e pedagógica.

Outra possibilidade seria seguir a ordenação do Tratado de Roma, mas, além de ser a ordem do tratado, não haveria outra justificativa para o seu uso, não tendo por exemplo lógica intercalar a agricultura (título II) entre a livre circulação de mercadorias (título I) e a livre circulação de pessoas, serviços e capitais (título III).

Não seria lógico também seguir a ordem de Nicoll e Salmon (2001), distinguindo políticas "comuns" (casos das políticas agrícola e comercial), políticas-"chave" (*key economic policies*, casos do mercado único e das políticas de concorrência, fiscal e monetária) e "outras" (casos, entre várias, das políticas social, regional e de ambiente), sem saber como definir política-chave e sendo de qualquer forma estranho o enquadramento de algumas políticas, por exemplo considerando-se comum a política de transportes e não a monetária, ou relegando-se para as "outras" as políticas estruturais.

Seria mais justificável distinguir entre políticas micro e macroeconômicas, como fizeram Nielsen, Heinrich e Hansen (1991), Healey (1995) e El-Agraa (1998). Mas, além de outros senões, igualmente é difícil entender a integração de algumas políticas: por exemplo, com que rigor El-Agraa considera as políticas agrícola e industrial nas microeconômicas e as regional e social nas macroeconômicas.

Molle (2001) tem uma ordem que se aproxima da deste livro, considerando primeiro os movimentos de bens e fatores, depois vários setores (entre eles o de transportes) e por fim, numa parte dedicada às condições para um crescimento equilibrado (numa linha apelidada pelo autor de "musgraviana"; Musgrave e Musgrave, 1989), as políticas de subordinação de recursos (política de concorrência), de estabilização (política monetária) e de redistribuição (com as políticas regional e social); acrescentando por fim um número sobre as relações externas. Não temos, todavia, ainda um critério inteiramente satisfatório: todas as políticas setoriais (tratadas primeiro), não apenas a de concorrência, têm o propósito de melhoria da subordinação dos recursos, que também não deixa de ser uma justificativa para as políticas monetária e regional.

O critério seguido por nós acaba por se aproximar mais do de Druesne (2002), que consagra a primeira parte das suas *lições* à liberdade de circulação, às regras de concorrência e às harmonizações da propriedade intelectual e da fiscalização, adotando, como primeiro título da segunda parte, a política econômica e monetária e dedicando depois o título seguinte desta segunda parte às políticas setoriais (e o terceiro título às relações comerciais com os países externos). Há pois uma nítida semelhança com o critério que seguimos, embora com diferenças de enquadramento (trata por exemplo da política de transportes nas políticas setoriais).

Além dessa ordem, embora com alguma repetição, consideramos seguidamente os passos recentes dados no sentido do mercado único e da união monetária. Apesar de já ter escrito sobre isso, principalmente sobre a promoção da concorrência e sobre a problemática monetária (capítulo 12), é justificável o destaque dado perto do final da parte II à evolução mais recente nesses domínios, bem como às perspectivas criadas pelos próximos ampliamentos: circunstâncias com implicações em outros espaços geográficos, particularmente o Mercosul.

Capítulo 12

Políticas mais diretamente ligadas à promoção da concorrência e da circulação

Política de concorrência

Quando foi formada, em 1958, a CEE visou a promoção da concorrência com o afastamento das restrições tradicionais às trocas comerciais: os impostos alfandegários, as restrições quantitativas e as restrições cambiais.

Segundo os arts. 12 a 17 do Tratado de Roma, os impostos alfandegários deviam ser progressivamente afastados até 1969, não podendo ser introduzidos "novos direitos aduaneiros de importação e de exportação ou encargos de efeito equivalente" (dispondo o atual art. 25 que *são proibidos*). Para evitar discriminações e estabelecer dessa forma um elemento essencial de uma união aduaneira os artigos seguintes (18 a 29) dispunham sobre o "estabelecimento da pauta aduaneira comum" (de acordo com o art. 19, com os direitos "fixados ao nível da média aritmética dos direitos aplicados nos quatro territórios aduaneiros abrangidos" antes "pela Comunidade").[53]

A extinção das restrições quantitativas e de medidas de efeito equivalente foi determinada pelos arts. 30 a 37 (dispondo-se nos atuais arts. 28 a 30 que *são proibidas*).

Fixaram-se assim metas seguidas sem hesitação, mesmo antes das datas previstas no tratado, desaparecendo já em junho de 1968 os últimos entraves tributários ou quantitativos à livre circulação entre os países da Comunidade Econômica Européia.[54]

---

[53] Quatro territórios porque os países do Benelux (Bélgica, Holanda e Luxemburgo) formavam desde 1938 um território aduaneiro único.
[54] Ver quadro em Swann com os prazos cumpridos (2000:103).

Simultaneamente, a multilateralização e a liberação dos pagamentos proporcionadas na Europa pela União Européia de Pagamentos (a que se seguiu o Acordo Monetário Europeu) e no mundo pelo Fundo Monetário Internacional (FMI) levaram a que também as restrições cambiais deixassem de constituir obstáculos ao livre-comércio.

Mesmo desaparecendo esses modos "clássicos" de intervenção, os países não deixariam de proteger-se às vezes com maior vigor em períodos de recessão. Outras formas de restrição às trocas e à concorrência passaram a ser utilizadas para não invalidar os compromissos internacionalmente assumidos. Algumas eram consideradas já no texto original do tratado, começando por elas a nossa exposição. Com o afastamento das formas de intervenção tradicionais, passaram a assumir um destaque maior (relativo ou mesmo absoluto), constituindo o "novo protecionismo" (Porto, 2001:41).

Na linha do tratado e como faz a maioria dos autores (Druesne e Kremlis, 1990:7; Grynfogel, 1997; Dinan, 1999 ou Druesne, 2002), distinguem-se duas vertentes, uma relativa às empresas (violações dos arts. 81 e 82) e a outra relativa a intervenções do Estado (consideradas a seguir), com uma vasta literatura[55] com uma grande referência à jurisprudência, o que bem se compreende pelo papel muito especial do Tribunal de Justiça das Comunidades (principalmente com a exigência generalizada da unanimidade e da prática da "cadeira vazia" no conselho), na "formação" do direito comunitário (sendo também importante a prática de intervenção da comissão, no âmbito da competência de que dispõe no domínio da concorrência). As tomadas de posição foram sendo exigidas num ou noutro sentido diante de uma queixa apresentada, geralmente no sentido da concorrência (com reservas em relação à intervenção da comissão; quanto à sua legitimidade política e mesmo à coerência das decisões tomadas, ver McGowan, 1998a:187-188, e as referências citadas).

---

[55] Sobre o direito da concorrência, incluindo o direito processual, ver, além das citadas, as obras de Jacobs e Stewart-Clark (1991), Van Bael e Bellis (1994), Pitt (1995), Shapira (1996), Shapira, Le Tallec e Blaise (1996), Kovar (1996), Souty (1997), Gavalda e Parliani (1998), Cini e McGowan (1998), Flynn e Stratford (1999), Faull e Nikpay (1999), Tercinet (2000), Korah (2000 e 2001), Bellamy e Child (2001), Martin (2001), Fairhurst e Vincenzi (2003:247-515), Goyder (2003) ou os artigos inseridos em Barav e Philip (1993) e em Constantinesco, Kovar, Jacqué e Simon (1992:94). Em Portugal, Alves (1989), Antunes (1995), Marques (2002) ou Ferreira (2004) (ver também Serens e Maia, 1994).

Adiante, justificar-se-á o destaque dado ao afastamento de outros tipos de restrições a propósito das políticas de transportes e da circulação dos fatores e serviços.

Em todos os casos tratou-se de afastamento promovido em grande parte pelo Ato Único Europeu (na linha do *Livro branco do mercado único*), por diplomas integrados num conjunto vasto de medidas visando o afastamento de barreiras físicas, técnicas e fiscais (capítulo 15).

Os acordos restritivos da concorrência e os abusos de posições dominantes

A seguir, serão discutidas as violações da concorrência mais freqüentes.[56] São situações distintas: no primeiro caso (do art. 81) violações da concorrência resultantes de articulações entre duas ou mais empresas; no segundo (do art. 82), práticas que poderão resultar da atuação apenas de uma empresa.

É difícil encontrar uma designação que com rigor considere conjuntamente os "acordos, associações e práticas concertadas" entre empresas: correspondente à designação francesa de *ententes*, que todavia é aplicada também especificamente ao terceiro caso do art. 81, o das práticas concertadas (Alves, 1989, "adota" em itálico a designação francesa para considerar tanto o conjunto quanto o terceiro caso do artigo).

A designação "acordos restritivos da concorrência" tem sido utilizada em relatórios da Direção Geral, cabendo perguntar se abrange devidamente todos os casos (foi o próprio legislador que "sentiu" a necessidade de distinguir três situações).

Os acordos, associações e práticas concertadas entre empresas

Nos termos do inciso 1º do art. 81,

> são incompatíveis com o mercado comum e proibidos todos os acordos entre empresas, todas as decisões de associações de empresas e todas as práticas concertadas que sejam susceptíveis de afetar o comércio entre os Estados-membros e que tenham por objetivo ou efeito impedir, restringir ou falsear a con-

---

[56] Continuando com grande destaque (ver os Relatórios Anuais da Concorrência — da Direção Geral da Concorrência e McGowan (2000:124-128).

corrência no mercado comum, designadamente as que consistam em: a) fixar, de forma direta ou indireta, os preços de compra ou de venda, ou quaisquer outras condições de transação; b) limitar ou controlar a produção, a distribuição, o desenvolvimento técnico ou os investimentos; c) repartir os mercados ou as fontes de abastecimento; d) aplicar, relativamente a parceiros comerciais, condições desiguais no caso de prestações equivalentes colocando-os, por esse fato, em desvantagem na concorrência ou e) subordinar a celebração de contratos à aceitação, por parte dos outros contraentes, de prestações suplementares que, pela sua natureza ou de acordo com os usos comerciais, não têm ligação com o objeto desses contratos.

Para que sejam proibidas é preciso que as práticas preencham duas condições: sejam suscetíveis de afetar o comércio entre os Estados-membros (com efeitos nos países da União, independentemente de poder intervir uma empresa estrangeira) e, simultaneamente, que tenham como objetivo ou efeito impedir, restringir ou falsear a concorrência.

A sanção é estabelecida no inciso 2º, onde se dispõe que "são nulos os acordos ou decisões proibidos pelo presente artigo".

O legislador não podia deixar de ser sensível à necessidade de manter e promover a competitividade da economia comunitária, para o que poderá ser necessário um aumento de escala na intervenção empresarial. Principalmente, diante da necessidade de concorrer com empresas ou grupos de grande dimensão de espaços igualmente ou mesmo mais desenvolvidos em alguns domínios, como são os casos dos EUA e do Japão.[57]

---

[57] Sobre as lógicas diferentes das políticas de concorrência na Europa e nos EUA, ver Scherer (1994), Souty (1995 e 1997) e Matos e Rodrigues (2000). Considerando perspectivas teóricas que podem estar por trás da política de concorrência, ver Salin (1995) e Young e Metcalfe (1997:118 e segs.); ou mais concretamente considerando a lógica econômica que a justifica nos vários domínios de intervenção, ver Bishop e Walker (2002). Além de isenções caso a caso há isenções por categorias, sendo imediatamente válidas as operações integráveis no seu âmbito. Assim acontece com isenções que foram admitidas nos domínios da propriedade industrial, da pesquisa e desenvolvimento, dos transportes aéreo e marítimo, dos seguros (Druesne, 2002:262-271). Os procedimentos da execução das regras de concorrência dos arts. 81 e 82 constam agora do Regulamento (CE) nº 1/2003 do conselho, de 16 de dezembro de 2002, aplicável a partir de 1º de maio 2004 (Vilaça, 2003, e Froufe, 2005).

Por isso se compreende que as disposições proibitivas do art. 81 (inciso 3º) possam "ser declaradas inaplicáveis" aos acordos, associações ou práticas concertadas que

> contribuam para melhorar a produção ou a distribuição dos produtos ou para promover o progresso técnico ou econômico, contanto que aos utilizadores se reserve uma parte eqüitativa do lucro daí resultante, e que a) não imponham às empresas em causa quaisquer restrições que não sejam indispensáveis à consecução desses objetivos; b) nem dêem a essas empresas a possibilidade de eliminar a concorrência relativamente a uma parte substancial dos produtos em causa.

São permitidos, por outro lado, os "acordos de importância menor" (regra *de minimis*), que "afetam o mercado apenas de um modo insignificante, tendo em conta a fraca posição ocupada pelos interessados no mercado dos produtos em causa", que não representem mais do que 5% numa parte substancial da Comunidade, não ultrapassando €300 milhões o volume de negócios total das empresas envolvidas ("bagatelas", *Bagatellenverträge* em alemão).

Os abusos de posições dominantes

O art. 82 refere-se à hipótese de, mesmo sem haver articulação entre empresas (pode ser apenas uma empresa), se explorar "de forma abusiva uma posição dominante no mercado comum ou numa parte substancial dele",[58] procedimento igualmente "incompatível com o mercado comum e proibido, na medida em que tal seja suscetível de afetar o comércio entre os Estados-membros".

Mencionam-se depois casos em que isso pode ocorrer: os citados no art. 81 exceto o da alínea *c*, de divisão de mercados ou de fontes de abastecimento, que não terá sentido tratando-se apenas de uma empresa. Diferentemente do que se passa com o art. 81, inciso 3º, não é admitida exceção para quando se esteja melhorando a produção ou a distribuição ou promovendo o progresso técnico ou econômico.

---

[58] Aqui surge o problema das estruturas do mercado (ver Ribeiro, 1992; Salin, 1995; ou Porto, 2004:153-176).

Por outro lado, não basta haver a exploração abusiva de uma posição dominante, é preciso que seja suscetível de prejudicar o comércio entre os países; nesta medida sendo ultrapassado, pois, um âmbito geográfico nacional.

A sanção, neste caso, é a mesma aplicada no art. 81.

As concentrações de empresas (mergers)

A ausência no tratado de um artigo sobre a concentração de empresas[59] (*mergers*, em inglês) encontra explicação na idéia então vigente da vantagem ou mesmo da necessidade de se ganhar escala empresarial no mundo (Frazer, 1992). Sem abusar de uma posição dominante nada haveria a objetar, pelo contrário, poderia ser o modo indispensável de conseguir uma dimensão internacional competitiva.

Nos anos 1970, a comissão avaliou os riscos que poderiam resultar de meras concentrações; mas um projeto de regulamento apresentado em 1973 foi rejeitado por vários países.

Com os casos negativos que surgiram, julgou-se primeiro que poderia ser aplicado o art. 82 (Continental Can) e, depois, o art. 81 (Philip Morris).[60]

Mas com as dificuldades encontradas julgou-se que era necessário poder intervir em situações de meras concentrações (não "fechar a cavalariça só depois de o cavalo ter fugido", na imagem de Swann, 2000:153). A base para tal foi finalmente estabelecida, culminando com 16 anos de negociações, pelo Regulamento nº 4.064, de 21 de dezembro de 1989.[61] Foi criada então uma *task force* da comissão para, independentemente de uma conduta lesiva, operações de concentração serem impedidas (além dos tradicionais agrupamentos de empresas, com absorções, pode tratar-se igualmente de participações nos ativos, com OPAs ou por qualquer outra via; Gastinel, 1993).

Para que a concentração seja proibida é necessário (nos termos do Regulamento nº 1.310/97) que o volume total de negócios no mundo seja superior a €2,5 bilhões e que o volume de negócios de cada empresa (ou pelo menos de

---

[59] Diferentemente do que acontecia no Tratado Ceca (art. 66), com a preocupação de se evitar o domínio da Alemanha nos setores básicos do carvão e do aço.
[60] Ver, por exemplo, Afonso (1992:4-14), Gastinel (1993), Fine (1994), Antunes (1995:107-108), Pais (1996:76-167) e Santos (1999:74-89), com descrições pormenorizadas desses casos.
[61] Alterado pelo Regulamento nº 1.310/97, de 9 de julho de 1997; e com o procedimento estabelecido pelo Regulamento nº 447/98, de 1º de março de 1998 (Lindsey, 2003).

duas) na comunidade seja de mais de €100 milhões (não sendo mais de 2/3 do volume dos negócios num só Estado).

Nos termos estabelecidos, até uma semana depois da conclusão de um acordo, da publicação da oferta de compra ou de troca ou da aquisição de uma participação de controle, as empresas devem notificar à comissão das suas concentrações de "dimensão comunitária". Esta obrigatoriedade de notificação dá uma garantia de controle de todas as concentrações que não existia pela mera aplicação dos arts. 81 ou 82 (Davison e Fitzpatrick, 1995:601). A comissão tem um mês para considerar a concentração compatível com o Mercado Comum ou para desencadear um procedimento que deverá estar concluído no prazo de três meses: não podendo as operações ser realizadas nem antes da notificação nem durante o mês que se segue. A comissão tem então um prazo de um a quatro meses para, em articulação com as autoridades competentes dos Estados-membros, analisar a operação projetada; valendo como aceitação o seu silêncio em relação a uma "concentração" devidamente comunicada.

Mesmo com o Regulamento nº 4.064 existem dúvidas sobre o critério a ser seguido na avaliação. É admirável que desde a sua entrada em vigor, em setembro de 1990, só em muito poucos casos tenham sido proibidas operações de concentração, entre as mais de três centenas que foram notificadas (Pappalardo, 1996:301; Moussis, 2003:296). Entre eles destacou-se o caso da proibição de compra da empresa canadiana De Havilland, uma subsidiária da Boeing, pelo ATR, um consórcio franco-italiano composto por duas estatais, a Aerospacial da França e a Alenia da Itália (Jones, 1996; Pelkmans, 1997:197 e 231; Fitoussi, 2000:62). A decisão foi tomada fundamentalmente devido ao empenho do comissário Leon Britton (Ross, 1995; McGowan, 2000:137-138),[62] ainda assim apenas com a maioria de um voto. No centro do debate está a circunstância de que, embora, houvesse alguma concentração nos aviões de turboélice,[63] teria aumentado a capacidade de a Europa competir mundialmente.

Por ser talvez o mais importante caso que foi proibido (ainda assim muito contestado), questiona-se se o regulamento das concentrações não será apenas "um tigre de papel".

---

[62] Onde é inserido um quadro com a seqüência dada às notificações feitas.
[63] O ATR aumentaria de 49 para 64% a sua participação nesse mercado, prejudicando concorrentes como a Fokker e a British Aerospace (Ghannadian e Johnson, 1997).

Pitt (1995:25 e segs.) cita como *case study* o *merger* da companhia das águas Perrier pela Nestlé. Outro caso de concentração também muito discutido, culminando (mais uma vez) com a sua aprovação, foi o da compra da companhia Rover pela BMW (à British Aerospace). Passou assim a BMW a intervir em todas as faixas do mercado, incluindo o mercado dos veículos de menor dimensão e tração. Porém só nos veículos de grande porte a empresa ultrapassa 25% do mercado (no total dos veículos, em 1993 a BMW e a Rover juntas não ultrapassavam 6,6%). Mais recentemente suscitaram especial atenção as alianças entre a British Airways e a American Airlines, no tráfego aéreo, e entre a Boeing e a McDonnel Douglas na indústria aeronáutica, além de acordos de exclusividade de compra com três das maiores transportadoras norte-americanas. A Comissão Européia teve êxito no "contencioso" que culminou no final de julho de 1997 com o afastamento da Boeing e da McDonnell Douglas. Espera-se, todavia, que as dificuldades continuem sempre a surgir (Neven et al., 1993; Davison e Fitzpatrick, 1995; com análises recentes, ver Cunha, 2005 e Pego, 2005).

Aplicabilidade das regras de concorrência às empresas públicas

O Tratado de Roma não proíbe a nacionalização de empresas (ou naturalmente a existência anterior de empresas públicas),[64] na medida em que não influam nos princípios da concorrência nele estabelecidos. O inciso 1º do art. 86 é bem claro, dispondo que "no que respeita às empresas públicas e às empresas a que concedam direitos especiais ou exclusivos, os Estados-membros não tomarão nem manterão qualquer medida contrária ao disposto no presente tratado, designadamente ao disposto nos arts. 12 e 81 a 89, inclusive".[65]

Por um lado admite-se expressamente a sua existência e por outro sublinha-se a preocupação de que sejam respeitadas — em condições de igualdade — as regras da concorrência. Nos termos do inciso 2º do artigo essa preocupação existe também com as "empresas encarregadas da gestão de serviços de interesse econômico geral ou que tenham a natureza de monopólio fiscal", sendo-lhes aplicado em princípio o mesmo regime.

---

[64] Nos termos do art. 295, o "tratado em nada prejudica o regime da propriedade nos Estados-membros".
[65] O art. 83 do Tratado de Paris dispõe no mesmo sentido em relação ao carvão e ao aço.

Há a dificuldade, porém, de com o seu peso e a sua influência ficar de fato salvaguardado o cumprimento de tais normas, não sendo violado principalmente o art. 87, que, como veremos adiante, proíbe subsídios públicos, ou ainda as disposições de que não pode haver preferências em licitações de obras e de fornecimento de bens e serviços.

Na prática, abusos e dificuldades de apreciação acontecerão por causa do peso e da influência das empresas em questão, com subsídios compensatórios do cumprimento de obrigações de serviço público e quando de licitações disputadas com propostas semelhantes.

Em Amsterdã foi excluído o art. 91, onde era definido o procedimento a seguir havendo práticas de *dumping*. Era um artigo apenas transitório para os países-membros (aplicável "durante o período de transição"; Flory, 1992:485, menciona um "*interêt historique*"). Ele perde a função quando os países estão integrados num mesmo mercado, já que, sem fronteiras, um bem vendido mais barato num outro país pode voltar de imediato por esse preço mais baixo (efeito bumerangue). O seu conteúdo voltou a ter sentido e aplicação (transitória) em relação aos novos membros, nos casos português e espanhol pelo art. 380 do Tratado de Adesão (*Diário da República de Portugal*, I Série, 18 set. 1985).

Depois, as relações internas estão sujeitas às demais regras da concorrência, o problema do *dumping* surge em relação a países externos, com a aplicação do Regulamento nº 384 da CE de 22 de dezembro de 1995 (ver Van Bael e Bellis, 1996; Beseler e Williams, 1986; Boudant, 1991).

Em cada caso levanta-se a questão de saber se existe uma verdadeira prática de *dumping*, que acontece quando um bem é exportado por um preço inferior ao praticado internamente. Um preço baixo que é igual ao praticado no país é simplesmente resultado de uma vantagem comparativa, ou seja, na linha do teorema de Heckscher-Ohlin, mão-de-obra abundante (Porto, 2001:49-60). Da mesma forma que ninguém questiona um país que se beneficia no comércio internacional da vantagem relativa de ter muito capital e, conseqüentemente, juros baixos, também não pode ser questionada a vantagem de um outro (mais pobre...) que, por ter muita oferta de trabalho, dispõe de salários baixos. Baseado nisso, deve-se avaliar o "*dumping* social" na relação da União Européia com outros países, podendo não ser verdadeiro *dumping*.

Sendo com freqüência o *trade* uma forma de promoção mais favorável do que a ajuda (devendo pelo menos ser utilizado simultaneamente), é obrigação da UE abrir as portas às exportações mais trabalho-intensivas em que esses países têm vantagem comparativa, com o que se consegue um ganho de ordem geral, beneficiando não só os países exportadores como os consumidores e produtores que utilizem itens importados mais baratos como bens intermediários (devendo naturalmente apoiar-se diretamente as reestruturações viáveis ou as reconversões dos que fiquem prejudicados com a concorrência).

O que não pode ser aceito é que qualquer país exportador seja beneficiado por não cumprir regras sociais mínimas, de horários e segurança no trabalho, ou ainda da utilização de mão-de-obra infantil ou de prisioneiros não-pagos.

É pensando assim, procurando-se, aliás, "forçar" esses países a cumprirem regras que são do interesse dos seus próprios cidadãos (de salvaguarda da sua dignidade), que as instituições comunitárias, especialmente o Parlamento Europeu, exigem a inclusão de uma cláusula social em todos os acordos celebrados. Eliminando a hipótese de que se trate de uma exigência protecionista da União Européia, são de um modo geral exigidas as normas da Organização Internacional do Trabalho (OIT).

Recentemente tem-se falado ainda de *dumping* ecológico, sendo mais baixos os custos das empresas dos países com menores exigências. As exigências feitas serão do interesse dos cidadãos dos países que as praticam, obrigando-os às cautelas necessárias. Além disso, há a possibilidade de a falta de cuidados ecológicos ter conseqüências negativas além das fronteiras, e os "vizinhos" devem legitimamente defender-se (as exigências que se fazem consideram as condições "regionais", capítulo 13).[66]

Os auxílios estatais

É uma forma destacada de distorção da concorrência, embora esteja diminuindo. Aumentou sensivelmente durante a crise nos anos 1970 (Druesne e Kremlis, 1990:74). Desde 1993 tem havido uma diminuição em termos absolutos e relativos (Comissão Européia, 2001a:86). Setorialmente sobressaem os apoios à indústria transformadora e aos transportes (Comissão Européia,

---

[66] Sobre a utilização de medidas *antidumping* numa "política comercial estratégica" da União Européia, ver Tharakan (1996), ou Tharakan e Waelbroeck (1994), comparando com a prática nos EUA; e num quadro mais vasto (do Gatt, na seqüência da Rodada Uruguai, já com a OMC), Leidy (1994) e Steele (1996).

2001a:87; o caso da agricultura é considerado no capítulo 13), e entre os países são mais elevados (como percentagem do valor acrescentado da indústria transformadora) os que são proporcionados na Grécia, na Itália, na Dinamarca e na Alemanha. O Reino Unido, Portugal, os Países Baixos e a Suécia são os países com menores apoios (Comissão Européia, 2001a:31; Marques, 2002:21).

Os auxílios que os Estados e outras entidades públicas prestam são muito significativos, e de formas muito diversas,[67] incluindo subvenções diretas, bonificações de juros, isenções ou reduções fiscais ou ainda por exemplo participações no capital de sociedades.[68]

O art. 87 proíbe os auxílios, considerando-os "incompatíveis com o mercado comum na medida em que afetem as trocas comerciais entre os Estados-Membros" e "falseiem ou ameacem falsear a concorrência, favorecendo certas empresas ou certas produções".[69] Essas são as condições para que se trate de uma prática não permitida.

Exceções são permitidas nos casos em que razões sociais ou econômicas aconselhem a intervenção pública. O art. 87 admite-as em termos diferentes nos incisos 2º ou 3º.

De acordo com o inciso 2º "*são compatíveis com o mercado comum*" (grifo do autor), ou seja, trata-se de uma compatibilidade automática, que não requer uma apreciação caso a caso, "a) os auxílios de natureza social atribuídos a consumidores individuais com a condição de serem concedidos sem qualquer discriminação relacionada com a origem dos produtos" e "b) os auxílios destinados a remediar os danos causados por calamidades naturais ou por outros acontecimentos extraordinários".[70] No primeiro caso compreende-se bem a ressalva final, não sendo por exemplo aceitável que um apoio alimentar à

---

[67] Pode tratar-se de apoios gerais ou por exemplo de apoios dirigidos especialmente à promoção das exportações.
[68] A menos que sejam feitas pelo valor real (do mercado) das ações ou cotas subscritas. Ver Morais (1993), Almeida (1997), Santos (2003).
[69] Devendo ser restituídos quando não sejam concedidos nas condições do tratado (art. 88; Almeida, 1997).
[70] A alínea c admite igualmente, historicamente, os auxílios atribuídos a regiões da Alemanha afetadas pela divisão imposta a esse país depois da II Guerra Mundial (com a formação da República Democrática Alemã); estranhamente não foi afastada em qualquer das várias revisões do tratado, mantendo-se ainda no texto da "Constituição" (art. III-56) apresentado pela Convenção Européia no dia 18 de julho de 2003, mais de 10 anos depois da reunificação do país (o texto integral está publicado em *Temas de Integração*, Coimbra: Almedina, n. 15-16, p. 329-502, 2003), bem como no texto do Tratado Constitucional (art. III-167).

infância seja admitido tratando-se de um produto nacional (por exemplo, leite) mas não tratando-se de um produto de outro país da União.

Os casos considerados no inciso 3º dependem de uma apreciação caso a caso, "*podem* ser considerados compatíveis" (grifo do autor). Aqui se incluem "a) os auxílios destinados a promover o desenvolvimento econômico de regiões em que o nível de vida seja anormalmente baixo ou em que exista grave situação de subemprego"; "b) os auxílios destinados a fomentar a realização de um projeto importante de interesse europeu comum, ou a sanar uma perturbação grave da economia de um Estado-membro", bem como "c) outros auxílios destinados a facilitar o desenvolvimento de certas atividades ou regiões econômicas, quando não alterem as condições das trocas comerciais de maneira que contrariem o interesse comum". O Tratado de Maastricht veio trazer uma nova alínea, admitindo "d) os auxílios destinados a promover a cultura e a conservação do patrimônio, *quando não alterem as condições das trocas comerciais e da concorrência na comunidade num sentido contrário ao interesse comum*" (grifo do autor). Por fim, a atual alínea *e* (ex-alínea *d*) admite que o conselho, deliberando por maioria qualificada sob proposta da comissão, considere compatíveis ainda outras categorias de auxílios.

Fica bem claro que o texto do tratado não admite que deixem de ser cumpridas as regras gerais de defesa da concorrência. A promoção da cultura não pode sobrepor-se a elas, em cumprimento dos arts. 81 e 82, como foi sugerido num relatório do Parlamento Europeu (Relatório Tongue) como modo de se apoiar o serviço público de informação. Um apoio público poderá justificar-se para que sejam proporcionados programas socialmente relevantes mas não-lucrativos (proporcionados por um serviço público ou por uma empresa privada que seja recompensada por isso); porém a concorrência assegurada pela intervenção privada é indispensável à independência e à pluralidade da informação, valores também social e politicamente indispensáveis.

Os arts. 88 e 89, este com nova redação do Tratado de Maastricht, dispõem sobre o procedimento em relação ao controle dos auxílios concedidos, especialmente sobre a intervenção do Tribunal das Comunidades.

Para Portugal são admitidos auxílios ao abrigo da alínea *a* do inciso 3º. Isso não poderia deixar de acontecer, sob pena de não se dispor de uma política regional que, como veremos no capítulo 14, é importante não só para os países mais necessitados como para o conjunto da União (Marques, 1999a; 2002).

Portugal esteve envolvido em dois casos: o da (não) aceitação do Sistema Integrado de Incentivos ao Investimento (S-III), estabelecido pelo Decreto-lei nº 194, de 19 de junho de 1980, e o das ajudas ao projeto Ford-Volkswagen (da Auto Europa, em Palmela).

No primeiro caso, curiosamente, o sistema, em vigor quando da entrada de Portugal na comunidade, não foi considerado satisfatório pela Direção Geral de Política Regional (DG-16, agora designada Regio), ou seja, em termos de promoção regional, não tendo por isso podido ser apoiado pelo Feder.[71] Passou, porém, pelo "crivo" da Direção Geral da Concorrência (agora Comp), que aceitou que, dado o objetivo, não havia violação das regras de concorrência do art. 92 (atual art. 87), podendo conseqüentemente funcionar com a utilização de verbas estatais portuguesas.

No caso da Ford-Volkswagen, além de uma alegada violação do art. 81 com a parcela de mercado que viria a ser atingida com os veículos monovolume construídos (Galaxy e Shanon), era questionada a distorção provocada na concorrência pelos apoios financeiros. A queixa foi apresentada por quem tinha a maior fatia do mercado, a Matra (construtura do Renault Espace), e rejeitada pela comissão, pela maioria dos seus membros, e depois pelo Tribunal das Comunidades, onde foi interposto recurso, com base na consideração de que interesses da política regional justificariam a intervenção pública (estatal e comunitária) pretendida pelo governo português.[72]

As compras públicas

São os *Public procurements* em inglês ou *marchés publiques* em francês (freqüentemente traduzidos como "mercados públicos", em vez de "contratos públicos", nas versões portuguesas dos documentos das instituições européias). Ou são as licitações públicas, o meio através do qual devem ser feitas as compras em análise.

As compras públicas que favorecem produtores nacionais devem ser consideradas também formas de auxílio "protecionista". Embora não sejam referidas nos arts. 87 a 89 podem ser consideradas no espírito e mesmo na letra do

---

[71] Isso aconteceu com o Sistema de Incentivos de Base Regional (SIBR) instituído em 1988 (através do Decreto-lei nº 15-A, de 18 de janeiro de 1988), por causa da premência de Portugal em corresponder à exigência da DG-16 para poder dispor sem reservas de fundos estruturais.

[72] Acórdão do Tribunal de 1ª Instância de 15 de julho de 1994 (Processo T-17/93, e anteriormente C-225/91 R).

tratado, especialmente no art. 12 (antigo art. 7º de 1957), que proíbe "toda e qualquer discriminação em razão da nacionalidade" ou ainda nos artigos que impedem restrições ao livre-comércio, à livre prestação de serviços e à livre circulação (entre outros nos arts. 28 e 49).[73] Trata-se de reserva que se põe naturalmente em relação a preferências regionais, por exemplo a uma lei italiana que obrigava a atribuir pelo menos 3% dos fornecimentos a empresas do *Mezzogiorno* (havendo outros casos, no Reino Unido, na Alemanha e na Grécia, e uma tolerância que foi admitida até 1993; Druesne, 2002:83).

São intervenções cada vez mais importantes, pelo que as compras públicas (dos Estados, autarquias regionais e locais e empresas públicas) representam no conjunto das despesas. Em 1998, eram 14% do PIB dos 15 países-membros, num montante de 1 trilhão de ECUs, ou seja, um valor correspondente a mais de metade do PIB da Alemanha (eram 11,1% do PIB da UE em 1994, correspondentes ao conjunto dos PIBs da Bélgica, Dinamarca e Espanha), €277,15 por cidadão da União (Comissão Européia, 2000a:19, e Moussis, 2003:91, mencionam o valor de 15% do PIB da UE-15). Surpreende que em 98% dos casos, segundo estimativa anterior da comissão, as compras fossem feitas a empresas nacionais, quando as empresas privadas compravam em muito maior quantidade das estrangeiras.[74] Segundo cálculos, o custo da ausência de concorrência nessa área foi avaliado em cerca de 22 bilhões de ECUs, correspondendo à metade do valor do orçamento da União e a 0,6% do seu PIB.[75]

Trata-se de custos que não são "compensados" pelas "vantagens" de preferir as nacionais, numa linha "protecionista" que se busca "justificar" em diferentes perspectivas, incluindo a preservação e a promoção de emprego, a "segurança" proporcionada por não se depender de fornecedores estrangeiros, a valoriza-

---

[73] Ver Gohon (1991:11) e Swann (2000:166-169).
[74] Inacreditável que apenas em 2% dos casos fossem melhores as condições de qualidade e/ou preço oferecidas por empresas de outros países (Acquitter, 1993:653; Dinan, 1999:345-346; Moussis, 2003:91). Uma denúncia muito divulgada foi a da construção do estádio onde em 1998 teve lugar a final do Campeonato do Mundo de Futebol, na França (*Financial Times* de, 23 jan. 1997).
[75] Ver o Relatório Chechini (1988) e Gohon (1991) e Acquitter (1993); sobre os progressos que foram sendo conseguidos com a legislação em vigor, Comissão Européia (1996a:5) e Monti (1996:34); tendo o valor das licitações públicas anunciadas no *Jornal Oficial* (e na sua versão electrónica) passado de €12 mil em 1987 para €59 mil em 1993 e para €137 mil em 1998 (com uma previsão de €200 mil dentro de 10 anos), tendo sido sensível a percentagem de aumento das compras de empresas estrangeiras (Comissão Européia, 2000a).

ção da pesquisa em centros nacionais, reforçando-se a capacidade de resposta da Europa em relação a outros espaços (em relação aos espaços americano e japonês) ou ainda a defesa do balanço de pagamentos.

Vários passos foram dados desde 1971, distintos em relação às compras de bens materiais, de serviços e à licitação de obras, que não é necessário mencionar aqui. Durante vários anos ficaram excluídos setores de grande importância (os "setores excluídos"), casos da energia, da água, dos transportes e das telecomunicações, que vieram a ser considerados apenas por diretivas aprovadas a partir de 1988 (revistas em 1993, quando da revisão também das demais).

Em contratos acima de determinados montantes[76] as autoridades são obrigadas a publicar anúncio no *Jornal Oficial* da União, havendo ainda disposições de harmonização das regras das licitações e de contestação no caso de não-cumprimento (Acquitter, 1993:655-658; Bright, 1994).[77]

Em 1996, o *Livro verde sobre os mercados públicos na União Européia* (Comissão Européia, 1996a) visou proporcionar "pistas de reflexão para o futuro", no reconhecimento de que "uma política eficaz no domínio dos mercados públicos é fundamental para o sucesso do mercado único no seu conjunto", datando de 6 de maio de 2002 uma proposta de revisão das diretivas.

Os monopólios nacionais

A intervenção protecionista tem-se verificado ainda tradicionalmente através de "monopólios nacionais de natureza comercial", referidos no tratado no art. 31 (antigo art. 37), no capítulo sobre a eliminação das restrições quantitativas entre os Estados-membros: "os Estados-membros adaptarão progressivamente os monopólios nacionais de natureza comercial, de modo a que, findo o período de transição, esteja assegurada a exclusão de toda e qualquer discri-

---

[76] Atualmente €200 mil para contratos de fornecimento de bens materiais e serviços (€400 mil para os "setores excluídos") e €5 milhões para os contratos de obras.
[77] Pode haver além disso interesse em abrir reciprocamente os mercados públicos com outros países, numa linha de aproveitamento de vantagens comparativas diferentes em nível mundial. No quadro da Rodada Uruguai, 22 países-membros (os 15 membros da União Européia, os EUA, o Canadá, o Japão, a Coréia do Sul, a Noruega, a Suíça e a Islândia) assinaram um novo Acordo de Compras Públicas (AGP, *Agreement on Government Procurement*) que entrou em vigor em 1º de janeiro de 1996 (King e Graaf, 1994; Mattoo, 1996, este com uma análise mais econômica); seguindo-se o processo legislativo de adaptação comunitária a este compromisso, com a Diretiva nº 97/12/EC, de 13 de outubro de 1997. Seria desejável que com a Rodada do Milênio houvesse um acordo geral, comprometendo todos os países.

minação entre nacionais dos Estados-membros, quanto às condições de abastecimento e de comercialização", acrescentando-se no parágrafo seguinte que o disposto no presente artigo é aplicável a qualquer organismo pelo qual um "Estado-membro, *de jure* ou *de facto*, controle, dirija ou influencie sensivelmente, direta ou indiretamente, as importações ou as exportações entre os Estados-membros", bem como "aos monopólios delegados pelo Estado".[78]

São monopólios que podem aparecer como formas de estabilização dos mercados, assegurando as vendas ou as compras dos produtos: tal como acontecia em Portugal com a Administração Geral do Açúcar e do Álcool (Agaa), assegurando o fornecimento do produto aos produtores de licores,[79] com a Sacor (Petrogal), com a exclusividade da importação e da refinação dos produtos petrolíferos,[80] ou ainda com a Empresa Pública de Abastecimento de Cereais (Epac), assegurando a sua compra aos agricultores: havendo em qualquer dos casos discriminações contrárias à sã concorrência que se pretende assegurar.

Os monopólios de serviços estavam fora do âmbito de aplicação do art. 31, as chamadas *public utilities* dos setores dos transportes, gás, eletricidade, água e comunicações (Acórdão do Tribunal de Justiça no caso Costa contra Enel, de 15 de julho de 1964; Jalles, 1979:18-21; Druesne e Kremlis, 1991:103; Swann, 2000:169). Mas a tendência recente é de liberação (e privatização) nestes setores (ver Porto, 2003 e 2005, sobre a experiência portuguesa).

O art. 37 tinha ainda um inciso 4º, excluído em Amsterdã, dando uma consideração especial ao caso dos produtos agrícolas, com a preocupação de que devam "ser tomadas medidas para assegurar" "garantias equivalentes para o emprego e nível de vida dos produtores interessados tomando em consideração o ritmo das adaptações possíveis e das especializações necessárias".

Há casos de "monopólios" nacionais de natureza comercial em que o objetivo é a cobrança de receitas, sendo setores muito lucrativos, como

---

[78] Ver Shapira, Le Tallec e Blaise (1996).
[79] Não tendo havido nenhuma liberalização gradual no decurso do período de transição estabelecido as Caves Neto Costa intentaram uma ação, que todavia perderam, contra o ministro do Comércio e Turismo e o secretário de Estado do Comércio Externo de Portugal (Processo C-76/91, com o Acórdão em 19 de janeiro de 1993). Sobre as "organizações de mercado" de produtos agrícolas que havia em Portugal, ver Azevedo (1987b:237-378).
[80] Podendo-se acrescentar o caso da Comissão Reguladora do Comércio do Bacalhau, com o monopólio da importação para se "garantir" o seu fornecimento aos consumidores. O art. 208 do Tratado de Adesão de Portugal estabeleceu uma adaptação progressiva do regime do art. 31 (então art. 37) até 1º de janeiro de 1993. Sendo mais célere a adaptação para os produtos petrolíferos (e agrícolas), a Petrogal beneficiou-se contudo de um período de adaptação maior.

acontece com a produção do tabaco ou dos fósforos.[81] São monopólios fiscais sujeitos também às regras gerais de concorrência estabelecidas pelo tratado, inciso 2º do art. 86.

A política de transportes

Assim como outras políticas são do interesse especial de outros países, por exemplo a livre concorrência do interesse da Alemanha e a política agrícola do interesse da França, a política de transportes tinha e tem um interesse muito grande para a Holanda, com uma participação muito significativa no setor, acrescida ao longo dos anos, com um destaque peculiar para o porto de Roterdã (o porto mundial com maior volume de mercadorias), servindo vários países em articulação com diferentes modos de transporte (pelo "corredor" do Reno, Swann, 2000:254). Sobre as implicações deste destaque na distribuição geográfica dos recursos orçamentários da União Européia ver a tabela 21.

Trata-se de política já considerada no Tratado de Roma na sua redação inicial, no título IV da parte III (sobre "as políticas da Comunidade"), abrangendo 11 artigos (74 a 84; são agora os arts. 70 a 80).

Durante muito tempo nada ou quase nada se avançou neste domínio, tendo mesmo o Parlamento Europeu — num procedimento até agora único — acionado o conselho junto ao Tribunal das Comunidades, com ganho de causa, por não-concretização das disposições do tratado (apesar de algumas iniciativas da comissão a partir do Memorando Schaus, de 1961, apresentado pelo comissário responsável pelo setor, Lambert Schaus, e do conseqüente Programa de Ação de 1992).

É uma falta de intervenção que não pode encontrar justificativa no articulado vigente que limita a política comunitária (nos termos do inciso 1º do primitivo art. 84) aos "transportes por caminho de ferro, por estrada e por via navegável". De fato nada foi feito mesmo em relação a estes modos de transporte e desde cedo foi entendido que a comunidade podia intervir igualmente em relação aos demais, aos transportes aéreo e marítimo, caso se verificassem violações da concorrência, com base nas disposições gerais ou, independentemente disso, quando fosse julgado necessário, deliberando-se com base no art. 235,

---

[81] A natureza de monopólios comerciais não é excluída por haver igualmente uma atividade industrial.

atual art. 308 (por unanimidade, tratando-se de "uma ação" "considerada necessária para atingir, no curso de funcionamento do mercado comum, um dos objetivos da comunidade"). Atualmente, com a nova redação dada pelo Ato Único ao inciso 2º do art. 84 (atual art. 80), já pode "o conselho, deliberando *por maioria qualificada*", "decidir se, em que medida, e por que processo podem ser adotadas, para os transportes marítimos e aéreos, disposições adequadas" (grifo do autor).

Estranha-se a omissão verificada, tendo em conta por um lado o papel básico dos transportes — instrumental em relação a toda a atividade econômica e social comunitária — e por outro a necessidade de intervenção, dados o grande peso dos seus custos e as distorções na concorrência verificadas entre os países (o que, além de criticável no plano da eqüidade, constitui uma ineficiência agravadora dos custos).

Acrescente-se o seu papel como setor econômico, representando 8% do PIB da União (por exemplo a agricultura representa 5%), empregando 5,6 milhões de pessoas (ainda 2,5 milhões na produção de material de transporte) e consumindo cerca de 30% da energia total consumida; bem como o efeito de dinamização sobre atividades que lhe dão apoio, incluindo a construção de infra-estrutura, com verbas elevadíssimas, ou serviços de seguros, apoio bancário etc., com a ocupação total de 10% da mão-de-obra da UE e sendo o destino de 40% do investimento público total (Jones, 2001:333; Moussis, 2003:418).

Constata-se que o crescimento dos transportes tem ultrapassado o da economia, apesar de estarem ligados: entre 1970 e 1990 o aumento médio anual do PIB da UE foi de 2,3%, enquanto o do transporte de mercadorias foi de 2,6% e o do transporte de passageiros, 3,1% (Barnes e Barnes, 1995:79-80).

Preços de transporte elevados afetam especialmente produtos de grande volume e/ou peso, chegando a representar uma percentagem significativa do seu preço. Compromete-se assim o pleno aproveitamento das potencialidades proporcionadas pelo mercado, não se instalando as empresas e as pessoas nos locais mais adequados e deixando de permutar bens que numa lógica econômica correta seriam trocados.

Os desequilíbrios e falhas de concorrência têm-se verificado em diferentes domínios, das exigências técnicas à fiscalização.

Uma política comunitária de transportes deveria ser posta em prática, visando uma diminuição geral dos custos e em especial que os transportes não estivessem sujeitos a distorções, sendo muito grandes as diferenças de condições de país para país.

A liberação e a harmonização de normas técnicas

A liberação e a harmonização das normas aplicáveis seriam dois caminhos para ultrapassar essas dificuldades.

A liberação dos transportes

Podemos dar exemplos de intervenções impeditivas da livre concorrência nos transportes rodoviário e aéreo.[82] Nos primeiros havia cotas estabelecendo o número máximo de veículos, a proibição de serviços de cabotagem,[83] ou ainda, por exemplo, tarifas fixas ou com tetos máximos e mínimos. Os valores máximos tinham o objetivo de impedir um ganho exagerado dos operadores, com o agravamento dos custos dos transportes, e os mínimos o objetivo de se impedir o aviltamento dos preços com uma concorrência predatória, especialmente fácil, pois no transporte rodoviário qualquer pessoa pode operar com um veículo velho e sem condições de segurança.

Nos transportes aéreos eram também muito limitadas as possibilidades de concorrência, com monopólios estatais (ou de empresas apoiadas pelos Estados) na exploração das rotas regulares, admitindo-se apenas a reciprocidade dos operadores congêneres dos países servidos, bem como ainda por exemplo com fixações de tarifas, chegando-se à situação de uma ou duas companhias de cada país "monopolizarem" 95% das 630 rotas internacionais da Europa.

Como lembrou Lee (1997:226), *"each state had its own flag-carrying airline, which was usually in public ownership. It was often expected to serve some non-commercial objectives, as part of its general remit, and was accustomed to receive state aid to assist in this".*

São circunstâncias, de menor concorrência e menor eficácia, que levaram a que na Europa as tarifas fossem (e sejam) muito mais elevadas do que nos EUA, às vezes 50% mais elevadas, calculando-se que tenhamos por isso linhas aéreas de um modo geral 20% menos competitivas (ver o Relatório Paddoa-

---

[82] Os transportes fluvial, marítimo e ferroviário, pela sua natureza, seriam menos afetados.
[83] Consistem no aproveitamento do retorno de um serviço para transportar pessoas e bens: por exemplo, a possibilidade de os transportadores portugueses, no regresso de uma entrega na Alemanha, trazerem alguma mercadoria da França. Num estudo elaborado calculou-se que a proibição da cabotagem leva a um acréscimo de 20% no número dos veículos em circulação, com os consequentes custos privados e sociais (Ernst e Whitney, 1987, anexo III; Barrass e Madhavan, 1996:230).

Schioppa, 1987:43, comparando as tarifas entre os dois espaços; e OCDE, 1988:9 e 54 sublinhando que *"experience has demonstrated that deregulation and progressive liberalization produce substantial benefites for efficient air transport services and users"*; e notando que mesmo no interior dos EUA uma eficiência maior foi conseguida em estados onde era maior a desregulamentação).

Uma nova concentração na seqüência da liberação americana não parece ter levado ao nível da concentração anterior (OCDE, 1997:94), não se confirmando, pois, as reservas de Kahn (1988), e um alegado menor cuidado com as normas de segurança pode e tem vindo a ser combatido com uma exigência maior no seu cumprimento. Não há de fato *"empirical evidence in support of the view"* de que *"airline deregulation in the United States has led to a decrease in safety standards due to cost-cutting in airlines to gain a competitive advantage"* (OCDE, 1988:9). Pelo contrário, diminuiu o número de acidentes, sendo aliás uma empresa privada menos cuidadosa inexoravelmente "condenada" por esse fato num mundo de concorrência (o mesmo não acontecendo, ou acontecendo em muito menor medida, com uma empresa pública que dispõe do monopólio dos serviços num país, que, não havendo alternativa, não deixará de ter clientes no dia seguinte ao de um desastre...).

O que tem havido, num processo ainda em curso e de que não é possível antever os contornos finais, tem sido o estabelecimento de alianças entre as companhias aéreas (Flôres, 1999; Mendes de Leon, 2003).[84]

A harmonização de normas

As diferenças nas normas de país para país eram grandes, com os Estados favorecendo assim os seus transportadores: dos limites de dimensão dos veículos aos horários de trabalho ou à tributação, o que, além de ser iníquo, provocava distorções impeditivas do pleno aproveitamento dos recursos existentes.

---

[84] Sobre estes e outros aspectos ligados à concorrência ver ainda McGowan e Seabright (1989), Doganis (1991 e 2000), Bauchet e Rathery (1993), Comitê dos "Sábios" (1994), Adkins (1994), Davison (1995), Bauchet (1996), Kassim (1996), Goh (1997), de novo OCDE (1997:91-92), onde se conclui que *"d'après toutes les informations qui ont été recueillies, il est clair que les mécanismes de concorrence se sont renforcés et que, parallèlement, l'efficience économique s'est améliorée. La situation que l'on peut observer sur le marché intérieur aux Etats Unis (Keeler, 1990) et sur plusieurs marchés internationaux intra-européens est donc tout à fait conforme aux notions de concurrence praticable"* (destaque do autor), ou ainda Jones (2001:337-339), Moussis (2003:430-434) e Stevens (2004:145-170). Procurando perscrutar o futuro, a partir da realidade americana, ver Gourdin (1997).

Por exemplo, no transporte rodoviário era prejudicado na concorrência um país que concorresse nas mesmas estradas com veículos de menor dimensão, com condições sociais mais rígidas[85] ou ainda tributando de acordo com o princípio da nacionalidade quando os outros o fizessem de acordo com o da territorialidade.

Os transportadores que seguiam o princípio da nacionalidade eram duplamente tributados (por exemplo, com a tributação do combustível consumido em Portugal, mas não deixando de ter a oneração da tributação nacional, com um imposto como o antigo "imposto de compensação") e os seguidores do princípio da territorialidade isentos quando circulassem no país seguidor do princípio da nacionalidade (Porto, 1972, mostrando o prejuízo que durante anos atingiu os transportadores rodoviários portugueses). É um problema semelhante ao que veremos adiante, da imputação dos custos da infra-estrutura, havendo países a custeá-la pelos orçamentos nacionais e outros com impostos sobre os combustíveis ou com taxas (portagens) pagas pela utilização das vias.

Não está em questão a concorrência quando se trata apenas de haver tributação diferente sobre os combustíveis se todos os países seguirem o princípio da territorialidade.

As medidas tomadas em relação aos diferentes modos de transporte

Tudo apontava no sentido de caminhar para a liberação e para a harmonização, numa linha, em cumprimento do *Livro branco do mercado único* (onde foi inventariada uma grande parte das distorções existentes) e nos termos do Ato Único, onde foi aprovado um conjunto significativo de regulamentos e diretivas.[86]

Sem entrarmos em pormenores,[87] podemos começar por sublinhar que no transporte rodoviário foram feitos progressos nos domínios da liberação

---

[85] O cumprimento de horários máximos de trabalho passou a ser controlado com a obrigação de instalação de tacômetros.
[86] O número de diplomas legislativos (regulamentos, diretivas e outros) no domínio dos transportes subiu de 46 em 1973 para 416, 20 anos depois, numa progressão maior do que na maioria dos demais setores (Grupo Tindemans, 1995:23-24).
[87] Sobre os passos dados ou previstos nos diferentes modos de transporte ver Ayral (1995:81-82), Bauchet (1996:168-171), Garcia (1999:85-204), Dearden (1999:258-279), Jones (2001:335-339), Moussis (2003:424-437) ou Stevens (2004).

dos preços, da ampliação (ou afastamento) das cotas e da permissão da cabotagem. Não há todavia ainda liberação completa. Por exemplo, estão liberados os transportes entre países, mas não dentro de cada país; e nos transportes de passageiros a cabotagem ainda só é permitida em serviços não regulares.

Quanto ao transporte aéreo, um primeiro impulso para a sua liberação veio na seqüência do caso "Novas Fronteiras", concluído com a decisão do Tribunal de Justiça de serem aplicáveis ao transporte aéreo as regras dos arts. 85 a 90, atuais arts. 81 a 86 (política de *open skies*), num prazo de quatro anos. Depois, com maior significado e maior concretização, na última década foram aprovados três pacotes de medidas, em 1987, 1990 e 1992, que levaram a uma flexibilização progressiva das tarifas, da divisão da capacidade e da prestação dos serviços, chegando-se em 1º de abril de 1997, à liberação total dos serviços, mesmo no interior de outro país (intervindo a comissão quando haja violações da concorrência), mas as tarifas européias continuaram a ser mais elevadas do que as norte-americanas.

Nos transportes marítimo e em águas interiores os passos principais foram dados no domínio da cabotagem; e no transporte ferroviário a concorrência está sendo promovida, acompanhando as privatizações, com a utilização comum das vias férreas (além da promoção de uma indispensável concorrência com os demais modos de transporte; Cemt, 1995).

A construção e a melhoria da infra-estrutura

Para a redução dos custos e o aumento da eficácia é indispensável também a existência de infra-estrutura moderna e adequada aos vários modos de transporte, incluindo os aeroportos e os meios de ajuda e controle no transporte aéreo, as linhas de alta velocidade (TGV) no transporte ferroviário, as auto-estradas no transporte rodoviário ou os portos nos transportes marítimo e fluvial.

Trata-se de infra-estruturas deixada tradicionalmente como responsabilidade exclusiva dos orçamentos nacionais, com exceção das que tinham apoio no âmbito da política regional com verbas do Feder. Era assim uma lógica circunscrita aos países e regiões com acesso a este fundo, que deixava de fora grandes espaços da comunidade onde, por questões de interesse geral, é também necessária uma intervenção no domínio dos transportes.

Políticas mais diretamente ligadas à promoção da concorrência e da circulação | 111

Constituiu pois novidade a iniciativa que a União, na seqüência do Tratado de Maastricht (arts. 129-B a 129-D, atuais arts. 154 a 156), passou a ter em relação à infra-estrutura de interesse comunitário, concretizada na definição de redes transeuropéias de transportes rodoviários, ferroviários e de energia.[88]

No orçamento da União para 1997 foi aprovado (por iniciativa do Parlamento europeu) um apoio de 100 milhões de ECUs às redes transeuropéias, custando todavia só as redes transeuropéias de transportes mais de 80 bilhões... Tratou-se de um montante que teve um valor de indicação política, no caso mais concretamente para as ligações a leste, estando a verba na categoria 4 (a categoria das Políticas Externas).

Apresentados pelo XIII Governo Constitucional, foram considerados apenas dois projetos que interessavam a Portugal: a ligação rodoviária Lisboa-Valladolid, com o valor de 2 bilhões de ECUs, e o gasoduto Portugal-Espanha. Mas o primeiro foi abandonado pelo governo que se seguiu, parecendo-nos todavia que devia ter sido mantido, com o trajeto proposto: a partir do centro do território e servindo por isso, no litoral e no interior, uma parcela muito significativa da população e da atividade industrial do país, e fazendo a ligação direta a Valladolid (evitando-se o desvio e os congestionamentos de Madri nas ligações aos demais países da Europa). Julgamos por outro lado lamentável que não tenha sido proposta logo então uma ligação em grande velocidade de Portugal às redes transeuropéias de ferrovias, "acabando" a Europa a ocidente, num meio de transporte do futuro — o TGV ou outro de alta velocidade — que está se ampliando a leste, em Madri e Sevilha... (Porto, Jacinto e Costa, 1990; Porto, 1996a e 2002c); numa falha que está sendo corrigida agora, na seqüência de um acordo com a Espanha, mas infelizmente tendo sido adotada uma solução gravemente incorreta (Porto, 2002c).

Um problema importante é o da imputação dos custos da infra-estrutura. Olhando para os números globais, constata-se que na União Européia (são considerados 13 países) a tributação que recai sobre os usuários da infra-estrutura rodoviária (impostos sobre os combustíveis, de circulação e portagens), correspondendo a 2% do PIB, é muito superior (em 65 bilhões de ECUs) à

---

[88] Ver o COM (93) 700:90-1 e Banister e outros (1995), Barrass e Madhavan (1996:236-239), Johnson e Turner (1997) e Garcia (1999:207-217).

despesa que com eles é feita, correspondente a 1% desse valor.[89] A situação nas ferrovias (cobertura de 56%) e nas vias navegáveis (cobertura de 18%) é diferente.

Numa linha de racionalidade econômica importa que cada modo de transporte seja pago pelos utilizadores. Mas nos cálculos não podem ser considerados apenas os custos privados mas também os custos sociais com o congestionamento e com a poluição,[90] incluindo o *greenhouse effect*, sendo os transportes, principalmente os rodoviários, responsáveis por 25% da emissão de dióxido de carbono e por percentagens ainda maiores de outras fontes poluentes. Tal situação pode ser vista na figura 8, com a curva da oferta considerando os custos sociais.

Figura 8

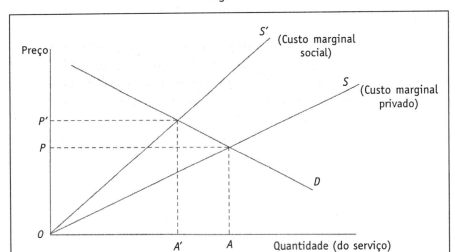

Cobrindo apenas os custos privados o preço é de PO e a oferta de serviços de OA. Considerando-se porém os custos sociais (as deseconomias externas) o preço deverá ser P'O, levando à redução da procura para OA'.

---

[89] Em Portugal, por exemplo em 1987, a receita foi de 902 milhões de ECUs e a despesa de 749 (Comissão Européia, 1996:86 e 183). Sobre a prática de financiamento em cada país europeu ver Farrell (1999).
[90] Ver Barrass e Madhavan (1966:241-242), Comissão Européia (1996d:31) e Jones (2001:336). Sobre os vários custos sociais dos transportes e o modo de considerá-los ver Cemt (1994), OCDE (1994), Maddison e co-autores (1996), Comissão Européia (1996c) ou Connolly e Munro (1999:470-475).

Ora, nesta linha há que considerar que são especialmente elevadas as deseconomias dos transportes rodoviários, com os custos sociais muito acima dos custos privados, devendo os preços refleti-los também e promover-se a reorientação da procura num sentido mais desejável.

Se as pessoas com rendimentos mais baixos não puderem pagar preços tão elevados, com este ou com qualquer outro modo de transporte (socialmente mais favorável), a solução correta estará em dar-lhes apoio direto ao rendimento, não em subsidiar transportes que favorecem igualmente (talvez em maior medida) pessoas com rendimentos mais elevados (Porto, 1990:9).

A reorientação é especialmente necessária nas grandes cidades, onde são insuportáveis os custos sociais da utilização dos automóveis individuais. Embora se trate de problema de cada país, de acordo com o princípio da subsidiariedade, por causa da sua gravidade compreende-se que a Comissão Européia (1995a) tenha vindo a dar sugestões de solução, com transportes coletivos eficazes e não-poluentes (casos dos bondes elétricos, não se compreendendo a demora verificada na sua instalação, como está acontecendo em Coimbra). Estão de qualquer modo favorecidos os países com redes urbanas mais equilibradas (casos por exemplo da Holanda, da Alemanha e da Suíça), sem grandes concentrações populacionais (sobre a iniqüidade e a incorreção econômica de toda a população dos países suportar os déficits financeiros dos transportes dos grandes centros e sugerindo soluções, ver Porto, 1990 e 1996a).

No quadro europeu surge um problema delicado por haver países especialmente atravessados por transportadores de outros países (caso da Alemanha, atravessada por transportadores da Holanda). Não havendo pagamento de portagens ou através dos combustíveis estão os contribuintes dos países atravessados subsidiando os transportadores estrangeiros, que em nada contribuem para essas rodovias. Compreende-se também por esta razão que haja uma orientação geral para que os usuários paguem os "serviços" recebidos (ver Comissão Européia, 1998c). Não sendo para tal adequado um sistema de tarjeta, como existe, por exemplo, na Suíça, podendo ser muito grande a diferença entre o que se recebe e o que se paga (pagam o mesmo o usuário diário e a pessoa que "atravessa" o país num só dia).

Uma utilização mais racional dos vários modos de transporte

A necessidade de se verificar uma utilização mais eficiente dos vários modos de transporte (o "transporte combinado") tem sido reforçada recentemente.

A evolução ocorrida entre 1970 e 1990 (sem considerar o transporte marítimo) pode ser vista nas tabelas 4 e 5: a primeira com os valores do transporte de mercadorias (toneladas/quilômetro) e a segunda com os valores do transporte de passageiros (passageiros/quilômetro).

Tabela 4

Transporte de mercadorias	Ano 1970	1980	1990
Meio de transporte			
❑ Rodoviário (%)	50,6	60,6	69,9
❑ Ferroviário (%)	27,8	20,2	15,4
❑ Fluvial (inclui canais) (%)	13,6	10,8	9,2
❑ *Pipeline* (%)	8,0	8,4	5,5

Fontes: Barnes e Barnes (1995:82-83), com dados da Comissão Européia (ver diagrama com representação dos valores de 1970 e 1990 em Lee, 1997:207-208). Tendência que se manteve na década de 1990 (Diekmann, 1995; Comissão Européia, 2001d; Stevens, 2004:17-18).

Tabela 5

Transporte de passageiros	Ano 1970	1980	1990
Meio de transporte			
❑ Carro individual (%)	76,1	77,8	79,0
❑ Ferroviário (%)	10,0	8,0	6,6
❑ Aéreo (%)	2,2	3,5	5,6

Fontes: Barnes e Barnes (1995:82-83), com dados da Comissão Européia (ver diagrama com representação dos valores de 1970 e 1990 em Lee, 1997:207-208). Tendência que se manteve na década de 1990 (Diekmann, 1995; Comissão Européia, 2001d; Stevens, 2004:17-18).

O transporte de mercadorias por rodovia, que em 1970 representava pouco mais de metade do total (50,6%), em 1990 era 69,9 (71% em 1994), reduzindo-se pelo contrário a importância da ferrovia (de 27,8 para 15,4%, com uma redução mesmo em termos absolutos), por águas interiores (de 13,6 para 9,2%) e em *pipelines* (de 8 para 5,5%).

O transporte marítimo de mercadorias (não considerado na tabela) possui grande importância, com 41,4% do tráfego extracomunitário em valor (70,8% em tonelagem), e 22,8% do tráfego intracomunitário também em valor (em tonelagem representa 30,7%), sendo sua promoção defendida, por exemplo, por Whitelegg (1988), Comissão Européia (1996g; 2001b) e Hitiris (2003:301).

Embora sendo um país com uma enorme "fronteira" marítima, os valores são mais baixos para Portugal, com 37,5% da tonelagem das importações e 25,8% da tonelagem das exportações no comércio intracomunitário, aumentando esses valores para 69,3 e 39,9%, respectivamente, no comércio extracomunitário (valores de 2001, depois de em 1986 terem sido, respectivamente, de 74,3, 76,5, 94,5 e 78,8%). Foi quase simétrica a evolução do transporte rodoviário, passando nas exportações intracomunitárias de 19,4% de tonelagem em 1986 para 72,7% em 2001, ou nas exportações extracomunitárias de 14,2 para 57,4% entre esses mesmos anos (tendo o parque automotivo crescido de 64,5 milhões de unidades em 1970 para 175 milhões em 2000).

É lamentável que a pouca expressão do transporte ferroviário, em 1986, tenha se agravado ainda mais, mesmo no comércio intracomunitário: por exemplo, as exportações caíram de 3,6% nesse ano para 1,4% em 1995 (o transporte aéreo de mercadorias continua a ter uma expressão percentual muito pequena).

Quanto ao transporte de passageiros, além de ter aumentado o transporte em carro individual (de 76,1 para 79% do total) e o aéreo (de 2,2 para 5,6%), diminuiu o uso da ferrovia (de 10 para 6,6%) e o de ônibus (de 11,7 para 8,8%).

O aumento do transporte rodoviário está causando enormes problemas não só nas ligações interurbanas como principalmente nos acessos aos grandes centros, com os congestionamentos e as ineficiências que já citamos.

Com perda para todos os demais transportes terrestres, aumentou o destaque relativo do modo de transporte mais poluente e mais congestionador, prevalecendo a comodidade e a vantagem individual que proporciona por ser um transporte "porta a porta", quando com os demais terá de utilizar-se um outro transporte até a estação, porto ou aeroporto e depois daí até o local do destino final. Só com o transporte rodoviário individual são evitados os incômodos e as perdas de tempo verificados com estas mudanças.

O transporte aéreo, com ruídos e atrasos, tem também inconvenientes e limitações assinaláveis que indicam uma diminuição ou pelo menos não aumentar muito a sua utilização.

Depois de um recuo no início dos anos 1990 (OCDE, 1997:43), o consórcio Airbus prevê que o tráfego aéreo triplique nos próximos 20 anos (*Financial Times*, 7 mar. 1997). Esperava-se que fosse de fato temporária a queda verificada na seqüência do ataque ao World Trade Center, em 11 de setembro de 2001.

A poluição sonora ocasionada (apesar dos progressos conseguidos) tem levado naturalmente a que os novos aeroportos sejam construídos longe dos grandes centros urbanos, o que agrava os congestionamentos dos tráfegos de entrada e saída que ocorrem diariamente, prejudicando os usuários do transporte aéreo e todos os demais cidadãos. Por isso é importante que os aeroportos sejam servidos diretamente no seu interior pelas principais linhas nacionais de ferrovias, valorizando os dois meios de transporte e servindo muito melhor os usuários com os bons resultados que se conhecem por exemplo na Alemanha, na França, na Holanda e na Suíça (Porto 1992c e 2002b).

Os atrasos dos aviões na Europa têm resultado em grande medida de duas circunstâncias que têm de ser ultrapassadas em nível nacional, em áreas em que os países são muito ciosos das suas soberanias: a existência de poucos corredores aéreos, com a invocação de interesses militares (assim se explica, por exemplo, que "tenha" de passar sobre Paris grande parte do tráfego entre o norte e o sul da Europa, prejudicando seus habitantes com uma sobrecarga desnecessária); e a existência de uma grande compartimentação por países dos sistemas de controle aéreo.

Devem-se abrir perspectivas mais favoráveis para os transportes ferroviário, marítimo e fluvial, não (ou menos) congestionadores e poluentes, podendo revelar-se ainda como mais baratos (seguramente o fluvial e o marítimo).

Sobre as perspectivas do setor, considerando já as experiências positivas de alguns países, ver Cemt (1995). É de esperar que a experiência muito positiva que a Europa está tendo, especialmente com o trem de alta velocidade (TGV), seja de interesse também para outros continentes onde ainda se avançou pouco neste sentido: como é o caso do continente americano, especialmente do Brasil e dos Estados Unidos, sendo de desejar que supere o avião, por várias razões, em trajetos como São Paulo—Rio de Janeiro ou Nova York—Washington.

Além disso, conforme já foi citado é importante promover o transporte combinado.[91] No caso da travessia do Canal da Mancha constitui uma necessidade técnica, não estando aberta ao transporte rodoviário (os operadores têm que "combinar" o seu serviço com a ferrovia). Em outros casos, como nos atravessamentos da Suíça e da Áustria, será a única forma de se evitarem enormes custos ambientais.[92] Mas o transporte combinado permitirá o máximo aproveitamento das virtualidades de cada modo de transporte, por exemplo através da articulação do transporte marítimo e do transporte aéreo com os transportes terrestres.

A política monetária

Este é um outro domínio indispensável para a concorrência e a livre circulação, constituindo as dificuldades cambiais e monetárias obstáculos importantes[93] para atingir esse objetivo, sendo, além disso, a estabilidade cambial e monetária também um valor em si dentro de cada país, ao evitar incertezas e os prejuízos conseqüentes, não só aos empresários como aos consumidores.

Trata-se de domínio que não suscitou sempre a mesma preocupação e idêntica intervenção dos responsáveis comunitários, podendo distinguir-se três fases antes da instituição da moeda única européia (capítulo 16), numa evolução que poderá ser interessante para quem é de uma área onde (ainda) não há uma "moeda única".

As três fases decorridas anteriormente
A primeira fase, de 1958 a 1969

Foi esta uma fase em que não havia motivo para grandes preocupações, dada a existência de mecanismos satisfatórios de multilateralização dos pagamentos.

---

[91] Com uma importância que poderá triplicar até o ano 2005 (Dearden, 1999:263; com a preocupação comunitária ver Garcia, 1999:149-153). Mas apesar de se ter estabelecido um programa de Ações Piloto para o Transporte Combinado (Pact, nas iniciais em inglês), com uma dotação orçamental de €35 milhões para o período de 1997-2001, representa ainda apenas 4% do total dos bens transportados (Jones, 2001:339).

[92] Uma limitação do atravessamento rodoviário da Áustria foi objeto do protesto de outros países da União Européia, invocando-se que o país estava lesando os princípios comunitários da livre circulação. Agora, destacam-se as propostas feitas para que seja aplicado um sistema de ecopontos a partir de 2004 (Comissão Européia, 2000e e 2001f).

[93] Sendo naturalmente uma restrição cambial mais drástica, como forma de impedimento do comércio, do que oscilações dos valores das moedas.

Para a multilateralização conseguida na Europa contribuiu nos anos 1950 a União Européia de Pagamentos, substituída em 1959 pelo Acordo Monetário Europeu (Porto, 2001:29-32).

Diante da consolidação do Fundo Monetário Internacional o acordo foi de pouca valia. Com a multilateralização dos pagamentos em um âmbito muito mais vasto era natural que perdesse relevo uma instituição de âmbito mais restrito, abrangendo apenas alguns países europeus.

Além disso, o FMI assegurava de forma desejável a estabilidade cambial, tendo as várias moedas o valor fixado em relação ao dólar, ligado a um peso determinado de ouro fino.[94] Não havia por isso necessidade ou vantagem em nenhuma intervenção no plano europeu.

A segunda fase, de 1969 a 1979

A crise do dólar em 1969 levou à alteração da sua paridade em relação ao ouro e à sua inconvertibilidade, desaparecendo a "âncora" do dólar estável do sistema de Bretton Woods.

Apareceu, assim, a fragilidade de uma solução baseada na moeda de um determinado país, mais concretamente, a dependência em relação à sua política (em relação às suas debilidades e aos seus abusos...).

Compreende-se por isso que a partir de então os responsáveis europeus passassem a julgar que, no interesse próprio e mesmo no interesse geral, deveriam seguir a sua estratégia: iniciando um processo que contudo, apesar da sua necessidade e da sua premência, depara ainda hoje com dificuldades e dúvidas.

Ele tem contornos que começaram a ser definidos no Conselho Europeu de Haia, em dezembro de 1970, depois de uma desvalorização do franco francês e de uma revalorização do marco alemão. Aqui se previu o estabelecimento de um mecanismo de consulta prévia para medidas de curto prazo, como definido no que ficou conhecido por 1º Plano Barre; recomendando-se além disso aos bancos centrais que estabelecessem um mecanismo de apoio.

Verificando-se a ambição de se chegar a uma união monetária surgiram duas escolas, tal como agora com opiniões distintas sobre o modo como se

---

[94] O dólar tinha a paridade de US$35 por onça/ouro, tendo a onça 31,1035g de ouro fino (quando aderiu ao FMI, em 1960, Portugal declarou a paridade de US$1 = 28$75; Ribeiro, 1962/63:38). Com a descrição da evolução ocorrida desde então ver Andrade (1989), Nunes (1993:57-63), Garcia-Margallo e Méndez de Vigo (1998:73 e segs.), Marques (1998), Porto e Calvete (1999:471 e segs.), Laranjeiro (2000:57 e segs.) ou Mendonça (2004).

poderia e deveria proceder no que diz respeito à aproximação das economias; antecipando-se em 25 anos algo do que veio a discutir-se em relação ao processo de Maastricht.

Para uns, da escola dos "economistas" (por exemplo a Alemanha, pela voz influente do seu ministro da Economia e Finanças, dr. Schiller, e a Holanda), a união monetária tinha que ser antecedida por passos nítidos no sentido da aproximação das economias. Só depois poderia ter-se a moeda única.

Para os "monetaristas" — escola dos franceses,[95] belgas e luxemburgueses, bem como para a comissão — deveria caminhar-se rapidamente para a união monetária, que constituiria um instrumento de aproximação das economias.[96]

Visando-se a ultrapassagem dessa diferença de opiniões foi nomeada uma comissão, presidida pelo primeiro-ministro de Luxemburgo, Pierre Werner, encarregada de elaborar um relatório que veio a ficar conhecido pelo seu nome (Relatório Werner, 1970).

Era um relatório ambicioso, na perspectiva da instituição de uma união econômica e monetária. As moedas seriam convertíveis livremente entre si e desejavelmente substituídas por uma moeda comunitária. Haveria além disso centralização das políticas monetária e creditícia (mesmo orçamentária, em aspectos básicos) e uma política comum relativa a outros países.

De acordo com as propostas apresentadas a estabilidade das moedas, capaz de proporcionar o bom desenvolvimento das economias, seria conseguida com o estabelecimento de margens máximas de flutuações entre elas e em relação ao dólar. Estava-se assim na "serpente", com uma distância máxima entre si de 2,25%, dentro de um "túnel" em que havia limites máximos de flutuação em relação ao dólar: 2,25% em cada sentido. Não se fixaram prazos para chegar à união monetária, mas pensava-se que viria a ser atingida no final da década que então se iniciava (a década de 1970).

A prática veio mostrar todavia que a estabilidade não pode ser conseguida quando há pressões desequilibradoras no mercado. Em breve os países foram

---

[95] Encabeçados por Barre, dando lugar ao 2º Plano Barre. Apesar de se estar numa época em que a França se distinguia pela defesa intransigente da "Europa das pátrias", a estabilidade monetária era indispensável à estabilidade da PAC, de que este país era o interessado (o beneficiário...) principal.
[96] É patente a semelhança com defensores atuais da convergência nominal que acreditam que assim a convergência real será automaticamente conseguida (havendo boas razões para que assim aconteça mas não podendo deixar de se pôr as reservas e de se tomar as medidas que citaremos no capítulo 16).

abandonando o túnel e a serpente, mantendo-se neles apenas os "bem comportados" habituais: além da Alemanha, a Bélgica e a Holanda.

Não se conseguiu na maioria dos países a estabilidade monetária, numa década em que foram muito grandes as dificuldades verificadas, especialmente depois da crise do petróleo em 1973.

O Relatório Werner foi objeto de uma reapreciação crítica quando se previu de novo a implantação da moeda única. Tendo-se atribuído primeiro a falta de concretização a circunstâncias externas, reconhece-se agora, tirando-se ensinamentos para o caminho a seguir, que havia *"intrinsic weaknesses in the Report"*, especialmente *"insufficient constraints on national policies, institutional ambiguities, inappropriate policy conception and lack of internal momentum"* (Baer e Padoa-Schioppa, 1989:56-57; Taylor, 1995:13-15).

A terceira fase, de 1979 a 1989

Como a década de 1970 foi um período de crise da economia e mesmo de incerteza sobre o futuro das comunidades, o estabelecimento do Sistema Monetário Europeu (SME) no Conselho Europeu de Paris, em 1979,[97] assumiu um grande destaque, pelos seus efeitos econômicos e significado político, tendo sido considerado capaz de proporcionar condições mais satisfatórias de estabilidade cambial entre as moedas européias e constituído uma manifestação de confiança na continuação da construção européia quando grassava uma vaga preocupante de "europessimismo".

Foi instituído então o ECU,[98] que passou a desempenhar algumas funções características de moeda: como unidade de cálculo, de aplicação de valores e mesmo de regularização de contas através de transferências bancárias.

O seu êxito foi considerável, podendo-se dizer por exemplo que, além de serem estabelecidos em ECUs todos os orçamentos, programas e projetos da União Européia e feitas em ECUs as transferências, é também já nesta unidade de conta uma percentagem significativa das aplicações em obrigações na União Européia.

---

[97] Continuando iniciativas de Roy Jenkins, como presidente da comissão, e de Helmuth Schmidt e Giscard d'Estaing, liderando o processo no seio do conselho.
[98] Iniciais da designação em inglês *European Currency Unit*, mas reportando-se igualmente a palavra a uma antiga moeda francesa com esse nome (Santos, 1991; Wils, 1993; Descheemaekere, 1996).

Esse êxito contribuiu além disso para que acertadamente se tivesse julgado em Maastricht que era possível caminhar no sentido da moeda única; com uma premência acrescida em face da instabilidade que a situação européia e mundial continuaria a ter, provavelmente de um modo crescente.

A liberdade de circulação dos fatores

Constituindo não só uma união aduaneira e um mercado único, também um mercado comum, a Comunidade Européia é ainda caracterizada na sua essência por ser um espaço em que deve haver liberdade de circulação dos fatores de produção e de prestação de serviços.

O significado econômico desses movimentos, levando a um aproveitamento ótimo dos recursos, foi citado no capítulo 2. Aqui, além de o sublinharmos um pouco mais à luz da teoria do comércio internacional, vamos falar dos principais obstáculos à livre circulação e do tipo de medidas que pode ser tomado para os afastar.

Como se sabe (Porto, 2001:49-60), o teorema de Heckscher-Ohlin foi formulado tendo como pressuposto, entre outros, a não-circulação dos fatores entre os diferentes países (seriam livres apenas dentro de cada um deles).

O comércio acaba assim por ser um modo de "exportar" a vantagem proporcionada pela abundância de um determinado fator: por exemplo, um país de mão-de-obra barata, pela diferença de salários, ao exportar produtos trabalho-intensivos, está exportando a contribuição por ela proporcionada (nesta medida, "exporta" trabalho).

Tal contribuição de mão-de-obra pode ser proporcionada igualmente, pela mesma razão e com conseqüências idênticas, pela emigração dos trabalhadores, caso haja circulação internacional dos fatores.

Eles se deslocarão então para onde forem mais eficazmente utilizados, atraídos pela sua melhor remuneração, tendo os trabalhadores salários mais altos nos países de imigração (capítulo 2).

No caso da União Européia trata-se de objetivo essencial, tendo a Comunidade Econômica Européia sido instituída como mercado comum. Estando já na redação inicial do Tratado de Roma, no título III da parte II, depois parte III (arts. 48 a 73-H, com os acréscimos do Tratado de Maastricht; agora, com Amsterdã, são os arts. 39 e 60), desde o início deviam ter sido tomadas as medidas necessárias para afastar as imperfeições que se verificavam nessa circulação desejável.

A livre circulação da mão-de-obra

Começando pela circulação da mão-de-obra, que privilegiamos nos exemplos dados, podem existir por um lado dificuldades impostas diretamente e por outro dificuldades que se levantam de fato nos domínios da informação, da qualificação profissional, da segurança social e da fiscalização. Ela é considerada no capítulo I do título citado do Tratado de Roma, nos arts. 48 a 51 (atuais arts. 39 a 42), tendo disposto o primeiro que "a livre circulação dos trabalhadores deve ficar assegurada, na comunidade, o mais tardar no termo do período de transição" (inciso 1º; no atual art. 39 "caiu" naturalmente esta última parte), "sem prejuízo das limitações justificadas por razões de ordem pública, segurança pública e saúde pública" (inciso 3º).

Podem ser assinaladas ainda dificuldades no campo sindical, sendo os sindicatos com freqüência defensores dos trabalhadores nacionais diante da concorrência dos trabalhadores estrangeiros, pouco sensíveis a disputas ligadas às políticas partidárias internas e aceitando condições especialmente desfavoráveis diante da premência de voltarem rapidamente aos seus países com o máximo de dinheiro ganho, mesmo à custa de horas extras, de trabalho noturno ou em fins de semana, por vezes talvez sem o cumprimento de regras estabelecidas.

As dificuldades impostas diretamente ao trabalho prestado por estrangeiros têm sido afastadas, mantendo-se apenas em casos circunscritos, no exercício de funções públicas em tarefas de autoridade. Também dificuldades no estabelecimento de residência dos trabalhadores e dos seus familiares, limitando naturalmente a circulação da mão-de-obra, foram gradualmente removidas, mantendo-se agora apenas para algumas categorias de pessoas sem profissão (incluindo estudantes), beneficiando-se, contudo, já da Diretiva nº 93, de 29 de outubro de 1996.

Um passo importante no deslocamento das pessoas (não só dos trabalhadores), com o afastamento de qualquer controle nas fronteiras, foi proporcionado pelo Acordo de Schengen (Hreblay, 1994; Gorjão-Henriques, 1996 e 1998; Pires, 1997). Era um acordo "não-comunitário", mas sim o resultado de uma vontade de cooperação intergovernamental dos sete países signatários (Portugal, Espanha, França, Bélgica, Holanda, Luxemburgo e Alemanha). A abertura proporcionada teve exigências acrescidas, justificando formas mais aperfeiçoadas de cooperação e controle, o que ajuda a explicar que só no Conselho Europeu de Amsterdã (16 e 17 de junho de 1997), ainda aqui com limitações, as suas disposições tenham sido incorporadas no Tratado da União (através de um protocolo aprovado, que não incluiu a Irlanda e o Reino Unido; e tendo sido acrescentado à parte III do Tratado o título IV, arts. 61 a 69, sobre "Vistos, asilo, imigração e outras políticas relativas à livre circulação de pessoas").

A circulação das pessoas no espaço comunitário, em especial a circulação da mão-de-obra, é tratada, por exemplo, por Swann (2000:172-181), Molle (2001, cap. 7), Druesne (2002, cap. 2) e Davies (2003:41-73), havendo ainda os livros dedicados apenas a esta temática, de Handolt (1995), Lary (1996), Fernandes (2002) ou, com uma referência maior às normas de cada país, Gulbenkian e Badoux (1997) (ou já os relatórios do Congresso da Fide, 1992). Cordeiro (1998) compara o "modelo social europeu" com o "modelo americano".

Entre as dificuldades que se levantam de fato ("indiretas"), em primeiro lugar há a de que os trabalhadores, em especial os dos países com salários mais baixos (e pior qualificação), não têm de um modo geral informação precisa e atualizada sobre as oportunidades de emprego nos países com salários mais altos.

Vale recordar o curioso caso português dos anos 1960, quando (havendo aliás restrições legais à emigração) em muitas zonas havia melhor informação sobre empregos na França, na Alemanha ou em Luxemburgo do que em Lisboa (em décadas anteriores no Brasil, na Venezuela, no Canadá ou nos territórios da África...). Com o deslocamento dos primeiros trabalhadores foram eles os informantes dos que vieram a seguir, num processo cumulativo que explica por que os originários de determinadas áreas se concentram nos mesmos locais. Os emigrantes que foram primeiro cuidavam aliás ainda de proporcionar outros apoios, designadamente de alojamento, indispensáveis no período inicial da sua integração.

Por isso se justificou a formação, em 1968, do Sistema Europeu de Difusão de Ofertas e Procura de Emprego e de Compensação Internacional (Sedoc): com uma codificação uniforme de empregos e remunerações e proporcionando uma informação acessível a todos os países da comunidade. Um novo mecanismo, o Serviço de Emprego Europeu (Euros), com uma rede de 400 conselheiros, veio mais recentemente proporcionar maiores mobilidade e transparência. E muito mais pode conseguir-se hoje, com sistemas muito mais aperfeiçoados de troca de informação.

No plano da integração profissional era necessário promover a formação de base e de adaptação a novas tarefas: para o que seria necessário dispor dos mecanismos adequados, que não têm todavia de ser especificamente dirigidos a imigrantes (podendo dispor-se, no quadro comunitário, do apoio do Fundo Social Europeu).

Um terceiro plano em que urgia intervir era o da segurança social, havendo um desincentivo importante se não pudesse beneficiar-se no país de imigração do que se tivesse descontado no país de origem. Com a consciência desse problema na Ceca havia sido assinada, em 1957, uma Convenção de Segurança Social dos Trabalhadores Migrantes. Tendo o Tratado de Roma a mesma preocupação (art. 51, atual art. 42), as disposições da convenção foram estendidas em 1959 a todos os trabalhadores. Depois o regime foi aperfeiçoado em 1971 e 1972 e estendido em 1981 aos trabalhadores não-assalariados.

Por fim, pode-se discutir se será um problema a existência de regimes tributários diferentes (incluindo as contribuições para a segurança social), por não haver harmonização comunitária da tributação das pessoas (dos trabalhadores). Problema já considerado no Relatório Neumark (1963; mais recentemente ver Sterdyniak e outros, 1991; Comissão Européia, 1996c), mas que tem sido desvalorizado invocando-se a pouca mobilidade do fator trabalho, quando comparada com a do fator capital. Parece-nos contudo que mesmo não sendo a mobilidade tão grande é indispensável caminhar no sentido de uma maior aproximação tributária.

A livre circulação do capital

Os movimentos de capitais são explicados na mesma lógica do teorema de Heckscher-Ohlin, fluindo dos países de maior abundância (e por isso com juros mais baixos) para os países onde são mais escassos e os juros são mais altos (ver a versão atual do capítulo IV do título III da parte III do Tratado de Roma, arts. 56 a 60).

Também aqui a lógica não é só esta, podendo haver outras motivações na atração dos capitais, incluindo o componente de segurança na sua aplicação.

Por outro lado há que considerar que, sem prejuízo do reconhecimento das vantagens gerais dos seus movimentos, pode haver restrições à livre circulação dos capitais não só nos países de onde saem como naqueles onde afluem.

Justificava-se por isso a redação mais reticente do Tratado de Roma, dispondo no art. 67 original que "os Estados-membros suprimirão progressivamente entre si, durante o período de transição e *na medida em que tal for necessário ao bom funcionamento do mercado comum,* as restrições aos movimentos de capitais" (grifo do autor). Seria uma supressão progressiva e apenas na medida em que fosse necessária.

Atualmente, com a liberação verificada, o art. 56 dispõe que "são proibidas todas as restrições aos movimentos de capitais entre Estados-membros e entre Estados-membros e outros países", sendo algumas medidas de salvaguarda admitidas *apenas* em relação aos últimos (arts. 57 a 59).

Compreende-se que haja um juízo negativo nos países de onde sai o "sangue" das economias, o resultado da poupança feita (com sacrifícios) que acaba por ir beneficiar os cidadãos de outros países. Trata-se de circunstância especialmente sentida, como é natural, se os capitais saem para beneficiar países mais desenvolvidos; sendo diferente uma saída de capitais, por decisão política, para ajudar países mais atrasados.

Mas também a entrada de capitais pode não ser bem acolhida, em determinadas circunstâncias.

Sendo países mais atrasados há o temor do domínio estrangeiro, com implicações na economia e na política.

Naturalmente, trata-se de temor não sentido por nenhum país da União Européia, assistindo-se aqui, pelo contrário, a uma luta cerrada entre as autoridades para atraírem tal investimento.

Em Portugal haverá talvez alguma sensibilidade, com raízes históricas, em relação ao investimento espanhol, e aqui especialmente em relação ao investimento na banca, dado o papel que esta desempenha. Mas a experiência portuguesa mais comum, em particular em relação ao investimento na indústria e no turismo, é inclusive de competição entre as autoridades locais do país, que, independentemente da sua ideologia política, fazem o possível para atrair os investidores estrangeiros.

Havia entradas de capitais que realmente preocupavam (ou fundamentalmente) os países mais poderosos — com moedas próprias — na medida em que, nos montantes em que se verificavam, provocavam tensões inflacionárias e valorizações da moeda, dificultando assim as exportações nacionais.

Claro que essas valorizações cambiais contribuíam para a diminuição dos preços, barateando os bens importados (de consumo e de produção). Mas os empresários nacionais eram especialmente sensíveis à perda de competitividade resultante da valorização da moeda, num mundo globalizado em que as possibilidades de competir se discutem em margens muito estreitas.

Assim se explica por que às vezes países como a Alemanha, quando tinha ainda moeda própria, ou a Suíça tenham estabelecido limites às entradas de capitais ou penalizado depósitos neles feitos.

Na evolução verificada valerá a pena recordar apenas que numa fase inicial se distinguiram quatro listas de movimentos de capitais, as listas A e B com movimentos que foram liberados sem condições, a lista C com movimentos liberados condicionalmente e a lista D com movimentos que não estavam liberados, estando nas primeiras categorias os movimentos mais ligados a elementos essenciais de uma união aduaneira e de um mercado comum, como são os casos de pagamentos de transações de mercadorias e serviços e o repatriamento de remunerações de fatores. Diretivas de 1985 e 1988 vieram depois tornar não-condicionados certos movimentos, podendo apenas a Grécia, a Irlanda, Portugal e a Espanha estabelecer medidas de salvaguarda durante mais alguns anos.

Antecipando-se ao prazo maior de que poderiam dispor, em 1992 as autoridades portuguesas decidiram liberar todos os movimentos de capitais (ver Torres, 1993:13-15; Laranjeiro, 2000:121 e segs.; Hinojosa Martinez, 1997).

O Tratado de Maastricht manteve contudo (em "Disposições transitórias", capítulo IV do título VII da parte III, relativo à política econômica e monetária, arts. 116 a 124) a possibilidade de serem estabelecidas medidas de salvaguarda ("de proteção necessária", nos termos do art. 120, antigo art. 109-I) sempre que, em circunstâncias excepcionais, os movimentos de capitais deles provenientes ou a eles destinados causem ou ameacem causar graves dificuldades (no balanço de pagamentos). Mas são medidas que "devem provocar o mínimo de perturbações no funcionamento do mercado comum e não exceder o estritamente indispensável para sanar as dificuldades que se tenham manifestado".

As liberdades de estabelecimento e de prestação de serviços

Por fim, também as liberdades de estabelecimento e de prestação de serviços constituem bases indispensáveis, além de outros aspectos, para um aproveitamento máximo dos recursos de que se dispõe e, de um modo mais direto, para uma satisfação máxima dos interesses dos consumidores. São assim mais duas (consideradas nos capítulos II e III do referido título III da parte III do Tratado de Roma, nos arts. 43 a 55) das "sete liberdades" consideradas por Lary (1996) a propósito da circulação das pessoas: de sair, entrar, estabelecer-se, prestar serviços, exercer uma atividade assalariada, residir tendo trabalho e residir não tendo atividade.

No primeiro caso, da liberdade de estabelecimento (arts. 43 a 48), fixa-se uma base (com permanência) num outro país para se exercer uma atividade (industrial, comercial ou de prestação de serviços). No segundo caso (arts. 49 a 55) a atividade é exercida a partir do país de origem, não havendo um nexo duradouro com o país onde é prestada. Estamos no primeiro caso quando uma companhia de seguros inglesa estabelece uma sucursal na Alemanha para proporcionar os seus serviços; e no segundo quando eles são prestados a partir da sede em Londres.

A enorme importância deste tema está no fato de os serviços representarem cerca de 60% do valor do PIB da União, cobrindo uma enorme variedade de atividades, muitas delas internacionais.[99]

Problemas delicados surgiram em relação às atividades financeiras e dos profissionais liberais, neste caso com a intervenção "corporativa" das organizações profissionais, dos arquitetos, médicos ou advogados; podendo levantar-se, além da questão da equivalência dos diplomas, no caso dos médicos a questão do domínio do idioma dos doentes e no caso dos advogados a questão do conhecimento do direito dos outros países.[100]

---

[99] Além disso, que passassem a ser considerados uma "extensão" do Gatt (agora na OMC), como aconteceu com a Rodada Uruguai, celebrando-se o General Agreement on Trade in Services (Gats) (ver Feketekuty, 1988; Broadman, 1994; Sapir e Winter, 1994; Ciabrini, 1996; Dyer et al., 1997; Trebilcock e Howse, 1999, cap. 11; Smits 2000; e sobre o comércio internacional de telecomunicações Cass e Haring, 2000). Sobre a liberdade de estabelecimento na União Européia, ver os artigos recentes de Porto (2004 e 2005) e Soares (2004).

[100] Ver Pertek (1994), Druesne (2002:126-144, considerando também os serviços financeiros), Salema (1991), Alves (1989) e Moniz (1995) (os dois últimos especificamente sobre o exercício da advocacia, em relação ao qual deu um passo a mais de liberação com a Diretiva 98/5/CE do Parlamento Europeu e do conselho, de 16 de fevereiro de 1998, deixando de se exigir a prova de conhecimento do direito, substituída por um "tempo de experiência de três anos", e podendo a atividade ser exercida no outro país por tempo indeterminado; ver Faria, 2003). Sobre a circulação dos médicos ver Abreu e Gorjão-Henriques (1998).

Capítulo 13

Políticas setoriais

A Política Agrícola Comum (PAC)

Esta é a principal política da União Européia, por causa da dimensão das suas implicações em diferentes domínios: com grande atualidade e interesse, tanto nos fatos quanto na teoria econômica.

No caso da PAC o interesse da França prevaleceu, numa comunidade em que outros países eram beneficiários principais de outras políticas.

Esta política foi contemplada logo na redação inicial do Tratado de Roma, no título II da parte III, nos arts. 38 a 47, atuais arts. 32 a 38.

Os objetivos fixados no tratado

No art. 32 é estabelecido o seu âmbito, e a definição dos objetivos da PAC no art. 33, onde se pode constatar, com implicações em relação à sua evolução, uma clara hesitação entre dois objetivos básicos: o de se promover uma agricultura eficiente e o de se assegurar o rendimento da população agrícola (mantendo-a no campo).

No primeiro sentido, apontam a alínea *a*, ao falar no incremento da "produtividade da agricultura" ("fomentando o progresso técnico e assegurando o desenvolvimento racional da produção agrícola e a utilização ótima dos fatores, principalmente da mão-de-obra"), e a alínea *e*, ao falar na necessidade de se "assegurar preços razoáveis nos fornecimentos aos consumidores"; mas as outras alíneas apontam no segundo sentido, falando-se em assegurar "um nível de vida eqüitativa à população agrícola" ("principalmente pelo aumento do rendimento individual dos que trabalham na agricultura"), em "estabilizar os mercados" e em "garantir a segurança dos abastecimentos" (estes dois últimos objetivos são determinados sem dúvida também pelos motivos citados, mas com a preocupação protecionista de que seja a oferta interna a estabilizar os mercados e a assegurar os abastecimentos).

Temos assim objetivos alternativos e conflitantes, não se podendo esperar que a máxima eficiência na produção e a redução dos preços para os consumidores permitissem a manutenção da população ativa na agricultura em níveis elevados e vice-versa.

A delicadeza do problema

Surgia assim uma opção delicada, por um lado a necessidade de aumentar a eficácia da produção (sendo considerável a diferença dos preços em outros países, muito mais baixos) e por outro em 1957 era ainda muito grande a percentagem da população ativa na agricultura (cerca de 20% do total na "Europa dos seis").

Ninguém defenderia como possível ou desejável a manutenção da situação existente, devendo esperar-se um deslocamento sensível de pessoas para outros setores.[101] Mas o que se queria era que isso se desse sem convulsões ou outras conseqüências negativas. Agravando o quadro, em vários casos a ausência de intervenção não se limitaria a levar a uma redução da produção comunitária. Com as condições oferecidas em outros países do mundo, a Europa deixaria por completo de produzir muitos produtos, já que o custo das primeiras unidades (as com custo marginal mais baixo) seria já superior aos preços dos bens importados. Não se estava na situação representada nas figuras 1 a 3 (ou em Porto, 2001:140 e 152), em que até *OA* a curva da oferta interna tem custos marginais abaixo do preço internacional (ou tarifa), havendo por isso até então produção interna. Estávamos sim em vários casos na situação representada pela curva *HH'* das figuras 9 e 10, com o custo da primeira unidade produzida domesticamente já acima do preço mundial. Ou seja, numa situação em que, em livre mercado, nada seria produzido na comunidade. A ausência de qualquer intervenção poderia ter como conseqüência o abandono completo ou

---

[101] Diante do menor crescimento da procura por produtos agrícolas (apenas 0,5% ao ano na UE) e da eficiência crescente na sua produção; Clark (1940) reconhece que com um maior desenvolvimento das economias há uma percentagem menor da população ativa no setor primário (ver Silva e Rego, 1984:125-128).

quase completo de muitos dos campos, com resultados graves nos planos social, político e ambiental (a que se passou a dar uma grande atenção nos anos mais recentes).

Os princípios da PAC: unicidade do mercado, preferência comunitária e solidariedade financeira

Com os dois grandes objetivos estabelecidos pelo art. 33 do Tratado da Comunidade Européia, desde o início avançou-se claramente para assegurar o rendimento da população agrícola com uma política determinada por três princípios.

O primeiro, o princípio da *unicidade do mercado*, reza que há um mercado único para os produtos agrícolas, que podem circular nos demais países como no próprio país sem estarem sujeitos a discriminações (em conseqüência de regulamentações administrativas, sanitárias ou veterinárias).

De acordo com o segundo, da *preferência comunitária*, havendo disputa de bens importáveis dá-se preferência à compra dos produtos domésticos, com uma tributação de bens importados que desmotiva a importação, na medida em que a importação de um produto por preço inferior ao europeu estará sujeita a uma tributação que "anula" a diferença dos preços.

Por fim, de acordo com o terceiro princípio, da *solidariedade financeira*, é o orçamento da União (o conjunto dos países) que garante a política seguida, cobrindo todos os seus custos (no componente de preços e mercados, não no socioestrutural), especialmente em compras de apoio, armazenamento dos produtos (muitos deles perecíveis...) e subsídios à exportação.

A solução de primeiro-ótimo seguida no Reino Unido antes da integração

Foi aplicando os princípios citados que a PAC se consolidou ao longo dos anos.

Para abrir caminho ao julgamento que deve ser feito sobre essa consolidação, começamos expondo a política de intervenção direta que, como alternativa, poderia ter sido seguida. Ela foi seguida pelo Reino Unido antes da integração na comunidade. A figura 9 explica melhor do que se trata.

Figura 9

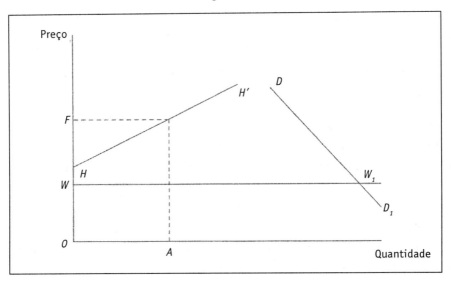

Segundo a hipótese considerada, os preços internacionais são de tal forma mais baixos que, sem intervenção, não haveria lugar para nenhuma produção doméstica. Trata-se de situação que é ilustrada com o traçado da curva interna da oferta, *HH'*, logo na origem já acima do preço internacional, *WW'*; sendo por isso sempre mais vantajoso importar pelo preço *WO*.

Compreende-se que seja desejado ter alguma produção nacional, por exemplo a produção *OA*, por qualquer das razões apontadas (sociais, políticas ou ambientais) ou ainda por exemplo por uma razão de auto-abastecimento (razões políticas), impedindo-se uma dependência total em relação ao exterior (com implicações especialmente delicadas no caso de se verificar um conflito bélico).

Por isso o Reino Unido optou por uma solução diferente da PAC, subsidiando diretamente a produção, no caso em *FW* por unidade, o que levava igualmente os produtores a produzir a quantidade desejada, cobrindo o subsídio a diferença entre o custo e o preço (internacional) pelo qual se vendia cada unidade. Temos assim o sistema dos *deficiency payments* (Azevedo, 1996:261-263); aplicável aliás também aos EUA até a reforma de 1996 (Federal Agriculture Improvement and Reform — Fair; Tracy, 1996, cap. 5).

Era uma solução de primeiro-ótimo pois, não havendo subida de preços para os consumidores, não havia qualquer efeito de distorção no consumo (Porto, 2001:151-154).

O caminho seguido pela Política Agrícola Comum (PAC) — análise

A Comunidade Econômica Européia preferiu seguir um caminho protecionista, com um sistema relativamente complexo, mas que procuraremos descrever nos seus traços essenciais na figura 10. As especificidades não serão desenvolvidas, no que diz respeito aos preços considerados (e designações respectivas, variando para alguns produtos), com um "preço indicativo" — que tem o produto no mercado internacional em circunstâncias normais (se for mais elevado deverá intervir-se para o estabilizar) —, um "preço-base" ou de "limiar" (*threshold*) — o mínimo com o qual o produto poderá penetrar nas fronteiras — e um "preço de intervenção" — o de compra (garantido) aos produtores (ver Silva e Rego, 1984:128-131; Azevedo, 1996; El-Agraa, 2001b:244-246). Privilegiam-se, assim, determinados produtos, quase todos dos países do início da comunidade, ou seja, produtos do centro e norte da Europa, com as implicações que veremos adiante.

Figura 10

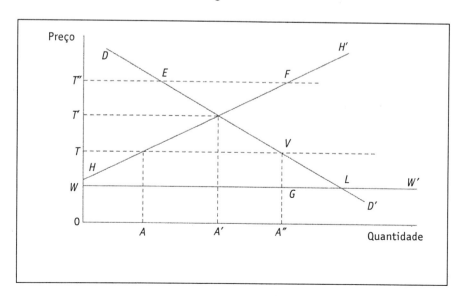

Continuando a considerar a hipótese de não haver produção se não houver intervenção, voltamos a desenhar a figura com a curva da oferta interna, *HH'*, tendo início acima do preço internacional, *WW'*.

Em primeiro lugar podemos reconsiderar a hipótese de se querer ficar pela produção *OA*. Trata-se de objetivo atingido com a aplicação do imposto alfandegário (ou outra restrição) *TW*, com a conseqüência de ocasionar um custo de distorção no consumo, de *GLV*.

Assim acontece através de um sistema de garantia de preços de acordo com o qual os produtores comunitários estão protegidos nessa medida. Não se ficando por um preço correspondente ao preço da maior eficiência (mais baixo) na União — por exemplo, no caso do trigo, fixou-se como indicativo o preço de Duisburgo, na Alemanha —, dá-se um apoio maior às áreas mais eficientes. Na França, por exemplo, que produz com menores custos, ganha-se o correspondente ao diferencial (maior) em relação ao seu preço. O diferencial a pagar, direito nivelador, na medida que não se importa, tem um efeito protecionista (não fiscal, Porto, 2001:110-114) e na medida do que se importa, constitui receita do orçamento da comunidade.[102]

A PAC não se limitou a intervir nos termos indicados, com a fixação de um preço como o preço *TO*. Correspondendo a uma prevalência dada progressivamente ao objetivo de manutenção do rendimento dos agricultores, foram sendo fixados preços de garantia cada vez mais elevados (muito acima dos preços mundiais).

Não se ficou sequer com um preço de garantia que levasse a um ajustamento da oferta à procura interna: o que aconteceria com o preço *T'O* (produzindo-se e consumindo-se *OA'*). De fato, a preocupação de manutenção e mesmo de aumento da produção da União (melhor, o *lobbying* dos agricultores dos países mais poderosos...) levou a que se fixassem preços muito acima do preço de equilíbrio, como é por exemplo o caso do preço *T"O*, levando neste caso à produção do excedente (em relação ao consumo) medido pela distância *EF*.

---

[102] O regime foi alterado como exigência da Rodada Uruguai, com a conversão dos direitos niveladores. Sobre o sistema dos "montantes compensatórios agromonetários" (com a "taxa de câmbio verde"), visando compensar as variações de preços para os produtores resultantes das variações cambiais, ver Cunha (1996:26-27 e 2000:25-26).

Trata-se, todavia, de excedente que, diferentemente do que acontece em economias de mercado, não leva os produtores a retraírem a sua produção até que se verifique novo ajuste.[103] De fato, e este é outro elemento essencial da PAC, em cumprimento dos princípios da preferência comunitária e da solidariedade financeira a comunidade o comprava, com as chamadas compras de apoio (ou de intervenção).

Estando a colocação das produções assim assegurada a preços convidativos, não admira que os produtores continuassem a expandir a sua produção, em muito maior medida do que o consumo. De modo geral enquanto o consumo crescia 0,5% ao ano a produção crescia 2%.[104] Não sendo os preços europeus competitivos no mercado mundial, foi-se chegando a situações de grandes excedentes, por exemplo no açúcar, na manteiga, nos cereais (excluindo o arroz), no vinho, na carne bovina e nos ovos.

Como elemento positivo dessa política, pode-se assinalar talvez, "desconhecendo-se" as vantagens do comércio internacional, a auto-suficiência conseguida pela Europa, benefício que tem de encontrar justificativa em domínios diferentes do econômico (por exemplo, da segurança e da defesa).

Por outro lado, com a preocupação que a desertificação dos campos não pode deixar de suscitar nos domínios social, político e ambiental, admite-se que a fuga dos meios rurais foi menor. Conjugando os dois argumentos citados, pergunta Leygues (1994b:29):

> *Après tout, est-ce trop cher payer — moins de 1000FF/an par citoyen européen — lorsqu'on voit les drames alimentaires qui se développent au Sud et à l'Est de la Communautée, lorsqu'on sait que, pour notre alimentation, l'Europe ne dépend pas de cultures aléatoires des USA, de Nouvelle Zélande, d'Australie ou aujourd'hui de la Thailande et autre Brésil ou de l'arme alimentaire dont ils pouraient jouer contre nous et lorsqu'on voit enfin la nature, le paysage, que les agriculteurs nous laissent?*

---

[103] Na linha do teorema da "teia de aranha" (Porto, 2004:148-149; citando este teorema sobre a PAC, ver Goodman, 1996:116 e segs.).
[104] Com uma figura mostrando o aumento da produção interna pelo deslocamento para a direita da curva da oferta, ver Swann (2000:235).

Não deixou contudo de haver um grande abandono dos campos, como mostra a tabela 6, apesar de se considerarem em 1996 já a Alemanha unificada e os três novos membros da UE.

Tabela 6

Ano	Mão-de-obra agrícola (milhões)
1957	22,000
1977	16,322
1980	11,896
1990	9,603
1996	7,005

Fontes: Ockendem e Franklin (1995:11) e *Agromonde Service*, n. 463, 23 mai 1997.

Mantém-se de qualquer modo uma percentagem de mão-de-obra na agricultura (5,2%) muito acima da percentagem registrada nos EUA (3%). Não se conseguindo assim a eficácia possível, com uma maior produtividade do trabalho, claramente o problema da desertificação só pode ser resolvido por uma política correta de promoção rural, diversificada e não dependente de uma agricultura não competitiva. Pode caber um papel muito importante à agricultura em tempo parcial feita por pessoas que têm também outro emprego, como acontece com 30,1% dos agricultores na União Européia, 38,2% em Portugal, 43% na Alemanha ou ainda 36,5% na Irlanda (Ockendem e Franklin, 1995:9). A eficácia dessa agricultura é tornada possível pelas novas facilidades de comunicação e deslocamento cidade-campo, feita por "agricultores" que a experiência tem revelado como "especialmente inovadores, investidores e conhecedores das oportunidades do mercado".

Em segundo lugar, os objetivos citados têm sido atingidos com pesadíssimos custos de distorção no consumo. Qualquer promoção da produção protecionista tem custos dessa natureza, com uma perda de bem-estar que pode ser avaliada pela comparação do preço pelo qual consumimos com o preço pelo qual poderíamos consumir os bens na ausência da PAC, importando-os pelos preços internacionais (Porto, 2001:151-154).[105] Essa conseqüên-

---

[105] O custo por cidadão no Reino Unido foi avaliado entre £60 (cerca de €75, na moeda atual) num estudo de 1988, e £250 (mais de €250) num estudo mais recente (Ockendem e Franklin, 1995:6; ou com a medição de todos os custos da PAC, Breckling et al., 1987; El-Agraa, 1999:221-234 e 2001b:244-255).

cia tem efeitos regressivos, pois as famílias mais pobres gastam com os produtos alimentares percentuais mais elevados dos seus orçamentos (chamando a atenção para este ponto, com freqüência "esquecido", ver Swann, 2000:239).

O aumento de preços dos bens agrícolas penaliza ainda os produtores das indústrias que os transformam, constituindo um agravamento de preços de matérias-primas e bens intermediários que diminui a competitividade num mercado mundial cada vez mais difícil. Por isso, assim como as organizações de defesa dos agricultores defendem uma PAC protecionista, os empresários das indústrias transformadoras de produtos agrícolas, por exemplo das indústrias alimentares, defendem uma liberação dos mercados internacionais (tema do seminário da Confederação das Indústrias Agroalimentares da União Européia, em Bruxelas, no dia 19 de julho de 2003: *From Doha to Cancún — challenges and opportunities of the WTO negotiations for the food sector*).

É uma política com um custo orçamentário pesadíssimo. Leva a excedentes que são comprados com verbas do orçamento comunitário. Depois, há despesas de armazenamento dos bens comprados, de muito maior monta tratando-se de bens perecíveis e sendo enormes os estoques que se foram acumulando.[106] Por fim, não podendo os excedentes de um ano ter colocação no mercado comunitário nos anos seguintes (pelo contrário, continuando a aumentar os excedentes com o funcionamento da PAC), não havia outra alternativa que não[107] a sua exportação com preços muito subsidiados, na medida em que uma colocação no estrangeiro só seria obviamente possível por um preço abaixo do preço mundial. Em março de 1973 foi vendida à União Soviética manteiga comunitária por 17% do seu custo. Ou seja, em plena Guerra Fria, num período em que se considerava na Europa que a União Soviética constituía uma ameaça como potência expansionista, a comunidade apoiava a manutenção do regime soviético à custa dos seus consumidores, de muitos dos seus empresários e dos contribuintes.

Dessa forma os encargos do Feoga-Garantia chegaram a representar percentuais altíssimos do orçamento comunitário: 91,8% do total em 1970; 71,2% em 1980; 61,5% em 1990; 44,5% em 2000 e 41,1% em 2004.

---

[106] Foi mencionado em determinada ocasião que os estoques de carne de vaca "gerados" pela PAC encheriam um trem com o comprimento da distância entre Paris e Moscou.
[107] Sendo socialmente "chocante" a destruição de produtos alimentares.

Isso aconteceu com verbas do componente Garantia do Feoga, numa inversão grave do equilíbrio que deveria haver com a utilização deste fundo decomposto em duas seções bem distintas: o Feoga-Garantia para a política de preços com as compras de apoio, as despesas de armazenamento e os subsídios à exportação; e o Feoga-Orientação ao apoio à reestruturação do setor agrícola com uma lógica econômica correta, de intervenção de primeiro-ótimo (Porto, 2001:151-154). É estranho que lhe seja destinada apenas uma pequena percentagem das despesas gerais (de qualquer modo com algum acréscimo relativamente à situação anterior: sendo de 1,6% em 1970; 1,9% em 1980; 4% em 1990 e 4,6% em 2000). Embora todas elas tenham aumentado, é, aliás, ainda bem menor a percentagem do total das verbas do orçamento destinadas às ações estruturais (30,5% em 2004, incluindo o Feoga-Orientação); assim continuando a acontecer em 2006, no final das atuais Perspectivas Financeiras, quando caberia à PAC, no caso de não-ampliação, 46,0% do total (41,1% sem as "despesas de desenvolvimento rural e medidas de acompanhamento"), ou 38,8% (34,7%), com a integração de novos países, representando então as verbas para "ações estruturais" 32,2 ou 27,2%, respectivamente.

Não são encargos orçamentários compensados com as receitas dos direitos niveladores agrícolas, que constituem recursos próprios da comunidade; além dos impostos da Pauta Alfandegária Comum, da percentagem do IVA e da participação dos PNBs. Em 2004, sendo a despesa com a PAC (a preços correntes) de €46,785 milhões (como se disse, 46,5% do total), os direitos niveladores agrícolas terão proporcionado €859 milhões (0,9% das receitas), ou seja, pouco mais que 1,8% daquela despesa, sendo a receita mais importante o recurso PNB, com €74,183 milhões (73,7%), seguida do recurso IVA, com €14,324 milhões (14,2%)[108] e depois pela receita da pauta aduaneira comum, com €10,155 milhões (10,1%) (cobrando-se ainda 0,4% com as cotas do açúcar e da isoglicose). A figura 11 mostra o desequilíbrio verificado.

---

[108] Nos últimos anos houve um grande "salto" no papel do recurso PNB, que ainda em 1996 havia representado 32,8% do total, estando acima e distanciado o do recurso IVA (48,9%). Terá de se esperar para se saber se ele terá continuidade (prevendo que assim aconteça até 2006, ver Haug, 2003).

Políticas setoriais | 139

Figura 11

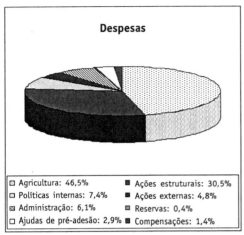

Fonte: Orçamento da União Européia para 2004.

Há além disso uma enorme "distância" entre o aumento do custo da PAC e os seus resultados, conforme pode ser visto na figura 12.

Figura 12

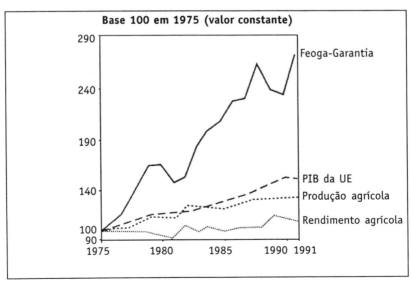

Fonte: Graal (1994; ver Cunha, 2000:22).

Não tendo as demais atividades, que representam 97,5% do total do PIB (a agricultura ocupa 2,5%), nada que se assemelhe às ajudas da PAC, constata-se que mesmo assim o PIB da União tem um crescimento claramente mais acentuado do que a produção ou o rendimento agrícola.

Além dos efeitos negativos que temos apontado, existem os desequilíbrios resultantes porque as organizações comuns do mercado (OCMs) abrangem preferencialmente determinados produtos, os cereais, a carne bovina e os laticínios, com mais de 2/3 (67%) das verbas do Feoga-Garantia, beneficiando-se por isso os países, as regiões e os agricultores que os produzem em maior quantidade.

São, pois, chocantes as dificuldades levantadas contra a criação e manutenção de uma "simples" OCM da banana, em que têm interesse (modesto...) apenas três ou quatro países da União, em relação a territórios seus (caso da Madeira para Portugal e das Canárias para a Espanha) ou a países ACPs (África, Caraíbas e Pacífico) a que estão especialmente ligados (Porto, 1994d:119-121). Com uma descrição pormenorizada do processo seguido, refletindo os diferentes interesses em jogo, ver Stevens (1996), Read (1994); tendo surgido uma nova oposição feita pelos países mais ricos na sessão plenária do Parlamento Europeu em dezembro de 1996, a propósito do Relatório Santini (e tendo havido uma divisão na votação do conselho, que os EUA "utilizaram" quando da sua retaliação na "guerra das bananas"; ver Porto, 1999a:139). O caso das bananas dá o mote a um livro sobre o *lobbying* na União Européia, com o título sugestivo de *Bananen für Brüssel* (Angres, Hutter e Ribbe, 1999; Bororrel e Yank, 1992).

O "peso" dos produtos privilegiados contribui para o favorecimento maior de países mais ricos da União Européia,[109] como mostra a tabela 7.

Tabela 7

País	1988	1991	1992	1995	1996	1997	1998	2002
Alemanha	17,1	15,9	14,6	15,6	16,5	14,2	14,3	14,5
Bélgica	2,7	4,6	4,4	4,7	3,1	2,4	2,2	1,0
Dinamarca	4,4	3,9	3,7	4,1	3,7	3,0	3,0	2,8
Espanha	6,8	10,5	11,5	13,3	11,1	11,3	13,7	14,7

Continua

---

[109] Em Portugal beneficia-se mais com a PAC a região do Alentejo, que, tendo 13% do produto agrícola bruto (PAB), recebe 36% das verbas totais.

Políticas setoriais | 141

País	1988	1991	1992	1995	1996	1997	1998	2002
França	22,8	20,2	22,0	24,4	26,1	22,5	23,2	23,0
Grécia	5,0	7,0	7,2	7,0	7,7	6,7	6,6	6,8
Holanda	14,3	7,8	7,0	5,6	4,2	4,3	3,5	0,9
Irlanda	3,8	5,2	4,3	4,1	4,6	5,0	4,2	3,0
Itália	15,6	16,5	16,5	9,8	11,5	12,5	10,8	13,3
Luxemburgo	0,01	0,01	0,00	0,0	0,1	0,1	0,0	0,1
Portugal	0,6	1,0	1,4	2,1	1,8	1,6	1,6	1,6
Reino Unido	0,7	7,3	7,4	8,6	9,5	10,8	11,1	12,6
Áustria						2,1	2,2	1,7
Finlândia						1,4	1,5	1,1
Suécia						1,8	1,2	2,0

Fontes: Leygues (1994a:116 e 1994b:24), *Relatório do Tribunal de Contas* relativo ao exercício de 1995 (*J.O.* C-340, 12 nov. 1996, p. 73), Cunha (1998:114 e 2000:86) e Comissão Européia (1999a).

Embora com alguma diminuição em relação a 1996, a França continua como destinatário principal, com a Espanha em segundo lugar e a Alemanha em terceiro. A partir de 1995 as percentagens são calculadas também em relação aos três novos membros, que em 2002 receberam 4,8% das verbas, o que ajuda a explicar a diminuição percentual dos países que já eram membros. Em quarto lugar vem a Itália e em quinto o Reino Unido, sendo por outro lado muito visível a perda de posição da Holanda ao longo dos anos. Para Portugal houve uma subida de 1988 para 1992, mas porque só em 1992 terminou o período transitório durante o qual os apoios eram ainda financiados em grande parte pelo orçamento do Estado português. Foi por isso de maior significado a subida ocorrida depois, chegando-se em 1995 a 2,1% do total. Os anos mais recentes têm sido contudo de queda acentuada, para 1,8% em 1996 e mais recentemente para 1,6%.[110]

Embora Portugal tenha assim uma percentagem acima do seu produto agrícola bruto (PAB), é uma percentagem bem aquém da representada pela sua população na UE-15 (2,7%); sendo já muito mais significativa a participação do país no Feoga-Orientação, em 2000 com autorizações de pagamentos correspondentes a 9,6% do total.

---

[110] Ver Cunha (2003:101). Amaral (1992:68), considerando não só o caso da PAC como também o caso da política da ciência e tecnologia, fala em "regressividade" num sentido espacial: recebendo as "regiões menos desenvolvidas" "proporcionalmente menos auxílio" (geralmente fala-se de "regressividade" em relação à distribuição pessoal dos encargos tributários).

É uma política que leva a que, paradoxalmente, países ricos sejam beneficiários líquidos ou contribuam em pequena medida para o orçamento da União Européia, como pode ser visto na tabela 8.

Tabela 8
Partes dos Estados-membros no financiamento da UE e na despesa a título da PAC e das ações estruturais, 1997
(partes de percentagem total da UE nos fluxos de tesouraria)

	B	DK	D	GR	E	F	IRL	I	L	NL	A	P	FIN	S	UK
						Financiamento									
Total	3,9	2,0	28,2	1,6	7,1	17,5	0,9	11,5	0,2	6,4	2,8	1,4	1,4	3,1	11,9
						Despesa									
Total*	2,5	2,2	14,2	7,8	15,8	17,1	4,7	11,8	0,2	3,5	1,9	5,3	1,5	1,7	9,9
PAC	2,4	3,0	14,2	6,7	11,3	22,5	5,0	12,5	0,1	4,3	2,1	1,6	1,4	1,8	10,8
Operações estruturais	1,4	0,7	14,0	10,2	24,5	9,4	4,7	11,1	0,1	1,6	1,4	11,3	1,5	0,9	7,4

Fontes: Cunha (2000:116) e Comissão Européia (1998a).
*Total das despesas operacionais (com exclusão das despesas administrativas).
Legenda: B = Bélgica; DK = Dinamarca; D = Alemanha; GR = Grécia; E = Espanha; F = França; IRL = Irlanda; I = Itália; L = Luxemburgo; NL = Países Baixos; A = Áustria; P = Portugal; FIN = Finlândia; S = Suécia; UK = Reino Unido.

Países ricos como a Dinamarca são beneficiários líquidos do orçamento da União, Luxemburgo tem as contas "saldadas" e a França recebe quase tanto quanto aquilo que paga (sendo semelhante o quadro já com dados mais recentes apresentado em Tsoukalis, 2003:134, com a Dinamarca, a Finlândia e a Itália tendo saldos positivos em 2000).

A ampla publicidade sobre esse benefício foi determinante na mudança de voto dos dinamarqueses do *não* para o *sim* do primeiro para o segundo referendo sobre o Tratado de Maastricht; numa estratégia com maior êxito do que a distribuição de 3 milhões de exemplares do texto que havia sido feita antes da primeira votação (podendo admitir-se que para a mudança também tenham "ajudado" as exceções feitas à Dinamarca)... Mais recentemente, essa circunstância não foi contudo suficiente para evitar o *não* no referendo de 28 de setembro de 2000, sobre a adesão ao euro.

Cunha (2000:134) mostra a diferença entre os 11 países do norte e os quatro do sul (Espanha, Grécia, Itália e Portugal), os primeiros com 79% das despesas de financiamento e 74% das "ajudas" diretas das principais OCMs.

A tabela 8 mostra, contudo, que entre os países do Sul só Portugal é de fato prejudicado, tendo a Grécia, pela sua população, uma percentagem apreciável (6,7%) das verbas do Feoga (e a Irlanda, país do Norte que tem sido "país da coesão", 4,7%).

Há pois um problema específico português que o governo do país procurou defender quando das negociações da última reforma (no Conselho Agrícola de Bruxelas que antecedeu o Conselho Europeu de Berlim, em março de 1999), infelizmente com escassos resultados (numa negociação em que tudo era discutido, não apenas o dossiê agrícola, e com a pressão de se chegar aí a acordo sobre as novas Perspectivas Financeiras).

Por outro lado, com a filosofia de estímulo e apoio à produção, a PAC favorece quem mais produz, ou seja, os agricultores ricos. Numa estimativa do Tribunal de Contas (198/C-401-01), 4% dos agricultores recebem 40% dos subsídios (anteriormente a Comissão Européia havia estimado que 80% das verbas do Feoga-Garantia revertiam a favor dos 20% agricultores mais ricos; havendo indicações no sentido de ser maior o desequilíbrio de Portugal). Constata-se por outro lado que são os cidadãos dos países menos prósperos que têm as capitações mais elevadas de tributação, como percentagens dos rendimentos pessoais (ver tabela 21). Há de fato situações de desigualdade que devem ser afastadas; não se compreendendo que sejam o resultado precisamente de políticas de União.

Além da injustificável má divisão entre os agricultores, não se pode deixar de estranhar, nas palavras de Tsoukalis (2003:107), que *"farmers nowadays represent less than 5 per cent of those empoyed in EU-15, and they receive almost half of total budgetary expenditure"*. Isso só pode acontecer em conseqüência da capacidade de pressão de que dispõem, sem paralelo com nenhum outro grupo de cidadãos (sem dúvida também por causa da inércia que se verifica em relação a uma situação de privilégio antiga), já que há caminhos corretos de resolver os problemas reais e específicos da agricultura, para os agricultores e as áreas mais desfavorecidos...

Tsoukalis (2003) não deixa de acrescentar que *"certainly, nobody would expect that the budgetary figure should converge towards the 5 per cent employment share"*, que *"history, political reality, and the nature of the farming setor will jointly preclude pure laissez-faire reforms in the foreseeable future"* e que *"most partners of the EU are not exactly innocent of interventionism and financial support for their own agricultural setors"*, ilustrando-o com os casos dos "liberais" EUA e Suíça (onde os subsídios anuais por vaca, *"apparently holier than those in India — exceed the per capita income of many members of the United Nations!"*).

Por fim, mesmo no plano da eficiência econômica constata-se que não há correlação entre as despesas e as necessidades reais de melhoria do rendimento agrícola, como mostra a figura 13.

Figura 13

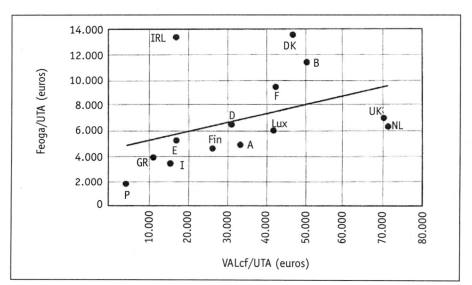

Fontes: Emerson e Gros (1998), e Cunha (2000:87).
Legenda: B = Bélgica; DK = Dinamarca; D = Alemanha; GR = Grécia; E = Espanha; F = França; IRL = Irlanda; I = Itália; L = Luxemburgo; NL = Países Baixos; A = Áustria; P = Portugal; FIN = Finlândia; S = Suécia; UK = Reino Unido.

Mais uma vez se vê a situação especial de desfavor em que estão os agricultores portugueses. Tendo uma população ativa agrícola em percentagem muito superior à dos países mais ricos (9,7%, quando a média comunitária era de 3,4%), verifica-se a situação chocante de um agricultor dinamarquês receber em média do Feoga 15 vezes mais do que um agricultor português, um agricultor sueco 6,5 vezes mais (e um grego quatro vezes mais).

Por fim, o protecionismo da PAC, tendo adiado e quase comprometido a conclusão da Rodada Uruguai, acaba levando a Europa a ceder em relação a possibilidades de exportação de setores em que temos condições mais favoráveis para concorrer nos mercados internacionais. Chega-se, aliás, assim à situação paradoxal de uma política que beneficia os países mais ricos acabar por prejudicar a colocação de produtos de países menos ricos (caso de Portugal, tendo já visto comprometidas por exemplo exportações de confecções, calçados e produtos cerâmicos).

As reformas de 1992, da Agenda 2000 e de 2003

Com esta mecânica, era urgente uma reforma que evitasse os custos ocasionados. Deverá, aliás, causar estranheza que tenham decorrido tantos anos até que se começasse a caminhar para ela, sendo em muito maior número (e de modo geral mais pobres) os prejudicados do que os beneficiados (com interesses sem dúvida a atender, mas por outras vias): em regimes democráticos, onde deveria prevalecer o interesse da maioria.

É um caso bem ilustrativo do que é explicado pela teoria económica da política: sendo prejudicada a maioria dos cidadãos, como consumidores e contribuintes, e favorecida uma minoria *bem organizada* dos países mais ricos (Porto, 2001:165-173; Pandovan, 2002:58-60).

Só assim compreende-se que as propostas de reforma que naturalmente foram sendo feitas não tenham se concretizado, algumas para mudanças estruturais e outras para o ajuste dos preços.[111]

Esse foi o caso da reforma proposta em 1968 pelo comissário Sicco Mansholt, que apontava, tendo presente o "modelo" norte-americano, para a obtenção de economias de escala julgadas indispensáveis: devendo as explorações ter 80 a 120 hectares no caso da produção de trigo, 40 a 60 vacas para a produção de leite e 150 a 200 cabeças para a produção de carne de vaca e de vitela (uma proposta na mesma linha foi feita para a França pelo conhecido administrativista Georges Vedel, numa fase da sua vida em que se centrou noutros interesses...). Tratou-se de uma proposta de reforma com uma lógica que acabou por ser retomada duas décadas depois, mas já em circunstâncias muito mais desfavoráveis. Conforme realça Cunha (2000:16),

> se tivesse havido coragem política em 1971 não se teriam desperdiçado inutilmente tantos recursos na compra, destruição ou na exportação subsidiada de excedentes que ninguém queria, não se teria atrasado o desenvolvimento de outras políticas

---

[111] Foi o caso da proposta Josling (1973), onde havia um incentivo através dos preços, com compensações regressivas, para que se caminhasse para condições estruturais mais favoráveis.

por falta de recursos, não se teriam agravado as disparidades regionais. Seguramente, não teria sido necessário impor anos mais tarde tantos sacrifícios aos agricultores, especialmente àqueles que não tinham tido antes os proveitos do tempo das *vacas gordas*.

Esse foi o caso dos agricultores portugueses... (sobre o "fermento" do Plano Mansholt, ver Azevedo, 1996:88-90).

Um início de reforma, visando a diminuição dos excedentes, teve lugar em 1984, com o estabelecimento de cotas, não sendo garantida a compra do que fosse produzido acima delas, e depois em 1988 (com os recursos orçamentários de novo esgotando-se...) com os "estabilizadores" (deixando de se intervir também acima de determinadas cotas), acompanhados de um primeiro sistema de pousio (voluntário e de fato quase não utilizado).

Mas uma verdadeira reforma só aconteceu em 1992, com a presidência portuguesa, num período decisivo em que era indispensável ultrapassar a pressão da Rodada Uruguai, feita por países que invocavam contra a União Européia o seu protecionismo.[112]

Em outros espaços do mundo também há um grande favorecimento da agricultura, mas de um modo mais facilmente aceitável e mais correto, sendo feito através de ajudas diretas aos produtores. Os apoios nos EUA como percentagem do "valor ajustado" da produção são mais elevados do que os nos EUA, que, por sua vez, são todavia mais elevados do que na Nova Zelândia ou na Austrália, países que têm por isso em relação aos EUA as razões de queixa que dizem ter em relação à Europa. Os apoios americanos foram em anos recentes mesmo mais elevados do que os europeus em valores *per capita* (por agricultor), tendo os EUA menos de 2 milhões e a UE mais de 7 milhões de agricultores, constatanndo-se ainda que o protecionismo da Europa é mais baixo na maioria dos setores não-agrícolas (ver Cunha, 1996:113-115 e 2000:162-168).

Diante do endurecimento da posição dos países externos assistiu-se ao recrudescimento da posição dos agricultores europeus que contribuiu, com

---

[112] Sobre as dificuldades e o êxito da reforma ver Swinbank (1993), Donà (1993), Loyat e Petit (1999) ou Magone (1997:166-167), numa apreciação dessa presidência portuguesa. Nas palavras da *Agenda 2000* (1997:17), "a reforma da política agrícola comum de 1992 foi um grande êxito".

manifestações de rua, para que a Rodada Uruguai não tivesse sido concluída no início de dezembro de 1990 e tendo contestado depois os acordos de Blair House, pondo em causa a posição assumida pela comissão, que teria alegadamente excedido o mandato de negociação conferido pelo conselho.

Alguns princípios e ações básicos devem ser distinguidos na reforma da PAC em 1992.

Em primeiro lugar, uma redução nos preços de vários e importantes produtos agrícolas (30% nos cereais e 15% na carne bovina), tendo em vista a redução da sua oferta. Medida que teve de imediato conseqüências favoráveis, com a redução dos excedentes (tabela 9).

Tabela 9

| Produto | Evolução dos excedentes públicos (milhares de toneladas) ||||||||
| | Ano ||||||||
	1990	1991	1992	1993	1994	1995	1996	1997
Cereais	14.379	17.237	21.843	24.205	12.410	5.524	1.209	2.381
Leite em pó desnatado	333	416	47	37	73	14	125	142
Manteiga	252	266	173	161	59	20	39	28
Carne bovina	538	1.011	1.166	720	163	18	434	623

Fonte: Cunha (2000:55, com dados da Comissão Européia relativos à UE-12 até 1994). Os estoques públicos de cereais ficaram "tecnicamente" esgotados em 1995.

Nota-se que, depois de um aumento dos estoques ainda em 1991/92, começou a se verificar uma redução significativa a partir de 1993/94, embora com alguns aumentos em 1997, havendo conseqüências favoráveis naturalmente não só na continuação como na melhoria do cumprimento da "linha diretriz" orçamentária para as despesas agrícolas (Leygues, 1994a:105 e 1994b:25; Cunha, 1996:161), bem como no bem-estar dos consumidores, nas produções a jusante e na capacidade de negócios com outros países.

A reforma de 1992 não se limitou à medida relativa aos preços, orientando-se também na tomada de medidas estruturais que se tornavam necessárias.

Em 1988 foi estabelecido um mecanismo mais amplo e obrigatório de pousio (*set-aside*) de terras nas explorações produzindo acima de 92 toneladas de culturas aráveis (cereais, oleaginosas ou proteaginosas), a menos que sejam destinadas a produções em que haja carência na União.

Numa outra linha, com o maior destaque (para a União Européia e muito especialmente para Portugal) foram estabelecidas medidas para a reconversão de terrenos para produções florestais: produções em que é grande o déficit europeu, não se pondo de um modo geral problemas de colocação no mercado.

Visando o aparecimento de agricultores mais jovens e com melhores qualificações, promoveu-se a aposentadoria antecipada dos agricultores a partir dos 55 anos.

Depois, a criação de uma ajuda ao rendimento baseada nas áreas e nas cabeças de gado e, no caso das culturas aráveis, na produtividade (numa linha em que se marca o início do processo de separação do apoio ao rendimento relativamente à política de preços).

Por fim, assumiu também um grande destaque e a maior atualidade o apoio a medidas ambientais, com a redução de determinadas produções mais poluentes: na linha de *greening the CAP*.

Apesar do acerto inquestionável de todas essas medidas e dos resultados conseguidos (com a redução de excedentes), não se pode dizer que o objetivo foi atingido, continua um enorme custo orçamentário, devendo atribuir-se à PAC, ainda em 2005, 46,4% do total do orçamento (estando de qualquer modo abaixo da "linha diretriz").

Tornava-se, pois, necessária uma nova reforma, agora requerida não só pela nova rodada da OMC (a Rodada do Milênio, iniciada em Seattle em novembro de 1999) como também pelos alargamentos, com suas delicadíssimas implicações.

As linhas gerais de uma nova reforma foram definidas em 1997, na *Agenda 2000*, seguida pelo Conselho de Agricultura, de 11 de março de 1999, alterando algumas das propostas da comissão, e por fim o Conselho Europeu de Berlim, a 24 e 25 do mesmo mês, alterando algumas das propostas do Conselho de Ministros.

Como primeiro elemento positivo, embora aquém do que era proposto pela comissão mas na linha correta da reforma de 1992, verificou-se mais uma redução dos preços de intervenção, em 15% nos cereais, em duas vezes, e em 20% no setor da carne bovina, em três vezes. Para o setor leiteiro verificou-se uma queda de 15%, mas a realizar (em três etapas) só a partir da temporada de 2005/06. Foram positivas também a ampliação da área plantada de vinha na EU-15, em cerca de 2%, e a alteração das regras de intervenção no mercado, no sentido de se favorecer a qualidade.

Ficando aquém da proposta da comissão, um outro reparo a fazer é que de qualquer modo só esses produtos continuam substancialmente contemplados, não se passando das boas intenções, na *Agenda 2000*, em relação aos produtos do Sul (Cunha, 1997 e 1998; Porto, 1998:27-29).

Até a posição final de Berlim estiveram também sobre a mesa duas propostas que acabaram por não ser aprovadas. Uma delas no sentido do co-financiamento pelos países, como forma de aliviar o orçamento e de responsabilizar mais os governos; mas a França opôs-se de forma intransigente a esta "nacionalização" parcial da PAC. A outra proposta, da França, era no sentido de alguma regressão no Feoga-Garantia, aplicando-se verbas que fossem liberadas (2 a 4%) no desenvolvimento rural; mas também esta proposta não passou.

Numa linha correta e promissora, foi reafirmada a idéia do desenvolvimento rural integrado, no caso da agricultura com a *multifuncionalidade*, ou seja, com a valorização de outras dimensões, casos da preservação do ambiente e do ordenamento do território, não apenas a dimensão produtiva. Passou-se a falar a este propósito de um segundo pilar, ou de uma *Política Agrícola e Rural* Comum (Parc). Mas a exigüidade das verbas destinadas, 10,2% do total, não pode deixar de suscitar dúvidas sobre a sinceridade dos bons propósitos afirmados.

Destaca-se ainda a reafirmação da preocupação ambiental, numa linha antiga e que foi reforçada recentemente pela Comissão Européia (2000c), com um relatório sobre *Indicadores da integração das preocupações de caráter ambiental na Política Agrícola Comum*.

Progressivamente afirma-se que há um "modelo agrícola europeu". É uma idéia pouco definida, que poderá "abrigar" o que cada um acha que lhe convém defender. Dada a experiência passada e atual da PAC, poderá ser um modo de nos iludirmos "orgulhosamente" com algo ineficiente e por isso desvantajoso para a maioria dos cidadãos.

Um reparo semelhante deve ser feito ao "modelo social europeu", refletindo uma preocupação que honra quem vive aqui mas que pode servir para se "desconhecer" que há uma flexibilização em outros mercados que acaba por proporcionar mais empregos. Em outras palavras, poderá ser bom para quem está empregado mas mau para quem está desempregado, principalmente os jovens à procura de um primeiro emprego, que não podem deixar de merecer igualmente a nossa preocupação (Porto, 2004:102).

A necessidade de se chegar a um acordo final, sentida de um modo muito especial pela presidência alemã (era um teste ao chanceler Schröeder, na sua primeira presidência, e independentemente disso importava não protelar a aprovação das Perspectivas Financeiras para 2000-06), levou a que houvesse condescendências em todos os domínios.

Foi assim possível a todos os responsáveis políticos dar coletivas de imprensa com a referência a pequenos ganhos nacionais. Mas além de se ter protelado uma solução de fundo, competitiva e justa, veremos adiante que em termos orçamentários houve um grande derrotado, que foi a política regional (como aconteceu em relação às verbas destinadas aos novos membros).

Também num sentido negativo, Tangerman (1999) afirma que "pouco adianta, quer para preparar a PAC para o próximo round da OMC, quer para o alargamento a leste" (ver Conselho Econômico e Social, 1998:69-104; Massot Marti, 1999; Swinbank, 1999, e House of Lords, 2000). Destacando em particular a sua insuficiência quanto às exigências de um "modelo europeu", equilibrado e promotor do mundo rural, numa estratégia distinguindo ajudas permanentes, socio-regionais, de ajudas transitórias aos setores em que há aproximações de preços, ver Cunha (2000), admitindo que de qualquer modo valeu a pena fazer a reforma.

Um novo esforço de racionalização está refletido na "reforma" de 2003, aprovada em 26 de junho: com avanços no sentido de uma maior competitividade (com pagamentos desligados das produções e preços de garantia mais baixos), de uma agricultura mais de acordo com os valores ecológicos e da valorização do segundo pilar (da Parc) (conforme Avilles, 2004). Mas uma esperança maior terá de estar na possibilidade de o primeiro-ministro britânico Tony Blair "forçar" o presidente francês Jacques Chirac a "aceitar" uma reforma no fundo da PAC (sobre as perspectivas financeiras para 2007-13, ver Porto, 2005a; sobre as perspectivas para a reunião de Hong Kong, em dezembro de 2005, da Rodada do Milênio, ver Cunha, 2004).

A política de pesca

Os produtos da pesca são considerados pelo art. 32 do tratado (antigo art. 38) como "produtos agrícolas". São produtos em relação aos quais durante vários anos não foram tomadas medidas especiais de favorecimento, com CCMs como as que se estabeleceram para determinados produtos agrícolas.

Numa primeira fase, além de um relatório da comissão, de 1966, sobre a "Situação do setor da pesca nos Estados-membros da CEE e os princípios básicos para uma política comum", estabeleceram-se princípios em relação ao acesso aos mares[113] e à abertura do mercado. Mas foi preciso esperar por 1983 (com desenvolvimentos em 1992) para que fosse realmente estabelecida o que pode considerar-se uma "política" de pesca.[114]

Assenta-se em princípio no "acesso igual" de todos os pescadores às águas dos países-membros, numa área até 200 milhas, idéia que ganhou maior significado com as ampliações que foram dadas a países com vastas orlas marítimas. Assim aconteceu com a "primeira ampliação", ao Reino Unido, Irlanda e Dinamarca, depois com a "segunda ampliação", à Grécia, Espanha e Portugal, e ainda mais recentemente com a "terceira ampliação", na medida em que incluiu a Suécia e a Finlândia.

Com a preocupação de se conservarem os recursos marítimos, foram estabelecidos "totais admissíveis de captura" (TACs, sigla de *total allowable catches*), tendo a divisão das cotas considerado o que cada Estado-membro já pescou.

Depois de anos com os recursos piscícolas sendo considerados inesgotáveis, causas biológicas mas sem dúvida também pescas excessivas e mal executadas levaram a que se coloque hoje um problema grave de redução de recursos, tanto junto às costas quanto no alto-mar. Em relação aos anos de pesca máxima, que ocorreram entre 1964 e 1973, uma análise de várias espécies pescadas em diferentes áreas do globo mostra que até 1992 se verificaram quedas acentuadas de capturas (Barnes e Barnes, 1995:196). Por causa da grande preocupação surgida em decorrência dessas quedas, são compreensíveis as reservas que os países "marítimos" manifestaram (no caso da Noruega a "partilha" das águas constituiu um fator importante para a recusa à adesão à União Européia nos referendos de 1973 e 1994), bem como o apoio crescente à tarefa de controle das águas (da responsabilidade de cada país).

Foram estabelecidos preços de garantia e intervenção em relação a determinadas espécies, na linha da política de preços da PAC.

A União tem assumido a responsabilidade de apoiar a reestruturação da indústria pesqueira (a reestruturação da frota e outras medidas) numa lógica sem dúvida correta de intervenção. Embora perdendo peso relativo, este apoio não deixou de crescer significativamente com a integração de Portugal e da Espanha, principalmente da Espanha, com uma das maiores frotas do mundo (representando 3/4 da frota de que dispunha a Europa dos 10).

---

[113] Regras internacionais gerais foram estabelecidas na III Conferência das Nações Unidas sobre o Direito do Mar, que decorreu de 1974 a 1976.
[114] Ver por exemplo Barnes e Barnes (1995, cap. 5), McCormick (1999:248) ou El-Agraa (2001c).

Com a tradição de pesca e os hábitos de consumo dos países ibéricos, aumentou em 90% o número de pescadores, 65% a tonelagem das embarcações, 80% a capacidade de pesca e 50% o consumo de peixe, que passou a ter muito maior importância nas dietas européias (Nicoll e Salmon, 2001:190; El-Agraa, 2001c:275).

Curiosamente é maior o número de embarcações na Grécia, sendo também muito grande em Portugal; mas com uma tonelagem muito mais baixa, menos de um terço da espanhola. Trata-se de qualquer modo de países em que a pesca representa percentagens mais elevadas dos seus PIBs (1,023% na Grécia e 0,67% em Portugal, e 0,518% na Espanha), estando além disso relacionada a comunidades modestas de determinadas áreas (próximas dos portos de pesca) onde muito dificilmente os pescadores poderão encontrar ocupações alternativas (Barnes e Barnes, 1995:195). Em geral tem sido significativa a redução de embarcações ao longo dos últimos anos.

Por fim, numa última linha de intervenção, a União Européia tem estabelecido acordos de pesca com outros países, principalmente com países das costas africana, americana (caso da Argentina) e do norte da Europa ("acordos do norte", caso do celebrado com a Noruega); em especial no primeiro caso num quadro de cooperação e apoio a esses países, tratando-se de países menos desenvolvidos.

A importância crescente e relativa de cada um dos tipos de intervenção reflete-se nas respectivas dotações orçamentárias (tabela 10).

Tabela 10

Tipo de intervenção	Despesas com a pesca					
	1985		1989		1996	
	Milhões de ECUs	%	Milhões de ECUs	%	Milhões de ECUs	%
Apoio de mercado	24	14	37	10	48	5
Apoio estrutural	114	65	209	54	451	52
Acordos internacionais	35	20	129	33	280	32
Outros (inclusive controle marítimo)	2	1	12	3	96	11
Total	175	100,0	387	100,0	875	100,1

Fontes: Comissão Européia (Direção Geral da Pesca), *Pêche Information*, juin 1996.

Tem sido sensível o aumento de dotações para a pesca,[115] para o que muito contribuíram as entradas de Portugal e principalmente da Espanha. Em correspondência com a sua importância a Espanha foi o país da União Européia mais beneficiado com verbas para a reestruturação, a modernização e o desenvolvimento da indústria pesqueira (incluindo a aquacultura), com perto de 33% do total em 1987/88 (tendo ido para Portugal 9,1%).

Na evolução verificada, com aumento dos valores absolutos em todos os itens, nota-se a perda relativa da política de preços (de mercado), junto a um reforço do item "outras", onde se inclui o controle das águas territoriais. Seguindo a intervenção de primeiro-ótimo, está a importância mantida pelo apoio à reestruturação da frota (depois da "queda" relativa entre 1985 e 1989), com mais de metade das verbas totais; vendo-se também o grande impulso dado entre 1985 e 1989, e mantido desde então, à cooperação com países com os quais há acordos internacionais, onde se conjugam interesses europeus com um desejável apoio a economias menos favorecidas.

De forma inquestionavelmente correta, em 1993 foi criado o Instrumento Financeiro de Orientação da Pesca (Ifop), dotado com €3,7 bilhões para o período 2000-06.

Em março de 2001 foi elaborado o primeiro *Livro verde sobre a política de pesca* (Comissão Européia, 2001c), apontando para novos ajustes (destacando-se a exclusividade de acesso às 12 milhas, por parte dos Estados costeiros).

A política industrial

O contraste entre esta política, ou a sua ausência, e a política agrícola é curioso.

Tal como havia outros países especialmente interessados em políticas já analisadas (a Holanda na política dos transportes e a França na política agrícola), a Alemanha apresentava-se claramente como o país que mais poderia se beneficiar com as oportunidades industriais proporcionadas pela CEE. Apesar de no final dos anos 1950 ter a economia já recuperada das seqüelas da guerra, até rejuvenescida com os investimentos maciços em equipamentos novos que foram feitos, não foi inserido no Tratado de Roma nenhum título ou sequer um

---

[115] Sem dúvida partindo-se de uma base muito baixa e estando-se bem longe das dotações da "velha" PAC.

artigo sobre a política industrial. Não se tratou de um "esquecimento", a idéia era que as regras da concorrência seriam a condição suficiente para o aproveitamento das potencialidades industriais dos países.

Assim acontecia com uma concepção liberal de crença no mercado, julgando-se que bastaria o seu funcionamento. Em outras palavras, a intervenção, da comissão ou do tribunal, seria necessária apenas para assegurar a concorrência. Em meados dos anos 1960 foi criada a Direção Geral da Indústria (DG-III, atual ENTR), mas com poucos poderes, continuando a ser bem maior a preocupação com a preservação e a promoção da concorrência (ver Price, 2001).

A experiência histórica recente, de "derrota" e transformação radical das economias centralizadas, contribuiu de um modo muito significativo para se reforçar esta convicção, em termos acrescidos com a ampliação de oportunidades proporcionadas pelo mercado único europeu. O mercado alemão, o maior da União, representa apenas metade do japonês e 1/4 do norte-americano. Muito havia a esperar do mercado único europeu.

Poderá, por isso, constituir talvez surpresa que o Tratado de Maastricht introduza, nos dias de hoje, um título sobre "a indústria", o título XIII da parte II (o atual título XVI da parte III), em conseqüência de um documento da comissão, curiosamente da responsabilidade de um comissário liberal, o alemão Martin Bangemann.

A que se deve esta primeira consideração no texto do tratado quando menos seria de esperar, no início dos anos 1990, depois do fracasso dos regimes centralizadores e em plena "vaga" liberal que chegou a todos os domínios, muito especialmente ao econômico? Anteriormente, já existiam documentos apontando para a necessidade de alguma intervenção, começando com um memorando ambicioso do comissário responsável, Guido Colonna, em 1970, a que se seguiu um outro relatório (Spinelli) em 1973; bem como iniciativas diversas em domínios promotores da competitividade da indústria, nos domínios da pesquisa e desenvolvimento e da política regional.

Uma filosofia correta de atuação

Assim acontece como conseqüência de um entendimento (finalmente) correto do papel que a intervenção pública (comunitária ou nacional) deve ter na economia.

A experiência conhecida não levou a julgar-se que os Estados (ou outras entidades públicas) deixavam de ser necessários; mas, sim, a reconhecer que devem ter um papel completamente diferente daquele que tiveram durante muito tempo.

Reconhece-se que não devem continuar a intervir como produtores, onde é possível e mais eficiente a iniciativa privada. Mas é a própria possibilidade de exploração plena das potencialidades do mercado que depende de alguma intervenção pública, criando economias externas indispensáveis e afastando imperfeições existentes. É preciso, pois, por um lado proporcionar por exemplo infra-estrutura e serviços de transporte, pesquisa científica e tecnológica e formação profissional que os particulares não correm o risco ou não têm capacidade financeira para fazer e por outro lado afastar imperfeições (por exemplo de informação ou no mercado de capitais) que impedem o aproveitamento possível das variantes do mercado: tarefas que, como é sabido, só entidades públicas poderão desempenhar.[116]

A "vaga liberal" atual não implica que a intervenção pública deixe de ser necessária, mas, sim, que se altere a sua filosofia e o modo de atuação, assim como não pode deixar de haver uma regulação adequada, assegurando a concorrência e a defesa de valores ambientais e sociais, que poderá aliás caber a autoridades independentes (Moreira, 1997; Moreira e Maçãs, 2003). Por haver sempre situações de dificuldade a atender, é necessário que o sistema econômico seja o mais eficiente possível, com o aproveitamento pleno do mercado, para que sejam mais avultados os recursos de que poderá dispor para enfrentá-los.

Analisando diferentes perspectivas de promoção industrial com a preocupação de criação de emprego na Europa, nos EUA e no Japão, ver Michie e Smith (1996); ou, privilegiando a necessidade de se promover a competitividade da Europa, Lawton (1999).

Trata-se de necessidade de intervenção que, sendo já desejável no mero quadro da economia européia, se torna especialmente premente em face da dificílima concorrência de outros espaços do mundo, em relação aos quais estamos progressivamente mais abertos.

É ainda uma intervenção de apoio de primeiro-ótimo, ou seja, com a qual não se verificam os efeitos indesejáveis (custos de distorção no consumo) que existiriam com uma intervenção protecionista; podendo-se acrescentar que,

---

[116] Assim se justifica por exemplo a intervenção pública para promover "indústrias nascentes" (ver Price, 1995; Jovanovic, 1997:169 e segs.; Porto, 2001:184-191 e 2004:92-102, procurando sublinhar a lógica atual da intervenção pública).

também por uma razão de economia e racionalidade de meios, deve apoiar-se nos recursos já existentes nos mais diversos níveis, empresariais, universitários ou ainda por exemplo autárquicos (Porto, 2001:151-156).

Trata-se de filosofia e de preocupação que ficaram bem nítidas no modo como a "política industrial" foi considerada no Tratado de Maastricht.

Não se fala em "política", nem na epígrafe do título (fala-se apenas em "indústria") nem nos artigos; numa distinção marcada em relação às "políticas" agrícola, social ou dos transportes, designadas como tais desde a redação inicial do tratado, ou ainda em relação à "política" do ambiente, que passou a ser assim chamada no Tratado de Maastricht (não o tendo sido quando foi "introduzida" pelo Ato Único Europeu).

Depois, o texto dos artigos é significativo do modo supletivo e racionalizado como está prevista a intervenção. Começa-se por dizer que "a Comunidade e os Estados-membros zelarão por que sejam asseguradas as condições necessárias", com o incentivo a um ambiente favorável à iniciativa e ao desenvolvimento das empresas, principalmente das pequenas e médias no conjunto da comunidade, bem como à cooperação entre elas.[117]

Em terceiro lugar, é bem claro que desse modo "sutil" e racional se pretende promover a "capacidade concorrencial da indústria da comunidade", não num espaço protegido, mas sim "no âmbito de um sistema de mercados abertos e concorrenciais".[118]

Em dois domínios tem sido feito contudo um apelo maior à intervenção pública, especialmente à intervenção comunitária. Um deles é o da promoção de setores "de ponta" para competir com espaços externos, como os EUA e o Japão[119] (com a atribuição privilegiada de verbas à pesquisa científica e tecnológica); e o outro o do apoio a setores em crise, onde se verificam situações graves de desemprego.

---

[117] Seguindo a lógica do princípio da subsidiariedade, generalizado e reforçado precisamente com o Tratado de Maastricht (ver Philip e Boutayer, 1993; Quadros, 1994; Ruiz, 1996; Duarte, 1997:517-540 e 2000a; Borges, 1997; Martins, 2000:148-156; Vilhena, 2002; Martins, 2003; e a bibliografia destes estudos; ver, ainda, Constantinesco, 1991).
[118] Nas palavras de Bangemann (1992:13): *"I understand 'industrial policy' to mean creating industrial competitiveness"* (ver Marques, 2000:147 e segs., ou, numa outra perspectiva, Maduro, 1998:162-166).
[119] Pensando nas empresas européias ganharem uma escala mais favorável, assim como haver uma maior aproximação das condições sociais, aparece a idéia da "sociedade européia" (ver Swann, 2000:284 e 303).

Os grandes projetos europeus

Um apelo para uma grande intervenção pública tem sido feito com o reconhecimento da necessidade de se concorrer em setores de ponta com as outras economias mais desenvolvidas do mundo. Essa idéia foi encabeçada na Comissão Santer pela comissária responsável pela pesquisa e desenvolvimento tecnológico, Edith Cresson, defendendo uma estratégia que visava privilegiar um número muito reduzido de grandes projetos (como o "carro do futuro" ou o "avião do futuro"), ou seja, projetos de um número reduzido de grandes empresas dos grandes países, especialmente da França (algumas com situações deficitárias...). Entra-se assim numa lógica de acentuação dos desequilíbrios (suscitando naturalmente a reação dos países mais pobres (ver *Expresso*, 1 nov. 1996, a propósito da discussão na comissão que antecedeu a aprovação do "relatório da coesão", Comissão Européia, 1997c; tendo levado a alguns "acertos").

Deve-se destacar que se trata de um processo com grandes dificuldades, em fazer as escolhas corretas (*picking the winners*), com os riscos inerentes; não se provando aliás que tenha sido fundamentalmente devido a ações desse tipo que os países que concorrem com a União tiveram o seu desenvolvimento, devendo "desmistificar-se" principalmente o papel do Miti (Ministério da Indústria e Tecnologia) no Japão, país onde tem sido incomparavelmente mais importante o papel das grandes empresas financiando a pesquisa necessária para as suas modernização e expansão contínuas. Porter (1990) constata, depois de citar exemplos (negativos) do Japão e da Coréia: "*looking across nations, the industries in which government has been most heavily involved have, for the most part, been unsuccessful in international terms*" (ver Jovanovic, 1997:195).

Salvo um ou outro caso excepcional, depois de uma grande ponderação,[120] será mais seguro e provavelmente mais eficaz (com a dinamização de vários potenciais concorrentes, em diferentes países e regiões) seguir-se antes uma estratégia de tipo horizontal com a criação geral de economias externas (com uma política ampliada de pesquisa e desenvolvimento tecnológico, como veremos adiante) e o afastamento das imperfeições que impedem o funcionamento pleno do mercado.

---

[120] É afinal uma forma de intervenção com os méritos e as dificuldades do argumento das indústrias nascentes (Porto, 1979). Trata-se de uma intervenção que o tratado, na alínea *b* do inciso 3º do art. 87, admite que tenha lugar através de subsídios públicos se se tratar de "um projeto importante de interesse europeu comum".

O problema das indústrias em crise

O apelo a alguma intervenção no setor industrial tem sido feito também de um modo especial em relação a setores em crise, assim tendo acontecido com grande premência nos anos 1970 e de novo em anos mais recentes, principalmente a partir da crise iniciada em 1973 (com o "novo protecionismo"). Mas as crises de alguns dos setores mais sensíveis são mais antigas, como são os casos da indústria têxtil (já em 1971 foi publicado pela comissão um "Quadro para a ajuda à indústria têxtil"), do carvão e do aço, suscitando políticas de intervenção, mesmo protecionistas (Swann, 2000:308-315).

Tal intervenção só pode encontrar justificativa econômica nos termos e com os "pressupostos" do argumento das indústrias senescentes (Porto, 2001:193-194). Também neste caso a "legalidade" de auxílios públicos concedidos terá que encontrar cabimento em alguma das exceções do art. 87. Concluindo-se que só se justificará verificando-se as mesmas condições (a "passagem" dos mesmos "testes") que com o argumento das indústrias nascentes; e, se justificada, deve ser feita de um modo direto, procurando, na medida possível, que seja uma intervenção de primeiro-ótimo.

A União Européia não tem deixado de ser sensível a este problema, nos últimos anos particularmente ligado ao problema do desemprego: com 16,5 milhões de desempregados e o risco de agravamento como conseqüência do abrandamento da atividade econômica que se tem verificado em alguns dos países.

Na procura de soluções foi publicado o "livro branco" *Crescimento, competitividade e emprego* (Comissão Européia, 1993a). Seguindo a tentação que aparece sempre que aumenta o desemprego, sugere uma estratégia de índole keynesiana, com o aumento da despesa global para dinamizar a economia,[121] o que está hoje condicionado pela necessidade do cumprimento do Pacto de Estabilidade e de Crescimento, obrigando a uma seleção especial nos investimentos a promover.

---

[121] Segue também nesta linha o Relatório Paddoa-Schioppa (1987), bem como mais recentemente o relatório e documentos preparados para a Comissão Temporária do Emprego que funcionou no seio do Parlamento europeu (ver Relatório Coats, 1995; Barrell et al., 1995, e Holland, 1995, analisando as conseqüências sobre o emprego do cumprimento dos critérios de Maastricht quando da "caminhada" para o euro; Comissão Européia, 1997d).

Não há nenhuma solução só por si satisfatória, já que os progressos tecnológicos e de gestão dos nossos dias não podem deixar de levar a que muitos produtos passassem a ser produzidos com menos mão-de-obra: não tendo sentido produzir com 100 trabalhadores o que pode ser feito hoje com 50. O agravamento do desemprego não se confina a fases de recessão, podendo se verificar também (embora provavelmente em menor grau) quando há retomada das economias (com especiais dificuldades para a Europa, na comparação com os EUA e o Japão, ver Comissão Européia, 1997a:1). Não sendo esperado que aumente significativamente a procura da maior parte dos bens já produzidos, as novas necessidades que seguramente aparecerão devem ser antecipadas, algumas aliás como conseqüência dos atuais níveis mais elevados de rendimento e de tempo disponível. Haverá um grande espaço para produtos e serviços ligados à cultura, ao turismo e à recreação, todos eles requerendo a ocupação útil de muito mais mão-de-obra (em grande parte dos casos em regiões menos favorecidas, contribuindo-se assim simultaneamente para um desejável maior equilíbrio espacial).

A política de pesquisa e desenvolvimento tecnológico (P&D)

Como a anterior, esta política não tinha lugar no Tratado de Roma. Isso aconteceu somente com o Ato Único Europeu, com a introdução de um título próprio sobre pesquisa e desenvolvimento tecnológico (arts. 130-F a 130-Q, atuais arts. 163 a 173); sendo agora, no Tratado de Amsterdã, o título XVIII da parte III.[122]

Algumas mudanças feitas já pelo Tratado de Maastricht visaram uma maior coordenação e uma maior exigência, de forma a que a União possa responder aos desafios que surgem.

Uma preocupação fundamental com a competitividade ficou bem clara no pacote Delors II (num dos três eixos distinguidos, sendo os outros dois o da coesão e o do acréscimo das responsabilidades internacionais). Nas palavras de Leygues (1994a:140 e 1994b:121), tal é justificável pela "degradação do saldo comunitário na balança dos produtos industriais", que desceu de 116 bilhões de ECUs em 1985 para 50,5 bilhões no início dos anos 1990; podendo-se cons-

---

[122] No tratado o adjetivo "tecnológico" refere-se (no singular e no masculino) a "desenvolvimento", não a "pesquisa".

tatar que o esforço financeiro dedicado à pesquisa na União Européia (1,9% do PIB, na UE-15 em 1995) é muito menor do que no Japão (3,5%) ou nos EUA (2,8%) e que as exportações de alta tecnologia representam 31% do total nos EUA, 27% no Japão e apenas 17% na Europa.[123]

A percentagem dos PIBs atribuída à P&D é especialmente baixa em três dos países da coesão, na Grécia (0,48%), em Portugal (0,59%) e na Espanha (0,80%), sendo também baixa na Itália (1,04%), mas já mais elevada na Irlanda (1,41%), de qualquer modo abaixo da média da UE-15, de 1,97% (Comissão Européia, 1998b:95 e 217).

Sobre a concorrência entre empresas multinacionais, diminuindo a importância dos espaços nacionais, podem-se mencionar as posições de Holland (1976) ou também de Ohmae (1995). Uma grande esperança no sentido da melhoria da competitividade foi aberta pela Estratégia de Lisboa, definida no Conselho Europeu nesta cidade, em março de 2000.

É neste quadro de referência que se verifica uma preocupação acrescida com a política de pesquisa e desenvolvimento tecnológico.

A filosofia e os caminhos de atuação

Tal como a "política" industrial (à qual está intimamente ligada), é uma política estabelecida numa lógica de abertura, com a afirmação do objetivo de "reforçar as bases científicas e tecnológicas da indústria comunitária e fomentar o desenvolvimento da sua capacidade de concorrência internacional" (inciso 1º do art. 63) diante dos espaços americano e asiático.

Na concretização deste objetivo o Pacote Delors I (1987)[124] havia sido bem expressivo ao perguntar, quanto a "uma política econômica externa comum e resoluta", "como proclamar que o progresso tecnológico é necessário para a nossa competitividade e o nosso emprego se não somos capazes de enfrentar as ameaças vindas do exterior".

---

[123] Ver Barnes e Barnes (1995:246-7) e de novo Leygues (locs. cits.). Estará em questão a nossa capacidade de concorrência entre esses três espaços (a "tríade", numa designação de Ohmae), sobre a qual tem sido publicada uma extensa bibliografia (ver Ohmae, 1985a e b; Jackson, 1993; Thurow, 1994; ou ainda Dent, 1997, cap. 5; defendendo uma estratégia cooperativa entre eles ver o Group of Lisbon, 1995).

[124] Foi o documento da comissão, o COM (87) 100, que concretizou o que ficou estabelecido no Ato Único Europeu.

Com a pesquisa e a promoção tecnológica uma política protecionista de desenvolvimento autárquico não é seguida. Sabendo-se qual é a divergência existente no plano interno — no caso, uma insuficiência no domínio científico e tecnológico — atua-se apenas em relação a ela, chegando-se assim ao resultado almejado e evitando-se os custos de distorção no consumo que de outro modo seriam provocados.

Nesta perspectiva compreende-se ainda (como em geral na "política" industrial) que na União se deva ter a preocupação de aproveitar do melhor modo possível os recursos existentes, em especial considerando que, mesmo num efeito estimulante de competitividade, são recursos dispersos por vários países e por várias regiões.

Assim se explica que se diga logo a seguir, no inciso 2º do art. 163, que "a comunidade incentivará, *em todo o seu território*, as empresas, *incluindo as pequenas e médias empresas, os centros de pesquisa e as universidades* nos seus esforços de investigação e de desenvolvimento tecnológico *de elevada qualidade*" (grifos do autor). A necessidade de proporcionar as economias externas indispensáveis, *de elevada qualidade*, não leva à defesa da concentração de esforços, dando-se destaque, com toda a clareza, ao pleno aproveitamento dos recursos empresariais e de investigação existentes, localizados em pontos diversos dos países comunitários. Essa idéia é reforçada no *Primeiro relatório da comissão sobre a coesão econômica e social* (Comissão Européia, 1997c:128), em termos que vale a pena reproduzir aqui:

> Relativamente à política de IDT [P&D] da União, que tem como objetivo *promover a competitividade européia através da excelência científica*, deverão prosseguir os esforços no sentido de desenvolver as capacidades e as atividades de pesquisa nas áreas mais desfavorecidas da União. A inovação, a mobilidade dos investigadores, bem como um aumento das parcerias e de redes entre instituições de IDT nos Estados-membros são componentes particularmente valiosas para o desenvolvimento estrutural. *Também importantes são a ampla divulgação de resultados e a busca de esforços concertados de investigação ligada às potencialidades das regiões mais desfavorecidas* [grifo do autor].

Não está de acordo com esta perspectiva a concentração geográfica da pesquisa apoiada publicamente em Portugal, com um grande afastamento em relação ao tecido industrial: mais de 65% concentrados em Lisboa (82% da pesquisa do Estado em 1995, segundo o Observatório da Ciência e Tecnologia), distrito que tem 25% da produção industrial portuguesa, já "atraída" para aí por essa e outras vias (com a sua dimensão e as suas implicações, este desequilíbrio português é "distinguido" nas críticas negativas de Leygues, 1994b:54; e Torres, 1996:17, que chama a atenção para que *"this concentration"* — empresarial e geográfica — *"of domestic resources prevents a faster real convergence with the EU"*). Tal situação se reflete naturalmente no baixíssimo nível de cobertura das despesas com receitas proporcionadas por serviços prestados a empresários privados pelos "grandes laboratórios nacionais" (têm um significado totalmente diferente as prestações de serviços ao setor público, incluindo naturalmente as empresas públicas); sendo já pelo contrário significativa, em alguns casos mesmo superior a 100%, a cobertura que é conseguida pelos serviços proporcionados pelos centros tecnológicos, localizados nas várias regiões, perto dos empresários a que dão apoio (a diminuta rentabilidade dos laboratórios do Estado foi evidenciada em avaliações feitas pelo Ministério da Ciência e Tecnologia, sendo de recear, na lógica do sistema, uma "fuga para a frente", com a ampliação dos "orçamentos e recursos humanos", para além dos bilhões de euros já despendidos e dos milhares de funcionários que aí trabalham.

Na União Européia visa-se antes um máximo aproveitamento dos recursos, que poderá ser ampliado pelo mercado único e as políticas de coordenação e racionalização. Ainda no mesmo inciso 2º do art. 163 do tratado é dito que a comunidade apoiará os esforços de cooperação de todos os participantes, "tendo especialmente por objetivo dar às empresas a possibilidade de explorarem plenamente as potencialidades do mercado interno", e é indicado depois, nos artigos seguintes, o que pode e deve ser feito nos campos da coordenação e da racionalização, incluindo a adoção de programas-quadro, definindo objetivos científicos e técnicos e as prioridades a seguir, estabelecendo-se as linhas gerais das ações a realizar e fixando-se montantes e modos de financiamento; devendo-se incluir aqui, naturalmente, as ações a desenvolver em cada um dos países-membros, numa linha de horizontalidade promotora de um maior equilíbrio, com um aproveitamento mais completo e eficaz dos recursos de que se dispõe.

Não é sequer mencionada a promoção de grandes projetos, como a comissária Cresson quis privilegiar, afastando-se assim do disposto no tratado e, o que é mais delicado, procurando um caminho que não seria o mais seguro e o mais correto.

Como se disse, é uma estratégia que se justificará num ou noutro caso muito bem identificado e seguro (desejavelmente promotor de sinergias de diversas naturezas).

Um exemplo bem-sucedido, de vários países-membros com o apoio da União, é o do projeto Airbus, mas com maior ou menor sucesso poderão referir-se ainda projetos desenvolvidos nas áreas de telefonia móvel, genética ou aeroespacial (além de casos claramente de fracasso, como são os da fusão nuclear e da TV de alta definição; sobre este último caso ver Dai, Lawson e Holmes, 1996, ou ainda Gabel e Cadot, 1996).

É inquestionável, por fim, que a promoção da pesquisa e do desenvolvimento tecnológico não poderá deixar de ser responsabilidade das entidades públicas. Resultando dela economias externas, é um bem cujos benefícios não podem ser apropriados por quem quer que seja. Não se pode esperar que um empresário tome a iniciativa de a promover, pelo menos em toda a medida necessária, correndo o risco de os seus concorrentes, sem terem tido os mesmos encargos, virem a aproveitar os benefícios proporcionados (Porto, 2001:185-189). Naturalmente, é discutido o grau de envolvimento público que se deverá verificar em cada caso, comparando-se a situação européia com a dos nossos "adversários" (sobre tal intervenção nos EUA, ver Best e Forrant, 1996).

Num espaço aberto como a União Européia o problema se põe também em relação a cada um dos Estados, não se podendo ter a segurança de que os investimentos feitos venham a beneficiar apenas as empresas nacionais. Tratando-se além disso de investimentos por vezes muito vultosos, compreende-se que seja uma responsabilidade comunitária, que o Ato Único veio justamente consagrar.

Neste contexto de exigência e racionalidade procura-se que a ação da União seja desenvolvida fundamentalmente através de programas-quadro, definidos e executados nos termos dos arts. 166 a 170 (antigos arts. 130-I a 130-M). Trata-se todavia de programas que remontam a um ano anterior ao Ato Único, a 1984, com o 1º Programa, estando-se agora no 6º Programa, para o período de 2002-06.

O destaque crescente atribuído à política de pesquisa e desenvolvimento tecnológico reflete-se no aumento das verbas atribuídas, que duplicaram do 3º (1990-94) para o 4º (1994-98) Programa, de 6.600 milhões para 12.300 milhões de ECUs, continuando depois a aumentar no 5º Programa (1998-2002), para €14.900 milhões, e no 6º para €16.270 milhões (sobre os objetivos básicos a atingir, ver Moussis, 2003:380-381).

O componente de pesquisa e desenvolvimento tecnológico, especialmente quanto à sociedade da informação, está ligado à Estratégia de Lisboa, definida no Conselho Europeu de março de 2000, com o objetivo de que em 2010 a Europa tenha a economia mais competitiva do mundo (ver *Europa. Novas Fronteiras*, 2001). A contribuição da educação e da formação no seguimento desta estratégia foi desenvolvida recentemente num documento da Comissão Européia (2003c).

Política energética

A importância do setor, que não é necessário destacar, é especialmente sentida em períodos de crise, como foi o caso ainda recente da guerra do Kuwait, mas já era considerada no Tratado de Roma, instituidor do CEE.

Esteve na mesa do Conselho Europeu de Maastricht uma proposta de artigo sobre a energia, que não chegou a ser aprovada. O tratado, no art. 3º, limitou-se a acrescentar, além de outras, uma alínea dispondo que "para alcançar os fins enunciados no art. 2º, a ação da comunidade implica, nos termos do disposto e segundo o calendário previsto no presente tratado", "*medidas nos domínios da energia, da proteção civil e do turismo*".

Consta agora no Tratado Constitucional, na seqüência da proposta da convenção, com o art. III-256 (seção 10 do capítulo III), dispondo que

> no âmbito do estabelecimento ou do funcionamento do mercado interno e tendo em conta a exigência de preservação e melhoria do ambiente, a política da União no domínio da energia tem por objetivos: a) assegurar o funcionamento do mercado da energia; b) assegurar a segurança do aprovisionamento energético da União; e c) promover a eficiência energética e as economias de energia, bem como o desenvolvimento de energias novas e renováveis.

Em Maastricht esteve igualmente em discussão, com um interesse muito especial para Portugal (também para o conjunto da União Européia, sendo o setor econômico de maior destaque, com um crescimento médio anual de 7,2% entre 1980 e 1995; além do seu papel social, cultural e político), um artigo sobre o turismo (sobre o turismo na Europa ver Hollier e Subremon, 1992; e sobre o seu efeito na dinamização das economias, Hazari e Sgro, 1995). Embora na Declaração nº 1, anexa ao

Continua

Tratado de Maastricht, estivesse que a "introdução no tratado que institui a Comunidade Européia dos títulos relativos aos domínios referidos" nessa alínea "será examinada de acordo com o procedimento previsto no inciso 2º do art. N do Tratado da União Européia, com base num relatório que a Comissão apresentará ao Conselho o mais tardar em 1996", não se avançou, todavia, nas Conferências Intergovernamentais (CIGs) seguintes, nem, no que respeita ao turismo, na Convenção Européia ou no Tratado Constitucional. Sendo assim, nos termos da referida declaração anexa ao Tratado de Maastricht, a ação nos domínios analisados continuou a ser "prosseguida com base nas atuais disposições dos tratados que instituem as Comunidades Européias".

Como argumento contrário à consideração comunitária do turismo invocar-se-á o princípio da subsidiariedade, ou ainda que o que há a fazer em prol do turismo é integrável noutras políticas, desde a política dos transportes à política regional (pela qual podem financiar-se equipamentos do setor).

Parece-nos contudo claro que há ações no domínio do turismo em que se justifica a intervenção comunitária, sem dúvida em estreita articulação (complementando ou sendo complementada) com ações nacionais. Por exemplo, justifica-se que seja feita no âmbito comunitário uma ação de promoção em outros continentes, por exemplo na Ásia, na Oceania ou mesmo na América, dado que quem vem dessas origens longínquas em princípio não limita a sua visita apenas a um país da União Européia, justificando-se, além disso, por exemplo, que haja em nível comunitário o estabelecimento de determinadas exigências de qualidade (podendo opor-se à "comunitarização" dessa política operadores que receiam maiores exigências...).

Vem, todavia, de longe a preocupação "comunitária" com a energia, recordando que lhe eram especialmente dedicadas (exclusivamente, no segundo caso) as outras duas comunidades criadas. De fato a Ceca, criada em 1951, veio cuidar (além do aço) da fonte energética então dominante, o carvão (ainda hoje com destaque, que deverá continuar a ter no futuro). Na formação da Ceca foi determinante o reconhecimento da importância estratégica dos dois setores (carvão e aço) dos pontos de vista econômico e militar, devendo por isso ser colocados sob responsabilidade comunitária. Depois o Euratom, em 1958, veio a ser exclusivamente dirigido à energia atômica, então com importância crescente (devendo ficar para a CEE, embora sem menção no tratado, responsabilidades em relação a todas as demais fontes, incluindo o petróleo e as energias renováveis).

Por outro lado, é uma "política" desde o início com uma filosofia bem diferente da seguida com a Política Agrícola Comum.

A filosofia seguida

A evolução dos preços internos diante dos preços internacionais pode ser vista na tabela 11, com os números do ano anterior à celebração do Tratado de Roma (1956) e depois já com números de meados da década de 1960.

Tabela 11

Ano	Carvão CEE	Carvão EUA	Petróleo importado
1956	12,53	21,60	20,30
1965	16,68	14,20	16,40

Fonte: Swann (2000:280), com preços (de tonelada equivalente de petróleo — TEP) na mesma base.

Vê-se que em 1956 o preço do carvão comunitário era muito competitivo, não se justificando a importação de carvão ou de petróleo.

Nos anos que se seguiram assistiu-se todavia a uma mudança radical da situação, com o petróleo mais barato (além de outras vantagens que proporciona, na maior facilidade do seu transporte e da sua utilização e sendo transformável em bens intermediários de procura crescente em diferentes indústrias, dos plásticos às fibras têxteis sintéticas) e também mais barato o carvão importável de fora da comunidade, dos EUA e de outras origens.

As minas de carvão européias entraram em crise, com efeitos muito negativos nas regiões onde se localizavam, muitas delas sem alternativas para o seu desenvolvimento.

Caiu-se pois num problema idêntico ao existente em relação aos produtos agrícolas, também mais baratos em países de outras áreas do mundo.

Sendo assim, podia ter-se seguido uma política como a PAC, estabelecendo-se preços de garantia para o carvão europeu (ou outros recursos energéticos), de tal forma que o carvão (ou outro recurso) vindo do exterior não pudesse chegar aos usuários por um preço mais baixo; ou então, mais diretamente, uma política de restrições quantitativas às importações de recursos energéticos. Em qualquer dos casos ficaria salvaguardada a manutenção das minas, do emprego aí existente e dos padrões de desenvolvimento das regiões onde se situavam.

Esta não foi, contudo, a posição das autoridades comunitárias, tendo optado desde o início por uma posição livre-cambista em relação aos recursos energéticos, permitindo que a energia chegasse aos usuários comunitários (consumidores e empresários) sem restrições e pelo preço mais baixo possível (o preço mundial).

Não conhecemos estudos que tenham procedido a uma avaliação da política seguida, comparando-a com a alternativa protecionista, mas estamos seguros de que a possibilidade de se dispor de energia em melhores condições — com o peso que tem nos processos produtivos e nos orçamentos domésticos da maior parte dos cidadãos — foi determinante para o nível de desenvolvimento e bem-estar a que se chegou na Europa.

A tributação da energia

Desvalorizando a vantagem de se dispor de energia barata e privilegiando os custos ecológicos da sua utilização excessiva, várias pessoas, dos meios ambientalistas, acadêmicos e políticos, têm defendido a sua tributação, defesa que se acentuou nos últimos anos, principalmente pela descoberta do "buraco" de ozônio, num âmbito mais amplo, e mais localmente por causa dos problemas de poluição dos grandes centros urbanos. Voltou a ganhar atualidade há poucos anos[125] com uma nova proposta da comissão, de "reestruturação do quadro comunitário para a tributação de produtos energéticos", no COM (97)30 final, de 12 de março de 1997 (Comissão Européia, 1997b), sem continuidade, apesar do grande empenho da presidência holandesa no segundo semestre de 1997.[126]

No Ecofin de 12 de maio de 1997, embora considerando-se a proposta atual *"a valuable basis for further discussion of the matter"*, foi julgado que aspec-

---

[125] Depois de ter sido rejeitada por alguns países-membros da União (constitui matéria tributária, em que continua a ser exigida a unanimidade) uma proposta da tributação feita através do COM(92) 226.
[126] Sugestão feita também em outros documentos da Comissão Européia (ver 1996e:12-13). Sobre a experiência anterior em alguns países, OCDE (1993); e com uma análise recente, no quadro mais vasto da tributação ambiental, ver Soares (1999 e 2002).

tos essenciais *"can be discussed by Ministers only after appropriate preparation based on thourough economic and technical analysis"* (7806/97; Presse 142) (destaque do autor). Exprimiu-se esta reserva apesar dos termos cautelosos da proposta, com exceções e revogações para diversos casos em que estariam em causa problemas de eqüidade ou de competitividade. Com uma análise geral do problema ver Porto (2002c).

A via fiscal será de primeiro-ótimo se com ela se atingir o objetivo em vista sem custos de distorção: ou seja, sem aumentos de preços indesejáveis. Pretendendo-se a redução do gasto de energia (no consumo e/ou na produção), é importante por isso ver se os aumentos de preços ocasionados terão exatamente (apenas) o efeito pretendido, sem conseqüências inconvenientes nos planos da eqüidade ou econômico. A dificuldade de se conseguir fixar a taxa de tributação ótima (o ótimo de Pigou, 1920), para que se chegue e não se vá além do efeito desejado de redução da utilização de energia, é na prática uma dificuldade geral da intervenção.

Não sendo assim, com o aumento de preços há custos de distorção como os que resultam da intervenção alfandegária (Porto, 2001:143-144); com a diferença, naturalmente, de que sendo uma tributação interna não se distinguem os bens comercializáveis dos não-comercializáveis. O caminho a seguir deverá ser direto, com campanhas de esclarecimento e imposições de aperfeiçoamentos produtivos que, sem prejuízo dos usuários (os consumidores e empresários), levem à racionalização na utilização da energia.[127]

No plano da eqüidade, representando o gasto em energia percentagens maiores dos rendimentos das pessoas pobres do que das pessoas ricas, trata-se de uma tributação regressiva e por isso iníqua.[128]

Baseado em estudos feitos, Smith (1996:246-247) conclui que *"the pattern of tax payments associated with the use of environmental taxes and other revenue-raising market–based instruments raises particular concerns"*, já que *"the introduction of environmental taxes on energy is, in particular, likely to raise significant distributional concerns, reflecting the importance of energy expenditures in the budgets of poorer households"* (ver Dilnot e Helm, 1987; Smith, 1992; Dent, 1997:415; Porto 1999a:115 e 2002d; ou Lobo, 1995:95, considerando a

---

[127] Ver as sínteses ponderadas de Smith (1995:75-84 e 1996).
[128] Ver Pearson (1992) e Smith (1996:246-249).

dificuldade de políticas compensatórias). Uma intervenção correta, de acordo com o princípio do poluidor-pagador, deve tributar a poluição provocada pelo gasto energético, não o gasto de energia em si.

No plano econômico, não se pode preocupar apenas com o que se passa no país, deve-se estar especialmente atento aos problemas da competitividade internacional, com os EUA, por exemplo, que, além de outras vantagens em diferentes domínios, dispõem de energia muito barata. Desvalorizando este receio costuma-se indicar o caso do Japão, país muito competitivo tendo energia cara, em conseqüência da tributação, estimulando a pesquisa e melhorias tecnológicas e de gestão (ver Rocha, 1996:178-192). Mas recentemente o Japão tem tido dificuldades competitivas por estar perdendo na estreita margem de vantagem que tinha em relação aos vizinhos asiáticos.

Em defesa da tributação da energia costuma-se dizer ainda que permite aliviar a tributação do trabalho (com uma lógica afirmativa mas incorreta de "neutralidade" fiscal, que de fato não existe se, embora mantendo-se o peso geral, se promove certa forma de produção em detrimento de outra...), podendo-se incentivar assim a colocação de mão-de-obra, com especial destaque agora, quando se registram níveis muito elevados de desemprego. Teríamos uma solução de *double dividend*, ou, como o ditado, "se matariam dois coelhos com uma só cajadada" (De Mooij, 1996; Gregory, 1996; Smith 1996:243-246), numa esperança renovada na nova proposta (Comissão Européia, 1997b).

Pergunta-se todavia se a perda de competitividade com a carestia da energia não desincentiva os investimentos, sem os quais não são criados empregos.

Estudos elaborados pela Comissão Européia (*European Economy*, 1992a e b) mostraram-se favoráveis à tributação, de qualquer modo com a "precaução" de serem tomadas medidas adequadas (e considerando os problemas de eqüidade). De acordo com eles a tributação proposta pelo COM (92) 226, elevando o preço do carvão em 60% e o do óleo combustível em 40%, com um aumento de 10% para a indústria e 20% para o consumo (com vários tipos de isenções), acabaria por causar no conjunto da União Européia apenas um acréscimo da inflação de 0,25% e uma redução do PIB de 0,07%, com conseqüências ainda diminuídas se fossem tomadas medidas idênticas nos demais países da OCDE; admitindo-se aliás no COM que a tributação só seria generalizada na Europa se o fosse também em outros espaços. A proposta de 1997 (COM (97) 30:10) cita que *"macro-economic simulations carried out by the Commission indicated that the proposal for a Directive would have a positive economic impact on economic growth and job-creation"*, se se verificar a "neutralidade" fiscal.

Otimismo que não tem sido confirmado em outros estudos, mostrando os inconvenientes econômicos (de eficiência) da tributação da energia, quando comparada com impostos únicos sobre os indivíduos ou sobre os coletivos proporcionadores da mesma receita: ficando em aberto a questão de saber se *"the environmental attraction of those taxes are large enough to offset their relatively higher nonenvironmental costs"* (Goulder, 1994:147) (ou se são conseguidos então efeitos ambientais significativos). Num outro estudo na mesma publicação, Rotemberg e Woodford (1994:159) mostram aliás que os prejuízos de rendimento são muito mais elevados em condições (mais realistas) imperfeitas de mercado (não tendo efeitos no emprego e na produção dos setores não-energéticos).

Um acréscimo significativo de investimento e criação de emprego pode ser conseguido com as indústrias do ambiente, produtoras de equipamentos mais aperfeiçoados (com uma previsão de 266 mil novos empregos entre 1990 e o final da década). É um setor com muito interesse para a Europa, exportando 20% da sua produção e tendo um grande superávit comercial; principalmente para Portugal, com um crescimento anual que se previa que fosse de 8,3% até ao ano 2000, muito acima dos valores europeus (média de 4,9%), norte-americano (5,0%) e mundial (5,5%) (Comissão Européia, 1994; Dent, 1997:408-415; Moussis, 2003:336; sobre o emprego proporcionado por essas indústrias nos vários países da UE ver Ecotec e outros, 1997).

Mas o incentivo dessa produção, sem dúvida de grande importância, não tem de ser feito por um caminho provavelmente distorcivo, a via fiscal, podendo sê-lo, com igual benefício e sem nenhum inconveniente, por uma via de primeiro-otimo direto, com o aumento do apoio estrutural aos países e empresários que dele careçam, como se diz no texto (com o apoio repetido a esta posição no Parlamento Europeu, ver Porto, 1999a:112-115).

Justifica-se também — considerando os efeitos planetários de algumas intervenções — que se pretenda sempre o envolvimento do maior número possível de países, em especial dos países mais ricos, que são de longe os que mais poluem. Compreende-se por isso que na Conferência do Rio de Janeiro em 1992 se tenha querido a responsabilização de todos eles, tal como no art. 1º do COM (92) 226 a aplicação do sistema sugerido ficasse "condicionada à instituição por ou-

Políticas setoriais | 171

tros países-membros da OCDE de um imposto semelhante ou de medidas com efeito semelhante" (não há uma disposição idêntica no COM (97) 30).

A tributação mais elevada da energia não pode deixar de ser motivo de preocupação para os países ainda menos desenvolvidos da periferia da União Européia. Com a sua população com rendimentos mais baixos é maior a percentagem do gasto em energia, sendo por isso mais graves as conseqüências iníquas da sua distribuição regressiva.[129] Por sua vez, como os empresários desses países têm equipamentos mais antiquados — a situação não pode mudar de um dia para o outro — é maior a dependência energética das atividades produtivas, ficando numa situação de desvantagem diante dos que dispõem de equipamentos mais modernos e perfeitos.[130] Por fim, não se pode esquecer que o setor dos transportes é um setor necessariamente de grande exigência energética, despendendo cerca de 28% da energia total da União Européia, ficando em situação delicada de desvantagem os países da periferia, que não podem fugir de serem muito mais dependentes dos transportes para a importação dos bens de consumo e de produção de que carecem, vindos do centro da Europa, e para a colocação dos seus produtos de exportação. Por exemplo, não se pode comparar o caso da Alemanha, junto (ou sendo ela mesma) dos grandes mercados de origem e colocação dos produtos, com o caso de Portugal, a 2 mil quilômetros de distância desses mercados.

São razões que apontam para que uma utilização mais racional da energia seja promovida pelas vias diretas de intervenção (com controles rigorosos dos equipamentos industriais e dos automóveis e com apoio à modernização), sem os custos de eqüidade e econômicos citados. São estes os caminhos de primeiro-ótimo, embora com dificuldades de aplicação e custos de administração mais elevados (Porto, 2001:173-177), designadamente como conseqüência da *"asymmetry of information between regulators and their subjects"* (Smith, 1996:222-223).

A propósito do imposto sugerido pela comissão foi afirmado que administrativamente os gastos seriam reduzidos em 1/3, ficando o restante a fazer

---

[129] Tanto o COM (92) 226 quanto o COM (97) 30 previram esta tributação como receita dos países-membros, não da União. De qualquer modo, os seus cidadãos teriam um acréscimo de regressividade em relação à verificada como o sistema europeu de recursos (ver Coget, 1994, Porto, 1996b, e, adiante, a tabela 21), podendo acrescentar-se que o problema seria muito mais delicado para os países da Europa central e oriental recém-entrados e candidatos à adesão.

[130] Ver Santos (1992a) sobre as reservas que Portugal deve ter (acrescentando a dúvida sobre que o efeito estufa esteja "total ou primordialmente ligado às emissões de CO_2, razão pela qual os EUA, nomeadamente, se recusam a introduzir um imposto deste tipo").

pela via fiscal (do mercado). Há contudo bons exemplos de racionalização na utilização da energia sem ser pelo seu encarecimento (pela via fiscal).

Tendo os países menos desenvolvidos da União Européia processos menos eficientes, conjuga-se essa circunstância para que se siga na política do ambiente a via do reforço e da utilização das ações estruturais, como é em parte dirigido o Fundo de Coesão, que pode ser utilizado por Portugal, Grécia, Espanha e Irlanda em investimentos na área do ambiente, na modernização de equipamentos industriais (ver Porto, 1999a:112-115, ou 2002d).

Acontece aliás que os grandes poluidores (da Europa e do mundo) são os países mais ricos, não os mais pobres, sendo significativas as diferenças que se verificam. Para uma emissão de dióxido de carbono (CO_2) de 3.058 milhões de toneladas nos países da União Européia (dados de 1997) só a Alemanha contribui com 831 milhões (27,17%), o Reino Unido com 530 milhões (17,33%), a Itália com 402 milhões (13,15%) e a França com 359 milhões (11,74%). Ou seja, estes quatro países de maior dimensão e maior atividade econômica contribuem para essa poluição com uma percentagem de 69,4%, superior à percentagem representada pela sua população. Assim acontece em geral no mundo, com a "contribuição" esmagadora também dos demais países industrializados: os EUA com 5.188 milhões e o Japão com 1.125 milhões de toneladas. Tem relativamente pouco significado, pelo contrário, a poluição de um país como Portugal, com 48 milhões de toneladas (1,57% do total), tendo 2,66% da população da UE-15 (estando aquém também na Grécia e na Espanha).

Esta situação nos países menores é considerada por Lund (1996:88) ao mencionar que embora *"a small nation may consider its own emission as negligible"* há um desejável estímulo à pesquisa científica e tecnológica conducente a uma maior racionalização, esforço que pode ser promovido também por outras vias, não-distorcivas.

Tendo a maior parte dos países mais ricos e grandes poluidores tributação da energia, é de concluir que de imediato será pequena a redução global da poluição conseguida com a sua extensão a países menos desenvolvidos. O seu empenho em que a tributação da energia se estenda a países mais pobres é determinado não tanto por preocupações ecológicas como por um propósito de salvaguarda da competitividade das suas empresas, ou ainda pelo desejo de que se "esqueça" que o modo mais correto de intervenção é com apoios estruturais que deverão ter a sua contribuição (como maiores poluidores).

Não se questiona, obviamente, a necessidade de racionalização nos países menos desenvolvidos, protegendo-se a qualidade de vida dos seus cidadãos. São países onde o preço da energia é por si (muito mais do que nos países ricos) dissuasor da sua utilização, com o "peso" que tem nos orçamentos das famílias e das empresas, e por todas as razões deve-se buscar um processo que não distorça, que não comprometa a sua competitividade. Com a ajuda direta à reestruturação, pelo reforço dos fundos estruturais, simultaneamente é protegido o ambiente e é promovida a competitividade.

Muito mais do que para os países europeus menos desenvolvidos, a necessidade de racionalização é especialmente necessária e premente em alguns dos países (pobres) de maior dimensão do mundo, com taxas muito elevadas de crescimento das emissões de CO_2 (e de outros elementos poluidores): estimadas para o período entre 1990 e 2005 em 3,5% ao ano na China e em 3,7% na Índia, quando se prevê que seja de 0,9% nos países da OCDE. Com essa diferente progressão a "contribuição" poluidora da China subirá de 6 para 20% do total, ultrapassando qualquer outra área do mundo (Burniaux et al., 1992; Dent, 1997:391-392).

O tratado é muito claro, dizendo que devem ser consideradas as circunstâncias "regionais". No inciso 2º do art. 174 (antigo art. 130-R) afirma-se que "a política da comunidade no domínio do ambiente terá por objetivo atingir um nível de proteção elevado, *tendo em conta a diversidade das situações existentes nas diferentes regiões da comunidade*" (grifo do autor). E no inciso 3º, sobre a elaboração da política, dispõe-se que "a comunidade terá em conta: (...) as vantagens e os encargos que podem resultar da atuação ou da ausência de atuação", bem como "o desenvolvimento econômico e social da comunidade no seu conjunto e o desenvolvimento equilibrado das suas regiões".

Trata-se, pois, de intervir com critério, não se devendo considerar igualmente o que de fato é diferente. Deve compreender-se por isso a resistência suscitada já pela primeira proposta da comissão (o COM (92) 226), tendo razão as dúvidas de Swann (2000:291) que depois de *"in earlier days the idea of a Community imported energy-tax was considered but dismissed"*, acrescenta que *"it will be interesting to see whether the idea of a tax designed to discriminate against energy sources which are heavy on carbon dioxed emissions has any greater success"*.

A diversificação e a racionalização dos gastos energéticos

O que vimos está ligado em alguma medida ao problema geral da disponibilidade dos recursos energéticos, que tem de ser considerada em termos amplos e de futuro pela União Européia: na perspectiva da oferta, por um lado, e da racionalidade na sua utilização, por outro.

Um estudo feito pela Comissão Européia (1996b) encarou vários cenários (quatro) em relação ao futuro do setor (até 2020), considerando três "pilares" da política energética: a competitividade, o ambiente e a segurança no aprovisionamento.

Entre as várias previsões diversas estão a de haver alguma melhoria pelo menos num dos cenários nos dois primeiros pilares, mas já aumento da dependência externa (terceiro pilar) em todos eles (ver tabela 12, com um dos cenários considerados).

Tabela 12

Combustível (Mtep — %)*	Ano	Volume	Dependência	% do total
Sólidos	1992	100	37	14,7
	2020	49	65	5,6
Petróleo	1992	484	85	71,2
	2020	550	94	62,7
Gás	1992	96	40	14,1
	2020	278	65	31,7

Fonte: Comissão Européia (1996c:16, com o cenário "Fórum").
* Milhões de toneladas de equivalente de petróleo.

A comparação dos números mostra-nos ainda que (entre as fontes consideradas) deverá haver alguma diminuição da utilização relativa dos combustíveis sólidos (diminui de 14,7 para 5,6% do total, entre 1992 e 2020) e do petróleo (diminui de 71,2 para 62,7%), com um aumento da utilização do gás (de 14,1 para 31,7%). Sendo o petróleo a fonte energética em que é maior a dependência em relação ao estrangeiro, ter-se-á caminhado no sentido de uma menor dependência e de menores riscos (também por ter passado a ser maior a diversidade geográfica dos países fornecedores).

A dependência energética da União Européia difere muito de país para país, mas é geral e em vários casos muito grande; apenas com a Holanda tendo um grande superávit no gás natural, o Reino Unido um superávit substancial no petróleo e a Alemanha algum superávit na eletricidade (tabela 13).

Tabela 13

País	Importações líquidas das diferentes fontes energéticas (Mtep em 1995)			
	Carvão	Petróleo	Gás	Eletricidade
Alemanha	15,8	99,3	26	-5,8
Áustria	3,5	10,6	4,9	0,6
Bélgica	10,3	24,4	11,3	
Dinamarca	7	0,6		
Espanha	9,5	68,3	7,2	0,1
Finlândia	5,5	12,7	3,3	0,6
França	15,4	99,3	26	-5,8
Grécia	1,4	22,4	0,6	
Holanda	7,2	22,5	-27,9	0,8
Irlanda	2	6,3		
Itália	14	84,7	33,4	3
Luxemburgo	0,6	1,8	0,5	0,45
Portugal	3,4	13,2		0,2
Reino Unido	9,6	-12,7	7,4	1,1
Suécia	2,7	25,3	0,8	0,6

Fonte: Matláry (1996:259; ver também McGowan, 1996:135-137; e Matláry, 1997).

Alguma melhoria conseguida foi testemunhada já quando da guerra do Kuwait, sem os sobressaltos e as apreensões da primeira crise do petróleo, em 1973.

A política do ambiente

Estamos aqui perante mais uma "política" não considerada na versão original do Tratado de Roma mas introduzida pelo Ato Único Europeu e reforçada pelos tratados de Maastricht e Amsterdã (consta agora do título XIX da parte III, arts. 174 a 176, antigos arts. 130-R a 130-T).

A forma como os artigos estão redigidos e a evolução verificada são sintomáticas do modo como é encarado o problema do ambiente.

Enquanto em relação à pesquisa e desenvolvimento tecnológico e à indústria (inseridas também nas últimas revisões do tratado), marcando a idéia de subsidiariedade que se pretende fazer prevalecer, nunca se fala em "política", apenas em "ações", "iniciativas" ou "programas",[131] em relação ao ambiente houve uma evolução que exprime bem o reconhecimento da preocupação crescente: no Ato Único fala-se ainda em "ação" (incisos 1º e 2º do art. 130-R adotado então), mas no Tratado de Maastricht, logo no começo do mesmo artigo, atual art. 174, já se fala em "política da comunidade" (também na nova alínea *k* do art. 3º, atual alínea *l*).

Depois, da ampliação geográfica de preocupações é sintomático o acréscimo de um novo item no inciso 1º do art. 130-R, atual art. 174, responsabilizando-se a União pela "promoção, no plano internacional, de medidas destinadas a enfrentar os problemas regionais ou mundiais do ambiente". O acréscimo de preocupações pelo problema do ambiente está refletido também na alteração da redação do inciso 2º deste artigo ocorrida entre o Ato Único e o Tratado de Maastricht, acrescentando-se que a política da comunidade no domínio do ambiente "visará um nível de proteção elevado" (ver Krämer, 2000).

É de estranhar que sendo as lesões do ambiente algo que com frequência atravessa as fronteiras dos países,[132] tenha sido neste domínio que fosse introduzido o princípio da subsidiariedade,[133] com o Ato Único, através do inciso 4º do art. 130-R então aprovado (só com o Tratado de Maastricht, através do novo art. 3-B, atual art. 5º, veio a ser considerado em termos gerais). Ora, se há domínio em que se torna necessária a intervenção comunitária, sendo insuficiente a intervenção nacional, é precisamente o domínio do ambiente.

A ausência anterior de consideração no Tratado de Roma não impediu todavia que a comunidade fosse dando uma atenção crescente a este problema, com os programas de ação plurianuais.

A filosofia e os caminhos de atuação

É interessante verificar a evolução nos últimos anos, com a consideração crescente das implicações econômicas do problema e da política do ambiente.

---

[131] Ver por exemplo o inciso 1º do art. 157 (antigo art. 130) ou os arts. 163 a 173 (antigos arts. 130-F a 130-P).
[132] Segundo Moussis (2003:310), muito antes de um *"common market in goods"* havia um *"common market in terms of pollution"*.
[133] Podendo-se dizer, contudo, que se tratava de princípio já subjacente ao Tratado de Roma na redação inicial.

Uma preocupação ampliada e integrada pelo ambiente

Numa primeira fase os problemas eram localizados, podendo haver prejuízos individuais mas não se sentindo que houvesse implicações mais vastas; julgando-se que a natureza era abundante e regenerável, sem que ações dos homens pudessem questionar a perpetuidade dos recursos.

Uma tomada de consciência da maior amplitude dos problemas foi assumida no que se pode considerar um marco inicial da política do ambiente, a Conferência de Estocolmo de 1962, sendo também especialmente marcante, na mesma época (1962), a publicação do relatório do Clube de Roma sobre "os limites do crescimento". Com a destruição e a escassez dos recursos começou a se recear que os níveis de crescimento atuais não pudessem ser mantidos; e um *trade-off* dessa natureza deveria compreensivelmente criar reservas a um crescimento que comprometia o futuro.

Passou-se a reconhecer que o ambiente não é imperecível,[134] o que justifica naturalmente que se aumente a atenção dada ao problema.[135] Mas a experiência mostra que em geral não são objetivos antagônicos que causariam problemas de opção delicados: uma política econômica eficiente e sustentada (a médio e longo prazos) é aquela que considera devidamente a proteção e a promoção dos recursos e valores ambientais.

Objetivos, princípios e formas de atuação

Correspondendo a diferentes preocupações, o Ato Único Europeu fixou como objetivos da intervenção no domínio do ambiente: preservar, proteger e melhorar a sua qualidade; contribuir para a proteção da saúde das pessoas e assegurar uma utilização prudente e racional dos recursos naturais (art. 130-R, inciso 1º, atual art. 174), tendo o Tratado de Maastricht acrescentado um novo item com "a promoção, no plano internacional, de medidas destinadas a enfrentar os problemas regionais ou mundiais do ambiente".[136]

---

[134] Como diz o provérbio hindu de Cachemira "nós apenas pedimos o mundo emprestado aos nossos filhos — um dia vamos ter que devolvê-lo" (Aragão, 1997:31, e Fouéré, 1990:44).
[135] Isso não exclui a atenção que já deveria ser dada, estando às vezes em questão condições essenciais da vida das pessoas, não apenas da sua qualidade.
[136] Sobre o sentido desses objetivos e procurando hierarquizá-los, ver Aragão (1996, 1997 e 2002). Reflete-se neles a distinção entre preocupações mais antropológicas ou mais naturalistas no domínio do ambiente. Dando especial relevo à avaliação do impacto ambiental, ver Rocha (2000).

O inciso 2º do artigo estabelece os princípios da ação comunitária: com um acréscimo e uma alteração introduzidos pelo Tratado de Maastricht.

Com o acréscimo foi incluído o primeiro dos princípios a considerar, o *princípio da precaução*, segundo o qual se pretende que não venham a se verificar sequer as condições que poderão permitir um dano ambiental. Nas palavras de Freestone (1992:24; ver Aragão, 1997:68), "enquanto a prevenção requer que os perigos comprovados sejam eliminados, o princípio da precaução determina que a ação para eliminar possíveis impactos danosos ao ambiente seja tomada antes de um nexo causal ter sido estabelecido com uma evidência científica absoluta". Distingue-se assim do *princípio da prevenção* por exigir uma proteção antecipada, ainda num momento anterior àquele em que este segundo princípio impõe que se intervenha.

O *princípio da prevenção*, correspondendo ao aforismo popular de que "mais vale prevenir do que remediar", visa evitar os custos maiores que resultarão da ocorrência do dano ambiental, verificando-se os antecedentes (consagrando assim um "novo" PPP — *Pollution Prevention Pays*).

O terceiro princípio, *o princípio da correção na fonte*, começou por ser chamado, no Ato Único, princípio da *reparação* na fonte. A alteração feita pelo Tratado de Maastricht destacou mais uma vez que, mais do que reparar prejuízos, se pretende evitá-los, corrigindo-se as situações de base que podem abrir caminho à sua ocorrência.

Por fim, assume grande destaque o *princípio do poluidor-pagador* (é o "antigo" PPP — *Pollutor Pays Principle*), também visando que não cheguem a acontecer as lesões ambientais. Caso ocorram é justo e economicamente correto que os poluidores ressarçam os prejudicados. Mas o princípio estabelecido será o bastante para que em muitos casos não se verifiquem danos, dado que quem toma uma iniciativa é levado a ver, com toda a cautela, se os investimentos a fazer são de fato justificados, com um interesse econômico superior aos custos ambientais, não chegando obviamente a fazê-los se estiver ciente de que será obrigado a compensar prejuízos maiores do que o ganho privado que espera obter.

Nesses custos, além dos prejuízos individuais é preciso considerar os sociais,[137] devendo o economista ser especialmente sensível a todos eles, alertando para o adensamento de fatos consumados no campo ambiental.

---

[137] Em termos diagramáticos trata-se da situação representada já na figura 8, sendo o custo social superior ao custo privado.

É necessário ter cautela especial com os congestionamentos urbano e suburbano, que obrigam mais tarde a enormes investimentos que levam a aumentos nominais nos PIBs mas que no final, com grandes custos financeiros, vêm quando muito repor as condições ambientais (e mesmo econômicas) que existiam antes do início da sucessão de erros cometidos (caso de obras de alívio do congestionamento de centros que foram desnecessariamente promovidas) (ver Porto, 2004: 252-253).

Dadas a dimensão e as implicações dos problemas é estranho e lamentável que não haja ainda uma política comunitária de ordenamento do território (ou pelo menos políticas eficazes em nível nacional, com as quais países como Portugal e Grécia muito se beneficiariam...), havendo de fato "ainda muito a fazer em termos de *ordenamento do território*" (Comissão Européia, 1997c:125, ver o Relatório Europa 2000, 1994, e Porto, 1996a, considerando Portugal e pondo o problema fundamentalmente numa perspectiva de competitividade internacional). Está, todavia, agora prevista no Tratado Constitucional, a referência na seção sobre a "Coesão Econômica, Social e *Territorial*" (arts. III-220 a 224, grifo nosso).

Determinando a forma de atuação, verifica-se um reconhecimento crescente das complementaridades da promoção econômica com a proteção e a promoção ambientais, conseguidas de um modo mais eficaz através de políticas de aproveitamento equilibrado e racional dos recursos disponíveis.

Assim se chega a um possível e desejável *desenvolvimento sustentável*, considerado no 5º Programa de Ação (em termos semelhantes aos que já haviam sido definidos pela Comissão Mundial do Ambiente e Desenvolvimento), como um desenvolvimento que "satisfaz as necessidades do presente sem comprometer a capacidade das gerações futuras de satisfazer as suas próprias necessidades". E de fato reconhece-se hoje em dia, estando em nossas mãos seguir políticas corretas, que "*the notion that respecting the environment is incompatible with a healthy economy is demonstrably wrong*" (Tietenberg, 2000:571); o que foi reafirmado recentemente pela Comissão Européia (1997a:61), concluindo que "*il existe même un certain nombre de signes convaincants qui tendent à montrer que la croissance économique et une saine politique de l'environnement sont un atout l'une pour l'autre*" (grifado no original).

Esta desejável conjugação de circunstâncias se dá na medida em que

> *bien qu' une augmentation de la production de biens et de services conduise a priori à un accroissement de l'utilisation des ressources et de la pollution, un certain nombre de facteurs compensatoires —*

progrès technologique, changement struturel et souci accru de la propreté de l'environnement — y font contrepoids

fatores que, acrescenta-se, são possibilitados pelo crescimento (loc. cit.).

Assim se contribui também para que a promoção do ambiente se conjugue com a promoção do emprego (ver o COM (86) 721, de 21 de março de 1987, destacando o "potencial de criação de emprego de medidas a favor do ambiente").

Recentemente tem surgido uma grande preocupação sobre a compatibilidade da defesa do ambiente com a promoção do comércio internacional, diante da tentação de se explorarem países com menos exigências ambientais. Vários estudos empíricos desvalorizam contudo a importância do *dumping* ambiental nos padrões atuais do comércio (ver Tobey, 1990; Barrett, 1994; Esty, 1994; Motta e Thisse, 1994; Subramanian e Uimonen, 1994; Anderson, 1995; Bhagwati e Hudec, 1996, e Copeland e Taylor, 2003); o que não significa que deixem de ser feitas as exigências devidas (citando diferentes casos sujeitos à apreciação do Gatt, agora da Organização Mundial do Comércio, ver Trebilcock e Howse, 1999; Fredriksson, 1999).

Sobre o problema do desenvolvimento sustentável no setor agrícola, ver OCDE (1995), havendo também uma preocupação renovada de conjugação do problema do ambiente com o da saúde.

Nesta evolução é todavia indispensável, numa perspectiva horizontal, uma articulação estreita entre a política do ambiente e todas as demais políticas, que devem ter sempre presentes preocupações ambientais. Trata-se de idéia que ficou muito claramente consagrada no Tratado de Maastricht, na última parte do inciso 2º do art. 130-R, dizendo-se que "as exigências em matéria de proteção do ambiente devem ser *integradas* na definição das demais políticas da comunidade" (grifo do autor), sendo estranho a exclusão deste parágrafo no Conselho Europeu de Amsterdã. Na redação do Ato Único falava-se em serem "*um componente* das outras políticas da Comunidade" (grifo do autor).

O cumprimento das regras ambientais tem condicionado progressivamente a possibilidade de se beneficiar de apoios financeiros da União (com o *greening* do orçamento): devendo exigir-se (procuramos fazê-lo no Parlamento Europeu) que assim aconteça em relação a todas as políticas (incluindo a PAC), não apenas ou fundamentalmente em relação a políticas pouco relevantes para os países mais ricos.

Entre outras, a política regional constitui um campo privilegiado onde pode contribuir-se simultaneamente para a preservação e a melhoria do ambiente, ao evitar congestionamentos e localizações indevidos e promover um melhor aproveitamento dos recursos dos países, especialmente do elemento humano; devendo a comunidade ter "em conta" "na elaboração da sua política no domínio do ambiente" "o desenvolvimento econômico e social da Comunidade no seu conjunto e o desenvolvimento equilibrado das suas regiões" (inciso 3º do art. 174).

Ultrapassando os danos ambientais o âmbito geográfico da União, estando em questão o equilíbrio mundial, além da responsabilidade que de qualquer modo a União deveria sentir em relação a outros espaços, compreende-se que no inciso 4º do art. 174 se estabeleça que "a Comunidade e os Estados-membros cooperarão, no âmbito das respectivas atribuições, com os outros países e as organizações internacionais competentes". Não pode de fato deixar de haver uma responsabilidade comunitária e mundial verificando-se externalidades que só podem ser evitadas através de ações de uma dimensão semelhante. Os casos da catástrofe de Chernobil, de desflorestamento de "pulmões" do mundo ou de derrame de petroleiros não podem ser esquecidos.

Nos vários domínios de intervenção a comissão recomenda ainda uma utilização progressiva maior dos mecanismos do mercado, sensibilizando "tanto os produtores como os consumidores para uma utilização responsável dos recursos naturais, para evitar a poluição e o desperdício, internalizando os custos externos".[138] Não pode deixar de haver em muitos casos exigências diretamente estabelecidas, com apoios estruturais ao esforço necessário para o seu cumprimento.[139]

Os programas de ação plurianuais têm um lugar privilegiado na intervenção da União, existindo muito antes do Ato Único, na seqüência do Conselho Europeu de Paris, em 1972. Até agora aconteceram cinco programas, para os períodos de 1973-76, 1977-81, 1982-86, 1987-92 e 1993-2000 (revisto em 1995), e o sexto está em vigor agora, para 2001-10.[140] O quinto programa teve o título

---

[138] Devendo contudo se ver se a intervenção no mercado (pela via fiscal) não tem efeitos indesejáveis, não sendo por isso intervenção de primeiro-ótimo.
[139] Neste caso tendo-se presentes as suas dificuldades e as suas limitações (ver Smith, 1996).
[140] Com uma síntese e os objetivos de cada programa-quadro, refletindo a evolução que se foi verificando nas preocupações, na filosofia e nas vias de atuação, ver Dent (1997:394 e segs.), Barnes e Barnes (1999) ou Pearce (2001:213-216); distinguindo o sexto programa quatro áreas: mudança climática; natureza e biodiversidade; ambiente, saúde e qualidade de vida; recursos naturais e desperdício.

significativo *Por um desenvolvimento sustentável* e o sexto, procurando o futuro, tem o título *Ambiente 2010: o nosso futuro, a nossa escolha* (Comissão Européia, 2001d).

No seu âmbito já entre 1972 e 1995 foram adotados cerca de 40 regulamentos, 200 diretivas, 150 decisões e 94 recomendações e opiniões nos domínios mais diversos, incluindo a qualidade da água e do ar, os efeitos dos produtos químicos e outros com substâncias perigosas, o ruído, a proteção da vida selvagem ou por exemplo a definição do princípio poluidor-pagador.[141]

---

[141] Com sínteses dos problemas e do que tem sido feito em cada um dos setores citados ver Nicoll e Salmon (2001:301-306) e Moussis (2003:320-334) ou considerando a situação portuguesa, Melo e Pimenta (1993).

Capítulo 14

A coesão econômica e social e a política regional

Entramos aqui num domínio em que se expressa a preocupação pelo componente espacial do desenvolvimento, estando, aliás, a evolução da ciência regional ligada à importância que progressivamente passou a ser dada à necessidade de intervenção neste domínio.

Quando o Tratado de Roma foi celebrado, em 1957, não só não foi considerada política como não teve um mecanismo, um título ou sequer um artigo: apenas no preâmbulo e no art. 2º se faziam referências à necessidade de um maior equilíbrio, no art. 92 (atual art. 87) o apoio regional era admitido como exceção à proibição de se concederem subsídios públicos e no inciso 2º do art. 80 (atual art. 76) se atendia a considerações regionais como exceção à concorrência na política de transportes (conforme ainda o art. 130, atual art. 267, em relação à intervenção do BEI). Trata-se de ausência que, embora estranha hoje, será melhor compreendida considerando o momento, há quatro décadas.

Por um lado os desequilíbrios eram menores, na "comunidade dos seis", onde apenas o Sul da Itália (o *Mezzogiorno*) era uma região especialmente desfavorecida.

Com a entrada de novos países, em 1973 com a entrada da Irlanda e do Reino Unido (era diferente o caso da Dinamarca, de muito maior equilíbrio), em 1981 da Grécia e em 1986 de Portugal e da Espanha, passou a ser maior a diferença de desenvolvimento entre as regiões mais ricas e as regiões mais pobres da comunidade.

A "terceira ampliação" (considerando na "segunda", em conjunto, as entradas da Grécia e dos países da Península Ibérica) não levantou grandes problemas neste domínio, sendo a Áustria, a Suécia e a Finlândia países com níveis elevados de desenvolvimento. Os dois países nórdicos têm fundamentalmente o problema da pequena densidade populacional e do grande isolamento — com invernos rigorosos — de algumas regiões setentrionais; e a Áustria tem apenas uma região objetivo 1, Burgenland, onde vive somente 1,5% da população do país.

Serão naturalmente muito grandes os problemas que surgirão com a integração dos países da Europa central e oriental (os Pecos), e a integração da Turquia (se e quando se der).

Simultaneamente, ao longo dos anos em que se acentuou a diferença houve melhoria nos processos estatísticos, permitindo um conhecimento mais correto da sua medida.

Além disso, foi muito importante a evolução ocorrida na ciência econômica com a interpretação dos desequilíbrios, conduzindo a que se passasse a reconhecer a necessidade de enfrentá-los.

Recuando dois séculos, a teoria econômica foi construída a partir de uma perspectiva a-histórica e aespacial, sendo esta fundamentalmente a perspectiva do pensamento clássico, de acordo com a qual o livre jogo do mercado levaria, num sistema a que não se seguiria qualquer outro, à otimização na determinação dos bens a produzir, na utilização dos fatores de produção, na divisão dos rendimentos, no escalonamento temporal das decisões e na localização das atividades econômicas (*a wonderland of no dimensions*, na expressão de Isard, 1956).

É uma perspectiva espacial que se manteve quase inalterada durante muito tempo, até meados do século XX, apesar de a economia internacional (a teoria do comércio internacional) ter constituído um dos ramos iniciais da ciência econômica. Mas tanto nas formulações iniciais, em que se consideravam apenas transações de mercadorias, quanto nas mais recentes, considerando também transferências internacionais dos fatores, não se cuidava em princípio da localização dos países, abstraindo-se ainda dos custos de transporte.

Trata-se de uma perspectiva, explicando em grande medida a importância tardia conferida à economia regional, que curiosamente foi ainda determinante no pensamento de alguns dos seus promotores iniciais mais significativos, os autores das teorias do auto-equilíbrio regional (*theories of regional self-balance*, casos de Weber, 1929; Ohlin, 1933; Lösch, 1939, e Isard 1956), entendendo fundamentalmente, com algumas reservas de Weber, que a otimização seria conseguida pelo livre jogo das forças do mercado, levando os capitalistas a maximizar os seus ganhos e os trabalhadores os seus salários, localizando-se onde as circunstâncias fossem mais favoráveis, tanto do ponto de vista individual quanto social. O capital seria atraído das regiões com salários mais altos para as com salários mais baixos, onde, por ser escasso, seria maior a sua produtividade marginal. A mão-de-obra mover-se-ia no sentido contrário, para as regiões mais desenvolvidas, onde a sua escassez teria como conseqüência ser mais alta a produtividade marginal do trabalho (sem dúvida, empobrecendo demograficamente as regiões de origem).

Havendo assim tendência para a otimização na utilização dos recursos e para o equilíbrio não se justificaria a intervenção pública.

Só nos anos mais recentes, com o reconhecimento da acentuação dos desequilíbrios e dos seus inconvenientes de ordem geral, apareceram as teorias do desequilíbrio regional (*theories of regional imbalance*), tendo como representantes mais significativos nos anos 1950 Perroux (1955), Hirschman (1957 e 1958) e Myrdal (1957a e b) e já nos anos 1970 Kaldor (1970) e Friedmann (1966, 1972 e 1973), julgando todos eles que o livre jogo do mercado não tenderia para o equilíbrio.

Modelos com formulações diferentes, "distinguindo" Perroux o papel dos "pólos de crescimento", Hirschman os efeitos de *"trickle down"* e *"polarization"* (em tradução literal "dispersão" e "polarização") e Myrdal os efeitos de *"spread"* e *"backwash"* ("difusão" e "regressão"); vindo depois os modelos de "causação cumulativa" (*"cumulative causation models"*), elaborados a partir de Kaldor, dando lugar, em versões ampliadas, aos modelos do "centro-periferia" (*"core-periphery"*) (além de Friedmann, ver Holland, 1976; Aydallot, 1985; Porto, 1981).

Na lógica desses modelos compreende-se ainda que os problemas se tornem mais graves com os movimentos de integração internacional, já que nos grandes espaços podem ser mais sensíveis os efeitos de desequilíbrio.

Segundo Lopes (1979:835),

> a maioria das pessoas preocupadas com a economia e com o desenvolvimento regional têm chamado a atenção para o fato de ser elevada a probabilidade de os desequilíbrios regionais aumentarem com a integração econômica. A abolição das restrições ao comércio e à mobilidade dos fatores permite o reforço da atracção que as economias de aglomeração exercem em áreas altamente industrializadas, quer em relação ao trabalho quer em relação ao capital, e a tal ponto que algumas regiões podem efetivamente perder com a integração.

Esses riscos de que a integração seja agravadora dos desequilíbrios regionais são naturalmente reconhecidos na União Européia, não se limitando a política regional a querer reduzir os desequilíbrios existentes, pretendendo com ela também prevenir novos desequilíbrios resultantes das novas circunstâncias. Como menciona Cunha (1980:45) Portugal, com a sua posição periférica e as diferenças no grau de desenvolvimento, ficará de modo especial exposto "ao bem conhecido efeito de acentuação de disparidades regionais", sendo por isso premente que se dêem "passos efetivos de integração positiva".

O problema vai-se tornando particularmente difícil com o relevo crescente do capital monopolista e multinacional, que faz qualquer medida que se tome apenas no âmbito nacional perder efeito e torna indispensável, na opinião de Holland (1976), que desenvolveu esta perspectiva, a criação de empresas públicas no setor *mesoeconômico*, como forma de estabelecer novos centros de crescimento nas "regiões-problema" e evitar os efeitos cumulativos do desequilíbrio. Segundo o mesmo autor, só assim poderá depois ser eficiente o planejamento microeconômico regional e conseguir-se atrair unidades industriais de pequena dimensão para as áreas de desemprego persistente.

Não se podendo fazer aqui uma apreciação geral das duas correntes, do *"regional self-balance"* e do *"regional imbalance"*, pode-se concluir com três considerações.

A primeira é a de que a teoria do equilíbrio automático, cuja lógica é indiscutível, assenta em pressupostos que na sua pureza não se verificarão na realidade. Na formulação expressiva de Holland (1976:127), *"regional self-balance theory starts with a blindfold to the main feature of regional world, and introverts into an idealised, unrealistic analysis"*. Designadamente o equilíbrio nas remunerações marginais dos fatores, com a sua plena utilização onde fosse mais conveniente, requereria uma completa perfeição no mercado, que não se encontra, assim como a existência de economias de escala e externas impediriam que se atingissem situações de igualdade em todas as regiões. Por exemplo, por estas razões será mais freqüente que a produtividade marginal do capital, tal como a produtividade marginal do trabalho, seja mais alta na região mais desenvolvida, sendo atraídos para ela todos os fatores de produção. Recentemente tem tido destaque a posição de Krugman (1999a).

Pode acontecer por isso que para se reduzirem as desigualdades tanto na produção quanto no rendimento e no bem-estar, a intervenção pública seja indispensável, principalmente quando é preciso contrabalançar os *backwash effects* da integração internacional (sendo de esperar que se levantem dificuldades maiores para contrabalançar o relevo crescente das grandes concentrações de capital em nível mundial). Em muitos casos a intervenção deverá traduzir-se no afastamento de imperfeições do mercado que impedem que se atinja uma situação de maior equilíbrio.

A segunda consideração é a de que mesmo algo que venha a ser atingido a longo prazo pode não ser a curto e médio prazos. Veremos na próxima seção que na própria União Européia há tendência para o equilíbrio em épocas de maior crescimento (provavelmente de um modo maior com a moeda única). Mas, não obstante, é importante verificar-se a intervenção regional para que sejam resolvidos os problemas econômicos e sociais do período de transição e para que se chegue mais depressa a uma situação que beneficiará a todos, com um aproveitamento melhor dos recursos disponíveis. De fato as "desigualdades tendem a diminuir lentamente ao longo do tempo", sendo a recuperação "um processo lento para o qual é necessário um compromisso a longo prazo" (Comissão Européia, 1997c:115 e 128).

Por fim, em terceiro lugar há que saber se a tendência para o reequilíbrio, mesmo a longo prazo, se verifica só entre grandes espaços — de modo geral entre os países — ou também entre espaços regionais (no nível das NUTs II), que é importante igualmente aproximar, por várias razões.

A razão de ser da política regional

Diante do reconhecimento da existência e quiçá da possibilidade de agravamento dos desequilíbrios, razões de três origens apontam no sentido de dar-se um grande destaque à política regional.

Uma delas é de origem ético-social e política, por não ser justo que as populações das regiões mais desfavorecidas vivam em condições muito abaixo do que se considera aceitável ou constitui a média do país ou do espaço em causa, verificando-se por conseqüência uma compreensível reação negativa que deve ser respondida.

Uma outra, de origem econômica, considera as deseconomias externas resultantes das excessivas concentrações verificadas nas regiões e áreas urbanas mais desenvolvidas, questionando não só o crescimento como os níveis de satisfação social dos seus habitantes.

Em terceiro lugar reconhece-se atualmente, com as facilidades proporcionadas pelas novas tecnologias de comunicação e informática, que a promoção regional pode constituir um modo de aumentar o crescimento global dos países, com um aproveitamento muito mais completo e eficiente dos recursos disseminados pelo seu território. Numa perspectiva de aproveitamento máximo dos recursos regionais e locais podemos remontar a experiências pioneiras de áreas integradas, como foi já o caso, nos anos 1920, do projeto integrado da Tennessee Valley Authority, nos EUA, a que se seguiram realizações americanas e européias do mesmo feitio. Só recentemente, contudo, se tornou mais claro que o desenvolvimento das regiões deprimidas pode conferir benefícios gerais, promovendo um crescimento mais elevado e não apenas uma redistribuição do rendimento, idéia reforçada recentemente num documento da Comissão Européia (1997c:128): "A solidariedade com essas regiões é uma base indispensável para o progresso não só por razões sociais, mas *também de forma a aumentar o potencial econômico da União no seu todo*" (grifo do autor).

Não há de fato um *trade-off* entre crescimento e equilíbrio, como por vezes se julgou ou pretendeu fazer crer,[142] um *trade-off* representado pela linha tracejada, de inclinação negativa, da figura 14 (Porto, 1993a:2-5 e 1996a:6-7):

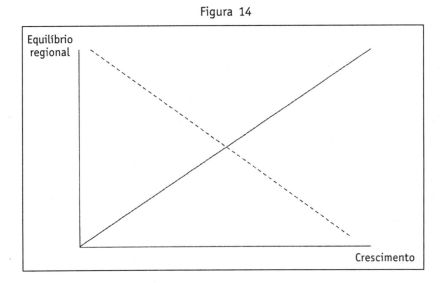

Figura 14

---

[142] Esta idéia aparece na defesa da promoção das regiões já mais favorecidas como "motores" dos conjuntos das economias nacionais, como será visto a seguir.

Perseguir um maior equilíbrio (medido no eixo vertical) comprometeria um maior crescimento (medido no eixo horizontal), que só seria conseguido (na medida desejável) à custa de disparidades regionais.

Mas a situação real é configurável por uma linha cheia, como a que está na figura, sendo um maior equilíbrio condição de um melhor aproveitamento geral dos recursos e vice-versa.

De fato, na Europa isso correspondeu, de modo geral, a um maior crescimento uma aproximação maior entre os países, podendo-se distinguir três períodos básicos: o primeiro, de convergência, nos anos de crescimento entre a formação da comunidade e 1973; o segundo, de afastamento, até 1985, na seqüência da recessão dos anos 1970; e o terceiro, de manutenção dos desequilíbrios e mesmo de alguma convergência entre os países, na fase geral de retomada das economias que tem decorrido até os nossos dias (Comissão Européia, 1991:19 e segs.; sobre estas três fases distintas de crescimento ver Porto, 2001:35-36).

Entre outras razões contribui para a relação referida no texto a circunstância de os países e as regiões menos desenvolvidos estarem mais dependentes de produções que variam mais ao sabor de flutuações conjunturais, sofrendo por isso em maior medida com os abrandamentos e as recessões e tendo um crescimento mais rápido nos períodos de expansão das economias. Naturalmente, nesses períodos é também maior a possibilidade de orientar recursos para o desenvolvimento regional.

É uma constatação de convergência que, sem prejuízo das cautelas e medidas que veremos a seguir (não se podendo pensar que bastaria aguardar o crescimento, sendo desnecessária a política regional), contribui para o afastamento da idéia do alegado *trade-off* entre um maior crescimento e um maior equilíbrio.

Duvidando ou discordando mesmo dessa conjugação de interesses ver Neves e Rebelo (1996:161-166) e Neves (1991:162 e 165): "Como se constata numa análise simples de questão, o desenvolvimento, em si, não está ligado necessariamente a maior igualdade. Pelo contrário, *é normalmente na estagnação que se promove a eqüidade*" (grifo do autor); estando a decisão sobre a promoção de um maior equilíbrio nos campos "político, cultural, espiritual", "fora da competência do teórico da economia". O texto é concluído com um verso de uma canção dos Beatles: *"all you need is love"*...

A ausência de *trade-off* pode ser constatada na Europa, onde de modo geral têm tido um melhor desempenho econômico os países com maior equilíbrio regional.

Mesmo no que respeita a problemas geralmente tidos como conjunturais, como a inflação e o desemprego, pode-se constatar a possibilidade de serem mais eficazmente (ou só serem) ultrapassados pela descentralização e promoção regional, que não deverão por isso ser proteladas.

Num influente artigo publicado em 1973, Higgins parte da observação de casos reais para chegar à conclusão de que a curva de Philips é mais afastada da origem em países com maiores desigualdades regionais (sobre o significado da curva de Philips, ver Nunes, 1993:14-73, ou Porto, 2004:378-381). Por essa razão *"measures to reduce regional gaps, far from being a luxury to be afforded when things are otherwise going well in the country, are the essence of a policy to accelerate growth, reduce unemployment, and maintain price stability"*, numa constatação reforçada na atualidade (Martin, 1992; Bianchi, 1998; Armstrong, 2001 ou Tonol, 2001:191). É, aliás, esta em boa medida a experiência portuguesa, não deixando a região mais rica de um país desequilibrado, a região de Lisboa e Vale do Tejo, de ter valores de desemprego relativamente elevados no quadro nacional (de 7,9%, quando a média era de 6,7%): sendo a promoção também de outras regiões (em especial de centros urbanos do interior) a forma de evitar ou pelo menos travar esta situação, com a criação de empregos capazes de reter a população (sendo especialmente necessária — na linha das teorias do desequilíbrio — a criação de empregos capazes de reter a população jovem mais qualificada).

Numa lógica econômica correta, dadas as deseconomias externas das grandes aglomerações e as potencialidades de um desenvolvimento mais equilibrado, têm pois plena justificativa medidas de apoio de caráter transitório: nos termos do argumento das indústrias nascentes — reconduzido aqui a um "argumento de regiões nascentes" (Denton e O'Cleireacain, 1972:25; Porto, 1989:325) —, de acordo com o qual valerá seguramente a pena, mesmo numa perspectiva puramente econômica, promover certas zonas e as empresas nelas instaladas durante um determinado período, usando intervenções no mercado, se vierem a ter capacidade competitiva (podendo-se prescindir depois do apoio inicial necessário ao seu aparecimento ou crescimento) e se os benefícios proporcionados ultrapassarem os custos da fase intermediária. São os testes de Mill e Bastable, aos quais soma-se o teste de Kemp para que se justifique a intervenção — importando ainda que seja feita nos termos adequados (Porto, 2001:177-193; 2004:425-434).

É esta a razão de origem econômica que pode levar a que não se dê preferência àquilo que à primeira vista seria a *people's prosperity* em relação à *place prosperity* (na distinção de Winnick, 1961). Sendo o homem o destinatário de toda a atividade econômica e social, mais valeria o custo de transferir as pessoas das áreas menos favorecidas para as mais favorecidas. Mas é do interesse de todos que se promovam as primeiras, com a fixação das pessoas (das mais válidas), criando-se condições para que venham a ser competitivas a médio e longo prazos (além deste interesse econômico preservam-se e promovem-se assim valores ambientais, culturais e sociais que ficam irremediavelmente comprometidos com a desertificação das áreas mais desfavorecidas). Com a descrição desta evolução ver Bache (1998:31 e segs.).

A atenção crescente dada ao problema dos desequilíbrios espaciais

Passos mais importantes

É o reconhecimento dos inconvenientes gerais dos desequilíbrios e das vantagens também econômicas do desenvolvimento regional que explica em boa parte a evolução verificada na União Européia,[143] sem dúvida junto à exigência política de países que de outro modo se sentiriam mais "afastados" do existente processo de integração, sendo a promoção do seu desenvolvimento a contrapartida de um maior mercado que favorecerá a colocação dos produtos dos países mais desenvolvidos. Trata-se de pressão política importante e desejável, capaz de, na ausência do reconhecimento (suficiente) de outras vantagens, levar a um maior equilíbrio de que todos poderão se beneficiar (sobre esta correta razão política, ver Pires, 1995:116, e Ramos, 1999:195), não havendo uma desejável pressão política semelhante, no plano interno, nos países não-regionalizados (Porto, 1998b, considera o caso português).

Partindo-se praticamente do zero — de uma quase ausência de consideração na redação inicial do Tratado de Roma — é de fato notável a evolução verificada deste então,[144] podendo-se distinguir como passos mais marcantes a criação da Direção Geral do Desenvolvimento Regional (DG-XVI, agora designada Regio) em 1968, a criação do Fundo Europeu de Desenvolvimento Regional (Feder) em

---

[143] Procurando mostrar o destaque dessas razões em Portugal, onde são especialmente sensíveis os custos das grandes aglomerações e especialmente favoráveis as oportunidades existentes em nível regional, ver Porto (1996a e b).
[144] Com muito mais pormenores sobre essa evolução, ver Williams (1996:69 e segs.) e Pires (1998).

1975, a inclusão da política no tratado através do Ato Único em 1986 (com a sua reafirmação no Tratado de Maastricht),[145] a aprovação de novos regulamentos em 1988, atualizados em 1993, e depois a aprovação dos regulamentos de 1999.[146] Além disso a importância crescente atribuída à política regional ficou bem expressa no crescimento dos recursos que lhe foram sendo destinados. Entre 1975 e 1988 os meios financeiros do Feder aumentaram de 2,57 milhões para 3.684 milhões de ECUs (de 4,8% para 8,1% do orçamento comunitário). A atribuição de fundos duplicou depois entre 1989 e 1993, com as primeiras Perspectivas Financeiras (e 1º Quadro Comunitário de Apoio). Com as Perspectivas Financeiras seguintes (incluindo já o Fundo de Coesão), aumentaram de 22.192 milhões de ECUs em 1993 para 34.596 milhões em 1999, de 30,8% para 36% do orçamento (com uma nova duplicação para os "países da coesão", Grécia, Portugal, Espanha, e Irlanda).

Infelizmente é uma evolução que não tem continuidade nas Perspectivas Financeiras agora em aplicação. Não havendo ampliação (mas havendo Ajudas de Pré-adesão), as verbas para ações estruturais (fundos estruturais e Fundo de Coesão) desceriam (a preços de 1999) de €32.045 milhões em 2000 para €29.170 em 2006. Ou seja, de 34,82% para 32,18%. Na hipótese então prevista de uma ampliação com seis novos países, a queda (em relação aos 15 membros atuais) será já relativamente maior, ficando-se pelos 27,15% do total com diminuição de verbas, mesmo em termos absolutos (ver adiante, p. 214, a diminuição em termos realtivos).

Atualmente, estão em discussão as Perspectivas Financeiras para 2007-13, não tendo sido aprovada no conselho Europeu de Luxemburgo, em junho de 2005, a proposta da comissão para que sejam destinados à política regional 32,2% do orçamento (ver Porto, 2004:574-577 e 2005a).

Os critérios e os meios de apoio

A partir dos regulamentos de 1988 a atribuição dos fundos estruturais é feita de acordo com os seguintes princípios: concentração, parceria, programação e adicionalidade.

---

[145] Com um título (o título V da parte III) sobre a "Coesão econômica e social" (distinguindo-se assim as variantes mais espaciais, com a coesão econômica, das mais ligadas ao trabalho e às carências pessoais). Trata-se agora do cap. XVII da parte III.
[146] São estes os regulamentos agora em vigor, publicados no *Jornal Oficial* L 161, de 26 de junho de 1999: um primeiro com disposições gerais sobre os fundos estruturais, seguindo-se regulamentos relativos ao Feder, ao Fundo Social Europeu (FSE) e ao Instrumento Financeiro de Orientação da Pesca (Ifop), dois outros que alteram o regulamento do Fundo de Coesão, bem como regulamentos de apoio à pré-adesão (um deles criando um instrumento estrutural de pré-adesão).

Com o primeiro deverá verificar-se a *concentração* dos fundos, considerando as características das áreas e das ações a desenvolver.

A *parceira* requer a cooperação mais estreita possível entre a comissão e as "autoridades competentes" (em "nível nacional, regional e local") de cada Estado-membro em todos os estágios do processo, desde a preparação à execução das ações.

A *adicionalidade* requer que os fundos da União não substituam investimentos nacionais, devendo complementá-los e ampliá-los.

Por fim, com a *programação* deixa de se aceitar o financiamento de projetos isolados, devendo-se enquadrar todos eles em programas multianuais, plurissetoriais e se possível inter-regionais.

Na linha das propostas da *Agenda 2000* (1997), com os regulamentos de 1999 passou a haver uma maior concentração geográfica e dos instrumentos de intervenção.

Assim acontece não só em resposta a necessidades de racionalidade e eficiência como em antecipação a novas exigências orçamentais resultantes das ampliações.

Com as regras anteriores, 51,6% da população da União Européia eram abrangidos (nos objetivos regionais dos fundos estruturais), em territórios muito distintos. Uma maior seletividade era a condição para que se conseguisse um efeito mais rápido e sensível de aproximação das áreas mais carentes. Mas sem dúvida o propósito de se libertarem disponibilidades para as próximas ampliações pesou significativamente para que se apontasse na *Agenda 2000* para uma abrangência menor, entre 35 a 40% da população total.

Para isso decidiu-se que o limite máximo de 75% do PIB *per capita* para ser considerado no objetivo 1 passasse a ser seguido rigidamente. Eliminou-se assim qualquer hipótese de a região de Lisboa e Vale do Tejo ser mantida.

Para o 2º Quadro Comunitário de Apoio (1994-99) havia uma tolerância geral até 80%, mas as autoridades portuguesas conseguiram manter esta região, apesar de já ter (quando das negociações) um valor de 82%. Justifica-se a nossa preocupação, não só tendo em conta os problemas aqui existentes como porque o que deixa de vir para a região de Lisboa não reverte para as demais regiões do país (apenas numa pequena medida, com a libertação geral de fundos na União Européia).

Não o tendo feito antes, revelava-se infrutífero só agora apontar eventuais incorreções estatísticas, invocar argumentos de estratégia (a necessidade de um país como Portugal ter um só "motor" dinamizador (ver Porto, 1996a:1-21, e 1998b:16-24, defendendo um desenvolvimento multipolar e equilibrado) ou argumentar no sentido de passar a seguir-se um critério de produtividade (que já favoreceria Portugal, por ser comparativamente baixa neste país...). A única hipótese realista, que foi bem-sucedida, era negociar o melhor possível um regime de transição (de *phasing out*), havendo o precedente da região de Abbruzi, na Itália (Costa, 1998:51); e, com um alcance limitado, apenas uns anos depois se conseguiu separar da região de Lisboa e Vale do Tejo alguns municípios mais desfavorecidos (na aplicação anterior dos fundos estruturais, feita em muito mais na área metropolitana...). No próximo programa, com a aproximação que têm registrado e a diminuição da média da UE deverão deixar de estar no objetivo 1 as regiões do Algarve e da Madeira. A defesa de um desenvolvimento multipolar foi feita recentemente por Cravinho, Ferrão e Azevedo (2002).

Quanto aos instrumentos de intervenção, foi decidido que em vez dos seis objetivos anteriores, o quinto bipartido, passasse a haver apenas três.

O objetivo 1 é *de promoção do desenvolvimento e do ajustamento das regiões menos desenvolvidas*. São regiões com menos de 75% do PIB *per capita* da União Européia. Estão nessa situação regiões de nove países (necessariamente as ultraperiféricas e ainda as menos povoadas do Norte da Finlândia e da Suécia que estavam antes no objetivo 6).[147]

O objetivo 2 é de *apoio à reconversão econômica e social das zonas com dificuldades estruturais*. Ainda segundo o primeiro regulamento "estas regiões compreendem, em especial, as zonas em mutação socioeconômica, nos setores da indústria e dos serviços, as zonas rurais em declínio, as zonas urbanas em dificuldade e as zonas em crise dependentes da pesca", compreendendo-se que tenham implicações especialmente negativas no desemprego.

Além desses objetivos, para áreas geográficas determinadas, o objetivo 3 é de *apoio à adaptação e modernização das políticas e sistemas de educação, de formação e de emprego*. Apoio a todos os tipos de iniciativas que, em qualquer ponto do território da União, tornem os cidadãos mais qualificados para o trabalho.

---

[147] Quando esses países entraram julgou-se melhor criar um novo objetivo do que considerá-las no objetivo 1: sendo áreas com PIBs *per capita* elevados, com condições estruturais muito diferentes das regiões objetivo 1 existentes.

A divisão dos fundos por esses três objetivos, a indicação do(s) instrumento(s) utilizado(s) e a percentagem da população abrangida constam da tabela 14.

Tabela 14

Discriminação	Objetivo 1	Objetivo 2	Objetivo 3
Problemas a atender	Regiões menos desenvolvidas	Regiões em crise estrutural	Regiões que necessitam de apoio de educação, formação e emprego (todas as regiões exceto as do objetivo 1)
Fundos da UE disponíveis em 2000-06 (em bilhões de euros)	135,9	22,50	24,05
% do orçamento dos fundos estruturais	69,7	11,5	12,3
Instrumentos	Feder, FSE, Feoga, Ifop	FSE, Feder	FSE
% da população abrangida	22,2	18	(não relevante)

Fonte: Comissão Européia (1999b:11).

Vê-se que, como acontecia antes, há um grande privilégio do objetivo 1, com quase 70% das verbas totais. Ele abrange 22,2% da população da União Européia, em ações em que se conjugam o Feder, o FSE, o Feoga e o Ifop. No objetivo 2 intervêm basicamente o Feder e o FSE[148] e no objetivo 3 apenas o FSE.

Também numa linha de racionalizações procedeu-se à concentração das iniciativas comunitárias apenas em quatro domínios (num raciocínio anterior):

❑ cooperação transnacional, transfronteiriça e inter-regional destinada a estimular um desenvolvimento equilibrado em todo o território europeu (Interreg);
❑ reconversão econômica e social de cidades atingidas pela crise (Urban);
❑ desenvolvimento rural (Leader);
❑ cooperação transnacional para identificar novos meios de combate a todas as formas de discriminação e desigualdade que impedem homens e mulheres de obterem um posto de trabalho (Equal).

---

[148] Há apoios do Feoga e do Ifop fora das regiões objetivo 1.

Essas quatro iniciativas deverão receber 5,35% do total dos fundos estruturais no período 2000-06.

Visando ajudar os países menos desenvolvidos da União no cumprimento das exigências de convergência nominal na caminhada para a moeda única, o Tratado de Maastricht criou um Fundo de Coesão: nos termos do Protocolo nº 15, fornecendo "contribuições financeiras comunitárias para projetos na área do ambiente e das redes transeuropéias de transportes nos Estados-membros com um PNB *per capita* inferior a 90% da média comunitária que tenham definido um programa que lhes permite preencher os requisitos da convergência econômica estabelecidos no art. 104c".

Dotado com 14,45 bilhões de ECUs para o período de 1994-99 (preços de 1994), recebe nas atuais Perspectivas Financeiras (2000-06) €18 bilhões (a preços de 1999), com a seguinte divisão por países: 61 a 63,5% para a Espanha, 16 a 18% para Portugal, 16 a 18% para a Grécia e 2 a 6% para a Irlanda. Tendo sido o país com a captação mais elevada nas Perspectivas Financeiras anteriores, a Irlanda está agora excluída, dado que ultrapassou largamente o limiar de 90% da média da União. Quanto à divisão setorial, Portugal, por exemplo, atribuiu 53% aos transportes e 47% ao ambiente.

Além desses mecanismos deve ser dado um grande destaque ao Banco Europeu de Investimento (BEI), criado com o Tratado de Roma e considerado nos atuais arts. 266 e 267, capítulo V do título I da parte V, e num protocolo. "Recorrendo ao mercado de capitais e utilizando os seus próprios recursos", "tem por missão contribuir" "para o desenvolvimento equilibrado e harmonioso do mercado comum no interesse da comunidade". Entre as prioridades de financiamento, são indicados "projetos para a valorização das regiões menos desenvolvidas" (em geral são áreas privilegiadas: a comunicação, o ambiente, a energia e a promoção da competitividade internacional). Dispondo de recursos muito avultados, tem concedido empréstimos que excedem o total dos apoios estruturais proporcionados pelo orçamento da União (ver; Barav e Philip, 1993:133-138; Dinan, 1999:202-206; Alves, 2004:309-311).

Como veremos a seguir, a necessidade da política regional aumentou muito agora com a caminhada para a união monetária: sendo maiores as oportunidades abertas mas simultaneamente agravados os riscos.

Os resultados da política seguida
No conjunto da União Européia

Não é fácil ou mesmo possível em economia saber com segurança se determinados efeitos são a conseqüência (apenas) de determinadas medidas. Assim acontece com a política regional comunitária, designadamente porque a totalidade dos efeitos de uma política *estrutural* só pode ser conhecida alguns anos mais tarde, só então podendo ser integralmente medidos os efeitos econômicos e sociais resultantes da melhoria da capacidade produtiva de um país ou de uma região.

É uma política em que devem ser distinguidos efeitos de procura (de despesa), numa linha keynesiana, de efeitos de oferta, numa perspectiva microeconômica (considerando-se os resultados das externalidades criadas, com o serviço proporcionado pela infra-estrutura física ou com a formação de pessoas). Enquanto os efeitos de procura são sensíveis e mensuráveis a curto e médio prazos, o mesmo não se passa com os efeitos de oferta, verificáveis apenas alguns anos depois.

Com a experiência de duas décadas e meia, mais de 19 anos integrando os quatro "países da coesão", pode-se constatar que se tem verificado alguma aproximação entre os países e as regiões, que pode ser vista na tabela 15.

Tem havido uma aproximação dos quatro países "da coesão", embora se devam fazer ressalvas em relação aos números da tabela: com a entrada das regiões mais pobres do leste da Alemanha, a partir de 1992 houve uma baixa da média comunitária; e revisões técnicas feitas pelo Eurostat (para considerar alterações cambiais), com conseqüências diferentes entre os países, "ajudaram" também a que as estatísticas mostrassem uma maior aproximação (ver os relatórios da comissão e Atanásio, 1999, cap. 9).

Verificou-se de qualquer modo uma aproximação clara. No caso da Irlanda foi, aliás, muito mais do que uma "aproximação". Tendo partido de 60,8% da média comunitária em 1986, muito atrás da Espanha, chegou em 2002 ao valor de 119,1%, muito acima da média, sendo o terceiro (agora já é o segundo). Quem se aproximou menos foi a Grécia, de 59,2 para 69,0%, tendo algum afastamento no final da década de 1980[149] (estando em posições intermédias as aproximações de Portugal e da Espanha, também com alguns recuos de per-

---

[149] As dificuldades específicas da Grécia (EL) são destacadas por Martinez (1998:855-871) nas dúvidas levantadas ao processo de integração européia.

meio). No conjunto, os quatro países passaram de um valor de 65,2% em 1980 para um valor de 78,2% em 1999, o que significa um êxito apreciável. A tabela 16 mostra o crescimento anual nesses anos de maior aproximação.

Tabela 15

Crescimento do PIB nos países da coesão (1986-2000)[1]	Espanha	Grécia	Irlanda[2]	Portugal	UE-3	UE-12[3]	UE-15
Variação média anual do PIB (%)							
◻ 1988-98	2,6	1,9	6,4	3,0	2,5	1,9	2,0
◻ 1988-93	2,0	1,2	4,4	2,6	2,0	1,7	1,7
◻ 1993-98	3,1	2,6	8,5	3,4	3,1	2,3	2,4
◻ Estimativas 1998-2000	3,9	3,6	8,7	3,3	3,8	2,8	2,9
Variação média anual da população (%)							
◻ 1988-98	0,1	0,5	0,5	0,0	0,2	0,4	0,4
◻ 1988-93	0,1	0,7	0,2	0,2	0,2	0,3	
◻ 1993-98	0,1	0,3	0,7	0,2	0,2	0,3	0,3
◻ Estimativas 1998-2000	0,1	0,6	1,0	0,2	0,2	0,3	0,3
PIB per capita (PPC), UE-15 = 100							
1986	69,8	59,2	60,8	55,1	—	—	—
1987	71,5	57,4	62,5	56,7	—	—	—
1988	72,5	58,3	63,8	59,2	67,8	106,6	—
1989	73,1	59,1	66,3	59,4	68,4	106,4	—
1990	74,1	57,4	71,1	58,5	68,6	106,4	—
1991	78,7	60,1	74,7	63,8	73,0	105,2	—
1992	77,0	61,9	78,4	64,8	72,3	105,3	—
1993	78,1	64,2	82,5	67,7	74,0	105,0	—
1994	78,1	65,2	90,7	39,5	74,4	104,9	—
1995	78,4	66,1	93,3	70,9	75,0	104,8	—
1996	79,5	66,9	94,1	71,1	75,9	104,6	—
1997	80,0	66,0	103,8	74,3	76,6	104,5	—
1998	81,1	66,0	108,2	75,3	77,5	104,3	—
1999	82,5	66,8	114,0	76,1	78,7	104,1	—
Estimativas							
◻ 2000	83,1	67,2	118,9	75,3	79,0	104,0	—
◻ 2001	84,2	67,1	117,6	70,7	—	—	—
◻ 2002	83,3	69,0	119,1	72,5	—	—	—

Fonte: Comissão Européia (2001e:29, v. 2).
Obs.: [1] As taxas de crescimento 1988-98 e 1988-93 não consideram os novos *Länder* alemães. [2] Com o PIB *per capita* atual a Irlanda deixou de ser "país da coesão", passando por isso a considerar-se a UE-3 (não UE-4). [3] A UE-12 é constituída pelos países participantes no euro.

A coesão econômica e social e a política regional | 199

Tabela 16

País	1996	1997	1998	1999	2000	2001
Espanha	3,5	3,8	4,0	3,6	3,6	3,5
Grécia	3,4	3,4	3,7	3,4	3,8	3,9
Irlanda	8,0	10,7	8,9	7,8	6,9	5,8
Portugal	3,4	4,1	3,5	3,1	3,3	3,3
UE-15	2,5	2,5	2,6	2,1	3,0	3,0
UE-11	2,4	2,3	2,7	2,1	2,9	2,9

Fonte: *Analyses Economiques* (1999).

Depois dos recuos mencionados no texto, principalmente da Grécia, foram em geral anos de clara aproximação, com taxas de crescimento acima das da União (os levantamentos mais recentes estão pondo dúvidas em relação a Portugal: ver Comissão Européia, 2003a e b). Entre os quatro países da coesão sobressai a taxa de crescimento da Irlanda, para a qual se prevê algum abrandamento, mas que tem tido, consistentemente, um êxito semelhante ao dos "Tigres asiáticos".

Pergunta-se se a aproximação verificada deveu-se à política regional ou se teria acontecido mesmo sem ela, como mera conseqüência da dinâmica de um mercado mais concorrencial. É uma questão de grande importância, dependendo naturalmente de uma resposta afirmativa a justificação da sua manutenção ou mesmo do seu reforço.

Conforme destacado pela comissão (1999b, cap. 5), estudos mais recentes concluem nesse sentido,[150] tendo a utilização dos fundos levado a um acréscimo do crescimento anual de 0,5%, em relação ao que teria acontecido sem eles, nas regiões objetivo 1 (1% em Portugal e na Grécia; ver Fitoussi, 2000:174). De acordo com as estimativas feitas, em 1999 o efeito acumulado dos fundos

---

[150] Com análises anteriores e mesmo contemporâneas de modo geral menos favoráveis ou indefinidas, ver Neven e Gouyette (1995), Fagerberg e Verspagen (1996), Silva e Lima (1997) e Magnini (1999), Marques (1993).

terá elevado em 10% os PIBs da Grécia, da Irlanda e de Portugal, e em 4% o da Espanha.[151]

Além disso, há a questão de saber se a aproximação geral entre os países (NUTs I) foi acompanhada pela aproximação entre as regiões (NUTs II).

Nas categorias estatísticas da União Européia há três unidades geográficas: as NUTs I, correspondendo em princípio aos países, ou em Portugal ainda (separadamente) aos Açores e à Madeira; as NUTs II, correspondendo às "regiões", 231 na União, havendo cinco no continente português (as áreas das Comissões de Coordenação e Desenvolvimento Regionais, Norte, Centro, Lisboa e Vale do Tejo, Alentejo e Algarve); e as NUTs III, correspondendo em Portugal a 52 agrupamentos de municípios.

Em anos passados tal não aconteceu, havendo quando muito a manutenção da situação anterior, com as 10 ou as 25 regiões mais ricas e mais pobres igualmente separadas da média da União.

Mais recentemente houve indicações no sentido de que existiria também uma aproximação entre as NUTs II, por exemplo com as 10 regiões mais pobres passando de 49,8% da média comunitária em 1996 para 52,1% em 1999, e as 25 mais pobres de 56,2 para 57,8% entre os mesmos anos.[152] Mas há quem, com base noutros cálculos, tenha dúvidas ou julgue mesmo que não está havendo aproximação.[153]

A experiência de Portugal

A aproximação de Portugal já foi citada, apesar de não ter sido o país mais beneficiado em termos de fundos estruturais.

---

[151] Com uma análise (positiva) da experiência espanhola de apoio estrutural ver De la Fuente e Vives (1995).
[152] Comissão Européia (1999:7 e 200) e dados mais recentes (relativos a 1999) do Eurostat. Com análises apontando no mesmo sentido, ver Martin (1999), Button e Pentecost (1999) ou Fitoussi (2000, cap. 5, dando a indicação, com base nas análises econométricas de Fayolle e Lecuyer, 2000, de que as regiões menos desenvolvidas dos países mais ricos estão tendo dificuldades maiores, sendo maiores as aproximações em Portugal e na Grécia).
[153] Ver Marques e Soukiazis (1999), Pontes (2000), Desurmont e Docquier (2002).

Durante o II Quadro Comunitário de Apoio, a Irlanda teve uma capitação superior, de €1.652,1, tendo a portuguesa sido de €1.510,2 e a grega de €1.439,5. A tabela 17 mostra o que os fundos estruturais e o Fundo de Coesão nas regiões do objetivo I têm representado como percentagens dos PIBs.

Tabela 17

Regiões do objetivo 1	Fundos estruturais e fundo de coesão em % do PIB		
	1989	1993	1999
Grécia	2,5	3,3	4,0
Espanha[1]	1,0	1,5	2,3
Irlanda	2,1	3,1	2,7
Portugal	2,7	3,3	3,8
UE-4	1,6	2,3	2,9
(dos quais fundo de coesão)	—	(0,4)	(0,6)
Novos *Länder* alemães[2]	nd	(0,8)	1,7
Itália[3]	0,6	1,1	1,2
Outros Estados-membros[4]	1,0	1,4	1,1
Todas as regiões objetivo 1	1,2	1,8	0,3
UE-12	0,1	0,2	0,3

Fontes: Mayhew (1998:286), Sousa (2000:136).
Obs.: [1] Números de 1999 incluem a Cantábria. [2] Números entre parênteses referem-se a montantes previstos no âmbito do Regulamento (CEE) nº 3.275/90. [3] Números de 1999 excluem Abruzzi. [4] Relativo a 1989 e 1993, Irlanda do Norte no Reino Unido e Córsega na Itália, relativo a 1999, incluindo também o Hainaut, os *arrondissements* de Douai, Valenciennes e Avesnes, Flevoland, Merseyside e a Highlands Enterprise Area.

O país que em 1999 teve mais apoio foi a Grécia, com um crescimento percentual sensível desde 1989. Para o "salto" da Espanha em 1999 o Fundo de Coesão contribuiu muito. Portugal deixou de ter a posição de maior privilégio que tinha em 1989, mas teve de qualquer modo um aumento apreciável, com um apoio de 3,8% do PIB, muito acima da média da UE-4.

Sendo importante saber se o crescimento verificado foi conseqüência do apoio dos fundos, procurou-se distinguir os fatores de demanda dos de oferta. O Ministério de Planejamento (1999:II.10), numa análise do II Quadro Comunitário de Apoio (QCA), calculou que pela demanda houve, de 1994 para 1999, um acréscimo adicional de 3,3% do PIB (0,53% em cada ano), e pela oferta, a longo prazo, um acréscimo de 1,6% em relação ao que teria havido sem os QCAs.

Portugal distingue-se da Irlanda (e mesmo da Grécia, estando a Espanha numa posição intermediária) por ter seguido em maior parte uma linha da expansão da demanda, com investimentos em infra-estrutura física. Nesta lógica terão sido especialmente importantes os efeitos a médio prazo, com um acréscimo adicional de crescimento do PIB de 9,2% em 1999 (de qualquer modo superado pelos efeitos na Grécia, de 9,4%, e na Irlanda, de 9,3%), não sendo já tão sensíveis a longo prazo, de 8,9% em 2020, quando serão de 12,4% na Irlanda (e de 9,5% na Grécia, já em 2010).[154] A tabela 18 mostra essas diferenças.

Tabela 18

País	Impacto dos fundos estruturais (efeitos do crescimento adicional do PIB em %)									
	Efeitos de demanda			Efeitos de oferta			Efeitos totais		
	1994	1999	2020	1994	1999	2020	1994	1999	2020
Irlanda	6,2	5,9	4,0	—	3,4	8,4	6,2	9,3	12,4
Espanha	1,9	2,9	1,9	—	1,4	6,8	1,9	4,3	8,7
Portugal	7,0	8,1	7,6	—	1,1	1,3	7,0	9,2	8,9
Grécia	1,1	4,8	0,5	0,1	4,6	8,0	1,2	9,4	9,5*

Fontes: Comissão Européia (1999b:229) e Sousa (2000:137).
*2010.

Outra questão é saber se à aproximação de Portugal da média comunitária tem correspondido uma aproximação entre as regiões do país.

Depois de algumas indicações mais favoráveis em anos anteriores (Ministério do Planejamento, 1999:I.89 e Porto, 2001:397-398), indicações mais recentes vieram apontar no sentido de uma aproximação maior ou menor de quase todas as regiões em relação à média comunitária, mas com crescimentos diferentes, aumentando por isso a distância entre algumas delas (tabela 19).

---

[154] Devemos destacar que nas circunstâncias do país, de grande carência de infra-estrutura básica e de menor segurança (pelo menos de imediato) na boa aplicação de fundos em alguns fatores da oferta (caso da formação profissional), a estratégia seguida foi correta.

Tabela 19

PIB per capita, em paridade de poder de compra (PPC), em relação à média da UE-15					
Região	1995	1996	1997	1998	1999
Norte	60	60	62	60	61
Centro	57	57	59	57	58
Lisboa e Vale do Tejo	94	94	100	100	101
Alentejo	59	59	62	58	59
Algarve	67	66	69	71	72
Açores	50	49	50	51	51
Madeira	62	63	68	67	67
Portugal	71	71	75	73	74

Constata-se, pois, que a região de Lisboa e Vale do Tejo ultrapassou a média da União Européia (bem antes da ampliação a países muito mais pobres, o que baixa consideravelmente a média) e que foram sensíveis os crescimentos do Algarve (cinco pontos percentuais em quatro anos) e da Madeira (também cinco pontos), acentuando-se a distância em relação às outras regiões, com o Alentejo sem melhora relativa, e o Norte, o Centro e os Açores apenas com a aproximação de 1% nesses anos: continuando entre as 10 regiões menos favorecidas de UE-15 (tabela 20).[155]

Tabela 20

PIB per capita (em PPC) — UE-15 = 100			
10 regiões mais ricas		10 regiões mais pobres	
1 Inner Londres (Reino Unido)	241	1 Ipeiros (Grécia)	47
2 Bruxelas — Capital (Bruxelas)	218	2 Reunion (França)	50
3 Luxemburgo	195	3 Dytiki Ellada (Grécia)	51
4 Hamburgo (Alemanha)	182	4 Açores (Portugal)	52
5 Île de France (França)	158	5 Extremadura (Espanha)	53
6 Viena (Áustria)	157	6 Guyane (França)	54
7 Oberbayem (Alemanha)	154	7 Centro (Portugal)	54
8 Darmstadt (Alemanha)	149	8 Alentejo (Portugal)	54
9 Estocolmo (Suécia)	147	9 Anatoliki Macedônia, Thraki (Grécia)	55
10 Uusimaa (Finlândia)	143	10 Norte (Portugal)	56

Fonte: Eurostat, com dados de 2000 (com os valores numa UE-25, ver Porto, 2003a:23).

[155] Com a ampliação de 2004, passaram naturalmente a ser mais pobres 29 regiões dos novos membros, vindos de regimes comunistas. Na UE-25, Ipeiros passou para o 30º lugar de baixo para cima, passando as quatro regiões portuguesas mencionadas no texto a figurar entre o 36º e o 44º lugar (ver Porto, 2003b:23, e 2004:563).

Era naturalmente de esperar que numa União Européia ampliada em mais 10 ou 12 países (em especial com os Pecos), com a queda da média do PIB *per capita*, Algarve e Madeira deixassem de ser também objetivo 1 a partir de 2007, ultrapassando os 75% (conforme o último *Relatório intercalar sobre a coesão econômica e social*, Comissão Européia, 2003a).

Justificava-se o maior empenho das autoridades portuguesas na manutenção dessas regiões como regiões objetivo 1 não só no seu interesse como também no do conjunto dos países, principalmente porque não reverte para as demais o que deixa de vir para elas (ou só numa medida muito pequena, num eventual rateio de verbas globais). Analisando os problemas suscitados pela *Agenda 2000* ver Conselho Econômico e Social (1998:107-185).

Neste grupo as regiões portuguesas citadas têm a companhia apenas de três regiões gregas, uma região espanhola e dois departamentos do ultramar francês.

Espera-se que as regiões continentais portuguesas até agora menos favorecidas venham a se beneficiar sensivelmente da sua proximidade das áreas metropolitanas, tendo localizações estratégicas para estes mercados, e, em especial, para as áreas do interior, com a integração progressiva com o mercado espanhol, em todos estes casos com a conclusão de infra-estrutura projetada ou mesmo já em conclusão (os Açores, por sua vez, não só com sua posição estratégica no Atlântico Norte, a riqueza pecuária, e uma atração turística inigualável, com efeitos que têm crescido de um modo muito sensível nos últimos anos).

A política regional e o sentido contrário de outras políticas comunitárias: a regressividade dos recursos próprios

Por fim, há que considerar que a política regional é apenas uma entre várias políticas, devendo-se ver se todas elas apontam no mesmo sentido.[156]

Vimos que a política agrícola é desequilibradora, com os recursos muito mais poderosos de que dispõe favorecendo em maior medida os países e os agricultores mais ricos da União. Sendo destinados à agricultura cerca de 45% do orçamento comunitário (e 95% ao Feoga-Garantia), ficamos com a noção clara do efeito desequilibrador dessa política, não compensado pelo efeito ge-

---

[156] E naturalmente se a própria política "regional" estará contribuindo para um maior equilíbrio dentro dos países.

ralmente reequilibrador (entre os países) da política regional (e do Feoga-Orientação).[157]

Em relação a Portugal houve melhora na participação no Feoga-Garantia, de 0,6% em 1986 para 1,4% em 1992 e 2,1% em 1995, mas já uma deterioração nos anos seguintes, para 1,6% em 1998. Tratou-se de qualquer modo sempre de uma percentagem desequilibradora, tendo o país 2,7% da população da União; sendo pelo contrário favorável a participação nos fundos estruturais, com 11,5% do total.

Por outro lado, deve-se lembrar que, contrariando o efeito reequilibrador das políticas estruturais, se tem verificado desequilíbrio na incidência dos recursos próprios, dado o peso do IVA, bem como, embora com menor significado, da pauta alfandegária e principalmente dos direitos niveladores agrícolas.

É a situação de regressividade mostrada na tabela 21, mostrando também uma melhora sensível de 1993 para 1997.

Tabela 21

País	Recursos próprios/PIB *per capita*	
	1993	1997
Alemanha	1,18	1,20
Bélgica	1,45	1,41
Dinamarca	1,09	1,07
Espanha	1,14	1,13
França	1,11	1,12
Grécia	1,37	1,09
Holanda	1,59	1,50
Irlanda	1,49	1,08
Itália	0,99	0,96
Luxemburgo	1,13	1,22
Portugal	1,40	1,17
Reino Unido	0,87	0,77

Fontes: Coget (1994:83) e Haug (1999:25). Ver em Comissão Européia (1999c:120) um quadro também interessante comparando a cota-parte dos Estados-membros no financiamento e no PNB da União.

---

[157] Citando o efeito também desequilibrador — por ele chamado, em ambos os casos, de "regressivo" — da política de ciência e tecnologia ver Amaral (1992:68); numa abordagem mais geral ver Seidel (1994).

A Holanda e a Bélgica são casos especiais, devido à grande quantidade de bens importados pelos portos de Roterdã e Antuérpia mas destinados a outros países (principalmente à Alemanha); sendo todavia tributados aí com a pauta alfandegária comum e com os direitos niveladores agrícolas. Assim se explica que esses "recursos tradicionais" representem tanto na Holanda quanto na Bélgica 34% do total, quando no conjunto da UE não vão além dos 18%; ou ainda que sejam cobrados nesses dois países 20% dos direitos aduaneiros da UE, quando o seu PNB representa menos de 7,8% do total.

Além desses casos pode-se verificar que em 1993 por exemplo um cidadão irlandês pagava para o orçamento da União 1,49% do seu rendimento, um português 1,40% e um grego 1,37%, enquanto um alemão paga 1,18%, um dinamarquês 1,09% e um inglês 0,87%. Ou seja, pagavam percentagens maiores os cidadãos com níveis de vida mais baixos e menores os cidadãos com níveis de vida mais altos. Assim acontecia porque a regressividade dos impostos indiretos, representando ainda 74,3% do total dos recursos, não era compensada pela contribuição ligada ao PNB.[158]

A alteração introduzida em 1994, fixando novos limites máximos para o recurso IVA, além da queda continuada dos recursos próprios tradicionais (com a diminuição do protecionismo da UE)[159] levou e deverá levar à evolução dos recursos próprios que pode ser vista na tabela 22.

Depois dos progressos conseguidos no Conselho Europeu de Bruxelas, de 11-12 de fevereiro de 1988, fixando-se um limite máximo para a matéria coletável ligada ao IVA (55% do PNB) e estabelecendo-se um novo recurso ligado ao PNB, e no Conselho de Edimburgo, em 11-12 de dezembro de 1992, com a redução da contribuição do IVA de 1,4 para 1%, contribuiu para o progresso mais recente evidenciado no texto o acordo de outubro de 1994 (Decisão 94/728/CE, Euratom e conselho), reduzindo o limite do IVA a 50% para os "países da coesão" e o nivelamento das matérias coletáveis IVAs dos outros

---

[158] Como veremos adiante, com as próximas ampliações além de haver novas exigências financeiras agravar-se-á o problema da regressividade dos recursos próprios (Porto, 1996b e c). Regressividade que, como já vimos, seria agravada com a (maior) tributação da energia.
[159] A média dos impostos alfandegários aplicáveis a outros países está agora, depois da Rodada Uruguai, em 3,6% (3,5% nos EUA), entrando além disso sem nada pagar 38% das importações (40% nos EUA), ver Barthe (2003:27-28), com uma figura que mostra a queda muito sensível dos impostos alfandegários nos países industrializados entre 1940 e 2000 e menciona valores muito mais elevados em outros espaços do mundo.

Estados-membros de 54% em 1995 para 50% em 1999; considerando-se além disso a "taxa uniforme" superior à taxa efetiva de mobilização do IVA (ver Comissão Européia, 1998a:10, e Quelhas, 1998). No mesmo sentido, uma proposta da decisão foi apresentada através do COM (99) 33 final, de 8 de julho.

Tabela 22

| Discriminação | Composição dos recursos próprios da União Européia ||||||||||
	1990	1993	1995	1997	2000	2002	2003	2004	2005	2006
Recursos próprios tradicionais	29,4	20,3	21,3	18,8	14,8	13	13	13	14	14
IVA*	69,9	54,0	57,8	45,5	36,7	20	21	10	12	13
PNB	0,7	25,7	20,9	35,7	48,5	67	66	76	74	73

Fonte: Haug (2003).
*Incluem acertos do exercício anterior.

O destaque maior do PNB atenuou, já em 1997, a regressividade das receitas, com um grego pagando 1,09%, um irlandês 1,08%, ou um luxemburguês 1,22% do PIB *per capita*; mas continuando infelizmente um português a pagar acima da média comunitária. Será interessante verificar se a subida muito significativa do recurso PNB que agora se verifica (e verificará) atenua sensivelmente ou impede mesmo a regressividade verificada anteriormente.

A situação de iniqüidade existente foi reconhecida pelos responsáveis da União no Protocolo nº 15 do Tratado de Maastricht ("relativo à coesão econômica e social"), declarando "a sua intenção de ter mais em conta a capacidade contributiva de cada Estado-membro no sistema de recursos próprios e de, em relação aos Estados-membros menos prósperos, analisar os *meios de correção dos elementos regressivos existentes no atual sistema de recursos próprios*". E foram de fato no bom sentido as indicações da *Agenda 2000* (1997:72). Depois de se reconhecer, talvez tendo-se presente as propostas de tributação da energia, que "a introdução de um novo recurso próprio, *qualquer que seja a sua natureza,* tornará provavelmente o sistema de financiamento menos eqüitativo dado a repartição do rendimento do novo recurso entre os Estados-membros não corresponder provavelmente à repartição do PNB", pergunta-se "se não seria mais eficaz passar a *um sistema inteiramente baseado nas contribuições PNB*" (grifo do autor).

Foi nesta lógica que apareceu uma proposta da Espanha, apoiada por Portugal e pela Grécia, visando introduzir um elemento de progressividade no sistema dos recursos próprios. Tratou-se de uma proposta que teria levado os países mais ricos a pagar mais e os mais pobres menos.

Porto, como relator do Parlamento europeu, defendeu um recurso ligado aos impostos sobre o rendimento dos indivíduos (naturalmente com a exigência de harmonização das matérias coletáveis), numa linha de progressividade e com a vantagem adicional de haver uma maior exigência de responsabilização por parte dos cidadãos (*accountability*), identificando a sua contribuição (Porto, 1996b e 1999a:103-104; Tsoukalis, 2003). Deverão ser estes os valores a prevalecer, não havendo um recurso financeiro estritamente comunitário que seja satisfatório.

Com a proposta da Espanha chegar-se-ia à seguinte participação (tabela 23).

Tabela 23

| País | Modificações das contribuições nacionais em relação ao sistema atual (1997) ||||
| | Proposta aplicada ao total do recurso PNB || Proposta aplicada ao recurso PNB sendo suprimido o recurso IVA ||
	€ milhões	%	€ milhões	%
Alemanha	1.043,4	4,8	1.396,0	6,5
Áustria	102,0	4,8	184,9	8,6
Bélgica	70,0	2,3	303,0	9,8
Dinamarca	178,6	11,6	493,7	32,1
Espanha	-803,9	-14,8	-1.758,9	-32,4
Finlândia	1,3	0,1	39,5	3,7
França	259,1	1,9	504,3	3,8
Grécia	-204,1	-17,1	-471,3	-39,4
Holanda	44,5	0,9	115,3	2,3
Irlanda	-45,4	-6,4	-117,6	-16,5
Itália	-466,4	-5,3	11,8	0,1
Luxemburgo	47,9	27,7	98,6	56,9
Portugal	-199,3	-18,2	-475,5	-43,4
Reino Unido	-98,9	-1,1	-583,8	-6,3
Suécia	71,1	3,0	259,8	11

Fonte: Comissão Européia (1998a:102).

Com a exclusão do recurso IVA, seria sensivelmente atenuada a contribuição de países com populações mais pobres (casos de Portugal, Grécia e Espanha) e aumentada a contribuição dos países com populações mais ricas (casos de Luxemburgo e Dinamarca, sendo já por exemplo muito menor o aumento para os alemães).

Não é de admirar que não tenha tido acolhimento (teria sido de admirar o contrário...), sendo todavia inadmissíveis alguns argumentos de crítica negativa apresentados pela comissão no seu relatório "sobre o funcionamento do sistema de recursos próprios" (1998a).

Em primeiro lugar, não se compreende a nuança de defender que o que é correto em nível nacional já não o é em nível comunitário: só num dos casos devendo haver preocupações de justiça fiscal (sendo esta além do mais condição da *accountability* que se diz pretender promover).

Diz-se depois que na União a preocupação de eqüidade não tem de ser verificada no lado das receitas, apenas no das despesas. Mesmo que se aceitasse (só aqui...) esta estranha separação de responsabilidades, não se pode deixar de reagir à afirmação inaceitável (Comissão Européia, 1998a:21 e 198) de que a proposta da Espanha "ignora a importância e a virtude de prática solidária na comunidade através do lado das despesas do orçamento da UE...".

Está, todavia, a comissão a querer "ignorar" que de fato não é assim, que de fato o orçamento da União é desequilibrador, de uma forma agravada nas atuais Perspectivas Financeiras, com a diminuição das verbas para as políticas estruturais (haveria alguma recuperação com a proposta para 2007-13; ver Porto, 2005a). Nas palavras de Colom I Naval (2000a), "*pocas veces la Comisión se había alienado de modo tan descarado com la posición de los paises más ricos!*".

Diz ainda a Comissão Européia (1998a:108) que com a promoção da justiça pelo lado da despesa há a garantia de que se promove o equilíbrio. Em outras palavras, não está convencida de que os países o façam, ao dizer que "o presente sistema faculta a garantia antecipada aos contribuintes da UE, que financiam as despesas da convergência, de que os fundos são efetivamente utilizados para o objetivo pretendido".

Podemos reagir ao "paternalismo" subjacente a estas afirmações. Mas as autoridades portuguesas acabam por dar de fato um mau exemplo, tendo de ser a União Européia a "obrigar" o país a um maior equilíbrio na divisão das verbas (sendo muito maiores os desequilíbrios com as verbas nacionais).

Felizmente deixou de ter acolhimento a ideia de um IVA modulado, como foi proposto pelo Parlamento europeu em 1994 (Relatório Langes). Sendo uma modulação correta muito difícil ou mesmo impossível, era de prever que se persistisse na regressividade. Por isso a deputada Jutte Haug, relatora no dossiê dos recursos próprios, se afastou dessa linha (Comissão Européia, 1999:407), bem como de uma idéia inaceitável de "justo retorno" (ver Porto, 1999a:103-104, e Colom I Naval, 2000a e b).

Ao processo a seguir pouco ou nada ajudou um relatório encomendado pelo Parlamento europeu (Begg e Grimwade, 1998), considerando oito hipóteses, mas nenhuma delas convincente (Porto, 1998a:36-37).

Por várias razões, a situação atual deve ser alterada sem demora, caminhando-se sem hesitação para uma União mais coesa e mais eficaz. Conforme se conclui já no *Primeiro relatório sobre a coesão financeira e social* (Comissão Européia, 1997c:127), "*as políticas estruturais da União visam diretamente a coesão, ao mesmo tempo que as suas outras políticas, não estruturais, poderão dar também uma importante contribuição*" (grifo do autor). Será bom que de fato assim passe a acontecer. Mas não é de estranhar que na Convenção Européia concluída em julho de 2003 a questão da divisão dos encargos, sendo imperioso acabar ou pelo menos atenuar as injustiças atuais, nem sequer tenha sido abordada, ficando basicamente na questão institucional da recuperação de poderes pelos países maiores (ver Porto, 2003b), o mesmo acontecendo no Tratado Constitucional (art. I-54).

No sentido positivo terá contribuído o aumento sensível do destaque percentual do recurso PNB no orçamento para 2003.

O futuro da política regional

Apesar do que se disse e da experiência positiva de que se dispõe, haverá sempre quem revele insensibilidade aos problemas da coesão espacial, numa posição que tem um acolhimento maior em períodos de dificuldades orçamentais. Tendo que cortar em algum lado os mais ricos procuram que se corte no que afeta os mais pobres...

Além disso, dentro das preocupações com uma maior coesão econômica e social, a primeira dizendo respeito à promoção de um maior equilíbrio regional e a segunda à luta contra o desemprego (ou outros problemas pessoais), é de esperar que ganhe então maior peso a segunda. Por um lado, com o compreensível apelo à idéia de que as pessoas estão acima dos espaços e por outro porque têm problemas graves de desemprego alguns dos países mais ricos e poderosos da União Européia, que se unirão obviamente facilmente nesse propósito com alguns dos países menos favorecidos onde é também elevado o número de pessoas sem trabalho.

Da não-coincidência dos problemas de desemprego com os problemas de atraso estrutural é-nos dada uma imagem através da comparação dos mapas respectivos; constatando-se todavia que a não-coincidência mais significativa se verifica em Portugal, com um aumento no desemprego (subida de 4,1% em 2001 para 6,6% em 2003), mas de qualquer modo abaixo da média da União Européia (8,9%) (é já maior na Espanha, com 11,3%, e na Grécia, com 9,5%: ver Comissão Européia, 2003b). A tabela 24 mostra dados recentes.

Tabela 24

País	Taxas de desemprego (2000)		
	1999	2004	2005
Alemanha	9,4	9,5	9,5
Áustria	4,5	4,6	4,1
Bélgica	8,2	8,3	7,8
Dinamarca	5,5	5,2	4,9
Espanha	11,3	10,9	10,4
Finlândia	9,3	9,2	9,1
França	9,4	9,7	9,4
Grécia	9,5	9,2	9,0
Holanda	4,4	5,8	6,1
Irlanda	4,8	5,1	5,0
Itália	8,8	8,8	8,7
Luxemburgo	3,7	4,2	4,5
Portugal	6,6	7,2	7,3
Reino Unido	4,9	4,9	4,9
Suécia	5,7	5,8	5,7
UE-15	8,9	9,1	8,9
EUA	6,1	6,2	6,3
Japão	5,2	5,1	5,1

Fonte: Comissão Européia (2003b), com previsões que têm sido aproximadamente confirmadas.

Pelo contrário, países muito mais ricos, como a Alemanha, a França e a Finlândia, têm taxas claramente mais elevadas.

A idéia de prevalência do problema do desemprego tem sido progressivamente expressada nos relatórios sobre a coesão econômica e social (Comissão Européia, 1999b, parte 1.2), tendo sido já especialmente protagonizada por Martin Wulf-Mathias quando era comissária responsável pela política regional (na Comissão Santer), com afirmações repetidas nesse sentido, e alguma expressão ficou consagrada no 3º Quadro Comunitário de Apoio para 2004-06.

Quanto a isso, é importante dizer que, sendo o problema do desemprego sem dúvida de gravidade primordial, a sua solução sustentada não está na concessão de apoios conjunturais, mas sim na criação de uma maior capacidade competitiva; e a experiência mostra, como vimos, que se trata de problema que será melhor resolvido com países e regiões mais equilibrados. A comissão não deixou aliás de, logo no *Primeiro relatório sobre a coesão econômica e social* (Comissão Européia, 1997c:122), reconhecer o papel da promoção regional na desejável criação duradoura de emprego: sublinhando que "os fundos estruturais desempenham um papel importante na promoção do emprego", designadamente que, além de ajudar a curto prazo, "*ajudam a promover a criação de empregos duráveis a longo prazo, principalmente através do aumento do potencial econômico e da qualidade da mão-de-obra*" (grifo do autor).

A utilização predominante dos fundos *estruturais* numa linha conjuntural levaria, aliás, a que fossem mais canalizados para países mais ricos que têm taxas elevadas de desemprego do que para um país como Portugal, que, embora com uma taxa de desemprego abaixo da média, é sem dúvida mais atrasado. Seria além disso penalizado, contra toda a lógica, um país com um esforço bemsucedido de estabilização e flexibilização do mercado, e pelo contrário "premiado" qualquer outro sem as mesmas preocupações.

O caso português, que naturalmente deve preocupar primordialmente quem é desse país, é ilustrativo da falta de sentido do caminho que se quer seguir. Tendo duas regiões entre as 10 mais pobres da União e ainda outras três entre as 15 que se seguem, mas não tendo nenhuma entre as 25 regiões com mais desemprego (pelo contrário a região Centro, sendo a 17ª mais pobre, é a quarta região da União com mais baixa taxa de desemprego, Comissão Européia, 1999b:212). Ou seja, tratando-se de fundos justificados numa lógica de recuperação de atrasos estruturais (a sua designação é inequívoca...) pouco caberia a um país (ou a uma região) onde estes são mais sensíveis.

É uma "luta" difícil a travar nos próximos anos, durante os quais é de prever que Portugal vá perder aliados, a começar pela Espanha: com grandes níveis de desemprego em áreas que não serão já objetivo 1, levando compreensivelmente a que deixe de haver um empenho prioritário na resolução dos problemas de atraso estrutural.

Aliados futuros poderiam ser os Pecos. Mas acontece que, além de baixos níveis de PIB *per capita*, têm níveis altos de desemprego (Giuliani, 2003). O mesmo se passa com os novos *länder* da Alemanha, sendo objetivo 1 (com a exceção de Berlim, a partir do 3º Quadro Comunitário de Apoio), mas tendo grande desemprego e estando as autoridades do país mais preocupadas com a resolução "rápida" desse problema. Acontece, além disso, que com a decisão tomada no Conselho Europeu de Copenhague (2002) de os fundos estruturais não irem além de 4% dos PIBs dos países, levando as regras aplicáveis a valores muito superiores, os Pecos não estão interessados em pressionar no sentido de um aumento geral das dotações para os fundos estruturais, para valores que nada lhes adiantam.

Esta é uma briga difícil para que se assegure que, diante de sua razão de ser e da sua lógica de intervenção, a existência de maiores atrasos continue a ser prioritária na distribuição dos fundos estruturais: só assim se conseguindo uma Europa mais justa e mais competitiva.

Uma outra linha de grande dificuldade, com conseqüência já refletida nas atuais Perspectivas Financeiras, está nas exigências das ampliações em curso, em face da intransigência dos países mais ricos em admitir o aumento do orçamento.

Mantendo-se o limite de 1,27% do PNB (agora é de 1,24% do rendimento, do RNB), as várias instituições (com o seu peso) foram tentando mostrar que poderia haver poupança em relação a esse limite, com a liberação de verbas para as ampliações.[160] Quando chegou o momento da decisão, no Conselho de

---

[160] O Parlamento Europeu não deixou de condenar a "intangibilidade" desse limite, que vem da *Agenda 2000*, quando da aprovação do Relatório Colom I Naval (doc. A4-033/97; ver Porto, 1998a:38 e 1999a:101-102; Colom I Naval, 2000a e b; Marques, 1999b).

Berlim, de 23 e 24 de março de 1999, foram aprovadas duas hipóteses: uma sem ampliação até 2006 e outra com alguma ampliação a partir de 2002. No primeiro caso haveria apenas ajudas de pré-adesão, de €3.120 milhões em cada ano. No segundo caso era admitido que o total das dotações para autorização fosse até €107.440 milhões, e não até €90.660. Mesmo assim ficar-se-ia por 1,09% do PNB, em lugar de 0,97% (num caso e no outro constituindo a diferença em relação a 1,27% uma "margem para imprevistos"). Em termos percentuais, além de haver uma queda para a agricultura (de 45,95% para 38,38% do orçamento), há uma queda nas ações estruturais de apoio aos membros atuais, de 32,18 para 27,15%: ou seja, o apoio à coesão na UE-15 desce de 0,47 para 0,39% (mas veremos na p. 274 que no Conselho Europeu de Copenhague, em dezembro de 2002, houve ainda "acertos" para baixo na determinação das verbas a atribuir em 2004-06 aos 10 países, dos quais oito Pecos, que entraram na União Européia no dia 1º de maio de 2004).

Aguarda-se agora com grande expectativa a aprovação das Perspectivas Financeiras para 2007-13 (como visto na p. 192).

Capítulo 15

O Ato Único Europeu e o mercado único de 1993

O procedimento seguido

As iniciativas legislativas tomadas no quadro do Ato Único Europeu constituíram uma ação concertada no sentido de criar um mercado mais aberto e concorrencial, "o mercado único de 1993".

Logo quando da sua designação como presidente da comissão, no final de 1984, Jacques Delors sentiu a necessidade de dar uma nova dinâmica à comunidade.[161] Havendo ainda muitos obstáculos à livre circulação e à concorrência, o comissário Cockfield foi encarregado de presidir uma comissão para elaborar um *Livro branco do mercado único*.[162]

Aqui se inventariou um conjunto de medidas legislativas (diretivas e regulamentos) capazes de afastar obstáculos físicos, técnicos e fiscais ao mercado único: um conjunto inicialmente previsto de 286 e que veio a ser de 267 diplomas. Simultaneamente reconhecia-se que o processo legislativo seguido — com a exigência de unanimidade na aprovação dos diplomas — era com freqüência impedimento a que tal mercado fosse atingido, impondo-se por isso uma indispensável alteração, afastando-se assim a "euroesclerose" existente, contribuindo para o "europessimismo" em que se vivia (Porto, 1988).

---

[161] Anunciada formalmente no "discurso de investidura" no Parlamento Europeu, em 14 de janeiro de 1984 (ver Delors, 1992:21-60), concretizando as preocupações expressas nos Conselhos Europeus de Copenhague (1982), Fontaineblau (1984), Dublin (1984) e Bruxelas (1985). Mas isso *"depends upon deeds and not just words"* (Swann, 2000:127), principalmente das alterações legislativas citadas a seguir.
[162] Também conhecido por Relatório Cockfield (1995; ver o livro, 1994).

Nos termos do art. 100 inicial só por unanimidade (sobre proposta da comissão e após consulta do Parlamento Europeu e do Comitê Econômico e Social) o conselho podia adotar "diretivas para a aproximação das disposições legislativas, regulamentares e administrativas dos Estados-membros" que tivessem "incidência direta no estabelecimento ou no funcionamento do mercado comum". Dada a delicadeza de muitos casos, com implicações diferentes de país para país, compreende-se a dificuldade ou mesmo a impossibilidade de com freqüência se conseguir a unanimidade do conselho.

Daí a importância do "novo" art. 100-A, atual art. 95, admitindo em geral que, "em derrogação do art. 100" (agora art. 94) e "de acordo com o procedimento previsto no art. 189-B" (agora art. 251), o conselho adote as medidas relativas à aproximação das disposições legislativas, regulamentares e administrativas dos Estados-membros visando "o estabelecimento e o funcionamento do mercado interno" (a conseguir até 31 de dezembro de 1992, nos termos do art. 7º-A, atual art. 14, onde se diz, no inciso 2º, que "o mercado interno corresponde a um espaço sem fronteiras internas, no qual a livre circulação das mercadorias, das pessoas, dos serviços e dos capitais é assegurada de acordo com as disposições do presente tratado". Objetivo mais facilmente (ou só) atingido na medida em que o procedimento do art. 189-B (atual art. 251) (sem dúvida ainda complicado, exigindo simplificação em próximas revisões do tratado) deixou de exigir a unanimidade na aprovação pelo conselho.

Ficaram de fora as áreas da tributação, da livre circulação das pessoas e dos direitos e interesses dos trabalhadores assalariados, com as conseqüentes dificuldades para se conseguir legislar (e verificando-se de fato em muitos casos a tomada de medidas sem ousadia), só assim se conseguindo o consenso, o que se refletiu com freqüência nas iniciativas da comissão, que ficava à espera de um "sinal" prévio de "aceitabilidade" da parte do conselho... A descrição do processo legislativo atual, com as alterações introduzidas também pelos tratados de Maastricht e Amsterdã e com a nova numeração, encontra-se em Duarte (2001:223-295), Campos (2002:80-83, 99-103, 158-160 e 209-213), Fairhurst e Vincenzi (2003:73-92) e Gorjão-Henriques (2005:203-218).

Estamos em boa parte perante o "mercado comum" de que se falava já na redação original do Tratado de Roma. Mas não pode deixar de ser considerada excessiva e mesmo incorreta uma posição negativa protagonizada por exemplo por Pescatore (1986), ao dizer que o Ato Único nada veio alterar. Além de haver de fato algo de novo no domínio do afastamento das barreiras "não alfandegárias" (*non-tariff barriers*) e da promoção da concorrência, o Ato Único foi muito importante, mesmo decisivo, com a reafirmação política da vontade de se cumprirem objetivos (havia boas razões para se duvidar de que se mantivesse, com as décadas já decorridas...), a indicação precisa das medidas legislativas a tomar, o estabelecimento de um prazo máximo para a sua aprovação e a modificação do processo legislativo referida no texto, reduzindo muito a exigência da unanimidade na aprovação dos diplomas (ver Porto, 1988; Dinan, 1999:109-126).

Os números atingidos na aprovação e na incorporação de diplomas nos direitos nacionais refletem o êxito atingido, tendo sido adotadas mais de 95% das propostas legislativas do *Livro branco* e mais de 90% das diretivas incorporadas pelos Estados-membros.

Distinguindo por setores, os resultados piores (diretivas não transpostas em 15 de outubro de 1998) se verificaram nas telecomunicações (66,7%), nas compras públicas (60,0%) e na propriedade intelectual e industrial (42,9%). Por países, assinala-se a circunstância curiosa de terem menos "falhas" de incorporação, além de dois membros novos, a Finlândia (12) e a Suécia (18), a Dinamarca (20), talvez o menos "europeísta" dos países da União (além do Reino Unido), estando Portugal abaixo do meio da tabela, com 74 (ver Nicoll e Salmon, 2001:233).

As barreiras afastadas

As barreiras físicas

O afastamento dos meios clássicos de intervenção — impostos alfandegários e restrições quantitativas e cambiais — não foi o bastante para que deixasse de haver demoras e custos nas fronteiras, com a passagem de pessoas e bens.

São custos elevados, com as demoras verificadas, calculando-se que só os atrasos dos transportadores rodoviários custassem cerca de 800 milhões de ECUs por ano (Monti, 1996:19-20). Em termos de entraves burocráticos, foi julgada possível a eliminação de 60 milhões de documentos por ano.

Compreende-se pois que o *Livro branco do mercado único* tivesse levantado um conjunto de 65 diplomas para exclusão.[163]

---

[163] Foi aliás também tendo em vista evitar paragens e controles nas fronteiras que se alterou o sistema do IVA para um regime transitório.

As barreiras técnicas

Foi neste domínio que se verificou a maior intervenção legislativa, com um conjunto de mais de 200 diplomas, estando em questão falhas de concorrência que teriam um custo de 60-70 bilhões de ECUS (Vickerman, 1992:91).

Essas medidas podem ser agrupadas em diferentes domínios, entre os quais os das especificações técnicas (78), da harmonização sanitária e veterinária (67), dos serviços financeiros e controle dos capitais (26), do direito das sociedades (12), dos transportes (11), da propriedade intelectual (8), das compras públicas (6) ou das telecomunicações (5).

Já nos referimos a algumas dessas áreas de intervenção, por exemplo à política de concorrência (incluindo as compras públicas), à política de transportes ou à circulação dos fatores.

Por outro lado, muitos dos casos de harmonização são de grande especificidade técnica, não se justificando a sua consideração neste livro.

As barreiras fiscais (tributárias)

As medidas legislativas previstas no *Livro branco* visavam basicamente dois domínios de intervenção.[164]

Em relação ao IVA visava-se uma maior harmonização e na medida do possível caminhar para o princípio da origem (evitando-se controles nas passagens nas fronteiras, que enquanto não se chegar à harmonização completa das taxas, não podem deixar de ser feitos nas empresas). Uma nova iniciativa foi tomada pela comissão através do COM (96) 328, final, de 22 de julho de 1996 (em Portugal ver Lemos, 1996, e Correia, 1997), apreciada também no Parlamento Europeu (Relatório Randzio-Plath), continuando fundamentalmente em questão saber se se deve avançar mais rapidamente para o princípio da origem ou prorrogar-se o regime transitório de aplicação do princípio do destino que está atualmente em vigor.

---

[164] Sobre esse tema ver Basto (1991, 1996a e b), Alexandre (1992), Santos (1993) e Sampaio (1984). Sobre as perspectivas naturais de aproximação, ou desejáveis, mas dificilmente atingíveis, em outras áreas da tributação, ver Sterdyniak e outros (1991), Santos (1992b), Basto (1996b:7-10), Comissão Européia (1996f, com apreciação do Parlamento Europeu pelo Relatório Secchi), Dourado (1998), Fourçans e Von Wogau (1998), Pinheiro (1998), Bordignon e Da Empoli (1999), Jiménez (1999), Porto (2000a), Eijffinger (2000) e Eijffinger e DeHaan (2000); ou as conclusões do Conselho Europeu da Feira, nos dias 19-20 de junho de 2000.

O princípio da origem levanta além disso o problema, de especial importância para Portugal, de ter de haver uma compensação financeira dos países com superávit aos países que têm déficit comercial, só assim se dividindo as receitas de acordo com o ônus dos consumidores de cada país, como deve acontecer com uma tributação sobre o consumo (na linha das compensações que se fazem em Portugal entre a República e as Regiões Autônomas; ver Basto, 1996b:25-26, e Porto, 2000).

Além disso, visava-se conseguir uma maior harmonização em três áreas de tributação específica (*accises*, ou *excises*), as áreas das bebidas alcoólicas, do tabaco e dos óleos minerais.[165]

Porto (1994:40-42 e 2000) critica algumas das soluções propostas ou adotadas chamando principalmente a atenção para a falta de sentido e a iniqüidade de nas bebidas alcoólicas se fazer uma "harmonização" estabelecendo-se valores mínimos mas não máximos (podendo pois aumentar as diferenças na seqüência de um pacote de "harmonização"...) e de no tabaco se manter alguma tributação específica (não *ad valorem*), sendo por isso maior o agravamento percentual, regressivo, sobre as pessoas mais pobres que consomem tabaco mais barato (Porto, 2001:114-116). Embora sejam em maior número os fumantes pobres do que os ricos, conseguindo-se pois a vantagem social e econômica de haver um maior número de pessoas a deixar de fumar (ou a fumar menos), há assim uma preocupação maior pela saúde dos pobres do que pela saúde dos ricos que não é fácil de justificar em termos comunitários... (com uma análise da tributação dos óleos minerais, em especial dos combustíveis, ver Cunha, 1995).

Os resultados alcançados

Procurou-se antecipar o impacto quantitativo do mercado único num extenso estudo, o Relatório Chechini (1988), medindo o "custo da não-Europa".

Esse estudo, com 16 grossos volumes,[166] além dos ganhos imediatos conseguidos com o afastamento de barreiras e a harmonização de especificações técnicas, considerou os efeitos de economias de escala e de competitividade

---

[165] Ver Azevedo (1987a), Basto (1991:41-42), Clímaco (1995 e 2000).
[166] Uma síntese foi publicada em *European Economy* (1988) e sintetizada no Relatório Chechini (1988); ver também Emerson e outros (1988), McDonald (1999:56-60), Nicoll e Salmon (2001:230).

proporcionados por um mercado ampliado e mais exigente. Com algum otimismo, de acordo com diferentes pressupostos alternativos os ganhos microeconômicos foram computados em 6,4% do PIB comunitário e os ganhos macroeconômicos (sem ou com outras medidas) entre 4,5 e 7,5%: num efeito conjugado de 7%, proporcionador de 1,8 a 5,7 milhões de postos de trabalho e de uma redução de 6,1 a 4,3% na inflação, com um ganho de 200 bilhões de ECUs, ou seja, cerca de 40 bilhões de contos portugueses, ao câmbio da época. Logo no momento da divulgação a avaliação suscitou contudo acesa controvérsia, principalmente porque os cálculos foram feitos apenas em relação a sete países e extrapolados para o conjunto da comunidade.

Apesar do êxito referido que se conseguiu na aprovação e na transposição dos diplomas e de terem decorrido mais de 10 anos desde 1º de janeiro de 1993 (tendo muitos dos diplomas sido aprovados e incorporados em anos anteriores), mantém-se a dificuldade de se fazer uma avaliação *ex post* capaz de nos dar a medida global dos resultados conseguidos, confirmando ou não as previsões do Relatório Chechini. Receia-se que aconteça o que tem acontecido com a maioria das medições dos movimentos de integração, neste caso com as dificuldades sublinhadas por Smith (1992:98) ao afirmar que *"the margins of error associated with the quantification of the effects of '1992' seem particularly large"*.

A comissão não deixou de proceder a algumas avaliações,[167] mas com margens de diferença (resultantes da aplicação de modelos distintos) que mostram bem as dificuldades que se levantam. Apontando, a partir de valores anteriores a 1993, que tenha havido um aumento suplementar do rendimento da União entre 1,1 e 1,5%, a criação de 300 a 900 mil novos postos de trabalho, uma redução da taxa de inflação entre 1 e 1,5% e o reforço da coesão entre as regiões.

São assim resultados muito abaixo das previsões do Relatório Chechini. Mas, considerando-se anos anteriores ao "mercado de 1993", quando as previsões foram feitas, não se podia prever a abertura a leste (com os seus custos) e a recessão do início dos anos 1990. Prevalece de qualquer modo a convicção de que o mercado único foi um fator de dinamização das economias, estando-se agora melhor do que se estaria sem a liberalização e a harmonização verificadas

---

[167] Comissão Européia (1996e) e Monti (1996). Com a análise de investigações que foram feitas, ver Hine (1994:257-260) e McDonald (1999:60-68).

(*anti-monde*). Compreende-se por isso que, na linha de sugestões que foram sendo feitas (ver Caiger e Floudas, 1996), o Conselho Europeu de Amsterdã, em 16-17 de junho de 1997, tenha aprovado a iniciativa da comissão de um *Plano de ação para o mercado único* (Comissão Européia, 1997f:2), visando quatro objetivos estratégicos: "aumentar a eficácia das regras existentes", "eliminar as principais distorções do mercado", "suprimir os entraves setoriais à integração do mercado" e "colocar o mercado único ao serviço de todos os cidadãos". De um modo pragmático, a comissão fez a relação de um determinado número de *ações específicas* "a tomar", "*destinadas a melhorar o funcionamento do mercado único, até 1º de janeiro de 1999*" (grifo do original, ver McDonald, 1999:68-69).

Capítulo 16

Os passos no sentido da união monetária

A reafirmação de que se caminharia para uma União Econômica e Monetária (UEM), feita em Maastricht, teve uma concretização muito especial e de enorme destaque no domínio monetário.[168]

A importância do tratado foi muito grande também em outros domínios, especialmente com a criação da União Européia, integrando as três comunidades anteriores e considerando dois novos pilares, o da "política externa e segurança comum" e o da "justiça e assuntos internos" (atualmente da "cooperação policial e judiciária em matéria penal"). Já no primeiro pilar a mudança do nome da comunidade, passando a ser Comunidade Européia, refletiu a idéia de se visarem fins de natureza mais ampla, além da economia.

Sem dúvida são passos de grande significado. Mas estão longe de ter tido a mesma concretização, esperando-se que em alguns propósitos se fosse além da mera cooperação intergovernamental na Conferência Intergovernamental (CIG) seguinte, como única forma de atingir determinados objetivos. Esta matéria não é, todavia, objeto da análise deste livro, em que, voltado basicamente para problemas econômicos, são consideradas quase apenas as evoluções verificadas com a Comunidade (Econômica) Européia.

A adoção da moeda única

No plano econômico, o passo de maior significado e concretização foi indiscutivelmente a determinação de se adotar uma moeda única o mais tardar

---

[168] Sobre a definição bem mais imprecisa do que se deve considerar uma "união econômica", ver Swann (2000:192-197). Sobre os jogos de forças que levaram à criação da moeda única, ver Dyson e Festherstone (1999).

até 1999. Sendo um passo econômico, o seu significado ultrapassou, contudo, este plano, tendo razão por exemplo Tsoukalis (2003:142) ao afirmar que *"there is surely nothing in the fifty-year history of integration comparable to MEU in terms of political and economic significance"*.

Os antecedentes em relação à união monetária

Como a criação de um mercado único, a moeda única é um objetivo (ou um sonho) muito mais antigo, remontando pelo menos aos anos 1970, com o Relatório Werner.[169]

Seguiram-se as dificuldades citadas, bem como o passo de grande importância da criação do Sistema Monetário Europeu, mostrando, numa época de dificuldades no processo de integração, as virtualidades de uma maior estabilidade cambial, e criando uma unidade de conta, o ECU, que foi precursor da moeda a instituir, o euro.

Estando os europeus (mesmo os agentes econômicos de outras áreas do mundo) já "habituados" ao ECU (estabelecendo-se em ECUs o orçamento da União, sendo em ECUs os apoios estruturais ou subscrevendo-se obrigações em ECUs, ver Santos, 1991), julgou-se que haveria vantagem em que fosse este o nome da nova moeda. Era a designação dada pelo Tratado de Maastricht, questionando-se se uma reunião do conselho poderia modificar algo aí consagrado (ver os arts. 105 a 124). Entendeu-se porém no Conselho Europeu de Edimburgo (por iniciativa do chanceler alemão) que se deveria dar à nova moeda uma designação ainda não usada, conseguindo-se assim uma maior credibilidade (ou, segundo Descheemaekere, 1996:9, fugindo-se à circunstância de que *"phonétiquement, écu [kuh] (...) ressamble à 'une vache' en allemand"*). E no sentido de que podia de fato adaptar-se outro nome pode argumentar-se que a designação de ECU era apenas as iniciais de *European Currency Unit*, independentemente da designação que pudesse vir a ter.

Os passos dados na seqüência do Tratado de Maastricht

A determinação na instituição da moeda única ficou bem clara na fixação de uma data e no modo concretizado — sem paralelo na maioria dos demais

---

[169] Ver Raymond (1996), Andrade (1996), Maior (1999, cap. I) e Laranjeiro (2000, caps. II e III).

casos — como o Tratado de Maastricht fixou elementos essenciais da estrutura institucional a criar e do processo a seguir (nos arts. 105 a 109-M, atuais arts. 105 a 124, e nos Protocolos n°s 3 a 6).

Foram estabelecidas três fases.[170] A primeira, que decorreu entre 1992 e 1994, em que se instalou o Instituto Monetário Europeu; uma segunda, em que os países que quisessem aderir teriam de cumprir os critérios de convergência nominal (de inflação, taxas de juro, déficit orçamental e dívida pública, bem como a estabilidade cambial); e uma terceira, iniciada em 1999, em que há já a adoção da moeda única pelos primeiros 11 países participantes.

A segunda fase era delicada, dada a grande exigência dos critérios de convergência nominal, que teriam de estar cumpridos no final de 1997. Além de terem de estar no mecanismo de câmbios do SME pelo menos desde dois anos antes, era exigido (arts. 104-C e 109-J, atuais 104 e 121, e Protocolos n°s 5 e 6) que a taxa de inflação não fosse superior em 1,5% à taxa dos três países com inflação mais baixa, que as taxas de juros de longo prazo (calculadas com base em obrigações do Estado a longo prazo ou outros títulos semelhantes) não fossem superiores em 2% à média dos três países com melhores resultados (em termos de estabilidade dos preços), que o déficit orçamental não fosse superior a 3% e que a dívida pública não fosse superior a 60% do PIB.

Admitiam-se valores maiores em casos excepcionais ou quando houvesse uma aproximação substancial e contínua, no caso do déficit orçamental, bem como "uma diminuição significativa", com aproximação "de forma satisfatória do valor de referência", no caso da dívida pública.

Assim se fugiu em especial ao embaraço, previsto desde o início, de poucos países poderem cumprir a meta de 60%, especialmente países — como a Bélgica, ainda hoje com 126,7% de dívida — que se julgava "em princípio" que "teriam" de estar entre os primeiros participantes da moeda única...

No tempo decorrido, a posição de vários autores, que foram defendendo alguma tolerância no cumprimento da convergência nominal,[171] contrastou com a posição oficial dos responsáveis políticos, de não-abandono de exigência, sob pena de se abrir a porta ao abrandamento do esforço a fazer (assim se pronun-

---

[170] Com uma análise muito mais pormenorizada ver Laranjeiro (1994 e 2000, caps. VII e VIII), ou já o Relatório Delors (1992), programando a sua criação.
[171] Questionando a justificativa técnica dos valores fixados em Maastricht, ver Begg, Giavazzi, Spaventa e Wyplosz (1991), Constâncio (1992:112-115, 1997:32); ou a sua aplicação indiferenciada aos diferentes países, ver Cadilhe (1997:22).

ciou por exemplo num momento crítico o Conselho dos Ministros das Finanças — Ecofin —, de 5 de abril de 1997, em Noordwijk, na Holanda; ver Franco, 1997:52).

As tabelas 25 e 26 mostram a situação no final de 1997e também a evolução verificada nos anos anteriores.

Tabela 25

País	Déficit público e dívida pública na União Européia						
	Taxa de inflação média[1]			Taxa de juros de longo prazo (média de 12 meses)		
	1995	1996	1997	1995	1996	1997
Alemanha	1,8	1,2	1,5	6,9	6,2	5,6
Áustria	2,2	1,8	1,2	7,1	6,3	5,7
Bélgica	1,5	1,8	1,5	7,5	6,5	5,8
Dinamarca	2,1	1,9	2,0	8,3	7,2	6,3
Espanha	4,7	3,6	1,9	11,3	8,7	6,4
Finlândia	1,0	1,1	1,2	8,8	7,1	6,0
França	1,8	2,1	1,3	7,5	6,3	5,6
Grécia	9,3	7,9	5,4	17,4	14,4	9,9
Holanda	1,9	1,4	1,9	6,9	6,2	5,6
Irlanda	2,6	2,2	1,2	8,3	7,3	5,3
Itália	5,4	4,0	1,9	12,2	9,4	6,9
Luxemburgo	1,9	1,2	1,4	7,2	6,3	5,6
Portugal	3,8	2,9	1,9	11,5	8,6	6,4
Reino Unido	3,4	2,5	1,9	8,3	7,9	7,2
Suécia	2,5	0,8	1,9	10,2	8,0	6,6
União Européia	3,1	2,4	1,7	8,5	7,3	6,2
Valor de referência	2,92[2]	2,52[2]	2,72[2]	9,7[3]	9,1[3]	8,0[3]

Fonte: Silva (1999:33).
[1] Os valores de 1995 referem-se aos índices nacionais de preços ao consumidor e os de 1996 e 1997 aos índices de preços ao consumidor harmonizados.
[2] Média aritmética dos três melhores resultados em termos de estabilidade de preços mais 1,5 ponto percentual.
[3] Média aritmética das taxas de juros dos três Estados-membros com melhores resultados em termos de estabilidade de preços mais dois pontos percentuais.

Tabela 26

	Déficit público e dívida pública na União Européia (em percentagem do PIB)							
	Saldo do setor público administrativo				Dívida pública			
País	1994	1995	1996	1997	1994	1995	1996	1997
Alemanha	-2,4	-3,3	-3,4	-2,7	50,2	58,0	60,4	61,3
Áustria	-5,0	-5,2	-4,0	-2,5	65,4	69,2	69,5	66,1
Bélgica	-4,9	-3,9	-3,2	-2,1	133,5	131,3	126,9	122,2
Dinamarca	-2,8	-2,4	-0,7	0,7	78,1	73,3	70,6	65,1
Espanha	-6,3	-7,3	-4,6	-2,6	62,6	65,5	70,1	68,8
Finlândia	-6,4	-4,7	-3,3	-0,9	59,6	58,1	57,6	55,8
França	-5,8	-4,9	-4,1	-3,0	48,5	52,7	55,7	58,0
Grécia	-10,0	-10,3	-7,5	-4,0	109,3	110,1	111,6	108,7
Holanda	-3,8	-4,0	-2,3	-1,4	77,9	79,1	77,2	72,1
Irlanda	-1,7	-2,2	-0,4	0,9	89,1	82,3	72,7	66,3
Itália	-9,2	-7,7	-6,7	-2,7	124,9	124,2	124,0	121,6
Luxemburgo	2,8	1,9	2,5	1,7	5,7	5,9	6,6	6,7
Portugal	-6,0	-5,7	-3,2	-2,5	63,8	65,9	65,0	62,0
Reino Unido	6,8	-5,5	-4,8	-1,9	50,5	53,9	54,7	53,4
Suécia	2,5	0,8	1,9	10,2	8,0	6,6		
União Européia	5,4	-5,0	-4,2	-2,4	68,0	71,0	73,0	72,1

Fonte: Silva (1999:37).

Foi com base nesses valores que, em março de 1998, a comissão, considerando um relatório do Instituto Monetário Europeu, "escolheu" os países que satisfaziam as exigências necessárias para a adesão à moeda única. A decisão definitiva foi tomada em 2 de maio, em Bruxelas, pelos chefes de Estado e dos governos da União Européia (o Ecofin reunira-se na véspera), depois de ter sido aprovado de manhã o parecer do Parlamento Europeu.[172]

---

[172] Um dos autores deste livro interveio nesta sessão plenária parabenizando pelo êxito conseguido (ver Porto, 1999a:38-39); e em sessões anteriores não admitindo que houvesse duplicidade de critérios na escolha final, com *parti pris* — positivo ou negativo — em relação a determinados países (Porto, 1999a:35-38).

Foram assim "fundadores" do euro, passando a formar a UE-11 ou "eurolândia": Alemanha, Áustria, Bélgica, Espanha, Finlândia, França, Holanda, Irlanda, Itália, Luxemburgo e Portugal; grupo a que se juntou a Grécia em 1º de janeiro de 2001.

O Reino Unido e a Dinamarca "conseguiram" no Tratado de Maastricht uma cláusula de *opting out*, desobrigando-os de integrar o euro (mesmo satisfazendo os critérios de convergência). Não tendo tido a mesma iniciativa mas não "querendo" integrar o euro, a Suécia, que a tal estaria obrigada (com o cumprimento dos critérios), invocou uma incompatibilidade constitucional. Já a Grécia, querendo de fato entrar desde o início, não cumpria os critérios em 1997, não estando por isso entre os "primeiros"; mas ao cumpri-los, a sua adesão ao euro foi decidida no Conselho Europeu da Feira, em junho de 2000. Um referendo na Dinamarca, em 28 de setembro de 2000, apesar do empenho dos políticos, empresários e sindicatos voltou a ter uma resposta negativa da população do país, segundo alguns influenciada pelo mau momento por que passava então o euro, perdendo valor em relação ao dólar e a outras moedas (OCDE, 2000; Allsopp e Artis, 2003; Artis, 2003). Mais recentemente, em setembro de 2003, foi negativo o referendo realizado na Suécia, apesar de o euro "transpirar saúde" e apesar da carga emotiva que poderia ter tido o assassinato quatro dias antes de uma grande defensora do euro, a ministra dos Negócios Estrangeiros.

Faltando alguns meses até o começo do euro, em 1º de janeiro de 1999, havia o receio natural de desvalorizações de última hora, fruto de circunstâncias não desejadas ou da procura de ganhos de competitividade... Assim se explica que também em maio de 1998 os países se obrigassem a indicar as paridades bilaterais entre as suas moedas.

Alguns autores, exprimindo este receio, sugeriram o encurtamento da segunda fase. Nas palavras de Macedo (1992:137), na

> transição para a união monetária, os principais custos macroeconômicos surgem no início, ao passo que os principais benefícios microeconômicos surgem no fim — pelo que só uma transição rápida para a moeda única evitará ataques especulativos contra paridades cambiais mais avançadas. Por causa deste perfil intemporal desfavorável é que a mudança de regime é urgente

e nas palavras de Begg e co-autores (1991:66) *"the best Stage two is the shortest possible"*, sendo o que estava previsto, nas palavras de Cobham (1996:599), *"too long, therefore lacking in credibility and inviting speculative attack"* (ver Torres, 1995).

A defesa da posição contrária, de protelamento da adoção do euro, esteve então em alguma medida ligada à experiência da República Federal da Alemanha, "obrigada", por questões políticas, a fazer circular imediatamente a sua moeda (o marco do ocidente) nos *Länder* do leste que passaram a integrá-la. Tendo em conta os custos elevados que o país teve de suportar, afirmou-se que seria perigoso se a comunidade seguisse um caminho idêntico.

Assim pensou por exemplo Spencer (1991:189), defendendo que

> *while there will be benefits from a single currency, and while changes in a region's welfare cannot be measured from unemployment changes alone, the current example of German Economic and Monetary Union illustrates how serious the unemployment costs can be, at least in the short run, even in a case like East Germany where there is a mobile and well-trained labour force. For a region in a country which already has high unemployment and low mobility, the costs could be large and persistent in the long run.*

Eram, todavia, exagerados os termos da comparação, tanto no que diz respeito ao bom treino da mão-de-obra dos novos *Länder* (diante de exigências novas dos processos produtivos em economias de mercado mais competitivas) quanto no que diz respeito à alegada baixa mobilidade dos trabalhadores entre os diferentes países comunitários.

Esses países viviam há muito tempo com os mesmos sistemas econômicos, abertos entre si, além disso com diferenças de desenvolvimento muito menores e muitos deles com uma experiência já duradoura de estabilidade cambial em relação aos mais significativos dos demais (em relação à Alemanha). A boa experiência de estabilização não se circunscrevia aliás aos países que faziam parte do mecanismo de câmbio do SME, sendo partilhada designadamente por Portugal, que o integrou apenas em abril de 1992.

Eram de fato bem menores as dificuldades de adoção da moeda única européia, podendo naturalmente estas dificuldades ser minoradas tomando-se as medidas corretas (nos planos comunitário e nacional) de apoio aos países e às regiões mais carecidos, só assim podendo fugir-se às dificuldades de instabilidade — essas, sim, insuperáveis — a que podia dar lugar a situação monetária existente.

Em 1º de janeiro de 1999 começou a funcionar o euro, com os valores que constam da tabela 27.

Tabela 27

País	Moeda	= €1
	Taxas de conversão do euro	
Alemanha	Marco	1,95583
Bélgica/Luxemburgo	Franco belga	40,3399
Espanha	Peseta	166,386
França	Franco francês	6,55957
Irlanda	Libra irlandesa	0,787564
Itália	Lira	1.936,27
Holanda	Florim	2,20371
Áustria	Xelim	13,7603
Portugal	Escudo	200,482
Finlândia	Markka	5,94573

Até o início de 2002 não houve notas nem moedas de euros em circulação, continuando a ser utilizadas as moedas nacionais, agora como divisões do euro, sendo o uso da "nova moeda" possível mas facultativo nos câmbios, nas operações bancárias, nas aplicações financeiras e nas contas públicas e das empresas.

As notas e as moedas de euro foram introduzidas a partir de 1º de janeiro de 2002, substituindo rapidamente as moedas nacionais, que deixaram de circular em 28 de fevereiro de 2002. Foi aventada uma antecipação, para antes do Natal de 2001, para a entrada em circulação das novas moedas (no Relatório Metten do Parlamento Europeu), mas a hipótese foi afastada, por impossibilidade de se terem muito antes impressas e cunhadas as moedas requeridas pela circulação e não sendo o período pré-natalício, com o seu movimento, o mais adequado para uma troca de moedas.[173]

---

[173] Para as orientações nacionais para a introdução do euro em Portugal, ver a Resolução do Conselho de Ministros nº 170/2000, no *Diário da República*, série I, 7 dez. 2000.

Os benefícios e os custos da moeda única

Depois das referências breves feitas aos antecedentes da união monetária e às disposições do tratado e protocolos respectivos (quanto às fases a percorrer), veremos o que se poderia esperar-se dela, em termos de benefícios e custos, de um modo particular para um país como Portugal.[174]

Trata-se de análise a que procederam a comissão e vários autores, com resultados de um modo geral favoráveis, como os de um estudo inicial da comissão, da responsabilidade de uma equipe chefiada por Michael Emerson, que foram publicados na *European Economy* (1990) (e alguns trabalhos de base numa edição especial da mesma revista, em 1991), com uma versão abreviada de Emerson e Huhne (1991). Uma apreciação também sintética do problema pode ser encontrada em Crawford (1996), Johnson (1996) e CER (1997), nestes dois últimos visando-se especialmente a defesa da adesão do Reino Unido (com a sua rejeição, dando grande peso a considerações políticas, ver Redwood, 1997), ou ainda em um capítulo do livro do comissário responsável pela preparação da introdução da moeda única, Silguy (1996, cap. X) (comissário que ficará na história pelo modo eficaz — sem falhas — com que se desenrolou um processo de tão grande complexidade e delicadeza).

Deve-se chamar a atenção, contudo, para que, embora com a análise feita não fiquem dúvidas sobre as vantagens gerais da moeda única, Emerson e Huhne (1991:22-23) reconheceram que

> *in the present state of economic theory in general, and of theory about EMU in particular, there is thus simply no point in trying to reach an overall quantitative evaluation of the costs and benefits of EMU".* "The best we can attempt to do is to indicate orders of magnitude for particular effects. Even this is not always easy.*

Naturalmente esses resultados muito contribuíram para a aceitação de algo que há alguns anos pareceria impossível, por questões não só econômicas como políticas, receando-se que a moeda única afetaria a soberania dos países.

---

[174] Os números que se seguem constam em Porto (1994:6). Ver as exposições de Mateus, Brito e Martins (1995:55-63), Neves e Rebelo (1996:193-223), Neves (1997), Anastácio (1998), Lopes (1999) e Silva (1999).

Embora neste livro nos limitemos ao domínio econômico, com a união monetária passou a haver para a maior parte dos países (talvez mesmo para todos), em relação à situação anterior, um protagonismo mais relevante e uma maior segurança, num sistema monetário internacional a que não se pode ser alheio e onde são muito grandes (e prejudiciais) a dependência e a vulnerabilidade de cada um (ver Costa, 1990:27; Borges, 1991:368; Constâncio, 1992:108-109; Gaspar, 1992:196-197; Neves e Rebelo, 1996:202; Azevedo, 1997:11-12).

As palavras de Monnet (1976:742) sobre a moeda devem ser lembradas, chamando a atenção para que

> la souveraineté dépérit quand on la fige dans les formes du passé. Pour qu'elle vive, il est nécessaire de la transférer, à mesure que les cadres de l'action s'épanouissent, dans un espace plus grand où elle se fusionne avec d'autres appelées à la même évolution. Aucune ne se perd dans ce transfert, toutes se retrouvent au contraire renforcées.

Estamos afinal numa situação semelhante à verificada numa área bem mais nobre e determinante da soberania dos países, a da defesa nacional, em que não se pode permanecer isolado.

Cunha (1994, 1996 e 2003) tem, contudo, uma posição de reserva neste domínio. E, em outra perspectiva, Amaral (1997) defende que o êxito da moeda única dependeria de uma maior integração política prévia (antecipando uma evolução natural nesse sentido, ver Alves, 2000).

Além dos resultados globalmente positivos que foram apontados, deve-se saber se eles favorecerão todos os espaços da União, principalmente um país menos desenvolvido em comparação, como é o caso de Portugal (em particular algumas das suas regiões); bem como se bastará ficar numa atitude passiva, aguardando os efeitos benéficos da união monetária, ou se não será necessária uma atitude ativa da comunidade e dos Estados-membros, com uma política de coesão que atenue os riscos de fato existentes e leve a um mais rápido e melhor aproveitamento das oportunidades que veio criar.

Benefícios e custos gerais

Procurando alinhar os argumentos, podemos ver primeiro os benefícios e os custos de ordem geral, vendo depois em que medida serão mais ou menos sensíveis para um país (ou para países) nas circunstâncias de Portugal.

Em primeiro lugar, num plano em que não se levantarão dúvidas acerca dos benefícios líquidos que poderão ser conseguidos, citam-se os efeitos de eficiência resultantes da existência de uma moeda única, com diferenças apreciáveis mesmo em relação ao estabelecimento de paridades fixas, mantendo cada país a sua própria moeda.

Começamos, assim, num plano microeconômico, constatando que serão de fato de grande relevância os benefícios resultantes de deixar de ser necessário cambiar espécies monetárias e divisas para a concretização de todos os tipos de relações econômicas entre os países da União, com os *custos de transação* inerentes, de deixar de haver imprevisibilidade em relação a possíveis variações cambiais, com *custos de incerteza*[175] e de haver um conhecimento imediato (transparência), sem a necessidade de se estar sempre consultando e calculando taxas de câmbio para se saber os preços dos bens e dos fatores nos vários países, evitando-se pois *custos de informação e de cálculo* (os custos de transação incluem, além das perdas diretas com as trocas, os custos resultantes das demoras com as transferências interbancárias, que são muito maiores na Europa do que nos EUA).

Para ilustrar as perdas diretas com as trocas foi dado o exemplo de um turista que, saindo do seu país com um montante determinado e trocando o dinheiro de país para país, se percorresse todos os países que faziam então parte da comunidade (11, não tendo Luxemburgo moeda própria) sem comprar nada, chegaria ao final da viagem com menos de metade do valor com que havia saído (ver Schor, 1999:59).

Schor (1997:59 e 1999:56) cita ainda *custos de incômodos* (*dérangements*), tendo de se procurar as divisas, e *de detenção*, guardando-se no cofre ou na carteira as espécies monetárias necessárias para os pagamentos correntes, custos que, assim como os de informação e de cálculo, poderão ser considerados um componente dos custos de transação, vistos num sentido mais amplo.

Como vantagem da moeda única pode-se citar também a ampliação que proporciona ao mercado dos títulos, beneficiando tanto os compradores quanto os emitentes (empresas ou entidades públicas).

---

[175] Também esses custos se manteriam com o estabelecimento de paridades fixas, ficando qualquer país com a possibilidade, que desaparecerá só com a moeda única, de em alguma ocasião se afastar do compromisso assumido.

Não é fácil quantificar com exatidão todos os custos que serão assim evitados, mas com certeza serão muito significativos, bem maiores do que o ganho que os bancos e os cambistas têm atualmente com a troca de moedas e os especuladores com as variações das cotações cambiais.

Os especuladores são agora grandes ocasionadores das crises cambiais internacionais, com enormes efeitos negativos. Não sendo desejável voltar atrás na possibilidade de os capitais circularem livremente entre os países, a especulação entre as moedas européias só poderá ser evitada com a moeda única, contribuindo aliás simultaneamente para uma indispensável maior estabilidade mundial, só assim se evitando também ou atenuando os movimentos especulativos com as demais moedas.

A moeda única deverá proporcionar um acréscimo da procura dos serviços bancários que compensará — poderá até ultrapassar — a perda das percentagens obtidas com a troca de moedas e divisas.

Na estimativa da comissão só os custos de transação representavam cerca de 0,4% do PIB comunitário (15 bilhões de ECUs por ano), quando, segundo o Relatório Chechini, eram de 0,3% do PIB os custos das restrições alfandegárias por não haver o "mercado único de 1993" (Chechini, 1988:27).

Houve naturalmente custos significativos de adaptação à moeda para os bancos e para os demais operadores econômicos, justificando alguns apoios que foram proporcionados pela Comissão Européia.

Mesmo sem quantificação, compreende-se naturalmente que o afastamento desses custos tenha um impacto muito positivo na taxa de crescimento das economias. Estimando-se por exemplo que só uma redução de 0,5% no prêmio de risco possa levar a um acréscimo do rendimento comunitário de 5 a 10%. Além da avaliação que os economistas podem fazer, deve-se considerar a percepção que os próprios empresários têm das vantagens microeconômicas da união monetária. Como se apurou numa pesquisa feita pela Ernst & Young,[176] aumenta de 10 para 45% a opinião "muito favorável" quando essa união monetária complementava o mercado único, idéia confirmada nas sondagens feitas quando nos vários países era discutida a ratificação do Tratado de Maastricht (principalmente na França, quando do referendo), sendo muito mais favorável a opinião das pessoas ligadas ao mundo dos negócios.

---

[176] Emerson e Huhne (1991:16 e 53).

No Reino Unido foi sintomático o receio expressado em artigos do *Financial Times*, com a perspectiva de o país não integrar a moeda única que se aproximava, receando-se que Londres perdesse a favor de Frankfurt boa parte do papel que tem desempenhado como centro financeiro. Tal receio não foi confirmado, pelo menos até agora, não tendo (grande) relevo para essa função o espaço de circulação de cada moeda. Alguma perda de posição bancária por parte da Suíça constituiu, por seu turno, preocupação dos responsáveis desse país (fora da UE), não partilhada, contudo, pela maior parte dos cidadãos, que continuou a ser contrária a qualquer forma de integração.

A perspectiva teórica de animação dos negócios, num quadro dinâmico, foi desenvolvida por Baldwin (1991). Estimando-se que o ganho global com a formação do mercado único se situará entre 2,5 e 6,5% e tendo conjugadamente em conta os ganhos (de crescimento) proporcionados pela moeda única, pode-se esperar, segundo Emerson e Huhne (1991:50), *"an impact of the combined economic and monetary union worth between 3.6 per cent and 16.3 per cent of GDP, with a central estimate of 9.8 per cent"*.

Num outro plano, macroeconômico, tem sido apontada a estabilidade de preços proporcionada pela união monetária, com preços mais baixos e menores variações.

Correspondendo geralmente a níveis mais elevados de inflação variações maiores de preços, como se confirmou nos testes econométricos do estudo da comissão, um aumento de 1% na taxa média de inflação leva a um acréscimo de 1,3% na sua variação (concluindo que *"if inflation is high, it is also more variable and hence more unpredictable"*).

Estabilidade que é formalmente fixada como objetivo pelo Sistema Europeu de Bancos Centrais (SEBC), que, nos termos do que foi acordado em Maastricht, tem como "objetivo primordial" a "estabilidade dos preços" (art. 4º, inciso 3º, antigo art. 3º, inciso 3º, art. 105 do texto básico do tratado e art. 2º dos Estatutos do SEBC). Além da dificuldade ou mesmo impossibilidade de identificar outro objetivo aceito por todos, diante da experiência conhecida almeja-se prosseguir assim no êxito reconhecido aos países com estabilidade monetária.

Além de se dever cumprir essa determinação formal, a estabilidade será mais provável em conseqüência de a política monetária ser conduzida por uma entidade independente, imune às pressões políticas, menores nos países em que é maior a independência dos bancos centrais[177] e por certo ainda menores com uma instituição supranacional, totalmente afastada das políticas internas, aliás com objetivos diferentes e talvez contraditórios entre os vários países. Numa posição reticente em relação à estabilidade proporcionada pela moeda única, há quem diga que, enquanto agora a estabilidade é assegurada pela responsabilização de um país (da Alemanha), com a moeda única deixa de haver a mesma "âncora" de estabilidade (ver Sinclair e Stewart-Roper, 1991, procurando justificar assim a proposta do *hard ECU*; De Grauwe, 2003:74-75).

O problema é a credibilidade das políticas (neste caso da de estabilidade de preços), se ela vai aumentar ou diminuir com um banco central da Comunidade Européia. Pode-se dizer que a existência de uma única moeda será em si um fator de credibilidade.

Espera-se que o Banco Central europeu tenha o mesmo nível de independência política e econômica que o Banco Central alemão (Alesina e Grilli, 1991; Harrison e Healey, 1995, com os critérios a considerar).

Com a aceitação desse objetivo verifica-se a renúncia dos Estados e da comunidade a recorrerem à via monetária e cambial para resolverem problemas conjunturais (de inflação, levando a perdas de competitividade, e de desemprego) ou mesmo de crescimento.

Ficando as autoridades dos países limitadas à utilização da política financeira (orçamentária), não deixa de se verificar um estímulo forte no sentido da racionalidade na cobrança das receitas e na realização das despesas, sob pena de os cidadãos "votarem com os pés" (*vote with their feet*), fugindo dos países (levando o capital) onde é maior a tributação comparada com o benefício proporcionado (havendo ainda a proibição formal, no Tratado de Maastricht, de entidades públicas se financiarem no sistema monetário, ver o art. 104).

A renúncia por parte dos Estados está obviamente ligada à circunstância de deixarem de ter moeda própria, cuja oferta e cujo valor pudessem influenciar. No que respeita à comunidade, são bem claros os objetivos mencionados nos arts. 4º (antigo 3º-A) e 105, onde, além do objetivo básico proposto, é especificado que o

---

[177] Como se confirmou em estudos econométricos de Alesina (1989), Eijffinger e Schaling (1993) e Fischer (1994) (ver Harrison e Healey, 1995; Taylor, 1995:49-51; Cukierman e Webb, 1995). Levantando dúvidas em relação aos efeitos positivos sobre a taxa de crescimento, ver Alesina e Summers (1988), Grilli, Masciandaro e Tabellini (1991) e Cukierman e outros (1993). Com uma análise — que também suscita dúvidas — considerando países menos desenvolvidos, ver Cukierman, Webb e Neypti (1992).

apoio que o SEBC deverá dar às "políticas econômicas gerais na comunidade", "tendo em vista contribuir para a realização" dos objetivos definidos no art. 2º, terá lugar "sem prejuízo do objetivo" "da estabilidade dos preços".[178]

Tal renúncia exprime, naturalmente, uma mudança de atitude importante em relação à perspectiva antes dominante quanto à utilização da via cambial como modo de recuperar a competitividade das economias, bem como em relação ao reconhecimento de um papel favorável da inflação promovendo o investimento, a produção e a criação de emprego.

No primeiro caso julgava-se que se tratava de uma via não só eficaz como com menores custos sociais, evitando-se os sacrifícios que a via orçamentária necessariamente provoca, com aumentos de impostos e reduções de despesas, podendo apontar-se vários casos em que uma desvalorização (ou um sistema de *crawling-peg*, com uma depreciação regular e previamente anunciada da moeda) se revelou como um modo satisfatório de ajuste.[179]

Mas além desses casos pode-se apontar muitos outros em que, na ausência de perfeitas flexibilidade salarial ou mobilidade de mão-de-obra (pressupostos de fato geralmente não verificados), acabou por se cair numa espiral inflacionária, com a desvalorização alimentando de novo a inflação (com a taxa de câmbio *efetiva* não acompanhando a taxa de câmbio *nominal*); não se considerando por outro lado que melhor do que ter havido a necessidade de recorrer a tal via teria sido a possibilidade de, com estabilidade, não se terem verificado desajustes e quebras de competitividade.

Quanto ao papel da inflação, a experiência mais recente levou ao abandono, a médio e longo prazos, da sugestão da curva de Philips, de acordo com a qual uma maior taxa de inflação seria condição para se conseguir um maior nível de emprego (e de expansão econômica), sendo pelo contrário necessário aceitar uma maior taxa de desemprego (e menor atividade) se se quisesse diminuir a inflação.

A experiência dos anos 1970 foi muito importante, com a persistência simultânea de taxas de inflação e de desemprego muito elevadas, tendo pelo

---

[178] Pondo em dúvida privilegiar a estabilização dos preços, pelo menos no *timing* "apressado" em que é feita (tendo a convergência real "de ceder o passo" à convergência *nominal*), ver Cadilhe (1990 e 1992). Com uma análise recente da política que continua a ser seguida, ver Gaspar (2003).
[179] Ver De Grauwe (2003:37 e segs.), dando como exemplo a desvalorização belga do início da década de 1980 (1982/83); podendo citar-se também o papel do sistema de *crawling-peg*, com alguma desvalorização quando necessária, que foi seguido em Portugal.

contrário sido conseguidos resultados mais favoráveis em países com estabilidade monetária.[180]

Por outro lado, estudos mostram também que não há relação positiva entre inflação e crescimento, sendo igualmente aqui no sentido contrário a indicação que parece colher-se dos dados apurados.[181]

Em todo este processo foi naturalmente de destaque a experiência da própria comunidade, com os melhores resultados conseguidos pelos países desde que aderiram ao mecanismo de câmbio do SME; deixando de recorrer à desvalorização cambial para ajustar as economias e tendo conseguido, com estabilidade de preços, níveis apreciáveis de atividade econômica e emprego.

Citando as virtudes do mecanismo de câmbio do SME, De Grauwe (2003:63) compara num quadro os resultados apurados em países que dele faziam parte (a Bélgica, a Dinamarca, a Alemanha, a França, a Irlanda, a Itália ou a Holanda) com os verificados em países não-membros (Portugal, a Espanha até 1989, o Reino Unido, os EUA ou o Japão), podendo se ver que entre 1981 e 1993 as taxas de crescimento do PIB e do investimento foram de um modo geral menores no primeiro grupo. São países com condições muito diferentes, parecendo-nos claro que há outras razões para que os valores de crescimento do PIB e do investimento tenham sido mais elevados, por exemplo, na Península Ibérica e no Japão. O próprio De Grauwe (2003:63) reconhece que *"it is not implied here that the greater exchange rate stability observed in the EMS has not been beneficial for the EMS countries"*, mas não deixa de acrescentar que *"what is implied is that this greater exchange rate stability does not seem to have had much beneficial effect on the growth rates of output and investment"*. Acrescenta ainda que se a instabilidade monetária fosse inconveniente, deveriam estar pior os países de dimensão pequena, com uma maior dependência em relação ao exterior; a figura (2003:64) não mostra, todavia, que tais países tivessem tido taxas de crescimento mais baixas no período entre 1965 e 1987.

---

[180] Ver a figura de Emerson e Huhne (1991:58), mostrando que nos países da OCDE (não foram consideradas a Iugoslávia e a Irlanda) no período entre 1970 e 1985 níveis mais elevados de inflação não estiveram ligados a níveis mais baixos de desemprego: os dados apurados apontam antes no sentido contrário (com uma crítica à "desinflação competitiva", ver Fitoussi, 1997, cap. VII).
[181] Ver agora a figura em Emerson e Huhne (1991:59), com os valores de inflação e de crescimento do PIB *per capita* em todos os países da OCDE entre 1955 e 1985.

De Grauwe (2003:68) conclui: *"we should not expect too much additional economic growth from a monetary union"*, cujos benefícios *"are to be found elsewhere than in its alleged growth stimulating effects"*.

Destaca-se por fim, além de todas as considerações feitas, que o próprio grau de integração já verificado entre as economias da União veio tornar muito mais difícil ou mesmo afastar a possibilidade de se manterem políticas monetárias independentes, ainda que antes pudesse julgar-se desejável a sua existência. De um modo muito particular, a partir do momento em que, com o mercado único de 1993, há entre os países da União liberdade de circulação dos capitais e de prestação dos serviços financeiros, a possibilidade de um país desvalorizar a sua moeda poderia ser motivo para, independentemente de razões reais, se verificarem fugas de capitais com graves implicações.

Segundo Silva (1992:10, 1997:91) "o Ato Único Europeu, ao criar o mercado interno e, em particular, ao consagrar a criação de um mercado financeiro integrado justaposto à disciplina cambial do SME, tornou inevitável o caminho para a União Econômica e Monetária Européia". Ver Beleza (1990:36-37), Borges (1991:382-386), Costa (1991:405-406), Constâncio (1997:30) e Anastácio (1998:67-69).

Além desse circunstancialismo novo destaca-se que em geral os benefícios de uma união monetária aumentam com a abertura das economias. Nas palavras de De Grauwe (2003:72), *"we can also derive a relationship between the benefits of a monetary union and the openness of a country. The welfare gains [...] are likely to increase with the degree of openness of an economy"* (Torres, 1997:103).

Afasta-se o risco que ficou bem patente na instabilidade que se viveu na semana anterior ao referendo francês de setembro de 1992, tendo levado então ao afastamento da libra esterlina e da lira italiana do mecanismo de câmbio do SME. Conclui-se que, independentemente da opinião que se tivesse antes acerca da implantação da moeda única, ela se tornou uma necessidade a partir do "ponto de não-retorno" a que se chegou, como única forma de se evitarem situações de instabilidade que talvez não se verificassem nas circunstâncias anteriores (pelo menos com tanta probabilidade).

De fato só pode ser correta e realista esta conclusão (ver Steinherr, 1994; com uma análise das causas e efeitos da crise, ver Cobham, 1996), não aquela para que se orientaram então alguns analistas: no sentido de que a crise de 1992 seria antes um indicador da impossibilidade de se caminhar para a moeda única.

Aliás, contrapondo aos sacrifícios impostos às pessoas e à convergência real, a exigência feita com o cumprimento dos critérios de Maastricht era um fator de estabilidade, sendo graves os inconvenientes de qualquer recuo ou atraso.

Além dos problemas da economia real, a facilidade de atuação dos especuladores tem sido, aliás, a maior causa das crises recentes verificadas: facilidade que só desaparecerá de fato (a menos que, com pesados custos, se recuem vários anos na possibilidade de se verificarem movimentos monetários) com a moeda única européia, levando à estabilidade cooperativa com outra(s) grande(s) moeda(s) do mundo.[182]

Em terceiro lugar, citam-se vantagens no plano financeiro, sendo muito reduzida a necessidade de reservas com uma única moeda no conjunto comunitário.

Além das poupanças que estrangeiros aplicarão em reservas da "moeda única", que então se julgava que se chamaria ECU, teríamos um ganho por pessoa de US$700, a poupança de reservas de US$200 bilhões e a receita das aplicações feitas por outros de US$35 bilhões.

No reverso da medalha se poderá dizer que deixando os países de cunhar e emitir a sua própria moeda pelo menos alguns deles perderão uma importante fonte de receita, os "ganhos de emissão" (ou de "senhoriagem"). Não se pode dizer, todavia, que se trata necessariamente de uma vantagem para a sociedade em geral, podendo ser uma forma de tributação que, na medida em que agrava os preços, penaliza a atividade econômica dos países e o conjunto dos cidadãos.

Com uma moeda comunitária única passa ainda a Europa a poder ter um papel de maior importância no contexto mundial. Será possível diminuir assim o peso do dólar e fazer frente ao iene, aparecendo o nosso continente com um papel importante, com uma moeda que poderá figurar entre as mais utilizadas nas relações econômicas internacionais.

O dólar tem tido uma posição muito acima do papel dos EUA no comércio mundial, sendo feitos em dólares 42% dos pagamentos mundiais, quando é apenas de 19,6% a participação do país no comércio internacional (Comissão Européia, 1997e).

Na União Européia só o marco tinha uma utilização que se aproximava do volume do comércio da Alemanha (mesmo excedendo-o), estando a utilização das moedas dos demais países muito abaixo do peso do respectivo comércio.[183]

---

[182] É interessante ver o especulador mais famoso do mundo, Georges Soros, defender (1996 e 2002) uma maior estabilidade cambial e outros bons princípios...
[183] Destacando a referida ambição desejável em relação ao dólar, ver Franco (1997:52, 2000:46 e segs., 2002), Silva (1997:95-96, 1999:69-71) ou Porto (1999b, na seqüência de um relatório elaborado no Parlamento Europeu — doc. 222-655, de 12 de julho de 1997 —, e 2002e).

Estranhamente, só em anos mais recentes as implicações externas do euro começaram a ter a atenção devida (Comissão Européia, 1997; Masson, Krueger e Turtelboom, 1997; Porto, 1999b).

Há assim um ganho para a União, reduzindo-se os custos de transação, de incerteza e de informação e cálculo na medida do acréscimo dos pagamentos de transações comerciais com outros países que são feitos em euros (num valor estimado, só os primeiros representarão 0,05% do PIB comunitário) e passando a ser maior a capacidade de influência da União. Mas também poderá ser esperado um ganho geral (mundial), na linha dos entendimentos expressos ou tácitos dos mercados oligopolistas, havendo duas ou três grandes moedas (ou quatro, se for o caso): com a inerente responsabilização de cada uma das partes, principalmente das autoridades dos EUA, na política monetária e cambial.

Havia razões para se recear que, pelo menos a curto e médio prazos, tivesse havido uma maior volatilidade entre o euro e outras moedas (ver Bénassy-Quéré, Mojon e Pisani-Ferry, 1997; Porto, 1999b). De fato, o que veio a haver primeiro, durante vários meses, foi uma continuada perda de valor em relação ao dólar (e a outras moedas), e depois a um aumento de valor em relação à moeda norte-americana, correspondendo à situação mais favorável da balança comercial da UE-12.

Em relação à situação anterior, perderam as autoridades a possibilidade de continuar seguindo políticas de menor rigor, tendo em relação ao exterior uma atitude de não-intervenção nos mercados cambiais (*benign neglect*, "negligência benigna" em tradução literal). Será exigido de fato um maior rigor que ao fim e ao cabo acabará por beneficiar também os próprios EUA, não podendo os americanos dizer, como disse o secretário de Estado do Tesouro John Connally a um alto funcionário europeu: "*Le dollar, c'est notre monaie, mais c'est votre problème*" (Silguy, 1996:204; Schor, 1997:7).

Como dissemos, também só assim será possível evitar os movimentos especulativos que se manteriam entre as grandes moedas do mundo.

Embora numa apreciação global se deva fazer um juízo econômico positivo acerca da moeda única, não se pode deixar de mencionar por fim a razão política que, com maior ou menor peso e podendo corresponder a diferentes modelos de integração, está também por trás da sua instituição. Nas palavras de Paul Krugman (1990:63), *"economic efficiency is not everything. A unified currency is almost surely a necessary adjustment of European political unification, and that is a more important goal than the loss of some flexibility in adjustment"*. Mesmo não se pretendendo uma "unificação" política total, será sem dúvida fator de uma desejada maior "dimensão" política (ver Dattani, 1996:206-207; Delors, 1997; Sutherland, 1997; Tsoukalis, 2003:142; Silva, 1997; Costa, 1997).

Manterá atualidade, pois, a afirmação de Jacques Rueff segundo a qual *"l'Europe se fera par la monnaie ou ne se fera pas"* (Robson, 1998:217).

Benefícios e custos para um país como Portugal

Citados os planos em que se podem considerar os benefícios e os custos gerais da união monetária, podemos passar a ver em que medida se verificarão num país como Portugal, com um nível comparativamente mais baixo de desenvolvimento, refletido na circunstância, já vista, de se calcular que o país tenha tido (em 2000) um PIB *per capita* (em paridade de poderes de compra) de 75,3% da média comunitária (não obstante a aproximação verificada no conjunto dos 14 anos decorridos até então).

Como primeira hipótese poderá se pensar que uma maior aproximação real entre os países será a conseqüência natural de um maior crescimento global, induzido pelo acréscimo de eficiência proporcionado pela união monetária. Não haveria razões para preocupação com algo que promoveria o conjunto e, em maior medida, as áreas mais desfavorecidas.

É este o resultado da experiência conhecida da própria comunidade, com mais de três décadas e meia, tendo os anos de maior crescimento sido de convergência real e pelo contrário os anos de abrandamento — incluindo alguns de recessão — sido de agravamento dos desequilíbrios regionais entre os países.

Prevendo-se, pelas razões já vistas, que a moeda única promova um maior crescimento da União, seria de esperar que, repetindo-se mais uma vez a experiência, se verificasse uma nova aproximação dos países e regiões mais desfavorecidos (da periferia), não havendo razões para preocupação, principalmente em Portugal.

Mas há além disso razões para julgar que os benefícios diretos da moeda única, superiores aos custos, terão uma expressão mais sensível precisamente nestes países (e regiões).

Quanto aos ganhos de eficiência, como conseqüência do afastamento dos custos de transação, incerteza e cálculo, parece-nos claro que beneficiarão em maior medida os países menos desenvolvidos da Europa comunitária. Por serem países onde há um grande predomínio de pequenas e médias empresas com problemas maiores de informação e de qualificação técnica para a consideração das flutuações e das diferenças cambiais, serão por isso mais sensíveis os custos atuais da ausência de moeda única (especialmente os de incerteza e cálculo), representando 15% dos lucros obtidos no conjunto das exportações entre os países comunitários e sendo duplos para as PMEs, especialmente de países fora do mecanismo de câmbio do SME. Tais custos são estimados em 0,4% do PIB para o conjunto comunitário, chegando a 1% em países como Portugal (sendo de 0,1 a 0,2% nos países de maior dimensão).

Não só as empresas se beneficiarão diretamente, nas suas operações e nos seus cálculos, com a existência da moeda única: também os consumidores, por exemplo os turistas, terão com ela um enorme ganho.

Tendo um interesse muito especial para Portugal, no Parlamento Europeu um dos autores deste livro sugeriu mais do que uma vez que a comissão procedesse ao estudo do impacto da moeda única no setor do turismo; com um relevo devidamente destacado num relatório de iniciativa do próprio Parlamento, o Relatório Marques (A4-0078/98).

Os países mais ricos se beneficiarão das economias de escala proporcionadas pela união econômica e monetária (estando em princípio bem preparados para isso); mas compreende-se bem que sejam os países menores a beneficiar-se de um modo mais sensível dessas economias, de que os maiores podem dispor mesmo sem a abertura de fronteiras (tendo já no mercado doméstico uma dimensão suficiente).

Por outro lado, os ganhos em análise serão mais sensíveis em países mais abertos ao exterior, para os quais, como é óbvio, são relativamente mais relevantes os pagamentos e os recebimentos em moeda estrangeira, representando por isso mais os ganhos resultantes de não ser necessário transacionar moedas e de não haver incertezas e necessidades de cálculo (no limite, não haverá problema nenhum para um país totalmente fechado ao exterior). Trata-se de circunstância especialmente relevante para Portugal, com um grande grau de abertura no quadro comunitário (Porto, 2004:386).

Concluem Emerson e Huhne (1991:37) que

> *small open economies with 'small' currencies like Belgium, Luxembourg, Ireland and the Netherlands, or countries with as yet unsophisticated financial markets like Greece, Portugal and Spain, will benefit relatively more than countries like Germany and France whose currencies belong to the ERM and are also a well-accepted means of international settlement.*

Conforme vimos, pode-se levantar dúvidas de caráter geral no plano da intervenção conjuntural, representando a moeda única a renúncia a um instrumento a que os países têm tradicionalmente recorrido em casos de inflação ou de desemprego. Por exemplo, no primeiro caso, a desvalorização e a redução da oferta da moeda (a restrição do crédito) seriam meios de recuperação da competitividade das economias nacionais, diante de países com maior estabilidade de preços, o que poderia ser especialmente sentido nos países menos desenvolvidos e da periferia da União, tradicionalmente com níveis de inflação mais elevados. Este era o caso de Portugal, onde o sistema de *crawling-peg* seguido em anos recentes teve o propósito e o resultado de atenuar em alguma medida os efeitos da diferença de inflação em relação à generalidade dos demais países da OCDE (reforçado, se necessário, com uma desvalorização adicional, como aconteceu em 1993, como resposta — mesmo assim só numa segunda ocasião e em menor medida — a uma desvalorização da Espanha, que comprometia a competitividade das empresas portuguesas).[184] Nas palavras de O'Donnell (1992:26), *"it is clear that, to some extent, the issue of whether monetary union would impose costs on weaker regions turns on the question of whether exchange rate devaluation can address the real problem of these regions"*.

---

[184] Sobre a evolução da política cambial em Portugal, ver Torres (1995 e 1996) e Macedo (1996).

São razões para que se procurem aqui modos de atuação com menores custos sociais, tratando-se de países com problemas especialmente delicados neste domínio.

Não parece, contudo, que para os países da periferia deva ser diferente o juízo acerca da intervenção cambial e monetária, com os seus méritos mas também com os seus custos.

Em contraposição, é de sublinhar que serão especialmente beneficiados com a estabilidade de preços e a redução de juros proporcionadas pela moeda única, com vantagens que poderão ultrapassar em grande medida os eventuais custos da renúncia à via cambial e monetária: sendo de esperar, muito em concreto, que a diminuição dos encargos financeiros que a moeda única virá a proporcionar compensará largamente os custos de renúncia à utilização (de eficácia e mérito, aliás, duvidosos, como se disse) da via monetária e cambial para ajustar as economias.

Um estudo sobre a Irlanda, distinguindo diferentes setores (Baker, Fitzgerald e Honohan, 1996; Kavanagh et al., 1996), mostrou que o país ganharia com a moeda única mesmo sem a adesão do Reino Unido. Na época foi sugerido (Porto, 2001:428) que se fizesse um estudo semelhante para Portugal considerando a hipótese de não-integração da Espanha. Como se destacou, não era uma hipótese desejável, sendo de recear que ficasse prejudicada a competitividade das empresas portuguesas, com um euro mais forte do que a peseta; mas com algum realismo econômico — não político... — dado que a Espanha estava mais longe de cumprir os critérios de Maastricht. Será curioso — e significativo — recordar que de acordo com um painel da Euro-Expansão divulgado no *Expresso* de 5 de abril de 1994, 73,6% dos empresários portugueses inquiridos afirmaram, contudo, que mesmo nessa hipótese desejariam a adoção imediata do euro.

Apesar do êxito da aproximação portuguesa que se estava verificando no cumprimento dos critérios de convergência nominal, haveria então muito de *wishfull thinking* na "convicção" expressa por 67% dos inquiridos de que Portugal integraria o primeiro grupo dos aderentes ao euro; um "crer" que no "entendimento" da pergunta formulada poderia ter estado ligado a um "querer" que isso acontecesse; sendo aliás de fato neste sentido a opinião geral dos empresários portugueses (Azevedo, 1997).

Curiosamente, numa pesquisa feita com a população pela mesma entidade e publicada no mesmo jornal uma semana depois era expressa em 63% dos casos preferência pela manutenção da moeda nacional. Notou-se em Portugal, como na França e em outros países, uma diferença nítida de sensibilidades entre os participantes no "mundo dos negócios" e os "cidadãos comuns", mais agarrados ao seu meio tradicional de pagamentos.

De um modo muito significativo, a importância da redução dos encargos financeiros foi reconhecida numa pesquisa com 9 mil empresários: tendo os empresários das regiões com atraso estrutural (*lagging regions*: as regiões objetivo 1, em que, como se viu, se incluiu no início a totalidade do nosso país) distinguido, entre um número avultado de fatores, o "custo do crédito" como o fator negativo mais relevante condicionando o seu desenvolvimento (IFO, 1987; Emerson e Huhne, 1991:157-161).

Destacando a diversidade dos interesses em jogo conclui Cadilhe (1992:205) que

> ao fim e ao cabo, a UEM vai arrastar para Portugal, como para outros Estados-membros, a redução de poderes nacionais e o acréscimo da *eficiência microeconômica*. Na perspectiva desses efeitos e na ausência de efeitos perversos (...), a UEM é bem capaz de vir a ser um *mau* evento para os políticos de governação central e um *bom* evento para os *agentes econômicos*, empresários e trabalhadores.[185]

Verificando-se esta alternativa, não deveria haver dúvidas sobre o objetivo a privilegiar.

Em relação ao abandono da capacidade de intervenção podia-se, aliás, dizer, como disse Borges (1991:395), que se tratava de um abandono com custos que

> podem também ser interpretados como benefícios. De fato, é evidente que o principal problema que a UEM levanta é a redução ou eliminação do privilégio de actuar de forma imprudente ou incompetente, privilégio que hoje ainda existe, quer para as autoridades, quer para as empresas portuguesas. A integração

---

[185] Nas palavras de Schor (1999:55), *"les principaux avantages sont micro-économiques alors que les coûts sont surtout macro-économiques"*.

na União Econômica e Monetária traduzir-se-á por uma disciplina férrea que nos será aplicada na sequência de restrições que nos ultrapassam, disciplina quer para a política econômica quer para a gestão das empresas.

Apesar da sua posição reticente, De Grauwe (1997:51) não deixa de reconhecer, diante da experiência conhecida, que *"the argument that exchange rate chantes are dangerous instruments in the hands of politicians is important"* (destaque do autor); acrescentando contudo que *"the fact that such an instrument can be misused is not sufficient reason to throw it away, when it can also be put to good use, when countries face extraordinary circumstances".*

Por fim, no plano financeiro considera-se a citada perda de ganhos de emissão (senhoriagem), com alguma importância para Portugal, onde ainda em 1994 representavam 1,63% do PIB, mais do que em qualquer outro país da União (Harrison e Healey, 1995:115; Beleza e Gaspar, 1994:110-112; Alves, 2000:84-86).

São ganhos que estavam perdendo rapidamente importância. Sendo ainda de 2,23% do PIB em 1998, era de esperar que se aproximassem dos ganhos dos outros países, com valores abaixo de 0,5% em quatro e abaixo de 1% em outros quatro países da União (antes da última ampliação) (Gros, 1993; Schor, 1997:80-82).

Além disso, há que considerar que com a emissão de euros há ganhos de emissão para o Banco Central Europeu, que não são receitas do orçamento da União, mas sim dos países participantes. Acontece que, nos termos definidos, a distribuição por eles é feita de acordo com a dimensão das economias. É uma distribuição que favorece Portugal em relação à utilização atual do escudo, abaixo do nosso movimento econômico; desfavorecendo já pelo contrário a Alemanha, com uma moeda (o marco) que atualmente tem uma utilização acima da dimensão da economia desse país. Numa primeira estimativa calculou-se que Portugal teria no início um ganho de 100 milhões de contos.

Pode acontecer ainda, embora seja de esperar que não aconteça com o euro, que a emissão de moeda tenha conseqüências inflacionárias, com custos a contrapor aos ganhos de emissão. Uma moeda que assegure a estabilidade monetária poderá ter para um país como Portugal um grande benefício com a queda de encargos financeiros, com especiais reflexos na dívida pública. Benefício conseguido já agora na "caminhada" para o euro.

Ponderando todas as circunstâncias, Emerson e Huhne (1991:31), depois de terem mostrado alguma dúvida sobre os benefícios da UEM do ponto de vista da eqüidade (e grande certeza sobre os benefícios de eficiência e de estabilidade), concluem que *"it would be surprising if EMU did not deliver equity as well"*. É esta a convicção da Comissão Européia em *European Economy* (1990), numa linha aplicável especialmente a Portugal.[186]

Os riscos e as exigências de equilíbrio e competitividade

Não se pode ficar apenas com esta análise otimista quando se pretende formar uma união monetária. Por um lado há os problemas de ajuste a considerar, diante da falta de flexibilidade salarial e de movimentação fácil dos trabalhadores.[187] Por outro, há problemas de competitividade de base, estando em confronto países tão diferentes como a Alemanha e Portugal (ou a Grécia).

Não é seguro que venham a prevalecer os fatores de convergência mencionados, havendo circunstâncias que, pelo contrário, apontam no sentido de a maior abertura dos mercados e a moeda única poderem levar a uma acentuação dos desequilíbrios. Conforme chama a atenção Cunha (1994:53) "não existe, na verdade, qualquer garantia de que, só por si, os benefícios da integração econômica e monetária venham a repartir-se igualmente entre os países-membros".

O autor acrescenta que há (ver também Sousa, 1996)

> boas razões para se temer o incurso em círculos virtuosos e círculos viciosos de desenvolvimento, envolvendo efeitos de atracção para as zonas centrais do espaço econômico integrado (ligados ao aproveitamento das vantagens das economias de esca-

---

[186] Ver Torres (1995) considerando que a economia portuguesa é "uma das economias européias que, pelas suas características, mais teria a beneficiar com a moeda única, tão rápido quanto possível"; na lógica de que *"a small open economy tends to lose less (gain more) than a larger closed economy by giving up its monetary autonomy and joining in a monetary union with its trading partners"* (ver 1996, 1997, 2002; Lourenço, 1997; Ardy, Begg, Schelkle e Torres, 2002). Com uma posição muito negativa, ver Ribeiro (1997), ou com reservas em relação à entrada na primeira linha, Amaral (1999).
Sendo sempre sugestiva a comparação com esse grande território com moeda única, é de assinalar que as desigualdades regionais (interestaduais) são menores nos EUA do que na Europa (ver Boltho, 1994, mostrando que são também menores as desigualdades nas taxas de desemprego; Williams, 1994:168-169).
[187] Não se estando diante do que "tradicionalmente" se considera uma "área monetária ótima" (Mundell, 1961; McKinnon, 1963), mas havendo uma aproximação nesse sentido (Bayomi e Eichengreen, 1993, estabelecendo também uma comparação com a situação dos EUA). Com as circunstâncias existentes, autores como Marques (1998) ou Cunha (1999, 2000a e b e 2003) apontam para um maior federalismo financeiro (pelo menos uma maior responsabilização).

la, à existência de infra-estruturas de transportes e telecomunicações, à abundância de mão-de-obra qualificada, à proximidade de centros de investigação e dos grandes pólos financeiros), e efeitos de repulsão afectando as zonas periféricas e comparativamente menos desenvolvidas

Na realidade, em grande parte na seqüência de tendências já existentes, "nuns casos poderá ocorrer uma maior convergência real entre as economias dos Estados-membros por força de um melhor aproveitamento das vantagens e oportunidades resultantes; noutros casos poderá assistir-se a uma crescente divergência de desenvolvimento entre regiões" (Costa, 1991:418).

Trata-se de perspectiva que Krugman, tendo por base textos (1980 e 1991a) em que procurou mostrar os efeitos dos desequilíbrios do comércio internacional, como conseqüência da existência de economias de escala, desenvolveu, tendo presente a introdução da moeda única, num artigo com o título sugestivo "Lições de Massachussets para a UEM" (1993).[188]

Sem questionar que seja vantajosa a criação da moeda única, afasta-se da crença da Comissão Européia (Relatório Delors, 1990) de que virá a ser equilibradora. Baseia-se para tal na idéia intuitiva de que a integração levaria à especialização, que acentuaria desequilíbrios; usando, para ilustrar a sua preocupação, exemplos de especialização regional nos EUA, com a sua moeda única.

Mostrando todavia as estatísticas americanas que "a especialização regional tem diminuído desde a II Guerra Mundial", Krugman "suspeita", estranhamente, de que tal se deva a uma "ilusão estatística"...[189] Não pode além disso deixar de causar estranheza que não mencione que a essa alegada especialização não corresponde um maior desequilíbrio; pelo contrário, é claro que são mais aproximados os PIBs *per capita* nas diferentes áreas desse país. Por fim, é de estranhar ainda que Krugman "desconheça" por completo a aproximação intra-setorial que se tem verificado na Europa (Porto, 2001:72-84) ainda sem a moeda única, mas devendo ter sido já o mercado interno, na sua lógica, a levar, pelo contrário, a uma especialização intra-setorial.

---

[188] Com a exposição e a apreciação dessa perspectiva, ver Comissão Européia (1998b:196-205).
[189] Nas suas palavras: *"I suspect, however that this is largely statistical illusion, specialization may have become more difficult to measure, but not necessarily less in fact"* (1993:260).

De qualquer modo é um texto útil, que chama a atenção para a necessidade de se manterem e reforçarem as medidas estruturais, porque são desta natureza os desequilíbrios existentes, mais entre as regiões dos países do que entre os países no seu conjunto (ver Porto e Laranjeiro, 2000).

Seria de fato de menor préstimo um fundo para atender a choques assimétricos de origem conjuntural. A circunstância de serem problemas estruturais de *determinadas regiões* afasta o "sonho" de que tudo seria resolvido com a manutenção das moedas nacionais, seguindo cada país a sua própria política (evidenciando a coincidência clara dos cálculos dos vários países e do conjunto da União Européia, ver Fatás, 1997; Ministério das Finanças, 1999; ou sobre a convergência que foi verificada, Tavéra, 1999).

Não se pode deixar de considerar, além disso, que a convergência verificada em épocas mais favoráveis (principalmente nos anos mais recentes, mas mesmo assim não nos dois últimos...) terá sido uma convergência entre os países no seu conjunto mas já não entre as regiões, mesmo entre regiões de dimensão apreciável (as NUTs II).

Parece estar se verificando uma aproximação entre as NUTs II. Mas continua a ser muito grande a distância entre elas e as relações à média comunitária, devendo a moeda única, para se evitarem riscos e para se aproveitarem melhor as suas potencialidades, ser acompanhada por um esforço acrescido de desenvolvimento regional, em Portugal e no conjunto da União Européia.

Ora, na mesma lógica em que se deve atenuar os desequilíbrios entre os países isso também deve acontecer dentro dos países. Não só por questões éticas, sociais e políticas — que por si deveriam ser decisivas — como por razões econômicas de interesse geral, reforçadas com a criação de uma união econômica e monetária.

Em terceiro lugar, mesmo que tenha razão a comissão na convicção que exprime sobre a prevalência das forças de convergência, não se pode perder de vista a dimensão dos desequilíbrios entre os países (e entre as regiões), sendo muito grande o caminho a percorrer até que haja uma proximidade razoável.

Por exemplo, partindo-se de 1988 como ano-base, para que em 2007 Portugal chegasse a um produto *per capita* de 90% da média comunitária a sua economia teria de crescer por ano 2,6% mais do que a média dos países,[190] o

---

[190] Ver Grahl e Teague (1990:226) e Porto (1992b:230-231), onde são citadas também outras hipóteses em relação à aproximação da economia portuguesa e das economias dos outros três países da "cauda" da União (a Grécia, a Irlanda e a Espanha).

que não seria esperado e de fato não tem acontecido, sendo além disso maior a distância entre as regiões.

É muito longo, pois, o caminho a percorrer, o que leva igualmente a que algo deva ser feito para atenuar os riscos e promover mais rápida e eficazmente o aproveitamento das novas oportunidades que a união monetária proporcionará (evitando-se simultaneamente os riscos de agravamento dos desequilíbrios que com ela se poderão verificar).

Mesmo que se julgasse que a médio ou longo prazo dar-se-ia uma maior aproximação entre os países e as regiões, o esforço de convergência nominal exigido pelo Tratado de Maastricht era uma razão específica para que os anos da fase dois, até se chegar ao euro, fossem de acentuação das divergências, sendo de modo geral maiores as dificuldades para os países da periferia.

Partindo de valores mais afastados, eram obrigados a um esforço maior de contenção orçamentária (de aumento de tributação e principalmente de redução de despesas) que a curto e médio prazos limitava as possibilidades de aproximação real das economias, com implicações também no agravamento dos níveis de desemprego.

Segundo Macedo (1992:96), não haveria "conflito entre desinflação, cumprimento do calendário da UEM e condições de integração social e política, por um lado, e o objetivo de progresso econômico e social por outro (...). Longe de sacrificar a convergência real, a convergência nominal é condição a sustentabilidade daquela".

Mas isso não excluía, naturalmente, o reconhecimento das dificuldades do período de transição e a necessidade de serem tomadas medidas de promoção da convergência: na linha do que estava estabelecido no Tratado de Maastricht e no Pacote Delors II (1992; ver Constâncio, 1992:116-117).

Além disso, ainda que não houvesse esta imposição de convergência nominal podiam ser esperadas dificuldades a curto prazo, até que viessem a prevalecer as forças conducentes a um maior equilíbrio, em muitos casos sem a possibilidade de se terem afirmado antes, convicção sublinhada por O'Donnell (1992:23), julgando que nos primeiros anos as forças de convergência real, *"while they will certainly be at work, will not be sufficiently strtong, nor sufficiently convergence generating, to overcome the forces for concentration"*.

Destaca-se o êxito conseguido por vários países, principalmente Portugal, com o cumprimento dos critérios de convergência nominal, num período em que se verificou simultaneamente uma clara aproximação real com níveis comparativamente baixos de desemprego, ainda em 1991-95 os números eram de 7,6% para a inflação (de 22,2% em 1974-85) e de 5,6% para o déficit orçamentário (sendo a dívida pública de 71,7% em 1995).

O Pacto de Estabilidade e Crescimento (PEC)

Além das dificuldades e dos desafios citados, a exigência de rigor continua agora com o Pacto de Estabilidade e Crescimento, proposto ao Conselho Europeu de Dublin e aprovado no Conselho Europeu de Amsterdã.

Compreende-se que tenha sido proposto e acordado, não se podendo admitir que a estabilidade e a credibilidade do euro fossem ameaçadas com políticas menos rigorosas; como se compreende que esta preocupação fosse particularmente sentida e que a proposta tivesse sido feita pela Alemanha, país com responsabilidades específicas, com uma boa experiência recente de estabilidade e uma experiência histórica de inflação muito ruim (principalmente em 1923, quando a hiperinflação verificada contribuiu para que fosse aberto caminho ao nazismo).

Por isso é de admirar que no final de 2003 a Alemanha fosse, com a França, um dos dois países mais longe do cumprimento do pacto e, por outro lado, que a maior parte dos ministros das Finanças, no Ecofin de 24 de novembro de 2003, não tivesse votado a favor da aplicação das sanções previstas, depois de terem arrastado com dificuldades e impopularidade (pelos custos sociais) para o conseguirem nos seus países.

O pacto, com a exigência de se manter o déficit orçamentário aquém dos 3%, continuou com penas pesadas para quem não o cumprir.[191] Compreende-se que se restrinja a este objetivo, perdendo agora sentido, em grande medida, as outras exigências de Maastricht, dependendo a inflação e as taxas de juros da política monetária, que deixou de ser da responsabilidade dos países (pas-

---

[191] Ver Beleza (1999), Cabral (1999), Brits e De Von (2000) ou Cunha (2000b, receando consequências deflacionárias). Impondo alguma limitação adicional nos períodos de maior crescimento econômico, Constâncio (1997:33) julga que com o Pacto de Estabilidade e Crescimento há um agravamento de rigor em relação ao Tratado de Maastricht. Com análises mais recentes, ver Banjou (2003), Allaspp e Artis (2003), Artis (2003), Fitoussi e Le Cacheux (2003:53-142) ou Carp (2004:309-311).

sou basicamente para o BCE, em Frankfurt), e estando a redução do déficit público ligada ao cumprimento anual da meta do déficit orçamentário.

São estabelecidas multas pesadas para os países que ultrapassem o máximo fixado (estando em aberto as condições excepcionais em que isso será admitido) e que não façam depois um esforço reconhecido de recuperação. É pouco provável que em algum caso um país chegue ao ponto de ser sancionado, com as oportunidades de correção dadas (o valor começa a ser depositado no Banco Central durante um prazo de dois anos) e o "peso" das multas previstas (por isso dissuasoras), no início com uma parte fixa, de 0,2% do PIB, e a outra variável, de 0,1% do PIB, por ponto percentual acima do teto de déficit, até um máximo de 0,5% do PIB.

A Alemanha no Ecofin de Noordwijk, em 5 de abril de 1997, com o ministro das Finanças Theo Weigel, pressionou pelo endurecimento das sanções (com a aplicação de uma outra sanção nas mesmas proporções a um país com déficit excessivo que após um ano não tenha retificado a situação), tendo-se chegado ao compromisso de no segundo ano a sanção só se aplicar à parte variável, sendo de 0,1% do PIB por ponto acima do teto de 3%.

Houve reservas (também em outros planos, não só no orçamentário) quanto ao fato de que as multas pagas pelos países faltosos constituíssem receita dos países cumpridores. Mas seria bem mais chocante que, revertendo para o orçamento da União, pudessem beneficiar também países não-membros do euro, por não o quererem (casos do Reino Unido, da Dinamarca e da Suécia) e talvez com déficits orçamentários ainda maiores...

Diante da reação, o Conselho Europeu de Amsterdã determinou que fossem receita do orçamento da UE (ultrapassando-se assim desde logo a dificuldade jurídico-orçamental), mas consignada, não podendo de forma alguma reverter a favor de um não-membro (podendo-se admitir ainda, julgamos nós, que seja utilizada na ajuda a algum país não cumpridor que faça contudo todo o esforço exigido).

Recentemente, as dificuldades em alguns países levaram o Conselho Europeu de Bruxelas, de março de 2005, a racionalizar as exigências do PEC.

Necessidade de reforçar as políticas estruturais

Diante das dificuldades a ultrapassar e os objetivos a atingir haveria que considerar a intervenção conjugada de ações em diferentes planos (Pacote Delors II, 1992): da coordenação macroeconômica, da adequação da generalidade das políticas comunitárias, das transferências orçamentárias com objetivos de ajuste conjuntural e das políticas estruturais.

Quanto à coordenação, não poderá deixar de acompanhar a política monetária com a instituição da moeda única, tendo em vista assegurar a estabilidade dos preços (ver Schor, 1999, cap. 2; Alves, 2000).

Em segundo lugar, é indispensável que passe a haver uma aplicação coerente das outras políticas, consideração especialmente relevante para a política agrícola (a PAC),[192] que, até agora, além dos custos gravíssimos com que tem penalizado os consumidores, os empresários transformadores de produtos agrícolas e o orçamento da União (prejudicando ainda a nossa capacidade de negociação internacional), tem sido um fator fortemente agravador dos desequilíbrios entre os países e as regiões.

Como elementos adicionais poderiam considerar-se a criação de um mecanismo de transferências financeiras que levasse em conta as necessidades de ajustes conjunturais e o reforço das políticas estruturais, atenuando-se os riscos e garantindo-se um melhor aproveitamento das oportunidades proporcionadas pela moeda única.

São dois instrumentos utilizados em conjunto, com grande destaque em nível nacional, mesmo nas federações, conseguindo-se com eles atenuar os custos e aumentar os benefícios proporcionados pela sua "moeda única".

As transferências de fundos para ajustes conjunturais funcionam, aliás, neste nível com apreciável automaticidade, pela segurança social, quando há recessão com as compensações ao desemprego e à diminuição das receitas cobradas como conseqüência da redução da atividade econômica (o inverso quando há expansão).[193] A tal automaticidade soma-se a circunstância de dentro dos países ser maior a facilidade de circulação dos trabalhadores, o que, como se sabe, contribui também para os ajustes necessários.

Essa via não foi considerada no Conselho Europeu e na seqüência do Conselho Europeu de Maastricht, seguindo-se apenas a via das políticas estruturais. Não se seguiram portanto sugestões feitas em 1977 no Relatório McDougall e, em determinado momento, pelas autoridades espanholas (ficando de qualquer modo em aberto a possibilidade de serem concedidos os apoios

---

[192] O'Donnell (1992:29) menciona também a "política do mercado interno". Constitui de fato preocupação que tem de ser extensiva a todas as políticas comunitárias.
[193] Ver Ribeiro (1994:431-433).

excepcionais previstos no art. 109-H atual, incluindo a concessão de "assistência mútua" a algum Estado-membro que se encontre "em dificuldades, ou sob grave ameaça de dificuldades relativamente à sua balança de pagamentos").

Fez-se assim uma opção para a comunidade se responsabilizar só pelo apoio ao reforço das condições de competitividade, devendo cada país cuidar dos ajustes conjunturais (que se espera, aliás, que sejam menos ou não necessários com o funcionamento da moeda única).[194] Além de uma filosofia de atuação, é uma opção condicionada pela limitação de meios de uma comunidade cujo orçamento representa uma percentagem muito pequena do seu PIB ou RNB, sendo o limite máximo dos recursos próprios para dotações para pagamentos (agora de 1,24% do RNB mas não devendo ultrapassar em 2006 1,13%, sem ampliações, ou 1,09%, caso aconteçam, e tudo apontando para que venha ainda a baixar com as Perspectivas Financeiras para (2007-13).

Prevalece, assim, uma preocupação básica de contenção do orçamento comunitário (que nos anos decorridos tem ficado aquém dos valores estabelecidos), que está, aliás, de acordo com o destaque (com uma expressão generalizada em Maastricht) que é dado ao princípio da subsidiariedade, devendo passar para o nível comunitário apenas o que não possa ser melhor desempenhado em nível nacional.

Pergunta-se, contudo, se será possível uma união monetária com uma intervenção tão reduzida (em princípio nula quanto a ajustes conjunturais) do orçamento comunitário, tendo presente que *"in nation states the public tax and expenditure system accounts for between around 20-40 per cent of national income and acts as a major redistributor of incomes form the rich to the poor, both in terms of households and regions"* (Britton e Mayes, 1992:64; ver Eichengreen, 1990; com uma comparação entre as situações nos EUA e na Europa, ver Berthelot, 1997, defendendo que a moeda única não será possível sem um "mínimo" de "federalismo orçamental" e, mais recentemente, Cunha, 2000a e 2003, chamando a atenção para a falta de lógica de se avançar num domínio mas não no outro, problema que se agravará com as ampliações).

Compreende-se por isso que o Tratado de Maastricht tenha dado à intervenção estrutural um destaque maior. O art. 2º do Tratado da CE passou a

---

[194] As transferências com finalidade estrutural não deixam de qualquer modo de ter um impacto macroeconômico importante em Portugal, imediato e mais fácil de avaliar. Sobre o desejo de se definirem novos mecanismos de ajuste estrutural ver Cabral (1991, 1996); sendo de fato de origem estrutural os desequilíbrios citados por Krugman (1993; ver Porto e Laranjeiro, 2000; Reis, 2000).

dispor (num acréscimo) que a comunidade deve promover "a coesão econômica e social e a solidariedade entre os Estados-membros" e o art. 3º que, para alcançar os fins mencionados no art. 2º, a ação da comunidade implica, entre outras coisas, "o reforço da coesão econômica e social" (alínea j). No título relativo à Coesão Econômica e Social (passou a ser o título XIV da parte III) são significativas determinadas mudanças de redação e acréscimos, como falar-se em "reforçar" e já não em "ações *tendentes* ao reforço" (grifo do autor) ou estabelecer-se a exigência de apresentação regular de relatórios "sobre os progressos registrados".

Mais concretamente no que respeita aos meios financeiros, justifica-se por seu turno que no Protocolo Relativo à Coesão Econômica e Social (Protocolo nº 15) se "tivesse reafirmado" a "convicção de que os Fundos Estruturais devem continuar a desempenhar um papel considerável na realização dos objetivos da comunidade no domínio da coesão" (adicionando-se-lhes "a maior parte" dos recursos do BEI); incluindo agora, como já citado, a criação de um "fundo de coesão" (previsto no art. 130-D do texto do tratado, atual art. 161, e também no Protocolo nº 15) até 31 de dezembro de 1993, com o objetivo de apoiar os países com maior atraso estrutural — a Grécia, Portugal, a Espanha, a Irlanda, os "países de coesão" — que aprovassem programas reconhecidos de convergência econômica.

Os termos da concretização dessas políticas foram definidos no Pacote Delors II (1992). Na parte II, ao falar-se nas "ambições de Maastricht", além das "ações externas" e da "criação de um ambiente favorável à competitividade externa" distinguiu-se "a coesão econômica e social"; prevendo-se, quanto aos meios financeiros, que o conjunto das regiões objetivo 1 tivesse, incluindo os fundos estruturais já existentes e o novo fundo de coesão, um aumento de 100% até 1997. Trata-se de meta financeira que, depois das incertezas que se arrastaram até o próprio dia, foi consagrada em 12 de dezembro de 1992 no Conselho Europeu de Edimburgo (embora com uma dilatação do prazo — previsto primeiro para 1997 — até 1999).

Continuam a ser de qualquer modo valores muito baixos comparando com as despesas iguais feitas nos EUA (2,7% do PIB) ou ainda na Austrália (7% do PIB); bem como na própria Comunidade Européia com as despesas da PAC, sem questionamentos (na França) de pessoas preocupadas com alegadas tendências federalistas...

Diante de um projeto desejável, mas com riscos e incertezas, compreende-se, aliás, que a necessidade do reforço estrutural seja determinada também por questões políticas, de adesão de todos os países. Exigência acrescida ao considerar os países da periferia, em especial a Grécia, Portugal, a Irlanda e a Espanha, que só se sentirão verdadeiramente empenhados num processo em que sejam assegurados os seus anseios naturais de desenvolvimento, tratando-se de justificativa política para a promoção de uma maior coesão a que alguns autores têm dado um relevo quase exclusivo ou mesmo exclusivo. Assim fazem Begg e Mayes (1992:222):

> *from a technical perspective, both a single market and an EMU can function in a perfectly satisfactory manner without any policies to promote cohesion. It follows that it is political imperatives which are central to a search for cohesion, rather than economic necessity. Indeed, without cohesion, the policy may not be able to agree to proceed down the road to monetary union.*

Tal afirmação é exagerada, sendo a coesão necessária também por questões econômicas. É com a consciência da importância simultaneamente econômica e política de um maior equilíbrio que o Relatório Delors (1990:22) sobre a união econômica e monetária destacou a importância da coesão, sendo "essencial assegurar que os efeitos benéficos da união econômica e monetária se façam sentir no conjunto da comunidade", reconhecendo que "desequilíbrios regionais excessivos constituiriam uma ameaça, tanto econômica como política, para a União".

Não se pode desvalorizar sem dúvida a importância política de um maior equilíbrio. Mas sendo, segundo Britton e Mayes (1992:45), *"a matter of equity as much as it is a matter of economic efficiency"*, constitui para o conjunto e mesmo para os países mais ricos — não só para os mais pobres... — uma condição indispensável para um melhor aproveitamento dos recursos de que se dispõe.

Os apoios citados foram especialmente necessários no período de transição para a moeda única, em maior parte para os países da periferia que partiram em geral de valores mais afastados dos valores nominais estabelecidos em Maastricht e não podem deixar de dar resposta simultaneamente à necessidade de convergência real, exigindo um crescimento que, ao depender do aumento dos gastos, será naturalmente agravador de tensões inflacionárias e de déficits públicos.

Por isso no Pacote Delors II o Fundo de Coesão apareceu justificado simultaneamente pelos desejos de contribuir para "a promoção da coesão econômica e social" e de ajudar a "dar resposta, oportunamente, aos critérios de convergência exigidos para a passagem para a terceira fase da união econômica e monetária".

Explica-se, assim, que o Tratado de Maastricht tenha previsto uma exigência de participação financeira dos países muito menor, com a declaração "da vontade de ajustar os níveis de participação comunitária no âmbito dos programas e dos projetos dos fundos estruturais com o objetivo de evitar um aumento excessivo das despesas orçamentais nos Estados-membros menos prósperos" (com a afirmação de que não chega a haver a aplicação de um "princípio de adicionalidade"); prevendo-se por seu turno no Pacote Delors II que a intervenção comunitária com o Fundo de Coesão viesse a ser de 85 a 90%, valores reduzidos para 80 e 85% no Conselho Europeu de Edimburgo.[195]

As circunstâncias dos países da coesão justificam que tenham continuado a se beneficiar do fundo depois da adoção do euro, em 1999.

Não podia por isso ter acolhimento a sugestão feita por responsáveis de países mais ricos, de que fossem afastados os países que tivessem entrado na "eurolândia". Em alguns casos continua a ser grande o seu atraso, sendo por isso indispensável promover a sua aproximação (no interesse da própria moeda única), continuando a haver uma grande exigência de rigor orçamental, imposta agora pelo Pacto de Estabilidade e Crescimento.

O afastamento do fundo teria, aliás, a consequência paradoxal de castigar quem tivesse cumprido e premiar quem, com uma política de menor rigor, não tivesse preenchido as condições de passagem ao euro...

Nada adiantava dizer que é um mecanismo temporário. De fato o é, mas apenas na medida em que deixa de se aplicar quando um país chega aos 90% da média comunitária (como já aconteceu com a Irlanda).

Por fim, além dessas razões substanciais é decisivo ler o que está no tratado, que diz que um país tem direito desde que esteja abaixo dos 90% e cumpra as exigências de promoção da estabilidade, sem abrir nenhuma exceção. O que está num tratado deve ser cumprido, mesmo que num dado momento não seja do interesse e do agrado dos países mais poderosos (ver Porto, 1999a:46-47).

---

[195] Sobre o papel do Parlamento Europeu procurando que fossem repostos valores mais elevados, ver Porto (1994:86).

Capítulo 17

As ampliações que se avizinham

A análise das políticas da União Européia tem de considerar as ampliações que se avizinham, sejam quais forem o âmbito e o ritmo com que se verifiquem, tendo em vista que no dia 1º de maio de 2004 entraram 10 novos membros (República Tcheca, Chipre, Eslováquia, Eslovênia, Estônia, Hungria, Letônia, Lituânia, Malta e Polônia) e seguramente outros entrarão poucos anos depois (a Bulgária e a Romênia provavelmente dois anos depois, estando também sobre a mesa, entre outros, o pedido de adesão da Turquia).

Temos, assim, uma ampliação sem precedentes, não só pelo número como pelas características da maioria dos países: oito deles vindos de regimes comunistas, sem hábitos recentes de democracia política e de economia de mercado e quase todos (com exceção de Chipre e em alguma medida da Eslovênia) com níveis de desenvolvimento claramente aquém dos que entraram antes (incluindo a Grécia e Portugal).

Têm sido muito destacadas alegadas dificuldades institucionais, defendendo-se que com as características atuais as instituições da União não estarão preparadas para um número tão grande de membros, podendo-se assistir por isso a uma paralisia no seu funcionamento (sendo ineficiente o Tratado de Nice).

Esse argumento já foi utilizado, na última ampliação, pela Áustria, Finlândia e Suécia, tendo sido em especial muito grande a pressão dos países de maior dimensão para que tal ampliação fosse precedida por uma reforma das instituições, visando a recomposição do seu protagonismo. A pressão será maior agora, quando há a pespectiva de ampliações (mais vastas) fundamentalmente também a países de pequena e média dimensões (com as exceções da Polônia e da Turquia, que, entrando, virá a ser o segundo país mais populoso da União, ou mesmo o primeiro, já que tem uma dinâmica demográfica muito superior à da Alemanha...).

Os pontos mais polêmicos e discutidos na Convenção Européia que terminou em junho de 2003 e considerados no Tratado Constitucional foram em grande medida nesse sentido: casos da cessação da rotatividade das presidências (com a criação de uma presidência "estável" do Conselho), da reponderação dos votos no Conselho (para que haja uma minoria de bloqueio) ou da redução do número de comissários.

Sobre os pontos citados, bem como sobre vários outros, considerados ou não na convenção e no tratado, ver Porto (2003c), procurando sugerir soluções mais corretas para a Conferência Intergovernamental (CIG) de outubro de 2003. Já a CIG anterior, de 1996/97, havia sido determinada basicamente pela preocupação de se dar resposta institucional à ampliação para o leste, mas nada ou quase nada se avançou (Sedelmeier, 2000). Assim aconteceu com o conselho que aprovou o Tratado de Nice.[196]

São questões de grande delicadeza,[197] real ou ampliada por quem exagera as suas dificuldades como "argumento" a favor de alguma modificação que favoreça o seu país. Neste livro continuamos contudo a cuidar apenas (ou fundamentalmente) dos problemas econômicos. Mas não deixamos de destacar em particular que numa Europa "de países" não é aceitável que algum deles não participe na comissão, dadas as atribuições desta instituição, com a exclusividade da iniciativa legislativa e poderes muito amplos, por exemplo, na aplicação de sanções por violação do direito da concorrência, sendo possível separar uma comissão que funcione em plenário para a adoção das grandes decisões, incluindo comissários "sem pasta", junto a um Executivo "mais restrito", com a participação rotativa de *todos* os países (Porto, 2000b e 2003c).

Os números das ampliações

Passaram a integrar a União Européia, desde 1º de maio de 2004, oito países da Europa central e oriental, conhecidos por Pecos (três Estados bálti-

---

[196] Em textos anteriores com vários ensaios de reponderação de votos, ver Maior e Marques (2000); ou, com uma análise geral das conseqüências institucionais da ampliação, Best, Gray e Stubb (2000, cap. II).
[197] Manteve-se estrategicamente em "banho-maria" a questão das línguas de trabalho, delicadíssima, sobre a qual não se poderia obter consenso e que não se quis abordar (Porto, 2003c:265-267).

cos, a Estônia, a Letônia e a Lituânia, que faziam parte da União Soviética; quatro países de Visegrado, a Polônia, a Hungria, a República Tcheca e a Eslováquia, que constituíam antes — a República Tcheca e a Eslováquia como um só país — repúblicas populares, também sob domínio soviético; e ainda a Eslovênia, como república da Federação Iugoslava). Com pedidos anteriores, estão o Chipre e Malta, tendo este último retomado o pedido de adesão, que esteve em suspenso. Em 1º de janeiro de 2007 deverão entrar dois países balcânicos, a Romênia e a Bulgária. Com surpresa, o Conselho Europeu de Helsinque, em 10-11 de dezembro de 1999, decidiu encetar negociações de adesão também coma Turquia.

Cautelosamente, diz-se nas conclusões do conselho que assim acontecerá "com base no critério aplicado aos outros Estados candidatos", acrescentando-se de imediato que o diálogo político de pré-adesão dará "enfase aos progressos no cumprimento dos critérios políticos para adesão, com destaque especial para a questão dos direitos humanos".

Num horizonte mais ou menos próximo poderão se considerar ainda outros países, talvez mesmo todos os países da "grande Europa" (Fitoussi, 2000:195-203). Estão também sobre a mesa outros pedidos, como é o caso do pedido de adesão da Croácia.

São previstas dificuldades políticas e econômicas, que obriguem a um protelamento maior da entrada da Turquia. Por ser uma candidatura recente, ainda não temos conhecimento de estudos sobre as implicações da sua entrada. Mas a dimensão do país, em termos espaciais e demográficos, o seu grau de atraso e a dependência de uma agricultura atrasada (ocupando ainda uma grande percentagem da população ativa total) dão-nos uma antevisão das dificuldades que se levantarão, em termos ampliados relativamente ao que será dito sobre os Pecos a seguir.

Já Chipre e Malta, pela sua pequena dimensão e pelo seu alto nível de desenvolvimento (em especial no caso de Chipre), não levantam nenhum problema econômico. Acrescentam apenas mais objeções institucionais, exigindo naturalmente a mesma participação política (na comissão, no conselho ou ainda nos tribunais) que Luxemburgo, tendo dimensões populacionais superiores ou iguais às desse país.

Os números de todos os países, dando-se depois maior atenção aos Pecos, podem ser vistos na tabela 28.

Tabela 28

País	Área (mil km²)	População (mil hab.)	Densidade (pop./km²)	PIB *per capita* (%)
Estônia	45	1,4	32	44,6
Letônia	65	2,4	37	32,2
Lituânia	65	3,7	57	36,1
Polônia	313	38,7	124	37,2
Hungria	93	10,1	109	51,6
República Tcheca	79	10,3	130	59,8
Eslováquia	49	5,4	110	49,1
Eslovênia	20	2,0	100	69,6
Chipre	9	0,7	78	80,0
Malta	0,3	0,4	1.333	55,0
Bulgária	111	8,3	75	31,4
Romênia	238	22,5	94	25,4
Turquia	775	63,4	82	25,5
Total	**1.862,3**	**169,3**	**91**	
UE-15	**3.191**	**369,7**	**111**	**100**

Fonte: Eurostat, com dados de 2002.

As razões determinantes

A integração na União Européia é desejada pelos Pecos por uma razão política, vendo-se nela uma âncora de estabilidade e segurança que os porá a salvo do regresso a um regime totalitário e de menor bem-estar das populações. Razão que havia sido importante também para as integrações da Grécia, da Espanha e de Portugal. Tsoukalis fala a esse propósito em "Extending pax Europea" (2003, cap. 7) (ver Paola, 2003:31 e segs.).

Além de serem maiores a estabilidade e a segurança políticas conseguidas com a integração, só com ela os países são participantes no processo legislativo que define o quadro por que estão quase totalmente determinados,[198] bem como ainda no processo jurisdicional quando haja alguma violação. Não se satisfazem, pois, com a celebração de acordos de cooperação, como é o caso dos "acordos europeus".[199] Razão que pesou também nos pedidos de adesão de

---

[198] Mais de 70% do comércio são feitos com a UE, para não falar dos demais tipos de ligações.
[199] Sobre a insatisfação em relação a acordos de associação ver Phinnemore (1999).

outros países, mesmo dos mais desenvolvidos, como é o caso dos que vieram da EFTA (e à qual são naturalmente sensíveis os quadros políticos e empresariais da Suíça ou da Noruega, igualmente muito ligados à UE, não conseguindo, todavia, convencer a maioria da população quando dos referendos).

A democratização política não corresponde, todavia, a um desiderato apenas da população dos países candidatos; qualquer cidadão da União Européia sonhava antes com a possibilidade da abertura dos Pecos, no interesse deles[200] e no próprio, como fator de estabilidade e segurança européias.

A Europa não pode além disso deixar de ser sensível ao reforço da sua posição geoestratégica, acrescida com a ampliação e o aprofundamento de um bloco formal com um pilar dedicado à política externa e de segurança. Razão que terá sido determinante na decisão inesperada de se dar início a negociações para a entrada da Turquia.

A estabilidade européia não pode, contudo, desconhecer ainda a situação dos países a leste dos Pecos (da ex-União Soviética), com dificuldades de diferentes naturezas. Não se podendo falar (pelo menos para já) na hipótese de integração, contribui para a sua estabilização uma proximidade maior das fronteiras da União Européia.

Às razões políticas somam-se as econômicas, também no interesse tanto dos países candidatos quanto do conjunto da União Européia.

Por mais abrangentes que sejam os acordos de cooperação celebrados, há um acréscimo de oportunidades com a integração. Em acesso ao mercado, com o conseqüente estímulo à eficiência, em atração de investimentos públicos e privados ou ainda de atração turística, setor que poderá ser muito relevante em alguns dos países em causa. Assim acontece porque só com a integração podem ter a certeza de que não haverá recuos na abertura do comércio e dispor de instâncias de defesa da concorrência, de toda a segurança, onde são participantes de pleno direito (casos da comissão e dos tribunais de Luxemburgo).[201]

---

[200] Costumamos dizer que seríamos julgados perante a história se, por falta de solidariedade nossa, houvesse uma reversão em países cujas populações estiveram durante meio século sujeitas a regimes ditatoriais.

[201] Como fator de confiança, pode-se dizer igualmente que só então os países associados "poderão contar com a permanência de um ambiente comercial similar ao da Comunidade" (ver Mayhew, 1998:189; Sousa, 2000:92).

Mas, para a União, a ampliação do seu espaço é também um acréscimo de oportunidades, em colocação de produtos, serviços e inovação tecnológica, de relocalização de empresas, podendo-se investir em países mais próximos com mão-de-obra barata e razoavelmente qualificada ou ainda de obtenção de novas fontes de fluxos turísticos.

Deve-se destacar, além disso, que o mero efeito de estímulo à concorrência provocado por um mercado maior será um fator de fortalecimento da Europa, como na experiência tão favorável do mercado único de 1993. É um efeito positivo, naturalmente, tanto para os que são já hoje membros desse mercado quanto para os que nele entram.

Em particular, com a integração as autoridades podem "resistir" melhor a pressões de grupos de interesse ou do eleitorado para não intervirem no sentido de reformas desejáveis mas com custos sociais. A experiência portuguesa mostra bem como a União Européia é uma "boa desculpa", dando cobertura em políticas impopulares que devem ser seguidas (por exemplo, no orçamento, com o rigor que é exigido).

Alguns estudos foram elaborados mostrando as vantagens gerais da ampliação. Naturalmente com muito maior expressão, em relação aos PIBs atuais, para os Pecos do que para os membros da União. O mais completo foi um estudo de Richard Baldwin, François e Portes (1997), com um modelo de equilíbrio geral, apontando para que o ganho dos Pecos seja de 18,8% e o ganho da UE seja de 0,2% do seu produto. Já um estudo de Brocker (1998), dando resultados nulos ou ligeiramente favoráveis para os países da UE, só dá resultados favoráveis para os quatro países do Visegrado, não para os outros seis Pecos, que perdem nas várias hipóteses consideradas de redução das barreiras às importações. Um ganho geral para os países da União, constatado também em estudos de Gasiorek e Venables (1994) e do Office Français de Conjonctures Economiques (1997; Jesus, Silva e Barros, 1998:2-10), não havia sido apurado num estudo anterior de Rollo e Smith (1993).

Numa apreciação geral, será de julgar que os países da UE-15 não perderão ou quase não perderão (terão ganhos de integração a compensar as perdas nas verbas da PAC e dos fundos estruturais) e que os novos membros, designadamente os que são Pecos, ganharão em todos os "tabuleiros" (ver Senik-Leygonie, 2002: 291-292 e 302).

Além do reconhecimento de uma vantagem geral é importante saber como se repartem os ganhos (ou as perdas, caso se verifiquem) entre os países da

União Européia, o que deverá ter conseqüências na distribuição dos encargos com a ampliação. Sendo grandes as oportunidades de mercado, constata-se que das exportações para os Pecos 50% são da Alemanha, 18% da Itália, 8% da França e apenas 0,34% de Portugal, valor muito abaixo do que lhe cabe no conjunto das exportações da União: 1,22%. Em termos de investimento privado, determinado obviamente por melhores perspectivas de remuneração, constata-se também a participação privilegiada dos países mais ricos da União Européia (Jesus, Silva e Barros, 1998:IV-11). Por fim, serão ainda naturalmente esses países do centro da União Européia a atrair a maior parte dos fluxos turísticos que crescerão nos Pecos.

No cálculo de Baldwin e co-autores (1997), a Alemanha tem um ganho de 33,8%, seguindo-se a França com 19,3% e o Reino Unido com 14,1%; ou seja, estes três países ricos têm 67,2% (mais de 2/3) do ganho com a integração dos Pecos. Devido basicamente à concorrência aumentada no setor têxtil e de confecções (no estudo procedeu-se também a uma análise setorial), o único país da União Européia que perde é Portugal, menos 0,06 do seu PNB. Os países mais ricos são os que mais ganham em relação aos seus PNBs: 0,29% a Suécia, 0,24% a Alemanha, 0,22% o Reino Unido, 0,21% a França e 0,20% a Holanda (sobre os ganhos da Alemanha, em termos relativos só ultrapassados pelos da Áustria, ver Gabel, 2003). Nos demais estudos realizados apura-se que Portugal só perde menos que a Grécia e a Irlanda, ficando junto à Irlanda (Rollo e Smith, 1993), que é o único país que nada ganha (Brocker, 1998), ou ainda que tem ganhos reduzidos, embora maiores do que os de outros países (Gasiorek e Venables, 1994). Analisando o impacto nos padrões de especialização dos países do sul da Europa, com especiais dificuldades para Portugal, ver Coelho (1999) e mais recentemente Barry, Crespo e Fontoura (2003).

As maiores dificuldades nas duas políticas principais

As ampliações terão naturalmente implicações em todas as políticas, podendo-se distinguir, além da PAC e da política regional, por exemplo, a política ambiental, dada a pouca atenção que tinha nos países socialistas. A exigência imediata dos nossos padrões levantaria dificuldades enormes à sua competitividade, mas por outro lado a manutenção da situação atual, além de prejudicar os seus cidadãos, constituiria motivo de queixa para os nossos empresários, obrigados a despesas muito superiores (*dumping ecológico*). Deve-se avançar aos poucos, com os apoios financeiros indispensáveis.

Curiosamente, apesar das diferenças entre os níveis salariais, não se espera que surjam problemas muito difíceis com a livre circulação de pessoas para os países da União Européia. Estimativas de Baldwin (1994:190-192) têm se confirmado, estimando-se que nos próximos 15 anos (até 2030) as saídas dos Pecos não irão além de 2,5% da sua população de origem (1%, em relação aos quatro Pecos mais populosos) (ver Boillet, 2003:41-42; e Giuliani, 2003:21-24, mostrando que quaisquer efeitos se desvanecerão dentro de duas ou três décadas). Se as pessoas se concentrarem em zonas fronteiriças ou em áreas urbanas sobrepovoadas de dois ou três países surgirão apenas problemas localizados.

Quanto a isso, será interessante lembrar a experiência da emigração portuguesa. Nas décadas de 1960 e 1970, quando o país não era membro e havia obstáculos legais à emigração, deslocaram-se mais de 1 milhão de pessoas para os países da Comunidade Européia (depois de décadas de predomínio da emigração para o Brasil, para outros países das Américas e ainda em alguma medida para os territórios da África). Mas um movimento sensível de deslocamento já não teve lugar depois da integração, com a melhoria das condições econômicas do país (não obstante os salários continuarem muito mais baixos) e sem dúvida em conseqüência de haver agora uma procura muito menor de mão-de-obra (*pull effect*) por parte dos principais países da Europa (França e Alemanha), com níveis elevados de desemprego.

As maiores dificuldades aparecem, sem dúvida, nas áreas da agricultura e do desenvolvimento regional.

As dificuldades com a PAC

Na agricultura, aparecem dificuldades enormes como conseqüência das diferenças existentes nos preços e nas condições de produção nestes países.

Tendo preços muito mais baixos, a aplicação imediata da Política Agrícola Comum (PAC) teria repercussões intoleráveis no nível de vida das populações e no orçamento da União (Rehn, 1996). Pessoas com salários muito mais baixos não poderiam pagar os preços "europeus"; e para manter o sistema de garantia do Feoga o orçamento necessitaria de montantes muito avultados. De acordo com os cálculos feitos por Anderson e Tyers (1995), seriam necessários €37.600 milhões só para os quatro países de Visegrado. Ou seja, só neles seria preciso gastar mais do que o montante total gasto com todos os membros quando foi feito o estudo. Cálculos da Comissão Européia (1995b), pressupondo um esforço intermediário muito grande, apontam já "simpaticamente" para valores muito mais favoráveis, com uma exigência de €12 bilhões no ano 2000, quando seria de €42 bilhões para os membros atuais; valores provavelmente não realistas e não confirmados em outras análises.

Rehn (1996), Baldwin e colaboradores (1997:115), Rollo (1997) e Sousa (2000:146) apresentam outros cálculos, com valores entre €4 e €55 bilhões, alguns só para os quatro países de Visegrado e outros para os 10 Pecos. Pergunta-se, entretanto, que consideração merecem os últimos cálculos citados ou ainda os de Brenton e Gros (1992), que partem da hipótese obviamente irreal de não haver ou quase não haver resposta na produção dos novos países, diante dos preços mais elevados da PAC (chamando a atenção para esta variável, ver Baldwin e colaboradores, 1997:152; embora reconhecendo que *"the hard part is to guess how much CEEC farm yields would rise under the CAP"*). Foi assim que se chegou ao valor de 4 bilhões de ECUs para os quatro países de Visegrado.

Com a evolução dos preços e das políticas em cinco Pecos, mas sem uma avaliação dos custos para o orçamento da UE, ver *European Economy* (1997 e 1996).

Estruturalmente, não podem deixar de ser resolvidos ainda problemas delicadíssimos de reconversão, com enormes implicações que se podem "adivinhar" com os dados da tabela 29.

Tabela 29

País	Setor agrícola (2002) PIB (%)	Emprego (%)
Estônia	5,8	7,1
Letônia	4,7	15,1
Lituânia	7,1	16,5
Polônia	3,4	19,2
República Tcheca	4,2	4,9
Eslováquia	4,6	6,3
Hungria	4,3	6,1
Eslovênia	3,1	9,9

Continua

	Setor agrícola (2002)	
País	PIB (%)	Emprego (%)
Chipre	3,9	4,9
Malta	2,4	2,2
10 novos membros	3,9	10,5
Romênia	14,6	44,4
Bulgária	13,8	19,7
Turquia	12,1	37,0
UE-15	2,4	3,3

Fonte: Giuliani (2003).

Há uma grande diferença em relação à situação na União Européia, na medida em que há uma percentagem muito maior da população ativa na agricultura (só os quatro países de Visegrado, principalmente devido à Polônia, têm neste setor mais pessoas do que a totalidade dos membros atuais da UE) com níveis de vida muito mais baixos.

Na Turquia, a percentagem referida terá aumentado em 1998 (*"à l'inverse de tendences récentes"*), estando aí 40,9% da população ativa e tendo a percentagem no setor industrial baixado para 16,8% (*Rapport Régulier*, 1999, p. 18).

Julga-se que se trata de um problema de uma tal dimensão que não pode ser resolvido por transferências de outras categorias do orçamento atual. Já que a agricultura e as ações estruturais (também exigidas pelos Pecos) representam 79,3% do orçamento (em 2004), ficam apenas 20,7% para todas as outras categorias (casos das políticas interna e externa e da administração), com despesas que de modo geral não poderão ser reduzidas. Mas mesmo o total destinado a estas despesas (€25.895 milhões em 2004), não cobriria mais do que 55,35% das despesas da PAC, não chegando ainda para cobrir as despesas de desenvolvimento regional.

De qualquer modo não faria sentido manter e ampliar a aplicação de uma política (a PAC) com os elevadíssimos custos internos (de bem-estar, econômicos e orçamentários) e externos (para as negociações internacionais) que já vimos.

A hipótese de termos dois regimes separados, a PAC atual aplicada aos membros atuais e outra política agrícola (ou nenhuma política) aos novos membros, seria uma solução totalmente inaceitável (tal como tem acontecido, só é aceitável alguma derrogação), por questões econômicas e políticas,[202] ficando como único caminho a seguir realizar uma nova reforma da política agrícola, como a de 1992, e a tímida reforma da *Agenda 2000*. Seguindo na aproximação dos preços aos preços dos mercados mundiais, em conjugação com o reforço da ajuda direta ao rendimento dos agricultores menos favorecidos e com a reestruturação e a reconversão das áreas rurais (tem havido esforços recentes do comissário Franz Fischler nesse sentido — ver Poole, 2003:107-115).

As dificuldades com a política regional

A aplicação aos novos membros da política regional da União impõe-se inquestionavelmente pelo seu nível de desenvolvimento (bem como naturalmente pelas suas perspectivas de melhoria), com um PIB *per capita* muito abaixo da média comunitária.

Já que todos os Pecos, de acordo com os critérios vigentes, serão regiões objetivo 1 (apesar de com a sua integração 75% do PIB corresponder a um nível mais baixo), surgirão enormes dificuldades orçamentárias. De acordo com uma estimativa inicial de Courchene e colaboradores (1993, segundo Baldwin, 1994), só os quatro países de Visegrado, a Romênia e a Bulgária receberiam 26 bilhões de ECUs, ou seja, mais do que o montante total (22.190 milhões) despendido pelos países-membros no mesmo ano de 1993 (32.045 milhões em 2000, a preços de 1999); sendo depois ainda mais elevadas as estimativas de Slater e Atkinson (1995), de 31 bilhões para os mesmos seis países (21 para os quatro de Visegrado), e da Comissão Européia, de 38 bilhões.[203]

Estudos mais recentes começaram a "acalmar" os países mais ricos. Assim aconteceu com um estudo de Marianne Jelved feito em 1996 para o Ministério da Economia da Dinamarca (citado por Grabbe e Hughes, 1998), apontando de qualquer modo para um custo de 14 bilhões a 20 bilhões de ECUs, bem como com o estudo de Baldwin e outros (1997), considerando (neste caso) os cinco primeiros países "escolhidos" (Estônia, Polônia, República Tcheca, Hungria e Eslovênia), o afastamento do objetivo 1 de regiões importantes (por ultrapassarem os 75% do PIB comunitário, sendo este limite agora rigidamente

---

[202] Mesmo por questões de ordem institucional. Num comentário jocoso de Baldwin (1994:196), "*colloquially, unpleasanteness is unavoidable when second class ticket holders have a say in what the first-class passengers are going to have for dinner*".
Poderá apenas haver anulações, principalmente nos apoios do orçamento da União, mantendo-se entretanto os nacionais, como aconteceu durante um período tansitório quando da entrada de Portugal.
[203] Estimativa não-oficial no *Financial Times* de 23 de outubro de 1995 (Grabbe e Hughes, 1998:40).

considerado),[204] bem como determinados níveis de crescimento do conjunto da União (15) e dos países novos, chegando assim a uma estimativa de custos de 12,8 bilhões de ECUs.

De qualquer modo são montantes provavelmente abaixo dos que serão necessários para a política agrícola e correspondendo a uma política de primeiro-ótimo, que leva à melhoria das condições de competitividade no conjunto da União. As taxas positivas de crescimento calculadas e previstas para estes países são para nos dar razões de otimismo (tabela 30).[205]

Tabela 30

País	Taxas de crescimento			
	2002	2003	2004	2005
Estônia	6,0	4,4	5,6	5,1
Letônia	6,1	6,0	5,2	5,7
Lituânia	6,7	6,6	5,7	6,0
Polônia	1,4	3,3	4,2	4,8
Rep. Tcheca	2,0	2,2	2,6	3,3
Eslováquia	4,4	3,8	4,1	4,3
Hungria	3,3	2,9	3,2	3,4
Eslovênia	2,9	2,1	3,1	3,7
Chipre	2,0	2,0	3,4	4,2
Malta	1,2	0,8	2,7	2,9
Média (10)	2,3	3,1	3,8	4,2
Romênia	4,9	4,6	4,9	5,1
Bulgária	4,8	4,5	5,0	5,5
Turquia	7,8	5,1	4,5	5,0
UE-15	0,9	0,4	1,8	2,3

Fonte: Comissão Européia (2003b).

Os novos membros têm tido, e prevê-se que continuem a ter, taxas de crescimento muito mais elevadas do que a média dos membros atuais, em alguns anos mais do que o dobro.[206]

---

[204] A previsão é de que deixem de ser objetivo 1 18 a 27 regiões (em Portugal refere-se à Madeira) onde vivem 21 milhões a 37 milhões de habitantes, estando neste objetivo 115 milhões dos habitantes da UE-25 (antes estavam 68 milhões), grande parte de novos membros (Porto, 2003:23; Guyader, 2003:42-43).
[205] Embora estejam ainda elevados, tem havido também uma redução sensível dos níveis de inflação nesses países (Comissão Européia, 2003b).
[206] As taxas verificadas e as previsões são ainda mais elevadas para os outros três candidatos.

Não se pode deixar de pensar que é muito grande a distância que ainda os separa (com exceção do Chipre e da Eslovênia) dos países da União Européia (tendo além disso de se admitir que haja de permeio situações de recessão e recuo). Mesmo com a manutenção das diferenças atuais nas taxas de crescimento o tempo necessário para que, a partir de 2004, nove dos seus membros (Chipre está a 80% da média) cheguem a 75% da média comunitária, seria de:[207]

- Estônia — 19 anos;
- Letônia — 27 anos;
- Lituânia — 31 anos;
- Polônia — 33 anos;
- República Tcheca — 15 anos;
- Eslováquia — 20 anos;
- Hungria — 11 anos;
- Eslovênica — 1 ano;
- Malta — 47 anos.

A sua integração colocou os 75% num nível mais baixo do que o atual. Mas quase todos eles (além do Chipre, a exceção é a Eslovênia) têm de qualquer modo à sua frente um caminho longo e difícil, sendo inclusive duvidoso que consigam manter sempre taxas de crescimento superiores às dos demais (mesmo ligeiramente superiores).

Não é apenas a distância do conjunto desses países em relação aos países da UE que é grande, o são também as distâncias entre si e entre os seus espaços regionais (com os coeficientes de Gini, ver Andreff, 2003:52). Acontece que são países sem a tradição de estruturas regionais ou mesmo de desenvolvimento regional, estando alguns deles dando agora os primeiros passos nesse aspecto, numa caminhada que será todavia difícil e demorada (Tang, 2000).

A insuficiência dos recursos orçamentários

Temos assim dificuldades de uma União cujo orçamento representa apenas (em 2004) 1,08% do Rendimento Nacional Bruto (RNB), não podendo ultrapassar 2,4%, de acordo com o que está definido agora.

---

[207] Segundo Vissol (2003:12), com cálculos da Comissão Européia (ver também Guyader, 2003).

Não se pode comparar este orçamento com o de uma Federação, pela natureza política muito diferente da União, podendo mencionar-se ainda o fato de o Tratado de Maastricht ter generalizado o princípio da subsidiariedade.[208] Mas mesmo num quadro político e econômico correto tem de haver alguma mudança se queremos ter membros novos sem prejuízo do processo de integração.

Como foi citado, não podem ser reduzidas as verbas de outras categorias, que de qualquer modo não seriam suficientes — todas elas — para financiar as políticas agrícola e regional.

Quanto à PAC, ainda que haja uma reforma desejável são necessários montantes importantes para manter o rendimento dos agricultores e promover o desenvolvimento rural, não só nos membros atuais como também, em maior grau, nos novos membros.

Por outro lado, numa política de primeiro-ótimo são necessários montantes importantes para o desenvolvimento regional (bem como para outras melhorias estruturais). São necessários para os membros atuais, que continuam a requerer um maior equilíbrio em relação aos demais e entre as suas regiões, sob pena de poder ficar comprometido o próprio processo de união econômica e monetária. Mas é naturalmente muito maior a necessidade com a ampliação, abrangendo países muito mais atrasados.

Há de fato um *trade-off* entre aprofundar e ampliar se o orçamento da União se mantiver no nível atual. Sendo assim, não há dúvida de que deve ser dada preferência ao aprofundamento, mesmo no interesse dos outros países (principalmente os países da Europa central e do leste), na medida em que passa pela força da Europa, como mercado comprador e financiador, a possibilidade de promover o seu desenvolvimento.

Vários "cenários" poderiam ser considerados na estratégia a seguir nas ampliações (Mayhew, 1998/99:180-185, cap. 11, e Sousa, 2000:140-4), "esbarrando" não só na escassez de recursos da União como também na exigência de adicionalidade e absorção de verbas da parte dos Pecos, com poucos recursos para as suas necessidades.

---

[208] Não pode ser aceita uma sugestão como a que foi feita há alguns anos no Relatório McDougal (1977), para se dispor de um orçamento correspondente a 5-7% do PIB total.

Podemos ter noção dessas dificuldades verificando que a atribuição a esses países de um valor semelhante aos €289 *per capita* do II Quadro Comunitário de Apoio implicaria destinar só a eles de 51 a 85% dos fundos estruturais, 17 a 28% do orçamento da União Européia. Mas o problema não é só para a UE, é também para os novos membros, especialmente com a exigência de adicionalidade e independente dela com as dificuldades de absorção ilustradas pela tabela 31, pressupondo a aplicação das regras atuais.

Tabela 31

País	Fundos estruturais*	Transferências da PAC*	Total*	PIB (%)
Polônia	12.555	9.600	22.155	22
República Tcheca	3.398	2.100	5.498	18
Eslováquia	1.749	700	2.499	24
Hungria	3.339	2.200	5.339	17
Romênia	7.482	6.200	13.682	56
Bulgária	2.929	1.700	4.692	29

Fonte: Rollo (1997:265).[209]
* Valores em milhões de euros.

Obviamente são situações inadimissíveis, que não se podem comparar à dos novos *Länder* quando da unificação alemã. Houve aqui uma destinação de verbas correspondente a 40% do PNB da República Federal, mas num quadro de apoio nacional, de um país riquíssimo e mesmo assim com enormes custos sociais, situação que não se pode repetir em relação aos países candidatos à adesão.

Seria realista considerar soluções intermediárias, não tendo os Pecos, pelas suas circunstâncias de atraso estrutural e falta de tradição de integração em economias de mercado e abertas, a capacidade de absorção dos atuais "países da coesão", que absorvem quando muito 4% dos seus PIBs (caso da Grécia). De fato, foi estabelecido na Cúpula de Copenhague o *plafond* máximo de 4% para o encaminhamento de fundos para os novos membros.

Naturalmente a capacidade vai aumentando ano a ano, com o crescimento e com a adaptação estrutural das suas economias.

---

[209] Considerando apenas os fundos estruturais, num quadro com os 10 Pecos, ver Grabbe e Hughes (1997:41).

Pode-se por isso admitir que fosse realista o que foi previsto nas Perspectivas Financeiras, que os seis primeiros aderentes (os cinco Pecos e Chipre) disporiam a partir de 2002 de verbas que passariam dos 6,42% do total do orçamento da UE nesse ano para 15,62% em 2006 (€16.760 milhões).[210]

Tendo sido decidida a entrada em 2004 dos 10 países, restava saber se se manteriam as dotações previstas para a entrada de seis países, num total de €42.590 milhões (a preços de 1999) para os anos de 2004 a 2006.

Curiosamente, apesar de vir a ser uma ampliação para mais 10 países, a comissão indicou um total de verbas mais baixo, em janeiro de 2002, mas depois foi ainda mais baixo o montante fixado no Conselho Europeu de Copenhague, em dezembro de 2002. A tabela 32 mostra como ficou com a divisão por setores.

Tabela 32

Setores	Quadro financeiro para a ampliação: 2004-06 (€ milhões a preços de 1999)		
	Conselho Europeu de Berlim (mar. 1999)*	Comissão (jan. 2002)	Conselho Europeu de Copenhague (dez. 2002)
Despesas			
▫ Agricultura	8.780	9.577	9.791
▫ Política regional	30.000	25.567	21.847
▫ Políticas internas	2.460	3.343	4.256
▫ Administração	1.350	1.673	1.673
▫ Total	42.590	40.160	37.567
*Enveloppe***			3.285
Crédit d'engagement			40.852

Fonte: Heimerl (2003:16).
* A *Agenda 2000* partiu de uma adesão de seis países em 2002. Um total de €58,1 milhões estava previsto para o período de 2002-06.
** Para compensações financeiras.

Constata-se que o montante global diminui *apenas* "à custa" da política regional, que é correta, de "primeiro-ótimo", indispensável em países não só

---

[210] Defendendo uma solução progressiva desse tipo, ver Sousa (2000:140 e segs.).

As ampliações que se avizinham | 275

com atrasos sensíveis em relação à média comunitária como também no seu interior.[211] É pelo contrário aumentada a verba destinada a uma política errada e distorcedora, a política agrícola.

Não se pode desconhecer ainda que, não estando em questão o acerto da decisão tomada acerca dos primeiros países a aderir (em 2004), se acentuará uma desigualdade dificilmente aceitável em relação aos outros Pecos e a outros países vizinhos. Ficarão aliás numa situação de especial desvantagem em relação aos primeiros escolhidos, não só no plano orçamentário como também por exemplo nos planos das oportunidades do mercado e da intervenção legislativa (Lopes, 1998).

Sobre a situação de desigualdade em que ficam no plano orçamentário, Ludlow (1997:3) recordou (quando se previa a entrada do primeiro dos cinco Pecos) a frase da Bíblia: *"to him who has, yet more will be given"*. E acrescenta os números: *"Once inside the European Union, the five new member states from central and eastern Europe should, in the Commission's view, have access to funds twice as large as those reserved for the five outsiders during the first membership year. By 2006, countries in the first wave would have been receiving about 170 ecu per head, while those who waited outside were to receive only 23 ecu per head"* (não citando todavia números que possam fundamentá-la, era mais agradável a perspectiva de Mingasson, 1998:4, que *"on les y aiderait d'ailleurs en les faisant pleinement bénéficier de la stratégie de préadhésion"*).

Diante da intransigência dos responsáveis políticos da Europa ao fixar a "intagibilidade" do limite de 1,27% do PIB (agora 1,24% do PNB), eles não procuraram saber se eram os meios mínimos indispensáveis à boa realização do projeto (ou, o que é mais grave, assim fizeram sabendo que não seriam de fato suficientes...). De nada valeu a posição do Parlamento Europeu com a aprovação do relatório de Colom I Naval,[212] tendo esse limite ficado consagrado no Conselho Europeu de Berlim.[213]

---

[211] São os atrasos citados, acrescentando-se — para ilustrar os desequilíbrios internos — que a região de Praga já está muito acima da média da UE-15 (e da região de Lisboa e Vale do Tejo) e que está perto desta média a região de Bratislava, quando por outro lado são dos novos membros as 29 regiões mais pobres da UE-25 (ver Porto, 2004:563)...
[212] Na sessão plenária de 4 de dezembro de 1997 (ver Porto 1999a:101-102; e numa apreciação geral de falta de ambição da *Agenda 2000*, 1998a). Com a mesma preocupação, ver Gaspard (1998).
[213] Nada adiantou a curto e médio prazos, diante do fato consumado com a aprovação das atuais Perspectivas Financeiras, a afirmação da *Agenda 2000* (1997:74) de que "na hipótese e no momento em que a União tenha de aumentar os seus recursos financeiros para além do atual limite máximo de 1,27% do PNB, poderá prever-se uma reforma mais importante. Neste caso, será possível reexaminar toda a estrutura do sistema dos recursos próprios" (ver Costa, 1998:21).

Nas circunstâncias existentes se poderia julgar que seria economicamente mais favorável adiar a ampliação, explorando-se, com menores encargos financeiros (sem a aplicação da PAC), as oportunidades oferecidas pelos acordos já celebrados. Mas além de suscitar dúvidas, não era possível fugir à pressão política que se verificava.

Estamos por isso de fato diante da "quadratura do círculo", com a intransigência de países mais ricos em ampliar a sua contribuição orçamentária,[214] de nada adiantando a boa vontade expressada pelo então diretor-geral dos Orçamentos, Mingasson (1998:13), com a afirmação feita, *"avec un certain manque de modestie"*, de se ter conseguido *"la quadrature du cercle en proposant de concilier: le financement des premiers coûts de l'élargissement, le maintien de l'effort de solidarité en faveur des pays de la cohésion, enfin, la maîtrise des finances publiques communautaires"*. Não é de fato mantido, longe disso, o esforço de solidariedade a favor dos países da coesão.

Não pode deixar de estar sempre presente o receio de Jacques Delors (expressado numa sessão plenária do Parlamento Europeu), de que "uma ampliação malfeita pode ser o fim da União Européia".

O problema não se põe tanto em relação aos países que já entraram com taxas apreciáveis de crescimento, mas, também por isso, com maiores exigências financeiras. Põe-se mais com novos candidatos. E as perspectivas orçamentárias são duvidosas (avaliando o orçamento do conselho, ver Porto, 2005a), como se constatou no Conselho Europeu de Luxemburgo, em junho de 2005.

Mais do que menos, é importante que se conjuguem todas as forças que possam levar a um reforço do todo europeu, para benefício das suas populações e das populações dos demais espaços do mundo.

---

[214] Para uma ampliação com a qual terão, aliás, um grande benefício econômico, a médio e longo prazos. Um aumento orçamentário que venha a ser feito não pode além disso deixar de considerar a origem dos recursos, para evitar a acentuação da distribuição regressiva.

Parte III

O Mercosul: avanços e problemas

Capítulo 18

Acordos preferenciais e de integração na América Latina: uma visão geral

O Mercosul é o resultado de um longo processo de aproximação entre os países do Cone Sul, dentro do qual teve particular importância o progressivo estreitamento das relações entre o Brasil e a Argentina. Para alguns, inclusive, o Mercosul nada mais seria do que a consolidação de um desejo de integração entre o Brasil e a Argentina que, por motivos históricos e geográficos quase óbvios, incluiu o Paraguai e o Uruguai. Não partilhamos dessa visão minimalista, ainda que, sem sombra de dúvida, exista uma dinâmica própria do Cone Sul, envolvendo a Argentina, o Sul do Brasil e o Uruguai; à qual o Paraguai naturalmente se associa.

O processo culminou no Tratado de Assunção, documento fundamental para a compreensão do projeto de integração, assinado em 1991. Não parece haver dúvida de que o tratado emula o Tratado de Roma, de 1957, que estabelece as Comunidades Européias, base da atual União Européia e tema largamente examinado na parte anterior. Devido a isso, o Mercosul é a única outra integração recente que, desde o seu início, almeja a criação de um *mercado comum interno*. Esse termo, no direito da integração, tem o significado específico de um espaço internacional onde vigora a livre circulação de bens, serviços, capitais e pessoas; fato conhecido como "as quatro liberdades".

Por causa das características especiais da conjuntura sul-americana, e latino-americana em geral, perde-se poder analítico se se restringe a análise do Mercosul meramente à sua dinâmica interna. Desse modo, essa terceira parte, ainda que dedicada ao projeto do Mercosul, inicia com uma breve visão da questão da integração no continente e, sempre que necessário, menciona fatos ou pontos relacionados a outras experiências latino-americanas.

Uma explicação completa da dinâmica dos acordos preferenciais na América Latina necessitaria uma abordagem onde não só a evolução histórica interna do continente teria destaque, como, de modo crucial, a sua relação com os movimentos do capital internacional, na maioria das vezes, revestida de diferentes formas de dependência. Essa abordagem foge ao objetivo e escopo deste livro. Traçaremos um panorama muito sucinto, com o objetivo de lembrar que o Mercosul deve também ser encarado na perspectiva maior das relações da América Latina com o mundo.

Tendo em vista as características peculiares dos países de origem ibérica nos três espaços que compõem as Américas, a forte influência exercida pelos EUA na área — principalmente sobre o México e a América Central —, e o fato de que, por muitos anos, a maioria desses países lançou mão (quase sempre sem sucesso) de políticas de substituição de importações, sendo depois assolados — até o final do século passado e especialmente os da América do Sul — por níveis crescentes de inflação, as integrações regionais não foram prioridade, nem uma possibilidade, durante boa parte do tempo. De 1947 a dezembro de 1990, somente oito projetos de integração regional, envolvendo países da América Latina, foram notificados ao então Gatt (WTO, 1995a), o mais antigo referindo-se à Área de Livre-Comércio El Salvador-Nicarágua, criada em 1951. Entre esses, dois, a Associação Latino-Americana de Integração (Aladi) e o Grupo Andino, foram notificados sob a *1979 Enabling Clause* (Cláusula de Capacitação, Gatt, 1979), que permite que o acordo seja inscrito na agenda do Comitê sobre Comércio e Desenvolvimento, em lugar de na do Conselho, como, em princípio, deve ocorrer com todos os acordos relativos ao art. 24.[215]

O quadro 3 mostra as oito integrações latino-americanas notificadas ao Gatt, desde sua criação até dezembro de 1990. Os três acordos mais relevantes são certamente os dois sob a Cláusula de Capacitação e o Tratado Geral de Integração Econômica da América Central objeto de diversos estudos, hoje tradicionais, sobre a integração latino-americana.[216] Sem dúvida, aprofundar

---

[215] O art. 24 do Acordo Geral sobre Tarifas e Comércio de 1947 (Gatt, 1947), incorporado no corpo de textos legais da OMC como parte do General Agreement on Tariffs and Trade (Gatt, 1994), dispõe sobre a possibilidade de os membros formarem áreas preferenciais de comércio (WTO, 1995b).
[216] Um bom exemplo é a síntese em Silva (1990), que procura combinar os principais fatores econômicos e políticos (sob uma perspectiva de relações internacionais) que foram atuantes nesses três projetos. Ver Blejer (1984) e Delgado (1978).

o conhecimento sobre qualquer um deles ajuda a entender os fatores que desempenham um papel *contra* qualquer tentativa latino-americana de integração.

Quadro 3

Integração	Países	Submetida como	Início
Área de Livre-Comércio El Salvador-Nicarágua	El Salvador e Nicarágua	ALC	21 de agosto de 1951
Participação da Nicarágua na Área de Livre-Comércio Centro-Americana	Costa Rica, El Salvador, Guatemala, Honduras e Nicarágua	ALC	2 de junho de 1959
Associação Latino-Americana de Livre-Comércio (Alalc)	Argentina, Brasil, Chile, Peru e Uruguai	Acordo interino para a formação de uma ALC	2 de junho de 1961
Participação da Nicarágua no Tratado Geral para a Integração Econômica da América Central	Costa Rica, El Salvador, Guatemala, Honduras e Nicarágua	Acordo interino para a formação de uma ALC e equalização de direitos e taxas aduaneiras	Junho de 1961
Caribbean Free-Trade Agreement (Carifta)	Antígua, Barbados, Guiana e Trinidad y Tobago	ALC	1º de maio de 1968
Caribbean Community and Common Market (Caricom)	Barbados, Guiana, Jamaica e Trinidad y Tobago	Acordo interino para a formação de uma união aduaneira	1º de agosto de 1973
Associação Latino-Americana de Integração (Aladi)	Argentina, Bolívia, Brasil, Chile, Colômbia, Equador, México, Paraguai, Peru, Uruguai e Venezuela	Acordo preferencial	18 de março de 1981
Grupo Andino	Bolívia, Colômbia, Equador, Peru e Venezuela	União aduaneira	25 de maio de 1988

Fonte: WTO (1995a).

A *Aladi* sucedeu a Associação Latino-Americana de Livre-Comércio (Alalc), que, ao final dos anos 1970, já era um fracasso evidente. Ao contrário da sua *predecessora*, que, como o nome indicava, tentou criar uma *área de livre-comér-*

cio entre os seus (cerca de)[217] 11 membros, ela foi concebida como um acordo preferencial, com liberalização apenas para um grupo seleto de produtos. Entretanto, a diversidade de seus membros, com diferentes problemas e pontos de vista (países do Cone Sul, duas nações andinas além do par Colômbia e Venezuela, o Brasil e, muito ao norte, o México) foi responsável por negociações extremamente cansativas e pouco produtivas; concessões substanciais eram requeridas por todos e dadas por ninguém.

Ao final dos anos 1980, para um observador rigoroso, a Aladi já era um fracasso, tendo sido parcialmente superada pelo Mercosul. Entretanto, ela ainda subsiste, pelo menos como uma entidade burocrática, possuindo uma secretaria-geral em Montevidéu (Uruguai) que mantém o intento de conseguir uma substancial liberalização comercial entre os participantes (ainda sem configurar uma ALC) por volta de 2005-06. Esse esforço, no entanto, como se verá a seguir, encontra-se também de certa forma superado, para não dizer atropelado, por outros acontecimentos. Além de atuar como uma espécie de mini-OCDE, compilando estatísticas, financiando estudos e apoiando comitês com propósitos gerais (procedimentos aduaneiros, as novas regulamentações da OMC etc.), a associação tem ajudado, de certa forma, na manutenção de laços entre o Grupo Andino e o Mercosul, e de um foro onde o México e o Chile também estão presentes. Ela também goza de boas relações com o Mercado Comum Centro-Americano.

O *Grupo Andino* teve as suas origens nas declarações de Bogotá (Colômbia, 1966) e Punta del Este (Uruguai, 1967), assinadas por Colômbia, Venezuela, Equador, Peru e Chile, ambas sendo documentos que ligavam a integração latino-americana aos objetivos da Aliança para o Progresso.[218] Com um conjunto muito ambicioso de propostas — incluindo a criação de uma caixa de compensação comum (uma "união de pagamentos") e o estabelecimento de regras comuns para o investimento estrangeiro direto (IED) na região —, o projeto foi ratificado em 1969 pelo Acuerdo de Cartagena, ao qual a Venezuela aderiu em 1973.

A tentativa andina pode ser considerada uma integração regional de livro-texto, tal foi o cuidado investido na sua concepção e a qualidade e nível de

---

[217] O número de aderentes variou durante o processo.
[218] Importante iniciativa norte-americana, em vigor (principalmente) durante as décadas de 1960 e 70, visando promover o desenvolvimento latino-americano, sob a tutela dos EUA, e controlar a influência comunista na região.

detalhes alcançados pelos seus documentos e protocolos oficiais. Tendo recorrido a renomados especialistas em direito internacional, o Grupo Andino produziu uma coleção de textos legais que, pela sua estrutura, propósitos, direitos e obrigações, e inter-relacionamento mútuo, podem ser considerados, sob certos aspectos, mais modernos e precisos do que os emanados durante a construção da União Européia (UE). Possui até um tribunal, análogo à sua contrapartida européia em Luxemburgo. Infelizmente, é exatamente nessas qualidades onde reside um de seus maiores erros. Uma superestrutura formidável foi criada sobre pés de barro; ao contrário do processo europeu, nada ou muito poucas coisas haviam acontecido para justificar um tal aparato legal e burocrático.

As negociações para a união aduaneira foram um desapontamento. A primeira data fixada para a sua operação plena (liberalização total no âmbito do acordo e uma estrutura mínima de tarifa externa comum — TEC), 31 de dezembro de 1980, foi prorrogada para 1983 (para Colômbia, Peru e Venezuela) e 1989 (Bolívia e Equador), e na realidade ainda não ocorreu. No início de 1976, o Chile alterou unilateralmente as suas tarifas, violando acordos assumidos nas negociações da TEC. Ao mesmo tempo, iniciou uma disputa sobre o tratamento comum a ser dispensado ao capital estrangeiro — a chamada Decisão 24 —, argumentando a favor de uma política mais aberta, que permitisse às multinacionais largas remessas às suas sedes no exterior, e solicitando o direito de revender aos estrangeiros as firmas estatizadas durante o período Allende. Apesar de, sobretudo devido à difícil situação financeira por que passava a maioria dos membros, ter sido aceita a maior parte das propostas chilenas, e concedida a permissão solicitada, um consenso não foi obtido, e o Chile abandonou o pacto em 30 de outubro de 1976. Arranjos concernentes ao sistema de pagamentos foram também infrutíferos, embora a Decisão nº 24 tenha sido modificada (pela Decisão nº 103) ainda em 1976, falta de consistência na política industrial de cada um dos membros, reações negativas das multinacionais e o relativo trauma causado pela saída do Chile não ajudaram em nada ao projeto. O acordo que aparece no quadro 3 é uma proposta reformulada pelos cinco membros restantes, menos ambiciosa, que tem progredido vagarosamente.

Em 1995, uma união aduaneira imperfeita foi alcançada entre a Bolívia, a Colômbia, o Equador e a Venezuela, sendo o Peru incorporado em 1997 à área de livre-comércio. Em junho do mesmo ano, com a assinatura do Protocolo de Trujillo, a integração mudou o seu nome para Comunidade Andina — Comunidad Andina de Naciones (ver Vilaça e Sobrino Heredia, 1997). Em junho de 2000, durante o XII Conselho Presidencial Andino, os presidentes dos cinco Estados-membros adotaram uma série de diretivas com o propósito de estabelecer, em 31 de dezembro de 2005, um mercado comum — com as quatro conhecidas liberdades, o livre movimento de bens, serviços, pessoas e capital — entre eles. As linhas correspondentes à comunidade na tabela 33 fornecem uma idéia do seu lento processo de integração.

Outro exemplo de uma estrutura institucional elaborada é o Mercado Comum Centro-Americano (MCCA), criado em dezembro de 1960 por El Salvador, Guatemala, Honduras e Nicarágua, e ao qual a Costa Rica aderiu em julho de 1962, visando o estabelecimento de um mercado comum. Após um início promissor, o projeto foi prejudicado pelas tensões e conflitos entre parte de seus membros e a crônica instabilidade macroeconômica da região, durante a segunda metade do século XX. Reativado em 1993, por intermédio do Protocolo da Guatemala, que estabeleceu o Sistema de Integração Centro-Americana, o projeto, tal como a UE e a Comunidade Andina, possui um conselho, um executivo, um parlamento e um tribunal. Embora a implementação da união aduaneira esteja bastante avançada, o objetivo inicial de tê-la estabelecida ao final de 2003 não foi alcançado.

Finalmente, uma breve menção ao Caribbean Community and Common Market/Comunidad del Caribe (Caricom), que teve início em 1973 entre algumas nações caribenhas e hoje conta com 12 membros, sobretudo ilhas. Um dispositivo legal visando a implementação de um mercado comum entrou em operação em 2000, com as Bahamas não participando, embora continuando membro da comunidade. Juntamente com o MCCA, o Caricom é considerado, em seu estágio inicial, um exemplo de "integração fechada", baseada em tarifas externas altas e políticas de substituição de importações.

Na década de 1990, entretanto, fatos importantes ocorrem. Primeiro, dois acordos mudam a até então razoavelmente decepcionante aura envolvendo quase todas as tentativas de integração regional na América Latina:

- o Mercosul — Mercado Comum do Cone Sul (Mercado Común del Cono Sur) —, que, com o ambicioso objetivo de criar um mercado comum, foi instaurado pelo Tratado de Assunção, assinado em 26 de março de 1991, entrou em vigor em novembro do mesmo ano, e foi notificado à OMC sob a proteção da Cláusula de Capacitação de 1979;

❏ o Nafta — North American Free Trade Area —, uma integração do tipo norte-sul criada pela incorporação do México ao Acordo Canadá-EUA de 1988. Devidamente notificado à OMC, entrou em vigor em 1º de janeiro de 1994.

Em segundo lugar, os países — e as próprias integrações regionais — latino-americanos, com o movimento generalizado de abertura de suas economias, começam a olhar para fora do continente americano, e um certo acúmulo de proposições de acordos norte-sul tem lugar. Exemplos são o Acordo de Livre-Comércio México-União Européia, as negociações Mercosul-UE, MCCA-UE e MCCA-EUA. Por outro lado, fiel à sua política independente, o Chile começa a procurar ativamente acordos bilaterais pelo mundo afora.

Várias outras iniciativas ocorrem, devido principalmente à quase frenética atividade do México e do Chile. O primeiro, logo após o Nafta, negociou acordos preferenciais de comércio com a Colômbia e a Venezuela — o que resultou na criação, em 1995, do Grupo de los Tres, uma ALC também englobando questões relativas aos investimentos, às compras governamentais, à propriedade intelectual e ao comércio de serviços —, El Salvador, Guatemala e Honduras (esses dois também conjuntamente) e propôs diversas iniciativas bilaterais com Costa Rica, Bolívia, Nicarágua e Chile, que passaram a vigorar, com as duas primeiras, em 1995, e, com as outras, respectivamente, em julho de 1998 e em novembro de 1999. As negociações com a tríade centro-americana foram árduas, mas um consenso foi finalmente obtido em maio de 2000, para uma ALC iniciada em 2001, com a liberalização de cerca de 50% do comércio entre os quatro, e por volta de 76% de um universo de 6 mil bens, ainda que a maioria dos produtos agrícolas tenha ficado fora do acordo, juntamente com outros como cimento e veículos leves. Além disso, produtos metalúrgicos, ou itens como cerveja, são exemplos onde as reduções tarifárias foram somente parciais. Surpreendentemente, isso não aplacou o furor mexicano pelos acordos (bilaterais) de integração, e o país prosseguiu nos seus esforços, agora em negociações com Belize, Equador, Peru e Panamá!

O Chile assinou, na década de 1990, acordos bilaterais (além do com o México) com a Colômbia, a Venezuela e o Equador, bem como com o Canadá, e está em negociações com o MCCA. As suas maiores cartadas foram porém os acordos de livre-comércio com a União Européia e os EUA, assinados, respectivamente, em 2002 e 2003, o último tendo sido obtido após certas concessões discutíveis.

El Salvador, Guatemala e a Nicarágua lançaram, em 2000, um movimento em prol de laços econômicos mais estreitos, incluindo o estabelecimento de um corredor estratégico de transporte interoceânico, que, se criado, desviará parte do comércio que utiliza o canal do Panamá.

Por fim, preocupados, os EUA lançam uma iniciativa ambiciosa, a Área de Livre-Comércio das Américas (Alca), objetivando estabelecer uma área de livre-comércio "do estreito de Bhering ao cabo Horn".

Estes múltiplos laços e associações estão dando origem a várias situações estranhas. A Colômbia e a Venezuela, por exemplo, possuem obrigações de união aduaneira, como membros da Comunidade Andina, e deveres de uma ALC no Grupo de los Tres, além dos contidos em seus acordos em separado com o Chile. Sem dúvida, exemplos como esse ilustram o caos traduzido por Bhagwati e Panagariya (1996) na imagem do "prato de espaguete", formado pela multiplicação desordenada dos acordos preferenciais. Convergências e simplificações nesses compromissos deverão certamente ocorrer em um futuro próximo.

A tabela 33 dá uma visão geral, pelo lado das importações, de como cada um dos principais blocos se encontra entrelaçado. O Mercosul será tratado com mais detalhes nos capítulos seguintes.

Tabela 33

Discriminação	\multicolumn{7}{c}{Importações totais e intra-regionais para blocos selecionados na América Latina, excluindo o México (US$ milhões)}
	1990	1991	1992	1993	1994	1995	1996
América Latina							
Importações globais	68,643	78,914	94,877	109,163	125,367	153,876	162,140
Importações dentro da AL	15,958	19,210	23,855	27,289	31,384	40,345	43,161
Dentro/total (%)	23,2	24,3	25,1	25,0	25,0	26,2	26,6
CACM							
Importações globais	6,535	6,868	8,874	9,456	10,224	12,087	12,304
Importações dentro do CACM	0,640	0,810	1,069	1,131	1,274	1,507	1,561
Dentro/total (%)	9,8	11,8	12,0	12,0	12,5	12,5	12,7
Comunidade Andina							
Importações globais	17,425	22,311	27,220	29,398	30,617	38,300	36,814

Continua

Discriminação	Importações totais e intra-regionais para blocos selecionados na América Latina, excluindo o México (US$ milhões)						
	1990	1991	1992	1993	1994	1995	1996
Importações dentro da CA	1,182	1,646	2,091	2,645	3,272	4,877	4,860
Dentro/total (%)	6,8	7,4	7,7	9,0	10,7	12,7	13,2
Mercosul Importações globais	27,326	32,140	38,536	47,823	61,851	75,311	83,217
Importações dentro do Mercosul	4,122	5,125	7,270	9,396	11,862	14,094	17,092
Dentro/total (%)	15,1	15,9	18,9	19,6	19,2	18,7	20,5

Fonte: Banco Interamericano de Desenvolvimento.

Capítulo 19

O Mercosul: a liberalização comercial

Antecedentes à criação do Mercosul

Criado em 26 de março de 1991, data em que o Tratado de Assunção foi assinado pela Argentina, Brasil, Paraguai e Uruguai, o Mercosul é, em grande parte, o desfecho de um progressivo estreitamento de laços bilaterais entre a Argentina e o Brasil, que teve lugar durante a segunda metade dos anos 1980, mas também de abordagens bilaterais entre a Argentina e o Uruguai e o Brasil e o Uruguai. Iniciado em novembro de 1985, com a Declaração de Iguaçu, o *rapprochement* entre a Argentina e o Brasil — ambos apenas livres de governos militares e de retorno à plena normalidade democrática — foi um passo fundamental para o Tratado de Assunção. Até então, os dois países — as duas maiores nações e com mais liderança no Mercosul — olhavam-se mutuamente com suspeita, tendo chegado a desenvolver, com fins militares, programas nucleares secretos. O abrandamento das tensões refletido na Declaração de Iguaçu foi seguido por diversos protocolos, atos e pelo menos um tratado bilateral — todos antes de março de 1991 —, e significou o início de uma era de confiança mútua e de preocupação conjunta com o futuro do Cone Sul.

O Mercosul, claramente inspirado e concebido no projeto da União Européia, objetiva o estabelecimento de um mercado comum. Como já discutido, isso significa que, a partir de um certo momento, as quatro liberdades que caracterizam um mercado comum deverão prevalecer no espaço integrado. Um projeto de tal envergadura, entre países latino-americanos bastante desacreditados quanto ao sucesso de qualquer iniciativa de integração, foi imediatamente encarado por muitos membros da comunidade internacional, especialmente os EUA, e também internamente, nos quatro participantes, como condenado ao fracasso. Que isso não ocorreu é o que tentaremos mostrar a seguir.

Da área de livre-comércio ao estabelecimento da tarifa externa comum

O primeiro passo do projeto, o estabelecimento de uma ALC em 1º de janeiro de 1995, era algo que a maioria não esperava. Um poderoso argumento contra tal empreitada, não desprovido de sentido, era a crônica instabilidade macroeconômica que prevalecia na Argentina e no Brasil, com uma conseqüente enorme volatilidade de câmbio entre as duas economias (Flôres, 1994). Entretanto, na data fixada, a ALC estava em operação. Apesar de uma inevitável lista de exceções, a ALC começou com 8 mil produtos sendo transacionados a uma tarifa zero, ou seja, mais do que 95% dos bens trocados pelos quatro membros. A ALC deveria estar completamente implementada em 1º de janeiro de 2000, o que entretanto não ocorreu. Devido a questões internas, alíquotas temporárias foram levantadas pelos membros, e algumas exceções ainda persistem. Os dois maiores problemas continuam a ser o setor automotivo e o problemático tema do açúcar. Apesar disso, parece justo dizer que a ALC é hoje uma realidade inegável.[219]

Como ocorreu durante um longo período com o projeto europeu (e ainda ocorre!), as barreiras não-tarifárias continuam a ser usadas — às vezes pesadamente — por setores específicos. Essa situação, cuidadosamente analisada por Berlinski e outros (2000), se bem que importante, também não parece suficiente para levar a uma avaliação negativa do estado da implementação da ALC.

Em dezembro de 1994, na histórica cidade de Ouro Preto, no Brasil, um abrangente protocolo foi firmado, estabelecendo as bases para a união aduaneira. A tarifa externa comum (TEC) começou com um intervalo de 0% a 20%, cobrindo 85% dos produtos importados pelo Mercosul e admitindo, nesse grupo, 232 exceções para a Argentina, 175 para o Brasil, 210 para o Paraguai e 212 para o Uruguai. Em 1996, a TEC média (não-ponderada) para os produtos completamente liberados no interior da ALC, segundo subgrupos específicos do sistema harmonizado (*harmonised system*), variava de 7,8% (animais vivos e

---

[219] As discussões para a inclusão do açúcar e produtos relacionados na ALC foram reabertas no segundo semestre de 2000, e prosseguem ainda.

produtos animais) a 21,5% (veículos, fora do regime automotivo; instrumentos ópticos, fotográficos, de precisão, médicos, musicais e mecânicos de todos os tipos).[220] De acordo com o primeiro calendário, todas as exceções deveriam estar eliminadas em 2001, quando a Argentina e o Brasil adotariam uma TEC de 14% para bens de capital. A união aduaneira plena, com uma tarifa de 16% para a maioria dos produtos de ponta, de tecnologia da informação, deveria estar em vigor em 1º de janeiro de 2006. Entretanto, devido principalmente às crises por que passaram os dois maiores membros, o progresso nessa direção tem sido mais lento do que o programado — e esperado, com diversas exceções e "perfurações" ainda em vigor. Apesar das dificuldades, a tendência é positiva e algo próximo ao objetivo de 2006 poderá ser alcançado.

Os laços comerciais criados entre os quatro parceiros são uma das provas mais indiscutíveis do sucesso do Mercosul. De fato, o comércio entre os membros, que em 1990 era da ordem de US$4,1 bilhões, saltou para US$20,2 bilhões em 1997. A tabela 34 mostra os resultados para anos mais recentes. É importante salientar que, como destino das exportações de cada membro, o Mercosul é responsável pelas exportações totais de cerca de 35,6% para a Argentina, 17,4% para o Brasil, 52,4% para o Paraguai e 55,4% para o Uruguai. Os números para as importações são, respectivamente, 25,1, 16,2, 45,8 e 43,2%.[221] Se o Mercosul é "menos crucial", em termos de fluxos de comércio, para o Brasil do que o é para o Paraguai e o Uruguai, é entretanto um parceiro importante tanto para ele quanto para a Argentina.

O enorme aumento nos fluxos de comércio internos ao bloco levou alguns autores a levantar a questão de que a integração estaria levando a um significativo desvio de comércio. Yeats (1998), em um artigo que já suaviza pontos previamente expostos em um documento interno do Banco Mundial,[222] apresenta uma análise incompleta visando respaldar esse argumento. As respostas variaram de comentários concisos sobre a metodologia e a visão estreita do estudo (Devlin, 1996; Flôres, 1996b, a análises técnicas alternativas) (Nagarajan, 1998).

Na realidade, a maior distorção se concentra exatamente no setor automotivo e de autopeças, onde um regime especial foi criado — com o objetivo de

---

[220] A tarifa média para metais básicos e seus artigos, e produtos minerais, gira em torno de 12%.
[221] Todas essas percentagens são para 1998. Em 1999, a desvalorização da moeda brasileira (real) distorce razoavelmente esses valores. O mesmo se dá para 2000 e 2001, devido à crise argentina e seus desdobramentos no bloco.
[222] Yeats (1996).

promover o investimento estrangeiro direto na região — e que, de fato, ergueu, ou melhor, manteve barreiras para proteger os desenvolvimentos locais. Esses, apesar de terem sido objeto de um painel na OMC, salvaguardam, no fundo, os interesses das principais montadoras internacionais. O regime automotivo do Mercosul é um assunto complexo e cheio de detalhes, sem dúvida discutível em quase a sua totalidade, mas que vem tendo algum progresso positivo. Em dezembro de 2000, na XIX Reunião do Conselho do Mercado Comum, uma nova versão foi aprovada, estabelecendo a data de 1º de fevereiro de 2006 para a completa liberalização do setor automotivo dentro do Mercosul. No tocante às tarifas externas, apesar de certas exceções por país, o nível de 35% foi fixado para a maioria dos veículos, com uma tarifa inferior de 14% para determinados itens específicos (principalmente tratores e outras máquinas agrícolas). A convergência para a TEC está planejada para 1º de janeiro de 2007.

Tabela 34

Origem		Exportações (US$ milhões)				Importações (US$ milhões)			
		Mercosul	América Latina	Outras regiões	Total	Mercosul	América Latina	Outras regiões	Total
Argentina	1998	9.421	3.875	13.145	26.441	7.875	1.752	21.777	31.404
	1999	6.979	3.355	12.999	23.333	6.299	1.464	17.703	25.466
Brasil	1998	8.877	5.442	36.801	51.120	9.858	3.310	47.625	60.793
	1999	6.778	4.686	36.547	48.011	7.044	3.047	41.656	51.747
Paraguai	1998	531	91	392	1.014	1.467	55	1.678	3.200
	1999	307	51	383	741	957	40	1.278	2.275
Uruguai	1998	1.533	196	1.040	2.769	1.648	176	1.987	3.811
	1999	1.007	190	1.035	2.232	1.461	254	1.642	3.357
Mercosul	1998	20.362	9.604	51.378	81.344	20.848	5.293	73.067	99.208
	1999	15.071	8.282	50.964	74.317	15.761	4.805	62.279	82.845

Fonte: Comtrade da ONU.

As avaliações da integração comercial

Flôres (1997), usando um modelo estático de equilíbrio geral aplicado (EGA), com sete regiões[223] e nove setores, cinco dos quais em competição imperfeita, obteve ganhos de bem-estar para os membros do Mercosul na faixa de

---

[223] Os quatro membros do Mercosul, o Nafta, a UE e o resto do mundo.

1,0 a 2,6% do PIB do ano-base. Nos três cenários examinados, a Argentina e o Uruguai são os grandes ganhadores. No cenário básico — com uma TEC igual à média ponderada das tarifas efetivamente praticadas pelos quatro membros em 1990, e as tarifas das demais regiões do modelo mantidas em seus valores do ano-base —, os dois ganham 2,3 e 1,8%, respectivamente, enquanto o Brasil, 1,1%.

Amjadi e Winters (1997) investigaram se o bloco, mais o Chile, se qualificaria como um bloco de comércio "natural", no sentido de Frankel e outros (1995). Embora a evidência que produzem não aponte de forma conclusiva para uma resposta positiva, analisando os custos de transporte entre os membros, eles produziram dados interessantes (tabelas 36, 37 e 38). Em média, as margens de transporte entre os cinco países são 6% inferiores às do resto do mundo. Além disso — e num resultado que demanda mais investigação — as margens (de transporte) sobre as importações são 2 a 4% mais elevadas se para o Mercosul do que se para os EUA. Todos esses fatos indicam a existência de vantagens locacionais — ou *être sur place* — para o IED na área do Mercosul. A tabela 35 apresenta o custo percentual médio de transporte das importações para os países do Mercosul e o Chile.

Tabela 35

Custo médio de transporte das importações para os países do Mercosul e o Chile (1993, em %)*

Exportador	Mercado (destino)				
	Argentina	Brasil	Paraguai	Uruguai	Chile
Mercosul	6,20	5,60	10,80	2,60	8,90
Resto do mundo (exceto Chile)	12,30	12,20	22,70	14,00	12,70
Argentina	—	6,00	12,20	2,40	8,30
Brasil	6,70	—	10,40	3,30	9,20
Paraguai	6,30	2,60	—	4,90	10,90
Uruguai	4,60	6,20	16,20	—	16,10
Chile	8,10	10,70	14,50	8,00	—
Europa	11,30	12,40	18,80	12,50	13,20
EUA-Canadá	14,50	15,40	23,80	12,10	12,50
Ásia	16,80	19,30	25,50	16,20	14,90

Fonte: Amjadi e Winters (1997).
* Médias ponderadas, usando as importações do Mercosul como pesos.

A tabela 36 apresenta os custos de transporte dos produtos (em %), segundo a participação do Mercosul nas importações, enquanto a tabela 37 mostra os custos de transporte EUA-Mercosul (em %) para os produtos importados, classificados pela participação do Mercosul nas importações.

Calfat e co-autores (2003), combinando metodologias diferentes, tentam fazer uma avaliação dinâmica dos ganhos obtidos pela Argentina com o Mercosul. Encontram fundamento para a existência de ganhos tanto de médio quanto de longo prazos, embora ambos devam ser aparentemente menores do que os ocorridos com o projeto EC92, que aprofundou a integração européia, e, talvez, os do México com o Nafta. Usando os índices marginais de comércio intra-ramo, eles mostram que a especialização desse tipo de comércio, condição central para permitir o crescimento endógeno, experimentou um aumento (estatisticamente) significativo no fluxo comercial entre a Argentina e o Mercosul. As suas conclusões encontram um certo eco em Estevadeordal e outros (2000), que, usando dados parcialmente semelhantes, porém relativos a um período maior *antes* e *após* o Tratado de Assunção, inferem que o Mercosul se qualifica como o que Ethier (1997) chama de *novo regionalismo*, significando uma integração regional que avança na direção (multilateral) do livre-comércio, enquanto aumenta o bem-estar dos seus membros, sem diminuir o dos países que dela não fazem parte.

Tabela 36

% dos produtos importados provenientes do Mercosul	% das importações totais na classe	Mercosul: custo de transporte das importações			
		Custo de transporte das importações*			
		Mercosul	Resto do mundo	Mercosul	Resto do mundo
		Média aritmética		Média ponderada	
100	0,50	13,10	—	13,70	—
95-99,9	2,20	7,80	50,70	9,70	23,60
80-94,9	3,30	7,30	19,80	5,50	14,70
60-79,9	5,30	6,20	20,20	5,10	13,00
40-59,9	8,50	6,00	16,50	3,50	11,60
< 40	80,30	8,80	14,70	6,10	10,50

Fonte: Amjadi e Winters (1997).
* Médias ponderadas usando as importações do Mercosul como pesos.

Tabela 37

% dos produtos importados provenientes do Mercosul	Mercosul-EUA: custo de transporte das importações recíprocas			
	Custo de transporte das importações (%)			
	Mercosul dos EUA	EUA do Mercosul	Mercosul dos EUA	EUA do Mercosul
	Média aritmética		Média ponderada	
100	—	—	—	—
95-99,9	24,80	28,80	26,80	33,90
80-94,9	18,60	15,10	17,00	7,30
60-79,9	16,30	10,90	15,50	7,20
40-59,9	16,70	11,30	15,70	7,40
< 40	12,00	10,10	8,50	8,30

Fonte: Amjadi e Winters (1997).
Obs.: Médias ponderadas usando, respectivamente, as importações do Mercosul e dos EUA como pesos.

Uma nova e promissora área de análise é a que tenta entender o processo de estabelecimento das tarifas externas nesses acordos, sob a ótica da economia política da proteção.[224] Embora mais adequados para a economia norte-americana, onde o *lobbying* (setorial) político é uma atividade razoavelmente aberta e bem documentada, esses estudos, mesmo para os países da AL, podem proporcionar alguns *insights* sobre as principais forças protecionistas no interior de um dado país ou bloco. Grether e co-autores (1999), estudando as reformas comerciais no período 1985-89 no México, concluíram que a presença do IED desempenhou um papel fundamental no desenho da estrutura de proteção. Em particular, embora houvesse uma tendência para uma abertura maior, os setores intensivos em IED, que competiam com as importações, receberam maior proteção no período. Comparando com as negociações do Nafta nos setores automotivo e de equipamentos de transporte, parece que as conclusões continuaram a fazer sentido em datas posteriores.

Para o Mercosul, Olarreaga e Soloaga (1998) e Olarreaga e outros (1999), analisando a TEC em um contexto de equilíbrio parcial, produziram evidências empíricas sobre a sua formação, ao utilizar diferentes variáveis para explicá-la. Calfat e outros (2000) e Calfat e Flôres (2002), utilizando um modelo não muito diferente do de Cadot e outros (1997), encontraram que, no Mercosul,

---

[224] Porto (2001:165-73) apresenta uma introdução a esse assunto.

os *lobbies* que lutaram *por desvios*, seja no caso da ALC como no da TEC, diferem dos que se bateram pela TEC *acertada*. Os parâmetros estruturais de seus modelos confirmam que um certo grau de proteção existe no Brasil e no Uruguai. No primeiro, junto a um relativamente alto grau de representação dos *lobbies*, embora não suficiente para neutralizar mutuamente o poder dos vários grupos de interesse. No Uruguai, o grau de *lobbying* parece ser ainda maior, mas a proteção também se revela, provavelmente devido ao fato de que *nem todos os setores praticam o lobby* e a razão "produção local/importação" é muito elevada em alguns dos que são protegidos.

Capítulo 20

O Protocolo de Ouro Preto e os principais protocolos subseqüentes

A estrutura institucional do Mercosul

O projeto Mercosul foi, até 2002, levado e administrado por um conjunto de órgãos intergovernamentais, não tendo sido criadas até então instituições supranacionais, tão comuns e instrumentais no projeto europeu. Tal fato foi uma opção consciente dos seus fundadores,[225] opção que se mostrou sábia e fundamental para o rápido desenvolvimento do projeto, pelo menos até por volta de 2000. A enorme disparidade de tamanho entre os membros teria certamente levado a impasses numa instância supranacional, enquanto o contato direto e as tomadas de decisão conjuntas pelos quatro presidentes, ou seus ministros credenciados, evitou muitos problemas durante os anos formativos do mercado. O Brasil que talvez, por motivos óbvios, tenha sempre sido o mais relutante a permitir a criação de organismos supranacionais, tem recentemente adotado uma atitude menos contrária, como se verá na discussão do Protocolo de Olivos mais adiante.

As instituições que compõem a estrutura original do Mercosul são seis, e foram criadas pelo Protocolo de Ouro Preto. Esse protocolo é fundamental para o entendimento do Mercosul, sendo o diploma legal que lhe deu personalidade jurídica de direito internacional público, com importantes implicações internas e internacionais. Graças a ele (art. 35), pode o Mercosul contratar, adquirir e dispor de bens móveis e imóveis, comparecer em juízo e manter fundos, e realizar operações bancárias. Pode ainda (art. 36) fechar acordos

---

[225] O fracasso do Pacto Andino, com a sua superestrutura pesada, foi um dos argumentos decisivos para isso.

internos, bem como negociar e assinar acordos com países externos, grupos de países e organizações internacionais.

Das seis instituições básicas, as três mais importantes são:

- o Conselho do Mercado Comum é o órgão supremo da associação, com poderes (intergovernamentais) de supervisão, formulação de políticas, controle e negociação. É o responsável último pela consecução dos objetivos do Tratado de Assunção. As suas manifestações conclusivas são adotadas por consenso (art. 37) e são compulsórias (art. 9º), denominando-se *decisões*;
- o Grupo do Mercado Comum é o órgão executivo do Mercosul, operando em base permanente, assistido pela Secretaria Administrativa. As suas funções incluem o monitoramento do Tratado de Assunção e dos diversos protocolos e acordos assumidos pela associação, além de formular o programa de trabalho e aprovar o orçamento correspondente. É ele quem elabora as propostas de decisões a serem adotadas pelo conselho. As suas manifestações conclusivas denominam-se *resoluções*;
- a Comissão de Comércio é o órgão central do Mercosul, sendo responsável pela sua política comercial. É composta por quatro membros, um de cada país, e coordenada pelos respectivos ministérios de Relações Exteriores; reporta (e assiste) ao Grupo do Mercado Comum. As decisões da Comissão de Comércio podem ter a forma de *diretrizes* e *proposições*, as primeiras sendo compulsórias.

Além dos órgãos acima, existem a Comissão Parlamentar Conjunta, o Fórum Consultivo Econômico e Social e a Secretaria Administrativa, situada em Montevidéu.

O Mercosul também dispõe sobre temas específicos mediante *protocolos*. Desde o de Ouro Preto, vários foram estabelecidos, porém muitos não foram ainda efetivados. De fato, para a entrada em vigor de uma decisão, são necessários os seguintes passos (art. 40):

> (i) uma vez aprovada a norma, os membros devem adotar as medidas necessárias para a sua incorporação ao ordenamento jurídico nacional, comunicando o fato à Secretaria Administrativa;
> (ii) após todos os membros terem informado à Secretaria Administrativa que a norma foi incorporada às respectivas ordens jurídicas internas, a secretaria comunicará aos Estados-partes tal ocorrido;

(iii) finalmente, a norma entra em vigor simultaneamente em todos os membros, 30 dias após a data da comunicação anterior, feita pela secretaria. Dentro desse prazo, os Estados-partes deverão dar ampla divulgação interna sobre a vigência da norma, que deverá ser publicada nos respectivos diários oficiais.

É fácil, pelo processo acima, compreender por que diversos protocolos, bem como decisões, resoluções ou diretrizes ainda não vigoram. É importante porém notar que situação semelhante — ainda que não idêntica — ocorre na UE.

Cabe finalmente mencionar que a estrutura institucional do Mercosul é talvez o tópico do projeto que tenha sido mais estudado, por despertar considerável interesse entre os juristas e advogados, parte deles desejosos de uma reprodução, maior ou menor, do arcabouço construído pela UE. Ver Amaral (2000), Basso (1999), Basso e outros (1995), Casella (1996, 2000) e Martins (1997).

Os demais protocolos

Entre os diversos protocolos existentes, discutiremos os relativos ao sistema de solução de controvérsias — protocolos de Brasília e de Olivos — e o à concorrência — Protocolo de Fortaleza.

Os protocolos de Brasília e de Olivos

A questão da solução de litígios já tinha sido objeto do Tratado de Assunção. Ele estabelecia, de forma preliminar, um sistema baseado em consultas e negociações. Qualquer disputa entre os membros deveria, em princípio, ser resolvida mediante a negociação direta entre as partes. Se uma solução não fosse obtida, o caso seria remetido ao Grupo do Mercado Comum que, após examinar a questão, deveria emitir uma resolução dentro do prazo de 60 dias; o grupo estando autorizado a convocar um painel de especialistas para assessorá-lo nos aspectos técnicos da questão. Na ausência, ainda, de uma solução, a disputa seria remetida ao Conselho do Mercado Comum.

O Protocolo de Brasília (17 de dezembro de 1991, anterior, portanto, ao de Ouro Preto) complementou, como já almejado no próprio tratado, esse sistema, introduzindo algumas modificações. O sistema continua, no início, baseado em consultas e negociações, devendo os membros em disputa, em princípio, resolvê-la mediante a negociação direta entre as partes, dentro do prazo de

15 dias. O Grupo do Mercado Comum é informado da questão desde o seu início, podendo até atuar como um conciliador. Caso a solução não seja obtida, caberá a ele, como anteriormente, tentar resolvê-la, agora no prazo de 30 dias. Permanecendo o impasse, recorre-se agora a um laudo arbitral *ad hoc*. O protocolo abre ainda o sistema aos agentes privados, além dos quatro Estados. Dessa forma, pelo seu art. 25, o sistema passa a acolher as queixas de pessoas naturais ou legais, pertencentes ao espaço de integração, contra a aplicação por qualquer Estado-membro de medidas que tenham um efeito restritivo ou discriminatório, ou resultem em procedimentos anticompetitivos, em violação às fontes legais do Mercosul.

O Tribunal Arbitral, formado em cada caso, é composto por três membros, cada um advindo de uma das listas de 10 membros, submetida pelos Estados-parte. Em geral, supondo-se que dois Estados estejam em litígio, cada um designa um juiz (e um suplente); o terceiro, a quem compete a presidência do tribunal, sendo escolhido de comum acordo.

O Protocolo de Olivos (8 de fevereiro de 2002) estendeu o sistema, criando, em Assunção, Paraguai, um Tribunal Permanente de Revisão, que julgará apelações aos laudos dos tribunais arbitrais, além de instituir um sistema de medidas compensatórias e correspondentes mecanismos para contestá-las. As partes em litígio, se assim o desejarem, podem inclusive não recorrer à arbitragem, solicitando diretamente ao Tribunal Permanente a solução da contenda.

Internalizado pela Argentina, Paraguai e Uruguai, o protocolo o foi, finalmente, pelo Brasil. É inevitável ver, atrás do Tribunal de Revisão, a concretização — ainda que parcial — do sonho de muitos juristas de dotar o Mercosul de uma corte à semelhança da criada, desde o seu início, pelo projeto europeu; instrumento que progressivamente cria uma jurisprudência para o bloco, reforçando a instância supranacional da integração e a aprofundando. Entretanto, é um pouco atípico criar-se um tribunal para recursos a sentenças arbitrais, supostas em princípio conclusivas. O recurso à arbitragem é em parte justificado pela sua agilidade e menor custo; a possibilidade de revisão encarece e torna mais lento todo o processo, além de descaracterizá-lo.

O protocolo abre também a possibilidade, à semelhança do que já ocorre no Nafta, das partes escolherem o foro para a solução do caso, entendendo-se aí, principalmente, o da OMC. Tal fato não deixa de enfraquecer o tribunal e só poderá ter o seu impacto avaliado após um tempo mínimo de operação do protocolo.

O Protocolo de Fortaleza

O Protocolo de Fortaleza, de 17 de dezembro de 1996, e o seu anexo, assinado em Assunção em 18 de junho de 1997, são uma primeira tentativa de normatizar as questões de concorrência no espaço integrado. Ainda que incompleto e com deficiências evidentes, o protocolo é um esforço meritório que significa, sem dúvida, um passo inicial importante na criação de uma "diretoria de concorrência" — à semelhança do que ocorre na UE — no Mercosul.

De modo direto ou indireto, como tenta demonstrar Flôres (2001), o protocolo toca na maioria das questões relevantes. Entretanto, diversos pontos ainda estão impedindo um maior estreitamento das ações comuns de controle de práticas concorrenciais desleais. O mais grave talvez seja a manutenção do mecanismo de *antidumping* no seio da integração, posição, infelizmente, fortemente defendida pela Argentina. O recurso a esse dispositivo da OMC, além de prejudicar o aprofundamento da integração, assinala uma falta de credibilidade na capacidade do bloco de resolver internamente seus problemas no âmbito da concorrência. Apesar dessa questão, o assunto vem avançando de forma positiva.

Capítulo 21

A questão macroeconômica

Devido, ironicamente, à crise cambial por que passou o Brasil no início de 1999, surgiu uma atenção maior à necessidade de uma cooperação macroeconômica mais estreita no âmbito do Mercosul. Um Grupo de Monitoramento Macroeconômico (GMM — ou Grupo de Monitoreo Macroeconómico) foi criado, tendo tido a sua primeira reunião em 31 de outubro de 2000, no Rio de Janeiro. A coordenação entre os bancos centrais e outros agentes macroeconômicos nos quatro países teve início, discutindo-se como harmonizar os procedimentos estatísticos para o cálculo de indicadores básicos, como o índice de preços ao consumidor, o déficit orçamentário e a dívida líquida do setor público. Os membros ficaram também de definir um conjunto preliminar de cinco indicadores de monitoramento, com uma metodologia comum.

No entanto, a existência de regimes de câmbio distintos entre o Brasil (flutuante, desde 1999) e a Argentina (fixo, com conversibilidade ao dólar) continuou a dificultar os esforços de coordenação. Sob um ponto de vista mais estrutural, a grande volatilidade dos principais parâmetros macro nos quatro membros, durante a década de 1990, foi um problema maior nessa área. Ademais, ainda que a integração comercial tenha progredido muito, com a Argentina e o Uruguai apresentando-se bastante ligados a partir daí, tal não se dá ainda com o Brasil em relação aos dois. Fanelli e outros (2001) e Lorenzo e outros (2001) ilustram bem essa situação, mostrando que quando a Argentina e o Brasil modificam as suas taxas de câmbio com o resto do mundo o efeito sobre o câmbio real bilateral com o Uruguai não é o mesmo. As modificações brasileiras causam mudanças permanentes nos preços relativos com o Uruguai, enquanto as argentinas são parcialmente absorvidas por variações nos preços uruguaios. É, portanto, mais difícil para a Argentina alterar a sua taxa de câmbio real bilateral com o Uruguai, pois a movimentos na taxa de câmbio real argentina correspondem pressões inflacionárias no Uruguai, que tendem a compensar as depreciações da moeda argentina. Para dificultar mais as coisas, as trocas comerciais entre o Brasil e o Uruguai incluem uma alta proporção de *commodities*, cujo preço internacional independe da evolução de ambas as economias. Com um maior aprofundamento da integração é de se esperar que o comportamento Argentina-Uruguai se estenda aos demais pares de membros.

Em 2002, a Argentina abandonou, de forma dramática, o seu regime de câmbio fixo e conversibilidade. Se, por um lado, o país estivesse às voltas com uma lenta recuperação da situação que levou ao desenlace de 2002, por outro, tornou-se mais realista e imperioso pensar em coordenação macroeconômica. Nesse mesmo ano, o GCM adotou alguns objetivos comuns no que diz respeito à inflação e a certas variáveis fiscais.

A forma exata de uma coordenação mais eficaz ainda não foi porém completamente definida. As propostas variam de uma idéia sutil e surpreendentemente simples, advogada por Ghymers (2001) e inspirada mas não copiando o processo europeu de convergência a uma moeda única, a esquemas mais sofisticados como em Machinea (2003); ambas de implementação talvez discutível. Ao lado desse debate, existe um pequeno grupo de entusiastas de um projeto de moeda comum, com Giambiagi (1997) sendo um bom exemplo pioneiro sobre o tema.

Capítulo 22

Outras dimensões da integração

Serviços e investimento estrangeiro direto (IED)

Os processos de regionalização na AL estão indo bem além de meros acordos de liberalização do comércio de bens. Os EUA, em particular, querendo amplificar o experimento do Nafta, são os grandes adeptos de acordos *OMC-plus*, incluindo desenvolvimentos relacionados aos chamados novos temas da Rodada Uruguai. Entre esses, destaca-se claramente o caso dos serviços. Com evidentes, quando não enormes, vantagens comparativas em setores como telecomunicações e serviços financeiros, por exemplo, os EUA têm total interesse em abrir mais o comércio de serviços na América Latina. O Mercosul, no seu caminho para a criação de um mercado comum, vem avançando com a liberalização dos serviços entre os seus membros, com os seus esforços mostrando já resultados em certas áreas dos serviços financeiros, de transportes e de geração de energia, além de possibilidades muito positivas em telecomunicações. Conceitualmente, abrir mercados de serviços está relacionado com dois temas igualmente importantes: o direito de estabelecimento e a privatização, ambos, por sua vez, intrinsecamente ligados com o IED.

A onda das privatizações na América Latina, como em outras partes do mundo, engolfou parcialmente o continente depois da chamada "década perdida", como um dos principais instrumentos dos planos antiinflacionários. Teve porém resultados discutíveis, que ainda merecem uma análise serena e profunda. Na Argentina, usada como uma forma rápida de gerar os dólares (desesperadamente) necessários para sustentar a paridade peso-dólar demandada pelo *currency board* do Plano Cavallo, foi responsável pela venda indiscriminada de empresas estatais, sem obedecer a um planejamento cuidadoso, o que resultou em um alto número de operações infelizes. No México, especialmente no setor de telecomunicações, foi sinônimo de corrupção entre os altos escalões da administração, embora no Chile e na Venezuela venha sendo usada com mais inteligência e parcimônia. Pequenas economias, como o Uruguai, ainda resistem ao apelo, enquanto o gigantesco Brasil continua a realizar um enorme programa de privatização de serviços, envolvendo progressivamente energia, água, saneamento e transportes.

Todo esse movimento implicou, inevitavelmente, mudanças substanciais nas regras de propriedade do capital estrangeiro em diversos setores, o que se traduziu — de forma implícita ou explícita — em atitudes bem mais abertas quanto aos requisitos para o estabelecimento dos prestadores estrangeiros, *independentemente da particular tendência de regionalização em progresso*. Ainda que os grandes compradores na maioria das vendas e leilões de privatização tenham sido as empresas européias e norte-americanas, muitas vezes elas entraram no mercado junto com um parceiro local ou com um outro país latino-americano, de tal forma que, hoje, chilenos e brasileiros têm uma presença significativa na Argentina, argentinos e mexicanos são encontrados no Brasil, brasileiros na Bolívia, e assim por diante.

Embora muitos países latino-americanos mantenham regulações conservadoras no que diz respeito ao comércio de serviços, tornou-se difícil dizer se fluxos mais intensos, ou liberais, que estejam ocorrendo em determinados setores, são devidos ao processo de regionalização ou ao de privatização. Entretanto, no Mercosul, é fora de dúvida que alguns atores internacionais poderosos, como a Telefónica de Espanha nos mercados brasileiro e argentino, orientaram as suas estratégias, pelo menos parcialmente, com vistas a um futuro mercado — não só do Mercosul, mas sul e latino-americano até — muito mais integrado, senão unificado.

A aquisição estrangeira de empresas estatais, ou o estabelecimento de um novo provedor estrangeiro, traz capitais para o país, sob a forma de IED. Embora campeões na atração de tais investimentos, como o México e o Brasil, se encontrem na América Latina, os números, por vezes espetaculares, devem ser avaliados com cuidado. Primeiramente, grande parte dos fluxos consistiu em aquisições de empresas e negócios já estabelecidos, de modo que externalidades importantes, como a geração de empregos, ou um considerável aumento na produção ou na oferta, não ocorreram. Como, em geral, o setor correspondente era previamente protegido, as aquisições trouxeram em seu bojo dispensas e racionalizações; se, muitas vezes, uma maior eficiência tenha sido alcançada, sérios problemas de *ajuste* foram criados. Em segundo lugar, novas instalações ou empreendimentos — no setor automotivo do Mercosul, por exemplo — foram o resultado de generosas concessões, facilidades ou isenções fiscais pelas autoridades federais, estaduais e até municipais, reduzindo drasticamente, em alguns casos, os ganhos líquidos de bem-estar com o investimento. Uma guerra fiscal e de concessões, pelo IED no espaço do Mercosul, ocorreu no final dos anos 1990 entre a Argentina e o Brasil, e, *no interior de cada um desses países*, entre os seus próprios estados ou províncias.

Finalmente, boa parte desse IED é capital extremamente volátil disfarçado de alguma maneira, como ficou evidente, por exemplo, na crise do peso mexicano de 1994/95. De fato, existem diversas e fortes evidências sugerindo que uma boa parte dos fundos estrangeiros na AL sob o rótulo de IED é dinheiro que, na realidade, está extraindo lucros elevados e rápidos, e não dedicado a estabelecer as bases de uma prosperidade em longo prazo, como imaginado e esperado.

Apesar das observações anteriores — que, em parte, pertencem simplesmente à lógica do investimento internacional nos mercados emergentes, e não a uma política de *rent-seeking* especialmente orientada para a América Latina —, o enorme e diversificado território latino-americano é ainda um solo fértil para clássicos e lucrativos IEDs. Transportes, em todas as suas modalidades, telecomunicações hoje e sempre, melhorias e modernização de serviços financeiros, turismo, serviços de atuária e de resseguros para todos os tipos de atividades econômicas, projeto e implementação de mercados de energia são alguns setores onde, não só no Mercosul, mas também no contexto da Comunidade Andina ou do MCCA, existem e existirão oportunidades imensas.

Diante desse quadro, as posições atuais dos membros do Mercosul não são exatamente convergentes, a Argentina sendo talvez a economia mais aberta ao livre-comércio de serviços e o Brasil mantendo uma posição de não avançar além de seus compromissos assumidos no âmbito do General Agreement on Trade in Services (Gats), na OMC. Trata-se, pois, de uma área onde uma grande tarefa de harmonização de regras e políticas está por ser feita.

A dimensão regional

Em um espaço extenso como o do Mercosul, com consideráveis diferenças de tamanho entre os seus membros, a dimensão regional se reveste de grande importância. Seja em termos da infra-estrutura de transportes e comunicação — fundamental para a integração — ou em termos do planejamento energético, ou ainda para minorar as desigualdades regionais, há uma grande necessidade de estudos e medidas contemplando o espaço do Mercosul a partir de suas unidades territoriais básicas, ignorando, de modo geral, as fronteiras.

Infelizmente, existe uma gritante escassez de estudos e empreendimentos nessa linha, como assinalado em Calfat e Flôres (2001). No caso do Brasil, a questão é talvez mais grave, pois, em geral, o impacto espacial do Mercosul vai até uma linha imaginária que, dividindo o país, deixaria de um lado as regiões Sul e Sudeste e parte da Centro-Oeste (a zona de influência do Mercosul), e, do outro, o Norte, Nordeste e a parte remanescente do Centro-Oeste. Essa segunda metade estaria de certo modo "fora" da integração, sendo importante incrementar os seus fluxos para ela. Igual problema, em proporções menores, tem a Argentina, com a Patagônia restando "fora" do Mercosul.

A hidrovia Tietê-Paraná-Paraguai e alguns empreendimentos de infra-estrutura apoiados pelo Banco Interamericano de Desenvolvimento (BID) têm minorado a separação territorial, mas ainda resta muito por fazer.

A dimensão regional levanta ainda o problema dos fundos regionais, visando auxiliar o desenvolvimento das áreas menos favorecidas. O Paraguai, por exemplo, vem sistematicamente argumentando em prol de um tal esquema. A experiência européia, como discutido na parte II, é muito rica e ilustrativa nesse assunto, e pode ajudar na elaboração de medidas que, cedo ou tarde, o Mercosul terá de empreender. Recentemente, o Brasil, ao estender as linhas de financiamento do seu Banco Nacional de Desenvolvimento Econômico e Social (BNDES) para o Mercosul, deu um importante passo nessa direção.

A questão da educação e da cultura

Enquanto a integração econômica tem apresentado períodos de maior e menor intensidade, a integração no plano da educação e da cultura tem avançado de modo mais uniforme. Além de diversas manifestações artísticas hoje existentes de caráter genuinamente do Mercosul[226] — ainda que, no Brasil, envolvendo precipuamente os estados das regiões Sul e, menos, Sudeste —, vários protocolos e acordos importantes vêm sendo firmados. Entre eles, destacam-se:

---

[226] Como a Bienal de Artes Visuais do Mercosul, iniciada em 1997, e na sua quinta edição, em 2004, sempre em Porto Alegre.

- o Protocolo de Integração Educacional e Reconhecimento de Certificados, Títulos e Estudos de Nível Primário e Médio Não-Técnico, aprovado pela Decisão nº 4/94, do Conselho do Mercado Comum. Estabelece uma tabela de equivalências de anos de escolaridade, permitindo que estudos incompletos realizados em um dos Estados-parte sejam concluídos em outro;
- o Protocolo de Integração Educacional e Revalidação de Diplomas, Certificados, Títulos e Reconhecimento de Estudos de Nível Médio Técnico, aprovado pela Decisão nº 7/95. Estabelece uma tabela de equivalência de escolaridade de nível médio técnico, que possibilita a continuação de estudos em qualquer dos Estados-parte;
- o Protocolo de Integração Educacional para Prosseguimento de Estudos de Pós-Graduação nas Universidades dos Estados-parte do Mercosul, aprovado pela Decisão nº 8/96. Prevê o reconhecimento de títulos universitários para o fim exclusivo de continuação de estudos, não permitindo, portanto, o exercício profissional;
- o Protocolo de Integração Educacional para a Formação de Recursos Humanos no Nível de Pós-Graduação entre os Estados-parte do Mercosul, aprovado pelo conselho em dezembro de 1996 (Decisão nº 9). Prevê a formação e o aperfeiçoamento de docentes universitários e pesquisadores, a criação de um sistema de intercâmbio entre as instituições de ensino superior, o intercâmbio de informações científicas e tecnológicas e o estabelecimento de critérios e padrões comuns de avaliação da pós-graduação;
- o Protocolo de Integração Cultural do Mercosul, aprovado pela Decisão nº 11/96. Os Estados-parte se comprometem a fomentar a cooperação e o intercâmbio entre suas instituições e agentes culturais, com o objetivo de favorecer o enriquecimento e a difusão de expressões culturais e artísticas do Mercosul. Contempla ações nos mais vários setores, como cinema, vídeo, rádio, televisão, museus, bibliotecas e arquivos históricos;
- o Acordo de Admissão de Títulos e Graus Universitários para o Exercício de Atividades Acadêmicas nos Estados-parte do Mercosul, aprovado pelo conselho em junho de 1999 (Decisão nº 4/99). Trata-se do primeiro acordo sobre exercício profissional no Mercosul e facilita a contratação de professores universitários de um Estado-parte por instituições acadêmicas de outro. O reconhecimento do diploma tem o fim exclusivo de admitir o exercício da docência, não permitindo o desenvolvimento de qualquer outra atividade profissional. Esta decisão do conselho revoga o protocolo sobre a mesma matéria que havia sido assinado em 1997.

Todos os protocolos citados foram aprovados pelo Congresso Nacional e, portanto, estão válidos no Brasil. Além deles, a Reunião de Ministros de Educação aprovou o Memorando de Entendimento sobre a Implementação de um Mecanismo Experimental de Credenciamento de Carreiras para Reconhecimento de Títulos de Grau Universitário nos Países do Mercosul. O memorando criou um sistema de credenciamento de cursos, de caráter experimental, com o objetivo de habilitar entidades de ensino superior dos Estados-parte a reconhecer mutuamente títulos de graduação.

Capítulo 23

Os acordos e negociações com outros blocos

Os esforços gerais

Já em 1992, um Framework Agreement for (Inter) Institutional Cooperation foi assinado entre o Mercosul e a União Européia. Isto levou, em dezembro de 1995 — exatamente um ano após o fundamental Protocolo de Ouro Preto —, ao Acordo Quadro Inter-regional entre os dois blocos, que estabeleceu uma ambiciosa agenda de associação, incluindo o estabelecimento, em 10 anos, de uma ALC entre os dois, e a criação de um conselho de cooperação, responsável por supervisionar o andamento da associação.

O Acordo Quadro é o primeiro tratado entre duas iniciativas de mercados comuns e tem por objetivo uma integração do tipo norte-sul razoavelmente profunda, o que também é inédito. Após um período de estudos preparatórios, as negociações para a ALC se iniciaram em 2000, tendo as discussões sobre as reduções tarifárias sido abertas em julho de 2001.

No contexto latino-americano, particularmente *sul-americano*, a Bolívia e o Chile tornaram-se membros associados e negociações continuam no sentido de virarem membros plenos. No caso do Chile, tal estava previsto para acontecer no último trimestre de 2000, entretanto, sempre oscilando entre uma política de um assumido *free trader* de pequeno tamanho e totalmente independente, e uma de maior cooperação com os seus colegas sul-americanos, o país adiou, no último minuto, tal decisão. Embora de fato existisse um problema não-trivial em harmonizar a TEC do Mercosul com as (geralmente) muito inferiores tarifas chilenas, a causa principal parece realmente ter sido a opção pela linha mais independente. A hipótese de adesão plena, entretanto, não está completamente descartada em médio prazo.

Desde o final da década de 1990, o Mercosul entreteve longas negociações com a Venezuela, que, infelizmente, nunca chegaram a um resultado concreto. Em 2000, a idéia de estender o Mercosul para toda a América do Sul foi lançada informalmente durante um encontro presidencial no Rio de Janeiro. Negociações com a Comunidade Andina tiveram início, com cada membro tendo assinado individualmente um acordo preferencial de comércio com a comunidade, como um passo inicial na direção de um tratado entre os dois blocos. Este, estabelecendo ao menos uma ALC, tornou-se realidade em 2004. Nesse ínterim, acordos com países individuais vêm sendo fechados, o mais recente tendo sido entre o Mercosul e o Peru, graças, em grande parte, ao empenho da diplomacia presidencial brasileira.

No âmbito das regiões fora dos espaços americanos, em 2000, foi iniciado um movimento na direção da República Sul-Africana, com o objetivo de criar uma ALC. Tal iniciativa tem tido continuidade — um acordo deverá ser celebrado — e deverá ser estendida a outros países do continente africano.

A proposta da Alca

Em 27 de junho de 1990, o presidente George Bush, dos EUA, lançou na Casa Branca uma proposta para uma "região americana global de comércio", que passou a ser conhecida como a "iniciativa Bush". Isto foi exatamente dois anos após a assinatura do Acordo de Livre-Comércio Canadá-Estados Unidos e, talvez, no clímax da tensão com a Europa devida à iniciativa do comissário Jacques Delors, conhecida como Europa 92, que os EUA temiam fosse transformar a Europa numa "fortaleza", devido ao "mercado único", oposta à "sua fortaleza". De uma forma clássica, os EUA usaram, uma vez mais, a sua internacionalmente reconhecida (e aceita) influência sobre a América Latina, para uma manobra em favor dos seus interesses mundiais e sinalizar as reações que poderiam advir contra associações que não lhes parecessem muito agradáveis.

Entretanto, apesar de uma nova onda de medo gerada pela criação do euro, o projeto europeu não resultou tão ameaçador como os EUA temiam em 1990. Além do mais, a criação do Nafta levou quatro longos anos de negociações, período no qual o ambiente mundial foi longe de ser desfavorável aos interesses norte-americanos. Somente em 1994, com o Nafta devidamente assinado e o Mercosul rumando a pleno vapor para uma união aduaneira, na Cúpula das Américas, em Miami, o presidente Clinton relançou a iniciativa Bush.

O texto da declaração que encerra a Cúpula das Américas é uma extensa lista de ações, princípios, propósitos e projetos que faz lembrar a ofensiva cultural, diplomática e econômica que os EUA lançaram na América Latina no auge do período da Guerra Fria. Temas caros aos EUA, como tráfico de drogas e corrupção, nos quais a sua atitude internacional não é necessariamente compartilhada, seja nas Nações Unidas, seja em foros internacionais similares, por países latino-americanos (como o Brasil, a Venezuela, a Colômbia e até, por vezes, o Chile), recebem uma atenção substancial na declaração, enquanto a exportação de armas e armamentos e as correspondentes práticas de contrabando são mencionadas de forma bem mais superficial. A promoção do desenvolvimento sustentável na região é tanto um item importante quanto uma grande ironia, dada a resistência dos EUA, até hoje, em implementar o Protocolo de Kioto. A Alca é aí proposta pelas 34 nações presentes à cúpula, com o objetivo de "promover a prosperidade pela integração econômica e do livre-comércio".

Da mesma forma que no Nafta, muito mais do que uma clássica ALC está em jogo uma vasta abertura de mercado para bens, *serviços e capital*, com um conjunto-chave de regras protegendo os investidores e vendedores. Mercados como os de energia e telecomunicações, bem como as políticas de concorrência, subsídios e compras governamentais, assim como outros "assuntos OMC", devendo ser harmonizados *e avançados*.

Com a ajuda do BID, a Organização dos Estados Americanos (OEA) e a Cepal, e sob constante pressão dos EUA, grupos de trabalho foram organizados, sob uma secretaria geral, e uma série de encontros teve início, com o objetivo de fechar as negociações em 2005. Os resultados seriam discutidos, avaliados e aprovados em encontros anuais interministeriais. O primeiro (Denver, EUA, 30 de junho de 1995) produziu uma declaração conjunta equilibrada, afirmando que a Alca será baseada nos acordos sub-regionais e bilaterais existentes, bem como a sua total obediência às regras da OMC, a sua atenção para com os distintos níveis de desenvolvimento dos 34 países envolvidos e reconhecendo os desdobramentos recentes das atividades de integração na AL. Sete grupos de trabalho foram criados. O segundo (Cartagena de las Indias, Colômbia, 21 de março de 1996) manteve em geral o tom do primeiro; o trabalho dos sete grupos foi revisto e quatro novos foram formados.

O terceiro encontro (Belo Horizonte, Brasil, 16 de maio de 1997) produziu duas declarações importantes. Sob o título "Áreas de Convergência e Pontos em Aberto", foi acertado o princípio do *single undertaking* para as negociações, pelo qual não pode haver caminhos negociadores distintos, sejam eles em termos de temas ou de subgrupos de países, a serem concluídos independentemente. Mudando o tom das declarações anteriores sobre os acordos existentes, é agora dito que "a Alca pode co-existir com eles, desde que os seus respectivos direitos e obrigações não sejam cobertos pelos da Alca, e quando eles forem além desses". Isso coloca a área *acima* das integrações existentes, claramente prejudicando-as, ainda que em termos gentis e indiretos. Esses pontos, contidos no item 5.B da declaração final, são — graças largamente aos esforços do Mercosul — contrabalançados de uma certa maneira pelo item 5.D, esclarecendo que a adesão à Alca pode se dar por país ou por bloco, sendo claro que, neste último caso, o bloco deverá negociar como uma unidade.

Esse primeiro ciclo de atividades chegou a término no quarto encontro (San José de Costa Rica, Costa Rica, 19 de março de 1998), que formalmente recomendou o início das negociações de fato na II Cúpula das Américas, no Chile, celebrada um mês depois. Um comitê de negociações comerciais foi criado com esse propósito e nove grupos negociadores foram estabelecidos: acesso a mercado, agricultura, investimentos, subsídios, *antidumping* e medidas compensatórias, compras governamentais, propriedade intelectual, serviços, política de concorrência e resolução de conflitos.

Em seu anexo I, a Declaração de San José de Costa Rica estabelece os objetivos e princípios gerais da Alca, reenfatizando os três pontos nos itens 5.B e 5.D anteriormente mencionados, agora nos itens E, F e G. No item D do anexo I, o propósito de "aprimorar" (sempre que possível) as regras e disciplinas da OMC é deixado bem claro. No seu anexo II, por vezes ambiciosos, por vezes bastante vagos e gerais, objetivos por área são estabelecidos. Durante a II Cúpula, a maioria das decisões já tomadas foi implementada e se estabeleceu que, na interministerial de abril de 2001, em Buenos Aires, um rascunho preliminar do acordo seria discutido.

Os nove grupos passaram a se encontrar em um mesmo local — Miami, EUA, de 1º de maio de 1998 a 28 de fevereiro de 2001; Cidade do Panamá, Panamá, de 1º de março de 2001 a 28 de fevereiro de 2003; e, a partir de então, Cidade do México, até 24 de dezembro de 2004 ou até o final das negociações —, onde um secretariado (móvel) seria instalado. O esforço da Alca também ganhou uma presidência e uma vice-presidência, exercidas, respectivamente, pelo Canadá e a Argentina (maio de 1998 a outubro de 1999), Argentina e Equador (novembro de 1999 a abril de 2001), Equador e Chile (maio de

2001 a outubro de 2002) e, finalmente, em regime de co-presidência, pelo Brasil e os EUA (novembro de 2002 a dezembro de 2004).

Apesar do real progresso obtido em alguns dos grupos de negociação, não é fácil coordenar 34 negociadores distintos, sobretudo quando, à medida que se aprofunda o conteúdo das discussões, os problemas começam a se acumular. O desdobramento dos trabalhos foi revelando uma postura relativamente rígida dos EUA, quanto às concessões de acesso a mercados — particularmente o de produtos agrícolas —, com o Mercosul, do outro lado, endurecendo nas concessões em serviços e "novos temas". Os EUA alteraram então um ponto fundamental acertado no início: uma única "proposta Alca", global, seria discutida. Ao *bilateralizar,* segundo a diversificada combinatória possível, as ofertas, não só as discussões passaram a ser mais fragmentadas e individualizadas por subgrupos de países, como o modelo *hub and spoke,* com os EUA no centro, foi dominando as negociações. No momento, pairam dúvidas sobre o real cumprimento do cronograma inicial.

Sem dúvida, o padrão semicaótico de acordos de integração na América Latina, aliado aos diversos problemas da região, existentes e potenciais, fruto da razoável instabilidade do continente contribuem com as pressões norte-americanas. De fato, uma das formas de venda da idéia da Alca é como uma simplificação e ordenamento dos acordos existentes, colocando as nações latino-americanas sob o guarda-chuva protetor dos EUA. Apesar disso, a Alca não é uma realidade inexorável. Além de todas as suas dificuldades práticas, o resultado final dependerá fortemente do diálogo EUA-Brasil, não estando claro, nesse momento, para onde ele se orientará nesta questão.

Algumas avaliações do projeto
Qualitativas

Sem negar os benefícios potenciais advindos de uma grande área de livre-comércio no (suposto) continente americano, parece entretanto difícil não ver a iniciativa como um sério desvio em relação ao paradigma de liberalizações multilaterais. Com um programa de negociações tão abrangente, apertado e rigorosamente controlado pelos EUA, é também difícil, mesmo para as economias mais ricas, como o Brasil e a Argentina, por exemplo, disporem de recursos humanos para colocar em frentes tão diversas como as negociações da Alca, aquelas levando ao aprofundamento do Mercosul, e a já presente Rodada do

Milênio; além de cuidar dos compromissos relativos a projetos de integração menores. Desse modo, a Alca se destaca primeiro como uma estratégia de dispersão — que também, se minimamente bem-sucedida, dará mais poder aos EUA em uma negociação multilateral —, além de servir como um sinal para o mundo, especialmente outros "blocos invasores" como a UE, da supremacia norte-americana sobre o continente.

Alguns autores[227] compararam a estratégia dos EUA relativamente à nova ordem de integrações regionais a uma gigantesca lagosta, cuja cabeça seria o Nafta, as duas longas presas as projeções dos EUA no Atlântico (a sempre almejada Aliança Transatlântica com a UE) e no Pacífico (a Apec), e a Alca respondendo pela cauda do crustáceo.

Considerando o projeto *per se*, trata-se de um esforço cujos custos e benefícios deveriam ser mais bem avaliados. Em assuntos como *regras de origem*, por exemplo, os resultados do Nafta tornam quase ficção o objetivo da Alca de "desenvolver um sistema eficiente e transparente de regras de origem, (...), sem criar obstáculos desnecessários ao comércio" (anexo II, Declaração de San José de Costa Rica). Adicionando-se a isso os evidentes interesses norte-americanos em serviços, aumento do uso de medidas *antidumping*, compras governamentais e direitos de propriedade intelectual, parece que o segundo objetivo da Alca é a abertura de mercado em todas as situações em que os EUA não ficaram satisfeitos com os resultados da Rodada Uruguai. Não deixa de ser significativo nessa direção o fato de que, dos nove grupos negociadores, somente *dois* se ocupem do comércio de mercadorias — e ainda assim, em um deles, sob a égide mais abrangente de *acesso ao mercado* —, enquanto *seis* digam respeito aos novos temas da Rodada Uruguai e um à recente questão da política de concorrência. Para a maioria dos outros 33 países (com a possível exceção dos membros do Nafta), é sobejamente mais vantajoso discutir adições ou modificações a esses "seis temas + concorrência" no foro de Genebra.

Quantitativas — um exemplo infeliz

Em uma série de artigos, Hinojosa-Ojeda e colaboradores (1995 e 1997; por exemplo) examinaram diversas opções de acordos de integração para a

---
[227] Valladão (2003).

América Latina. Não poucas objeções, entretanto, podem ser levantadas aos seus trabalhos.

A primeira diz respeito aos cenários examinados. Considerando, por exemplo, a questão posta ao Mercosul pela iniciativa da Alca, qual deveria ser o enquadramento adequado para a avaliação? O Mercosul, desde a segunda metade dos anos 1990 — e apesar das recentes crises por que passaram a Argentina e o Brasil —, se encontra diante de dois importantes desafios: o aprofundamento da integração, para consolidar a união aduaneira e evoluir, gradual mas firmemente, para um espaço comum no *espírito* do projeto da UE, *e* a sua ampliação, englobando eventualmente todo o continente sul-americano.[228] A Alca dá origem a um outro movimento, para o norte, e não somente desacelera os anteriores como distrai a atenção devotada a outras alianças a leste, particularmente a contida no Acordo Quadro entre o Mercosul e a UE. Todas essas opções devem sempre ser contrastadas com um aprofundamento "neutro" da postura multilateral. Como os membros do Mercosul não possuem os recursos, principalmente humanos, para negociar simultaneamente em todas as frentes, isto torna ainda mais críticas as escolhas, e as simulações de EGA podem largamente contribuir para identificar as melhores opções entre as diversas integrações possíveis. Entretanto, os autores investigam em geral poucas possibilidades, dentro de uma bastante discutível regionalização do mundo.

Em segundo lugar, causa um certo espanto que, em um modelo para analisar opções de integração para as Américas como um todo, o Equador seja destacado, enquanto a América Central, uma área pelo menos quatro vezes maior em termos de população, e três em PIB, e com uma distinta e mais diversificada identidade política e econômica, não figure. O Uruguai e o Paraguai — dois membros do Mercosul que, juntos, têm por volta do mesmo peso do Equador — são confinados ao resto do mundo (RdM). Esse grande sótão, por sua vez, inclui os 15 membros da UE, um parceiro muito importante da AL que, em nenhuma hipótese, deveria ser confinado ao RdM.

Os modelos, em todos os artigos, são extremamente similares: um EGA sob competição perfeita. Ora, em áreas de livre-comércio do tamanho e com a

---

[228] Como já visto, no momento, tal ampliação implica, no mínimo, consolidar a associação do Chile e da Bolívia e a expansão estratégica à Comunidade Andina.

disparidade da Alca, um dos fatores-chave para a mudança dos fluxos de comércio é o efeito das economias de escala, fenômeno que necessita ser modelado sob concorrência imperfeita. Além do mais, um dos objetivos cruciais da Alca, para os EUA, é o comércio de serviços. Analisar o projeto usando um modelo de EGA estático, sob concorrência perfeita, com apenas um setor (agregado) de serviços subestima, em termos relativos, os ganhos dos EUA, enquanto infla os de países como a Argentina, o Brasil e o México.

O modelo possui uma "versão dinâmica", baseada em três ligações entre os fluxos de comércio e a produtividade doméstica. Três elasticidades relacionando: aumentos na importação de bens de capital e intermediários a aumentos na produtividade do setor; aumentos nas exportações a aumentos na produtividade do setor; aumentos nas exportações a aumentos no estoque de capital. Embora tal dispositivo não seja só usado pelos autores em pauta, há sérias objeções metodológicas a essa prática. De fato, trata-se de uma forma muito simplista de passar um "verniz dinâmico" sobre uma estrutura essencialmente estática; algo como a *proxy de uma proxy* da forma reduzida de um modelo realmente dinâmico. Ainda por cima, os valores para as elasticidades são completamente subjetivos, a sua calibração sendo geralmente muito discutível. Não é difícil ver que combinações convenientes desses três parâmetros podem facilmente direcionar os resultados para onde se queira.

Ao passar dos cenários estáticos aos "dinâmicos", os resultados aumentam de 20 a 40 vezes! A versão estática em Hinojosa-Ojeda e co-autores (1995), por exemplo, obtém, para a formação do Mercosul (cenário 2), ganhos no PIB de 0,10 a 0,11%, respectivamente, para o Brasil e a Argentina. Isso parece razoável em um contexto estático e, por exemplo, guarda consistência com os valores de 1,1 e 1,8% obtidos em Flôres (1997) sob concorrência imperfeita. Duas coisas entretanto acontecem no "caso dinâmico". A primeira é que os resultados para o PIB saltam 44 vezes para o Brasil e 26 para a Argentina, dando uma boa idéia do "puxão das elasticidades". A segunda é que a direção relativa dos ganhos se inverte, com o Brasil se saindo melhor do que a Argentina não somente em termos de aumento do PIB, mas também nas exportações e importações.

Abordagens dinâmicas podem levar a efeitos consideráveis, mas com a informação disponível nos artigos é difícil aceitar os números. Um exame sério da versão com as "externalidades dinâmicas" requereria o conhecimento dos valores de tais elasticidades, por região e setor, com a explicação de como foram obtidas (ou arbitradas). Análises de sensibilidade dos efeitos de variações razoáveis em tais valores deveriam se seguir. Se examinarmos apenas as tabelas relativas aos resultados estáticos, em ambos os artigos, os ganhos são geralmente modestos.

O Acordo de Livre-Comércio Mercosul-União Européia

Negociações concretas, visando à criação de uma ALC entre os dois blocos, iniciaram-se em 2000, dentro do espírito do Acordo Quadro. As primeiras propostas, ou listas de liberalização, foram conservadoras, com ambos os lados incluindo no cômputo dos itens que teriam livre acesso aos mercados, produtos que, efetivamente, já gozavam de uma tarifa nula. No início, também, a UE se recusou a incluir nas ofertas o setor agrícola — vital para o Mercosul, sobretudo a Argentina —, o que levou a demoradas negociações e insistências quanto ao fato de que o acordo deveria contemplar *todos* os setores. A situação tornou-se ainda mais complicada devido à crise ocorrida na Argentina, que condicionou sobremaneira a dinâmica do Mercosul durante os anos de 2001 e 2002.

Não obstante todos esses empecilhos, as negociações continuaram — ora mais, ora menos intensas — e, em princípio, deve ser dado crédito à Comissão Européia que sempre não só insistiu, como apostou, na manutenção, pelo Mercosul, de ofertas unas e coesas, que representassem o bloco. Apesar disso, muitas vezes, os passos e interesses divergentes dos membros, em meio à difícil situação reinante em 2001/02, não deixaram de afetar e prolongar os debates.

Em meados de 2003, a situação se encontrava mais delineada, com ambos os lados tendo feito concessões e melhorado, mediante versões sucessivas, as concessões. A UE havia também — ainda que em princípio e de forma geral — concordado em incluir a agricultura, mas insistia em maiores aberturas em serviços e compras governamentais, com o Mercosul, principalmente o Brasil, reagindo a tal demanda.

A situação logrou evoluir, com a UE oferecendo cotas mais generosas ao Mercosul em certos produtos agrícolas, de interesse do bloco, sujeitos a tarifas contingenciais; ao passo que aceitava a proposta daquele em, basicamente, incluir requisitos de transparência nas compras governamentais, limitando os possíveis acessos ao nível federal somente. No caso de serviços, pleiteava entretanto mais concessões do que as já oferecidas pelo Mercosul, focando a discussão nos setores de telecomunicações e serviços financeiros.

Em meados de 2004, persistia o debate sobre serviços e o Mercosul manifestava-se insatisfeito com o nível das cotas concedidas e o seu escalonamento no tempo. Apesar disso, e de boas perspectivas de fechamento do acordo ainda em 2004, tal acabou por não se dar.

Como sabido, após a Rodada Uruguai, a UE transformou a inacessibilidade que a PAC havia montado para um grande número de produtos agrícolas, em uma barreira *quase* total por meio das TRQs, ou tarifas contingenciais; dispositivo que concede uma cota mínima de acesso para o produto (em geral, sujeita a tarifa), após a qual, a tarifa aplicada passa a ser, na maioria dos casos, extremamente alta. Para todos os membros do Mercosul, a melhoria de tal situação para itens como a carne é crucial para obter ganhos minimamente razoáveis com o acordo. Sobretudo porque, mesmo com uma generosa liberalização simétrica, no mercado de bens, o acordo parece ser mais vantajoso para a UE. A razão é simples: enquanto o Mercosul teria ganhos substanciais em uma meia dúzia de produtos do agronegócio — justamente os sob TRQs —, com alguma penetração em mercados de manufaturados tradicionais, a UE teria um acesso adicional bastante diversificado ao mercado do Mercosul, que, se por um lado não geraria nenhum ganho espetacular para um produto isolado, garantiria uma soma total significativa. Calfat e Flôres (2004) deixam clara essa situação.

As negociações foram também incentivo para diversos estudos, que exploraram diferentes aspectos de um possível acordo, destacando-se a série de trabalhos editados pela Chaire Mercosur do Institut de Sciences Politiques de Paris — Sciences Po: Giordano (2003), Valladão e Bouzas (2004), Valladão (2003), o último examinando, por meio de modelos de EGA, o acordo dentro de um contexto mais amplo das opções comerciais envolvendo os membros do Mercosul. Além desses, Flôres e Marconini (2003), com o objetivo de chamar a atenção para áreas menos exploradas, abordaram temas outros, não-agrícolas, envolvidos, de fato ou potencialmente, nas negociações.

De todo o exposto resta a quase certeza de que a importância do acordo, para o Mercosul, ainda que ganhos devam ser obtidos, é sobretudo política, colocando o bloco em melhor posição no teatro de negociações multilaterais e regionais. Curiosamente, há também um desdobramento interessante, que consiste em forçar o Mercosul a avançar em seu extenso programa de integração.

Outras avaliações de associações

Calfat e Flôres (1996) consideraram opções de associação entre a AL e a UE, usando o modelo GTAP.[229] No caso de uma ALC perfeita entre o Mercosul (composto apenas pela Argentina e o Brasil) e a União, ambos experimentam ganhos em bem-estar, havendo perdas para o Nafta e a área do Pacífico. Sob um cenário mais factível, com a UE reduzindo as tarifas e os subsídios à exportação dos produtos agrícolas em 20%, não haveria vantagens para a Argentina. De fato, os maiores ganhos setoriais para o Mercosul são nos setores relacionados com a agricultura. No caso de uma ALC entre o México e a UE, as simulações mostram claramente que os setores-chave para cada parceiro são equipamento de transporte (para as exportações da UE) e agricultura (para as mexicanas). Se persistirem barreiras nesses setores, os volumes de exportação decrescem em 36% para a UE e em 55% para o México. Em todos os casos há perdas para o par EUA-Canadá.

Devido à sua atitude independente, sempre procurando fechar acordos com o maior número possível de blocos e países, o Chile tem atraído diversos experimentos. Brown e outros (2000), expandindo um trabalho anterior (Brown e co-autores, 1995), usaram o modelo (estático) de Michigan para estudar os impactos de: a entrada do Chile no Nafta, incluindo o desmantelamento de (suas) barreiras não-tarifárias; a entrada do Chile no Nafta mais um aumento do IED no país que se traduziria em um aumento de 5% no estoque de capital; e uma "Alca" incluindo a Argentina, o Brasil, o Chile e a Colômbia, mais o Nafta. Sem questionar a lógica desses cenários, os ganhos de bem-estar tanto nos cenários de entrada no Nafta quanto na Alca são modestos, situando-se em torno de 0,36% do PIB, com os termos de comércio caindo por volta de 0,76%; os fluxos de comércio aumentam em algumas dezenas de bilhões de dólares. Os ganhos significativos advêm do cenário com IED: embora os termos de comércio caiam agora em 1,92%, existe um ganho de 5,15% no PIB. Os setores "campeões", em todos os cenários, são a agricultura e os metais não-ferrosos (acompanhados, dependendo do cenário, por calçados e mobiliário), onde o país desfruta de claras vantagens comparativas.

---

[229] O Global Trade Analysis Project (GTAP) é um pacote de EGA multirregional que resulta do modelo Salter da Australian Industry Commission (Jomini et al., 1991). Maiores informações podem ser encontradas em Hertel e Tsigas (1994).

Tais resultados são de certa forma complementados, e aprofundados, por Harrison e outros (1997), os quais, usando o modelo estático que desenvolveram para avaliar a Rodada Uruguai (ver Harrison et al., 1995, por exemplo) e a base de dados do GTAP, analisaram diversas opções para o Chile. Um ponto interessante que levantam é que, como o Chile parte de uma tarifa externa relativamente baixa e eficiente, os acordos preferenciais só lhe trarão vantagens se propiciarem substanciais aberturas nos mercados dos parceiros, fato que, por seu turno, será função da elasticidade de substituição (adotada) entre as importações de origens diferentes. É um tal raciocínio que torna não muito atraentes os possíveis acordos com o Mercosul, mas sim o acesso ao Nafta, desde que *pleno acesso aos mercados dos EUA, particularmente o de culturas agrícolas que não sejam grãos, seja garantido.* Se baixas elasticidades de substituição entre as importações são assumidas, os autores chegam a melhorias de 0,30% — muito próximas às de Brown e outros (2000) —, que podem chegar a 0,82% se elasticidades da ordem de 30 são usadas. Os autores também realizam uma série de simulações, combinando reduções na tarifa externa com um nível mais adequado do imposto (interno) sobre o valor adicionado, que reduziria o desvio de comércio nos distintos acordos preferenciais estudados.

Bond (1997), através de técnicas simples, ainda que sofisticadas, chega a conclusões similares: para o Chile, uma ALC é, em princípio, mais vantajosa com os EUA (Nafta) do que com o Mercosul, embora, novamente, os resultados dependam fortemente da elasticidade de substituição não só entre as importações de origens distintas como também entre as importações e a produção doméstica.

Capítulo 24

Avaliação global e perspectivas futuras

Apesar do grande número de dificuldades, além dos choques externos que, desde a crise asiática de novembro de 1997, vêm perturbando o delicado equilíbrio macroeconômico que a Argentina e o Brasil procuram alcançar, o projeto do Mercosul pode ser considerado vitorioso. Comparados ao progresso realizado pela então Comunidade Econômica Européia, 10 anos após a assinatura do Tratado de Roma, os passos dados pelo Mercosul, no intervalo que vai do Tratado de Assunção a 26 de março de 2001, são muito positivos.

Talvez a maior conquista do Mercosul, aquela que sem dúvida é o seu pilar mais importante, é a chamada cláusula democrática pela qual — à semelhança do que ocorre na UE — todos os seus membros e associados devem, obrigatoriamente, ser democracias plenas, o bloco tendo ainda como objetivo primordial a preservação do regime democrático em toda a América do Sul. Longe de ser mera retórica, foi graças a essa cláusula que uma séria tentativa de golpe no Paraguai, em abril de 1996, foi dissuadida, com sucesso, pelos outros membros. Dois meses mais tarde, a Declaração Presidencial de San Luis (Argentina), sobre o Compromisso Democrático no Mercosul, claramente excluiu do acordo qualquer país onde não houvesse instituições republicanas em pleno e normal funcionamento. O bloco também desempenhou um papel importante na delicada situação ocorrida no Peru durante 1999/2000. Em época mais recente, as transições presidenciais tanto no Brasil quanto na Argentina — esta última em meio a uma crise agudíssima por que passava o país em 2003 — deram-se dentro das mais perfeitas regras do jogo democrático. O Mercosul é, inegavelmente, um fator capital de paz e normalidade democrática no continente sul-americano.

No meio, entretanto, das diversas questões que restam por resolver, sobressai, de forma persistente, a dúvida sobre qual será a evolução desse padrão razoavelmente caótico de acordos preferenciais na AL, a cada dia mais ambiciosos e abrangentes? Uma resposta precisa é muito difícil, pois não só eventos imprevistos na própria AL podem alterar o "curso esperado", como crises ou desenvolvimentos externos podem vir a ter profundos impactos na América do Sul, provocando significativas mudanças de rumo.

Para o Mercosul, um dos seus grandes desafios, além da consolidação da união aduaneira, é a coordenação macroeconômica entre os quatro membros. Sem isso, um sério obstáculo permanecerá no meio do caminho do necessário aprofundamento do bloco. Na Comunidade Andina, a situação da Colômbia — que pode dar ensejo ao aprofundamento de presenças indesejáveis na região amazônica — é sempre preocupante; embora não evoluindo de forma satisfatória, pelo menos o tem feito de modo melhor do que o esperado. Se o Peru, a Bolívia e a Venezuela podem se transformar em uma fonte de problemas, em uma nota mais positiva, apesar de todas essas dificuldades, parece que os andinos aprenderam algo de sua longa história de tentativas de integração, e a sua comunidade tem chance de seguir com mais serenidade e eficiência.

Mudanças e escolhas mais claras deverão estar delineadas daqui a aproximadamente três anos. O Brasil, principalmente no atual governo, continua disposto a acenar com a bandeira da integração sul-americana, algo não desprezado pela Comunidade Andina e que, atualmente, conta com o apoio da Argentina. Se a área de livre-comércio UE-Mercosul se concretizar em 2006/ 07, um tal projeto pode receber um estímulo adicional, incentivando inclusive tentativas latentes de aberturas com relação à Ásia e à África (pela África do Sul). Mesmo o Chile, nos próximos anos, será obrigado a deixar mais explícita qual seja a sua opção sul-americana.

Caso a UE — até hoje um contraponto muito tímido aos interesses norte-americanos na AL — resolva assumir um papel internacional mais atuante na região, novos desdobramentos podem ocorrer tanto na América do Sul quanto na Central. Entretanto, à parte as negociações com o Mercosul, e a manutenção da posição que guardam na América Central, novas iniciativas não parecem prováveis. Apesar dos interesses espanhóis e alemães — só para mencionar os dois mais importantes investidores na AL[230] —, e da percepção que ambos possuem do papel estratégico, seja comercial, seja diplomático, da AL para a UE, tudo indica que as novas ampliações previstas e a discussão da Carta Européia ocuparão em demasia a atenção do velho continente.

Sem uma presença mais ativa da UE, há uma probabilidade maior da América Central se conectar definitivamente aos EUA, ligando-se à economia-mãe por uma "Alca reduzida" (principalmente se a maior não ocorrer), e tendo Miami como a sua capital *de facto*. O "furor" que tomou conta do México, após a assinatura do Nafta, quando saiu fechando acordos (bilaterais ou multilaterais) com os países centro-americanos, é bem menos irracional do que possa ter parecido à época: foi uma maneira de assegurar uma melhor "posição latina" junto aos parceiros e aliados centro-americanos, caso se formalize essa possível hegemonia local norte-americana. Entretanto, a força das antigas raízes históricas e culturais não deve ser esquecida, e a correspondente "latinização" do Sul dos EUA — que será mais forte sob esse cenário — poderá produzir alguns fatos inesperados.

Finalmente, tanto oposições quanto complementaridades existem entre as negociações da Alca, das outras integrações norte-sul ou sul-sul, e as da Rodada do Milênio, na OMC. Um progresso mais acelerado no âmbito multilateral pode tornar sem sentido, ou mais custosos e difíceis, muitos temas regionais, um ponto que o Mercosul, como um todo, deveria sempre ter em mente.

---

[230] A Bélgica e a Holanda, bem como os "latinos" França e Itália, também detêm interesses substanciais na área, e, contrariamente ao Reino Unido, não necessariamente seguiriam posições norte-americanas.

Referências bibliográficas

ABREU, Jorge Coutinho de; GORJÃO-HENRIQUES, Miguel. Livre circulação de médicos na CE e conhecimentos linguísticos. *Temas de Integração*, n. 5, p. 193-224, 1998.

ABRUNHOSA, Ana Maria. Acordos de integração regional: um obstáculo ou um complemento no comércio internacional? *Notas Econômicas*, n.13, p. 66-73, 1999.

ACCIOLY, Elizabeth. *Mercosul — União Européia: estrutura jurídico-institucional.* Curitiba: Juruá, 1996.

_____. O Nafta sob a perspectiva de Mercosul. In: DANTAS, Ivo; MEDEIROS, Marcelo de Almeida; LIMA, Marcos Costa (Orgs.). *Processos de integração regional: o político, o econômico e o jurídico nas relações internacionais.* Curitiba: Juruá, 1999.

ACQUITTER, T. Marchés publics. In: BARAV; PHILIP (Eds.). *Dictionnaire juridique des communautés européennes.* Paris: Presses Universitaires de France, 1993. p. 653-658.

ADKINS, Bernadine. *Air transport and EC competition law.* London: Sweet & Maxwell, 1994.

AFONSO, Margarida. A catalogue of merger defenses under European and United States antitrust law. *Harvard International Law Journal*, v. 33, p. 1-66, 1992.

AFRICANO, Ana Paula. *The impact of European membership on Portuguese trade in manufacturing goods.* 1995. Tese (Doutorado) — Universidade de Reading.

_____. The nature of trade changes associated with Portuguese membership of EC. In: CURSO DE ESTUDOS EUROPEUS. *Integração e especialização. Integration and specialization.* Coimbra: Faculdade de Direito da Universidade de Coimbra, 1996.

AGENDA 2000. *Agenda 2000. Pour une Union plus forte et plus large.* COM (97) 2000, 14 juil. 1997.

ALBUQUERQUE, Roberto Cavalcanti de; ROMÃO, António (Orgs.). *Brasil-Portugal. Desenvolvimento e cooperação. O diálogo dos 500 anos.* Rio de Janeiro: EMC, 2000.

ALESINA, Alberto. Politics and business cycles in industrial democracies. *Economic Policy*, n. 8, p. 57-89, 1989.

_____; GRILLI, V. V. *The European Central Bank: reshaping monetary policies in Europe.* London: Centre for Economic Policy Research, 1991. (Discussion Papers Series. 563).

_____; SUMMERS, Lawrence H. Central Bank independence and macroeconomic performance: some comparative evidence. *Journal of Money, Credit and Banking*, v. 25, p. 151-162, 1993.

ALEXANDRE, Mário Alberto. Harmonização fiscal no processo de integração económica. *Ciência e Técnica Fiscal*, n. 365, 1992.

ALLSOPP, Christopher; ARTIS, Michael. The assessment: EMU, four years on. *Oxford Review of Economic Policy*, v. 19. p. 1-29, 2003.

ALMEIDA, João José Nogueira de. *A restituição das ajudas de Estado concedidas em violação do direito comunitário.* Coimbra: Coimbra, 1997.

ALVES, Jorge Ferreira. *Os advogados na União Europeia.* Coimbra: Coimbra, 1989.

ALVES, José Manuel Caseiro. Lições de direito comunitário da concorrência. In: CURSO DE ESTUDOS EUROPEUS DA FACULDADE DE DIREITO DA UNIVERSIDADE DE COIMBRA. Coimbra: Coimbra, 1989.

ALVES, Manuel Brandão. Política econômica regional. In: ROMÃO, António. *Economia européia.* Oeiras: Celta, 2004. p. 183- 213.

ALVES, Rui Henrique. *Da moeda única à união política?* Porto: Faculdade de Economia da Universidade do Porto, 2000.

AMARAL, Alberto. Mercosul: desafios e perspectivas. *Temas de Integração*, n. 9, 2000.

AMARAL, João Ferreira do. O impacto da União Económica e Monetária. O reforço da coesão económica e social. In: MINISTÉRIO DO PLANEAMENTO E DA ADMINISTRAÇÃO DO TERRITÓRIO (Ed.). *Fundos estruturais. Que futuro?* Lisboa. 1992. p. 63-69.

_____. O impasse da Europa: o esgotamento do Zollverein. *Europa. Novas Fronteiras*, União Económica e Monetária, n. 1, p. 7-10, 1997.

_____. A opção pela primeira linha da União Monetária. In: INSTITUTO EUROPEU DA FACULDADE DE DIREITO DA UNIVERSIDADE DE LISBOA. *Aspectos jurídicos e económicos da introdução do euro*. Lisboa, 1999. p. 17-27.

AMARAL NETO, Francisco. A institucionalização jurídica do Mercosul. *Temas de Integração*, n. 1, p. 9-26, 1996.

AMJADI, A.; WINTERS, L. A. *Transport costs and "natural" integration in Mercosur.* The World Bank, Washington, DC, 1997. (Policy Research Working Paper, WPS 1742).

_____; _____. Économie européenne. *Analyses Economiques*, n. 10/11, p. 33, oct./nov. 1999. Suplément A.

ANASTÁCIO, Gonçalo Gentil. A viabilidade do euro. *Revistas da Faculdade de Direito da Universidade de Lisboa*, v. 39, p. 65-114, 1998.

ANDERSON, Kym. The entwining of trade policy with environmental and labor standards. In: MARTIN, Will; WINTERS, L. Alan (Eds.). *The Uruguai Round and the developing economies*. Washington: World Bank, 1995. (World Bank Discussion Papers, 307).

_____. The future agenda of the WTO. In: WTO (Ed.). *From GATT to the WTO: multilateral trading system in the new millennium*. Haia: Kluwer, 2000.

_____; TYERS, R. Implications of the EC expansion for European agricultural policies, trade and welfare. In: BALDWIN, R. E.; HAAPARANTA, P. R.; KIANDER, J. (Eds.). *Expanding membership of the European Union*. Cambridge: Cambridge University Press, 1995.

ANDRADE, João de Sousa. Sistema Monetário Europeu e cooperação económica. *Boletim de Ciências Económicas*, Coimbra, v. 32, 1989.

ANDRADE, Maria Amélia Sineiro de. O sistema europeu de bancos centrais (SEBC). Algumas considerações. *Boletim de Ciências Económicas*, Coimbra, v. 39, p. 211-294, 1996.

ANDREFF, Wladmir. Le cinquième élargissement européen marque-t'il la fin de la transition économique postsocialiste? *Reflets Perspectives de la Vie Économique. Qui a Pour de l'Élargissement de l'Union Européenne?*, n. 3, p. 47-60, 2003.

ANGRES, Volker; HUTTER, Claus-Peter; RIBBE, Lutz. *Bananen für Brüssel. Von Lobbyisten, Geldevernichtern und Subventionsbetrüger*. Munchen: Droemer, 1999.

ANTUNES, Luís Miguel Pais. *Lições de direito comunitário da concorrência*. Lisboa: Instituto de Estudos Europeus da Universidade Lusíada, 1995.

ARAGÃO, Maria Alexandra de Sousa. Objectivos, princípios e pressupostos da política comunitária do ambiente: algumas propostas de revisão. *Temas de Integração*, n. 2, p. 97-130, 1996.

_____. *O princípio do poluidor pagador. Pedra angular da política comunitária do ambiente*. Coimbra: Coimbra, 1997.

_____. *Direito comunitário do ambiente*. Coimbra: Almedina, 2002.

ARDY, Brian et al. *EMU and cohesion: theory and evidence*. Cascais: Principia, 2002.

ARMSTRONG, Harvey W. Regional policy. In: EL-AGRAA, A. M. (Ed.). *The European Union. Economics & policies*. 6. ed. London: Financial Times/Prentice Hall Europe, 2001.

ARNDT, Sven W. On discriminatory vs. non-preferential tariff policies. *The Economic Journal*, v. 78, p. 971-979, 1968.

ARROW, K.; HANN, F. H. *General competitive analysis*. London: Oliver & Boyd, 1971.

ARTIS, Mike. ERO: four years on. In: *Transactions of the American Statistical Society*. 2003. ms.

_____; LEE, Norman (Eds.). *The economics of the European Union. Policy and analysis*. 2. ed. Oxford: Oxford University Press, 1997.

_____; NIXSON, Frederick. *The economics of the European Union. Policy and analysis*. 3. ed. Oxford: Oxford University Press, 2001.

ASSOCIACIÓN LATINO-AMERICANA DE INTEGRACIÓN (ALADI). *El comercio intrarregional de la Aladi en los años noventa*. Montevideo: Associación Latino-Americana de Integración, 2000. (Documentos Aladi/Sec. Estúdio, 126).

ATANÁSIO, João A. Camilo da Silva. *Os dilemas socioeconómicos da integração monetária europeia*. 1999. Dissertação (Mestrado) — Faculdade de Direito, Universidade de Lisboa, Lisboa.

AVILLEZ, Francisco. Política agrícola comum: situação actual e perspectivas futuras. In: ROMÃO, António. *Economia européia*. Oeiras: Celta, 2004. p. 159-182.

AXELROD, Robert. The emergence of cooperation among egoists. *The American Political Review*, n. 75, p. 306-318, June 1981.

AYDALOT, Philippe. *Dynamique spatiale et developpement inegal*. 2. ed. Paris: Economica, 1980.

AYRAL, Michel. *Le marché intérieur de l'Union Européenne*. Paris: La Documentation Française, 1995.

AZEVEDO, Belmiro de. Opções estratégicas de Portugal. União Económica e Monetária. *Europa. Novas Fronteiras*, n. 1, p. 11-16, 1997.

AZEVEDO, Maria Eduarda. A política comunitária de "accises" e a adesão de Portugal às Comunidades Europeias (alguns aspectos). *Revista da Ordem dos Advogados*, v. 47, p. 353-417, 1987a.

_____. *A política comum de comercialização agrícola e as organizações nacionais do mercado português (alguns aspectos)*. Lisboa: Centro de Estudos Fiscais, 1987b.

_____. *A política agrícola comum. Uma política controversa na hora da mudança*. Coimbra: Almedina, 1996.

BACHE, Ian. *The politics of European Union Regional Policy. Multi-level governance or flexible gatekeeping?* Sheffield: Sheffield Academic Press, 1998.

BAER, G. D.; PADOA-SCHIOPPA, Tommaso. The Werner Report revisited. In: COMMITTEE FOR THE STUDY OF ECONOMIC AND MONETARY UNION. *Report on economic and monetary union in the European Community*. Luxemburgo, 1989.

BAKER, Terry; FITZGERALD, John Fritz; HONOHAN, Patrick. *Economic implications for Ireland of EMU*. Dublin: The Economic and Social Research Institute, 1996.

BALASSA, Bela. Towards a theory of economic integration. *Kyklos*, v. 14, p. 1-17, 1961a.

_____. *The theory of economic integration*. London: George Allen e Unwin, 1961b.

_____ et al. *The structure of protection in developing countries*. Baltimore and London: The Johns Hopkins Press, 1971.

BALDWIN, Richard E. The growth effects of 1992. *Economic Policy*, v. 2, p. 247-281, 1989.

_____. On the microeconomics of the European Monetary Union. *European Economy*, p. 21-25, 1991.

_____. *A domino theory of regionalism*. Cambridge Mass.: National Bureau of Economic Research, 1993. (Working paper, 4.465).

_____. *Towards an integrated Europe*. London: Centre for Economic Policy Research, 1994.

_____. A domino theory of regionalism. In: BALDWIN, R. E.; HAAPARANTA, P. R.; KIANDER, J. (Eds.). *Expanding membership of the European Union*. Cambridge: Cambridge University Press, 1995.

_____; FRANÇOIS, Jean; PORTES, Richard. The costs and benefits of Eastern enlargement: the impact on the EU and Central Europe. *Economic Policy*, n. 24, p. 125-176, 1997.

_____; VENABLES, A. International economic integration. In: GROSSMAN, G.; ROGOFF, K. (Eds.). *Handbook of international economics*. Amsterdam: North-Holland, 1997. v. 3.

BALDWIN, Robert E. An economic evaluation of the Uruguai Round agreements. *The World Economy*, v. 18, p. 153-172, 1995.

_____; HAAPARANTA, Pertti R.; KIANDER, Jaakko (Eds.). *Expanding membership of the European Union*. Cambridge: Cambridge University Press, 1995.

BANGEMANN, Martin. *Meeting the global chalenge. Establishing a successful European industrial policy*. London: Kogan Page, 1992.

BANISTER, David; CAPELLO, Roberto; NIJKAMP, Peter. *European transport and communication networks. Policies, evaluation and change*. Chichester: John Willey and Sons, 1995.

BANJOU, Florence. Em recessão o pacto de estabilidade não funciona. *Economia Pura*, n. 59, p. 69-79, 2003.

BANNISTER, G.; LOW, P. *Textiles and apparel in Nafta: a case of constrained liberalization*. Washington, DC: The World Bank, 1992. (Policy Research Working Paper, WPS 994).

BARAV, Ami; PHILIP, Christian (Eds.). *Dictionnaire juridique des communautés européennes*. Paris: Presses Universitaires de France, 1993.

BARNES, Ian; BARNES, Pamela M. *The enlarged European Union*. London and New York: Longman, 1995.

_____. *Environmental policy in the European Union*. Cheletenham and Northampton, Mass.: Edward Elgar, 1999.

BARNIER, Michael. *L'élargissement*. Paris: Perrin, 2002.

BARRASS, Robert; MADHAVAN, Shobhana. *European economic integration and sustainable development. Institutions, issues and policies*. London: McGraw-Hill, 1996.

BARRELL, Ray; MORGAN, Julian; PAIN, Nigel. *The employment effects of the Maastricht fiscal criteria*. European Parliament, 1995.

BARRETT, Scott. Strategic environmental policy and international trade. *Journal of Public Economics*, v. 54, p. 325-338, 1994.

BARRY, F.; CRESPO, N.; FONTOURA, Paula. EU enlargement and the Portuguese economy. *The World Economy*, v. 26, 2003.

BARTHE, Marie-Annick. *Économie de l'Union Européenne. Manuel*. 2. ed. Paris: Economica, 2003.

_____ et al. *Mercosul. Seus efeitos jurídicos, econômicos e políticos nos Estados-membros*. Porto Alegre: Livraria de Advogados, 1995.

BASSO, Maristela. O ordenamento jurídico do Mercosul. *Temas de Integração*, n. 8, p. 23-32, 1999.

BASTO, José Guilherme Xavier de. A tributação do consumo e a sua coordenação internacional. Lições sobre harmonização fiscal na Comunidade Económica Europeia. *Cadernos de Ciência e Técnica Fiscal*, Lisboa, n. 164, 1991.

_____. Os desenvolvimentos recentes da harmonização fiscal europeia em matéria de tributação indirecta. In: CUNHA, P. P. et al. *A União europeia na Encruzilhada*. Coimbra: Almedina, 1996a.

_____. Tendências de evolução dos sistemas fiscais na União Europeia, com especial referência ao Imposto sobre o Valor Agregado (IVA). *Temas de Integração*, n. 2, p. 19-45, 1996b.

BATRA, Ravi. *The myth of free trade. A plan for America's economic revival*. New York: Charles Scriberer's Sons/Macmillan, 1993.

BAUCHET, Pierre. *Les transports de l'Europe. La trop lente integration.* Paris: Economica, 1996.

_____; RATHERY, Alain. La politique communautaire des transports. In: *Problèmes Politiques et Sociaux*, La Documentation Française, n. 712, 1993.

BAYOUMI, Tamim; EICHENGREEN, Barry. Shocking aspects of European monetary integration. In: TORRES, F.; GIAVAZZI, F. (Eds.). *Adjustment and growth in the European Monetary Union.* Cambridge, Cambridge Universitary Press, 1993.

BEGG, David et al. European Monetary Union. The macro issues. In: CENTRE FOR ECONOMIC POLICY RESEARCH. *Monitoring European integration. The making of monetary union.* London: CEPR, 1991.

_____ et al. EMU — getting the end game right. In: CENTRE FOR ECONOMIC POLICY RESEARCH. *Monitoring European integration.* London: CEPR, 1997.

BEGG, Ian; GRIMWADE, Nigel. *Paying for Europe.* Sheffield: Sheffield Academic Press, 1998.

_____; MAYES, David. Cohesion as a precondition for monetary union in Europe. In: BARRELL, Ray (Ed.). *Economic convergence and monetary union in Europe.* London: Sage, 1991.

BEKEMANS, Lépuce; BECKWITH, Sharon (Eds.). *Ports for Europe. Europe's maritime future in a changing environment.* Brussels: European University Press, 1996.

BEKERMAN, Gérard; SAINT-MARC, Michèle. *L'euro.* 5. ed. Paris: Presses Universitaires de France, 2001.

BELEZA, L. Miguel. O processo da integração económica e monetária de Portugal. *LDR*, Coimbra, p. 35-42, 1990.

_____. O pacto de estabilidade e o euro. In: INSTITUTO EUROPEU DA FACULDADE DE DIREITO DA UNIVERSIDADE DE LISBOA. *Aspectos jurídicos e económicos da introdução do euro.* 1999.

_____; GASPAR, Vitor. *Seignoriage and exchange rates.* Lisboa: Faculdade de Economia da Universidade Nova de Lisboa, 1994. (Working Paper, 233).

BELLAMY, C.; CHILD, G. *European community law of competition.* 5. ed. London: Sweet & Maxwell, 2001.

BENAROYA, François. Que penser des accords de commerce regionaux? *Economie Internationale*, n. 63, p. 99-115, 1995.

BÉNASSY-QUÉRÉ, Agnès; MOJON, Benoît; PISANI-FERRY, Jean. The euro and exchange rate stability. In: MASSON, Paul R.; KRUEGER, Thomas H.; TURTELBOOM, Bart G. (Eds.). *EMU and the International Monetary System*. Washington, DC: IMF, 1997.

BERBEROGLOU, Berch. *Globalization of capital and the nation state imperialism. Class struggle, and the state in the age of global capitalism*. Oxford: Rowman & Littlefield, 2003.

BERENDS, H. *As consequências económicas para Portugal da adesão à Comunidade Económica Europeia*. Lisboa: Instituto Nacional de Administração, 1983.

BERLINSKI, J. (Coord.). *Sobre el beneficio de la integración plena en el Mercosur: una evaluación económica de las restricciones al comercio interno y su impacto regional — documento de síntesis*. Montevideo: Red de Investigaciones Económicas del Mercosur, 2000.

BERTHELOT, Jacques. Pas de monnaie unique sans un minimum de fédéralisme budgetaire. In: *L'appel des economistes pour sortir de la pensee unique. La monnaie unique en débat*. Paris: Syros, 1997.

BESELER, J. F.; WILLIAMS, A. N. *Anti-dumping and anti-subsidy law in the european communities*. London: Sweet & Maxwell, 1986.

BEST, Edward; GRAY, Mark; STUBB, Alexander (Eds.). *Rethinking the European Union. CIG 2000 and beyond*. Maastricht: European Institute of Public Administration, 2000.

BEST, Michael H.; FORRANT, Robert. Creating industrial capacity: pentagon-led versus production-led industrial policies. In: MICHIE, Jonathan; SMITH, John Grieve (Eds.). *Creating industrial capacity. Towards full employment*. Oxford: Oxford University Press, 1996.

BHAGWATI, J. N. *Anatomy and consequences of exchange control regimes*. New York: National Bureau of Economic Research/Ballinger, 1978.

_____. *The world trading system at risk*. Princeton: Princeton University Press, 1991.

_____. Regionalism and multilateralism: an overview. In: MELO, Jaime de; PANAGARIYA, David (Eds.). *New dimensions in regional integration*. Cambridge: Cambridge University Press, 1993.

_____. Free trade: old and new challenges. *The Economic Journal*, v. 104, p. 231-246, 1994.

_____. *Free trade today*. Princeton and Oxford: Princeton University Press, 2002.

_____; HIRSCH, Mathias (Eds.). *The Uruguay Round and beyond. Essays in Honor of Arthur Dunkel*. Michigan: The University of Michigan Press, 1998.

_____; HUDEC, Robert E. (Eds.). *Fair trade and harmonization. Prerequisites for free trade?* Cambridge, Mass.: The MIT Press, 1996. v. 1.

_____; PANAGARIYA, A. (Eds.). *The economics of preferential trade agreements*. Washington, DC: The AEI Press, 1996.

BHALLA, A. S.; BHALLA, P. *Regional blocs. Building blocs or stumbling blocs?* New York: Macmillan, Basingstoke, London: St. Martin's Press, 1997.

BIANCHI, Patricia. *Industrial policies and economic integration. Learning from European experiences*. London: Routledge, 1998.

BISHOP, Simon; WALKER, Mike. *The economics of EC competition law. Concepts, application and measurement*. 2. ed. London: Sweet & Maxwell, 2002.

BLEJER, M. Economic integration: an analytical overview. In: IDB. *Economic and social progress in Latin America, 1984 report*. Washington, DC: Inter-American Development Bank, 1984.

BOILLET, Jean-Joseph. *L'Union Européenne élargie. Un défi économique pour tous*. Paris: La Documentation Française, 2003.

BOLTHO, Andrea. A comparison of regional differentials in the European Community and the United States. In: MORTENSEN, Jorgen (Ed.). *Improving economic and social cohesion in the European Community*. New York: Centre for European Policy Studies (Ceps)/Macmillan; Basingstoke: St. Martin's Press, 1994.

BOMBERG, Elisabeth; STUBB, Alexander (Eds.). *The European Union: how does it work?* Oxford: Oxford University Press, 2003.

BOND, E. *Using tariff indices to evaluate preferential trading arrangements: an application to Chile*. Washington, DC: The World Bank, 1997. (Research Working Paper, WPS 1751).

BORA, Bijit; FINDLAY, Christopher (Eds.). *Regional integration and the Asia-Pacific*. Oxford: Oxford University Press, 1996.

BORDIGNON, Massimo; DAEMPOLI, Domenico (Eds.). *Concorrenza fiscale in una economia internazionale integrata*. Milano: Franco Angeli, 1999.

BORGES, António Castel-Branco. Benefícios e custos da União Económica e Monetária na perspectiva da comunidade e na perspectiva portuguesa. In: MINISTÉRIO DAS FINANÇAS. *Portugal e a transição para a União Económica e Monetária.* Lisboa, 1991.

BORGES, Marta. Subsidiariedade: controlo a priori ou a posteriori? *Temas de Integração,* n. 3, p. 67-99, 1997.

BORORREL, B.; YANK, M. *EC bananarama: the sequel.* Washington, DC: Institutional Economic Department, World Bank, 1992. (Working Paper, 958).

BOSNEC, Stefan. Integration of Central Europe in the common agricultural policy of the European Union. *The World Economy,* v. 19, p. 447-463, 1996.

BOUDANT, Joël. *L'anti dumping communantaire.* Paris: Economica, 1991.

BRADLEY, J. et al. *Aide regional et convergence: évaluation de l'impact des fonds structurels sur la périphérie européenne.* Avebury: Ashgste, 1994.

BRAGA, Carlos Alberto Primo. Regional integration in the Americas. *World Economy,* v. 17, p. 577-605, 1994.

BRECHER, Richard; BHAGWATI, J. N. Foreign ownership and the theory of trade and welfare. *Journal of Political Economy,* v. 89, p. 497-511, 1981.

BRECKLING, J. et al. *Effects of EC agricultural policies: a general equilibrium approach.* Camberra: Bureau of Agricultural Research, 1987.

BRENTON, Paul; GROS, Daniel. *The budgetary implications of EC enlargement.* Brussels: Centre for European Policy Studies (Ceps), 1992. (Working document, 78).

BRIGHT, Christopher. *Public procurement handbook.* London: Wiley Chancersy, 1994.

BRITS, Hans; DE VOR, Marc. The pact for stability and growth. In: VAN BERGEISK, O. et al. (Eds.). *The economics of the euro area. Macroeconomic policy and institutions.* Northampton, Mass.: Edward Elgar, 2000.

BRITTON, Andrew; MAYES, David. *Achieving Monetary Union in Europe.* London: Sage, 1992.

BROADMAN, Harry G. GATS: The Uruguay Round accord on international trade and investment in services. *The World Economy,* v. 17, p. 218-292, 1994.

BROCKER, J. How would an EU-membership of Visegrad countries affect Europe's economic geography? *The Annals of Regionel Science,* n. 32, 1998.

BROWN, A. J. Customs union versus economic separation in developing countries. *Yorkshire Bulletin of Economic and Social Research*, v. 13, 1961.

BROWN, D. K.; DEARDORFF, A. V.; STERN, R. M. Expanding Nafta: accession of Chile and other major South American nations. *The North American Journal of Economics and Finance*, n. 6, p. 149-170, 1995.

_____; _____; _____. Computational analysis of the accession of Chile to the Nafta and Western Hemispheric integration. *The World Economy*, v. 23, n. 2, p. 145-174, 2000.

BULMER, Simon; SCOTT, Andrew (Eds.). *Economic and political integration in Europe. Internal dinamics and global context*. Oxford and Cambridge: Blackwell, 1994.

BURNIAUX, Jean-Mark et al. The costs of international agreements to reduce CO_2 emissions. *European Economy*, 1992.

BUTTON, Kenneth; PENTECOST, Eric. *Regional economic performance within the European Union*. Cheltenham e Northampton, Mass.: Edward Elgar, 1999.

BYÉ, Maurice. Unions douanières et données nationales. *Economie Appliquée*, v. 3, p. 121-157, 1950.

CABLE, Vincent. Overview. In: CABLE, Vincent; HENDERSON, David (Eds.). *Trade blocs? The future of regional integration*. London: The Royal Institute of International Affairs, 1994.

_____. *Globalization and global governance*. London: The Royal Institute of International Affairs, 1999.

_____; HENDERSON, David (Eds.). *Trade blocs? The future of regional integration*. London: The Royal Institute of International Affairs, 1994.

CABRAL, António José. Community structural policies and economic and Monetary Union. In: MINISTÉRIO DAS FINANÇAS. *Portugal e a transição para a União Económica e Monetária*. Lisboa, 1991.

_____. UEM: condições de participação e regras de funcionamento. *Estudos de Economia*, v. 6, p. 339-350, 1996.

_____. The stability and growth pact: main aspects and some considerations on its implementation. In: LAMFALUSSY, Alexandre; BERNARD, Luc D.; CABRAL, António J. (Eds.). *The euro-zone: a new economic entity?* Brussels: Bruylant, 1999.

CADILHE, Miguel. Luzes e sombras da UEM. *Revista da Banca*, v. 16, p. 199-214, 1990.

_____. Breves comentários. In: SECRETARIA DE ESTADO DA INTEGRAÇÃO EUROPEIA. *A Europa após Maastricht*. Lisboa: Imprensa Nacional-Casa da Moeda, 1992.

_____. Trivialidades sobre recessão e défices públicos. *Europa. Novas Fronteiras*, n. 1, p. 18-28, 1997.

CADOT, Olivier et al. (Eds.). *Industrial and trade policy (European casebook on)*. London: Prentice Hall, 1996.

_____. MELO, J. de; OLARREAGA, M. *Lobbying and the structure of protection*. London: Centre for Economic Policy Research, 1997. (Discussion Paper, 1574).

CAIGER, Andrew; FLOUDAS, Demetrius Andreas M. A. (Eds.). *1996 onwards: lowering the barriers further*. Chichester: John Wiley and Sons, 1996.

CALFAT, Germán. *Mercosul changes in trade specialization: 1990-1994*. Montevideo: Departamento de Economia da Faculdade de Ciências Sociais da Universidade da República, 1997. (Working Paper).

_____; FLÔRES JR., R. G. Latin America options for the European Union. In: CURSO DE ESTUDOS EUROPEUS. *Integração e especialização. Integration and specialization*. Coimbra: Faculdade de Direito da Universidade de Coimbra, 1996.

_____; _____. Questões de geografia econômica para o Mercosul. In: CHUDNOVSKY, D.; FANELLI, J. M. (Eds.). *El desafío de integrarse para crecer — balance y perspectivas del Mercosur en su primera década*. Madrid: Red Mercosur, BID y Siglo Veintiuno de Argentina Editores, 2001.

_____; _____. Endogenous protection, concessions and adjustment: the case of Mercosur. In: GIORDANO, P. (Ed.). *An integrated approach to the European Union-Mercosur association*. Paris: Chaire Mercosur de Sciences Po, 2002.

_____; _____ (Eds.). *The EU-Mercosur association agreement: mutual advantages for business and the economic cost of failure*. Paris: Chaire Mercosur de Sciences Po, 2004.

_____; _____; GANAME, M. C. *Endogenous protection in Mercosul: an empirical analysis*. Antwerp: Universiteit Antwerpen (UFSIA), 2000. (Faculty of Applied Economics Research Paper, 2000-25).

_____; _____; GRANATO, M. F. Dynamic effects of Mercosur: an assessment for Argentina. *Journal of Economic Integration*, v. 18, n. 3, p. 482-505, 2003.

CALVETE, Vitor. Recensão de seis obras do projecto da Brookings Institution Integração das Economias Nacionais. *Temas de Integração*, n. 3, p. 230-247, 1997.

_____. Sobre a teoria das uniões aduaneiras. *Boletim de Ciências Económicas*, v. 42-44, 2001.

CAMERON, David R. Les défis de l'accession à l'Union Européenne pour l'Europe post-communiste. *Reflets Perspectives de la Vie Économique. Qui Pour l'Élargissement de l'Union Européenne?*, n. 3, p. 23-33, 2003.

CAMPOS, João Mota (Coord.). *Organizações internacionais. Teoria geral. Estudo monográfico das principais organizações internacionais de que Portugal é membro*. Lisboa: Fundação Calouste Gulbenkian, 1999.

_____. *Manual de direito comunitário*. Lisboa: Fundação Calouste Gulbenkian, 2002.

CARFANTAN, Jean-Yves. *L'epreuve de la mondialisation. Pour une ambition européenne*. Paris: Éditions du Seuil, 1996.

CARP, Rui. Fiscalidade e orçamento comunitários. In: ROMÃO, António. *Economia européia*. Oeiras: Celta, 2004. p. 299-322.

CARREAU, Domenique; JUILLARD, Patrick. *Droit international économique*. Paris: Dalloz, 2003.

CASELLA, Paulo Borba. *Mercosul: exigências e perspectivas. Integração e consolidação do espaço econômico (1995-2000-2006)*. São Paulo: LTR, 1996.

_____ (Org.). *Mercosul. Integração regional e globalização*. Rio de Janeiro: Renovar, 2000.

CASS, Ronald; HARING, John R. *International trade in telecommunications: monopoly, competition & trade strategy*. Washington, DC: American Enterprise Institute for Public Policy, 2000.

CEMT (CONFERENCE EUROPEENNE DES MINISTRES DES TRANSPORTS). *Internalising the social costs of transport*. Paris: CEMT, 1994.,

_____. *Des chemins de fer, pour quoi faire?* Paris: CEMT, 1995.

CENTRE FOR EUROPEAN REFORM (CER). *Britain and EMU. The case for joining*. London: CER, 1997.

CHANG, Ha-Joon. *Globalization, economic development and the role of the state*. London and New York: Zed Book, 2003.

CHECHINI, Paolo. *A grande aposta para a Europa: o desafio de 1992*. Lisboa: CCE, 1988.

CHÉROT, Jean-Yves. *Les aides d'état dans les communautés européennes*. Paris: Economica, 1998.

CIABRINI, Sylvie. *Les services dans le commerce international*. Paris: Presses Universitaires de France, 1996.

CINI, Michelle (Ed.). *European Union politics*. Oxford: Oxford University Press, 2003.

_____; McGOWAN, Lec. *Competition policy in the European Union*. New York: Macmillan; Basingstoke: St. Martin's Press, 1998.

CLARK, Colin. *The conditions of economic progress*. London: Macmillan, 1940.

CLÍMACO, Maria Isabel Namorado. Os impostos especiais de consumo. Efeitos económicos e objectivos fiscais. *Ciência Técnica Fiscal*, n. 376, p. 61-153, 1995.

_____. Novas perspectivas da política fiscal anti-tabágica e anti-alcoólica. *Boletim de Ciências Económicas*, 2000.

COBHAM, David. Causes and effects of the European monetary crisis of 1992-93. *Journal of Common Market Studies*, v. 34, p. 585-604, 1996.

COCKFIELD, Lord. *The European Union, creating the single market*. London: John Wiley & Sons, 1994.

COELHO, Miguel. O impacto do alargamento da União Europeia aos países da Europa Central e Oriental no padrão de especialização das economias do sul da Europa. *Temas de Integração*, n. 8, p. 41-64, 1999.

COGET, Gérard. Les resources propres communautaires. *Revue Française de Finances Publiques*, n. 45, p. 51-96, 1994.

COLOM I NAVAL. El presupuesto europeu. In: MORATA, F. (Ed.). *Políticas públicas en la Unión Europea*. Barcelona: Ariel, 2000a.

_____. El pressupost de la UE em l'horitzó de la propera década. *Revista de Economia de Catalunya*, 2000b.

COMISSÃO DE COORDENAÇÃO DA REGIÃO CENTRO (CCRC). *Portugal e os fundos estruturais comunitários: experiência e perspectivas regionais*. Coimbra: CCRC, 1989.

COMISSÃO EUROPÉIA. *As regiões na década de 1990*. Relatório periódico anual relativo à situação sócio-económica e ao desenvolvimento das regiões da comunidade. Bruxelas, 1991.

_____. *Crescimento, competitvidade, emprego. Os desafios e as pistas para entrar no século XXI*. COM (93) 700 final, 5 dez. 1993.

_____. *Panorame of European Union industries*. Brussels, 1994.

_____. *Livro verde a rede dos cidadãos. Explorar o potencial do transporte público na Europa*. COM (95) 601 final, 29 nov. 1995a.

_____. *Agricultural situation and outlook in the central and Eastern European countries. Summary Report*. Bruxelas: Direcção Geral da Agricultura, 1995b.

_____. *Livro verde sobre os contratos públicos na União Europeia: pistas de reflexão para o futuro*. COM (96) 583 final, 27 nov. 1996a.

_____. *Europe de l'energie en 2020*. Bruxelas e Luxemburgo. Síntese do estudo SEC (95) 2283, 1996b.

_____. *Para uma formação correcta e eficiente dos preços dos transportes. Apoio da política para a internalização dos custos externos dos transportes na União Europeia*. Suplemento n. 2/96. 1996c.

_____. *Impacto e eficácia do mercado único*. COM (96) 520 final, 2 dez. 1996d.

_____. *A fiscalidade na União Europeia. Relatório sobre a evolução dos sistemas fiscais*. COM (96) 546 final, 22 out. 1996e.

_____. *Para uma nova estratégia marítima*. COM (96) 81 final, 13 mar. 1996f.

_____. *Perspectivar o futuro marítimo da Europa. Uma contribuição para a competitividade do sector marítimo*. COM (96) 84 final, 13 mar. 1996g.

_____. *Rapport economique annuel 1997. Croissance, emploi et convergence sur la voie vers l'UEM*. COM (97) 27 final, 12 fev. 1997a.

_____. *Reestruturação do quadro comunitário para a tributação de produtos energéticos*. COM (97) 30 final, 12 mar. 1997b.

_____. *Primeiro relatório da comissão sobre a coesão económica e social*. COM (96) 542, versão consolidada, 8 abr. 1997c.

_____. *La voie à suivre: la stratégie européenne de l'emploi*. 13 abr. 1996, Luxemburgo, 1997d.

_____. *External aspects of economic and Monetary Union*. SEC (97) 803, 23 abr. 1997e.

_____. *Plano de acção para o mercado único*. Comunicação da comissão ao Conselho Europeu. CSE (97) 1 final, 4 jun. 1997f.

_____. *Agenda 2000. Financiamento da União Europeia*. Luxemburgo: Serviço das Publicações, 1998a.

_____. *Economic policy in EMU*. Oxford: Oxford University Press, 1998b.

_____. *Pagamento justo pela utilização das infra-estruturas*. Luxemburgo: Serviço das Publicações, 1998c.

_____. *Allocation of 1998 EU operating expenditure by member state*. Brussels: DG XIX, 1999a.

_____. *Sexto relatório periódico relativo à situação socioeconómica e ao desenvolvimento das regiões da União Europeia*. Luxemburgo: Serviço das Publicações, 1999b.

_____. *Agenda 2000. Para uma união reforçada e alargada*. Luxemburgo: Programa Prioritário de Publicações, 1999c.

_____. *Reforma económica: relatório sobre o funcionamento dos mercados comunitários de produtos e de capitais*. COM (2000) 26 final, 26 jan. 2000a.

_____. *Oitavo relatório sobre os auxílios estatais na União Europeia*. COM (2000) 205 final, 11 abr. 2000b.

_____. *Indicadores da integração das preocupações de carácter ambiental na política agrícola comum*. 2000c.

_____. *Recomendações da comissão relativas às orientações gerais para as políticas económicas dos Estados-membros e da comunidade em 2000*. COM (2000) 214 final, 11 abr. 2000d.

_____. *Relatório da comissão ao conselho sobre o tráfego rodoviário de mercadorias em trânsito na Áustria*. COM (2000) 802 final, 21 dez. 2000e.

_____. *Nono relatório sobre os auxílios estatais na União Europeia*. COM (2001) 403 final, 18 jun. 2001a.

_____. *Livro branco. A política europeia de transportes no horizonte 2020: a era das opções*. COM (2001) 370 final, 12 set. 2001b.

_____. *Livro verde sobre o futuro da política comum de pesca*. COM (2001) 135 final, 20 mar. 2001c.

_____. *Ambiente 2010: o nosso futuro, a nossa escolha.* 2001d.

_____. *Unidade da Europa, solidariedade dos povos, diversidade dos territórios.* 2001e.

_____. *Proposta de regulamento do Parlamento Europeu e do conselho que estabelece um sistema de ecopontos aplicável aos veículos pesados de mercadorias que atravessam a Áustria em trânsito em 2004.* COM (2001) 807 final, 20 dez. 2001f.

_____. *Communication of the commission on the reform of the common fisheries policy: roadmap.* COM (2002) 181, 2002.

_____. *Deuxième rapport d'étape sur la cohésion economique et sociale.* COM (2003) 34 final, 30 jan. 2003a.

_____. *Autumn 2003: economic forecasts.* 29 Oct. 2003b.

_____. *Communication from the commission 'Education & Training 2010'. The success of the Lisbon strategy hinges on urgent reform.* COM (2003) 685 final, 11 Nov. 2003c.

COMITÉ DOS SÁBIOS. *Vers des horizons meilleurs.* Bruxelas: Comissão Européia, 1994.

CONNOLLY, Sara; MUNRO, Alistair. *Economics of the public sector.* London: Prentice Hall, 1999.

CONSELHO ECONÓMICO E SOCIAL. *Parecer sobre as implicações para Portugal de alargamento da UE.* Lisboa, 1997. (Série Pareceres e Relatórios).

_____. *Colóquio "Agenda 2000 da UE: as suas implicações para Portugal".* Lisboa, 1998. (Série Estudos e Documentos).

CONSTÂNCIO, Vitor. A União Europeia: promessas e problemas. In: SECRETARIA DE ESTADO DA INTEGRAÇÃO EUROPEIA. *A Europa após Maastricht.* Lisboa: Imprensa Nacional-Casa da Moeda, 1992. p. 107-117.

_____. Portugal na UEM. *Europa. Novas Fronteiras*, n. 1, 1997.

CONSTANTINESCO, Vlad. La subsidiarité comme principe constitutionnel de l'integration européenne. *Auswirtschaft*, Oct. 1991.

_____. (Ed.). *Commentaire du traité instituant la CEE.* Paris: Economica, 1992-94.

COOPER, Richard H.; MASSELL, B. A new look at customs union theory. *The Economic Journal*, v. 75, p. 742-747, 1965.

COPELAND, Brian R.; TAYLOR, M. Scott. *Trade and the environment. Theory and evidence.* Princeton and Oxford: Princeton University Press, 2003.

CORADO, Cristina; MELO, Jaime de. A simulation model to estimate the effects of Portugal's entry into the common market. *Economia*, v. 9, p. 403-430, 1985.

CORDEIRO, António José Robalo. Os modelos sociais e a concorrência mundial. *Temas de Integração*, n. 6, p. 77-100, 1998.

CORDEN, W. Max. Economies of scale and customs unions. *The Journal of Political Economy*, v. 80, p. 465-475, 1972.

_____. *Trade policy and economic welfare*. 2. ed. Oxford: Oxford University Press, 1997.

CORRÊA, Luís Fernando Nigro. *O Mercosul e a OMC: regionalismo e multilateralismo*. São Paulo: LTR, 2001.

CORREIA, Arlindo N. M. O sistema comum de IVA na União Europeia: um sistema de IVA adaptado às exigências do mercado único. *Fisco*, n. 80-81, p. 41-50, 1997.

COSTA, Carlos. EMU: the benefits outweight the costs. *European Affairs*, v. 4, 1990.

_____. Alguns aspectos essenciais de uma UEM viável a longo prazo. In: MINISTÉRIO DAS FINANÇAS. *Portugal e a transição para a União Económica e Monetária*. Lisboa, 1991.

_____. Agenda 2000: uma proposta de quadro financeiro comunitário para o período 2000-2006. Contexto e significado. In: CONSELHO ECONÓMICO E SOCIAL. *Colóquio "Agenda 2000 da UE: as suas implicações para Portugal"*. Lisboa, 1998. (Série Estudos e Documentos).

COSTA, Francisco Seixas da. UEM — um projecto político-económico numa Europa solidária. *Europa. Novas Fronteiras*, n. 1, p. 40-41, 1997.

_____. Intervenção. In: CONSELHO ECONÓMICO E SOCIAL. *Colóquio "Agenda 2000 da UE: as suas Implicações para Portugal"*. Lisboa, 1998. (Série Estudos e Documentos).

COURCHENE, Tom et al. Stable money-sound finances, community public finance in the perspective of EMU. *European Economy*, n. 53, 1993.

CRAWFORD, Malcolm. *One money for Europe? The economics and politics of EMU*. New York: Macmillan; Basingstoke: St. Martin's Press, 1996.

CUKIERMAN, Alex S.; WEBB, Steven B. Political influence on the central bank: international evidence. *The World Bank Economic Review*, v. 9, p. 397-423, 1995.

_____; _____; NEYAPTI, Bilin. The measurement of central bank independence and its effect on policy outcomes. *The World Bank Economic Review*, v. 6, p. 353-398, 1992.

_____ et al. Central bank independence, growth, investment and real rates. In: MALTZER, Allan; PLASSER, Charles I. (Eds.). *Carnegie-Rochester conference series on public policy*. v. 39, Amsterdã: North-Holland, 1993.

CUNHA, Arlindo. *A agricultura europeia na encruzilhada*. Porto: Asa, 1996.

_____. A PAC e a Agenda 2000. *Temas de Integração*, n. 3, p. 219-224, 1997.

_____. A PAC e o futuro da agricultura europeia. *Temas de Integração*, n. 6, p. 101-114, 1998.

_____. A Organização Mundial do Comércio e a agricultura europeia. *Temas de Integração*, n. 8, p. 15-22, 1999.

_____. A política agrícola comum e o futuro do mundo rural. Lisboa: Plátano, 2000.

_____. A Mediterranean perspective of the CAP mid term review. *Temas de Integração*, n. 15-16, p. 95-104, 2003.

_____. De Seattle a Hong Kong: a Ronda do Milénio da OMC. Estado actual das negociações agrícolas e perspectivas futuras. *Temas de Integração*, n. 18, p. 95-108, 2 sem. 2004.

CUNHA, Carolina. *Controlo das concentrações de empresas: direito comunitário e direito português*. Coimbra: Almedina, 2005.

CUNHA, Luis Pedro. *Lições de relações económicas externas*. Coimbra: Almedina, 1997.

CUNHA, Paulo de Pitta. *O desafio da integração europeia*. Lisboa: Ministério das Finanças e do Plano, 1980.

_____. *Integração europeia. Estudos de economia, política e direito comunitário*. Lisboa: Imprensa Nacional-Casa da Moeda, 1993.

_____. A união monetária e suas implicações. In: CURSO DE ESTUDOS EUROPEUS. *A União Europeia*. Coimbra: Faculdade de Direito da Universidade de Coimbra, 1994.

_____. O regime fiscal dos produtos petrolíferos em Portugal. *Ciência Técnica Fiscal*, n. 380, p. 7-56, 1995.

_____. A união económica e monetária e as perspectivas da integração europeia. In: CUNHA, Paulo de Pitta et al. *A União Europeia na encruzilhada*. Coimbra: Almedina, 1996.

_____. Integração monetária e federalismo financeiro. In: INSTITUTO EUROPEU DA FACULDADE DE DIREITO DA UNIVERSIDADE DE LISBOA. *Aspectos jurídicos e económicos da introdução do euro*. Lisboa, 1999.

_____. IGC 2000 and fiscal federalism. In: LA CONFÉRENCE INTERGOVERNAMENTALE 2000 ET AU-DELÀ. *Annales...* Bruxelles, 6-7 juil. 2000a,

_____. A União Monetária e o pacto de estabilidade. In: FACULDADE DE DIREITO DA UNIVERSIDADE DE LISBOA. *Estudos jurídicos e económicos em homenagem ao professor João Lumbrales*. Coimbra: Coimbra, 2000b.

_____. *A integração europeia no dobrar do século*. Coimbra: Almedina, 2003.

_____; PORTO, Manuel (Coords.). *O euro e o mundo*. Coimbra: Almedina, 2002.

_____ et al. *A União Europeia na encruzilhada*. Coimbra: Almedina, 1996.

CURSO DE ESTUDOS EUROPEUS. *A União Europeia*. Coimbra: Faculdade de Direito da Universidade de Coimbra, 1994a.

_____. *O Mercosul e a União Europeia*. Coimbra: Faculdade de Direito da Universidade de Coimbra, 1994b.

_____. *Integração e especialização. Integration and specialization*. Coimbra: Faculdade de Direito da Universidade de Coimbra, 1996.

CUTHBERT, Mike. *European Union law*. 5. ed. London: Cavendish, 2003.

DAI, Xiudian; LAWSON, Alan; HOLMES Peter. The rise and fall of high definition television: the impact of European technology policy. *Journal of Common Market Studies*, v. 34, p. 149-166, 1996.

DAN, Wei. *A China e a Organização Mundial do Comércio*. Coimbra: Almedina, 2001.

DAS, Gurcharan. *India unbound*. Nova Delhi: Penguim, 2002.

DATTANI, Nilesh. Economic and monetary union. In: STAVRIDIS, Stelios et al. (Eds.). *New challenges to the European Union: policies and policy-making*. Dartmouth: Aldershot, 1996.

DAVIES, Gareth. *European Union internal market law.* 2. ed. London: Cavendish, 2003.

DAVISON, Leigh. Open skies over the European Union? In: DAVISON, Leigh; FITZPATRICK, Edmund; JOHNSON, Debra (Eds.). *The European competitive environment. Text and cases.* Oxford: Butterworth-Heinemann, 1995.

_____; FITZPATRICK, Edmund. Brussels and the control of merger activity in the European Union. In: DAVISON, Leigh; FITZPATRICK, Edmund; JOHNSON, Debra (Eds.). *The European competitive environment. Text and cases.* Oxford: Butterworth-Heinemann, 1995.

_____; _____; JOHNSON, Debra (Eds.). *The European competitive environment. Text and cases.* Oxford: Butterworth-Heinemann, 1995.

DE BEERS, John S. Tariff aspects of a federal union. *The Quarterly Journal of Economics,* v. 56, p. 49-92, 1941.

DE GRAUWE, Paul. *Economics of monetary union.* 5. ed. Oxford: Oxford University Press, 2003.

DE LA FUENTE, Angel; VIVES, Xavier. Infrastructure and education as instruments of regional policy: evidence from Spain. *Economic Policy,* n. 20, p. 13-51, 1995.

DE LA TORRE, Augusto; KELLY, Margaret R. *Regional trade agreement.* Washington, DC: IMF, 1992. (Occasional Paper n. 93).

DE MOOIJ, Ruyd. Environmental taxes and unemployment in Europe. *Transfer-European Review of Labour and Research,* v. 2, p. 481-492, 1996.

DEARDEN, Stephen. Transport policy. In: McDONALD, Frank; DEARDEN, Stephen (Eds.). *European economic integration.* 3. ed. New York: Longman, Harlow, 1999.

DELGADO, E. Institutional evolution of the Central American Common Market and the principle of balanced development. In: CLINE, W.; DELGADO, E. (Eds.). *Economic integration in Central America.* Washington, DC: Brookings Institution, 1978.

DELORS, Jacques. *Le nouveau concert européen.* Paris: Editions Emile Jacob, 1992.

_____. L'union économique et monétaire ou la rampe de lancement de l'union politique. *Europa. Novas Fronteiras,* n. 1, p. 42-46, 1997.

_____ et al. *L'euro facteur d'avancée de l'Europe.* Paris: Economica, 1999.

DENT, Christopher M. *The European economy. The global context.* London and New York: Routledge, 1997.

DENTON, Geoffrey; O'CLEIREACAIN, Seamus. Subsidy issues in international commerce. *Thames Essays*, n. 5, 1972.

DESCHEEMAEKERE, François. *L'euro. Mieux connaître notre future monnaie européenne*. Paris: Les Éditions d'Organization, 1996.

DESURMONT, Armand; DOCQUIER, Frédéric. Europe des états ou Europe des régions. In: FARVAQUE, Étienne; LAGADEC, Gaël (Dir.). *Intégration économique européenne. Problèmes et analyses*. Bruxelas: De Boeck Université, 2002.

DEVLIN, R. *In defense of Mercosur*. Washington, DC: Inter-American Development Bank, 1996.

DIAS, João. Comércio intra-ramo, integração europeia e competitividade: uma análise do caso português. In: CURSO DE ESTUDOS EUROPEUS. *Integração e especialização. Integration and specialization*. Coimbra: Faculdade de Direito da Universidade de Coimbra, 1996.

DICKEN, Peter. *Global shift. Reshaping the global economic map in the 21st century*. 4. ed. London: Sage, 2003.

DIEKMANN, Achim. *Towards more rational transport policies in Europe*. Colônia: Deutscher Instituts-Verlag Ombtt, 1995.

DILNOT, A. W.; HELM, D. R. Energy policy, merit goods and social security. *Fiscal Studies*, v. 8, p. 29-48, 1987.

DINAN, Desmond. *Ever closer union. An introduction to European integration*. 2. ed. Basingstoke: Macmillan, 1999.

DIRECÇÃO GERAL DO DESENVOLVIMENTO REGIONAL (DGDR). *Relatório de execução anual (1995) do Quadro Comunitário de Apoio 1994-1999*. Lisboa, nov. 1996.

DIXIT, A.; GROSSMAN, G. M. Targeted export promotion with several oligopolist industries. *Journal of International Economics*, v. 21, p. 233-249, 1986.

DOGANIS, Rigas. *Flying of course. The economics of international airlines*. 2. ed. London: Harper Collins, 1991.

_____. *The airline business in the 21st century*. London: Routledge, 2001.

DONÀ, W. Viscardini. La politique agricole commune et sa reforme. *Revue du Marché Unique Européen*, n. 3, p. 13-48, 1993.

DONGUES, Jurgen B. O desenvolvimento industrial e a concorrência numa comunidade alargada. In: INTEUROPA (Ed.). *Portugal e o alargamento das comunidades europeias*. Lisboa, 1981.

DORNBUSCH, Rodiger W. Policy options for freer trade: the case for bilateralism. In: LAWRENCE, Robert Z.; SCHULTZE, Charles L. (Eds.). *American trade strategy. Options for the 1990's*. Washington, DC: The Brookings Institution, 1990.

DOURADO, Ana Paula. *A tributação dos rendimentos de capitais: a harmonização na Comunidade Europeia*. Lisboa: Centro de Estudos Fiscais, 1996.

DRIFFIL, John; BEBER, Massimo (Eds.). *A currency for Europe. The currency as an element of division or of union of Europe*. London: Lothian Foundation Press, 1991.

DROMI, Roberto; MOLINA DEL POZO, Carlos. *Acuerdo Mercosur-Unión Europea*. Buenos Aires: Ediciones Ciudad Argentina, 1996.

DRUESNE, Gérard. *Droit et politiques de la communauté et de l'Union Européenne*. 7. ed. Paris: Presses Universitaires de France, 2002.

_____; KREMLIS, Georges. *La politique de currence de la Communautée Européenne*. 2. ed. Paris: Presses Universitaires de France, 1990.

DUARTE, Maria Luísa. *A teoria dos poderes implícitos e a delimitação de competências entre a União Europeia e os Estados-membros*. Lisboa: Lex, 1997.

_____. A aplicação jurisdicional do princípio da subsidiariedade no direito comunitário — pressuposto e limites. In: FACULDADE DE DIREITO DA UNIVERSIDADE DE LISBOA. *Estudos jurídicos e econômicos em homenagem ao professor João Lumbrales*. Coimbra: Coimbra, 2000a.

_____. *Direito da União Europeia e das comunidades europeias*. Lisboa: Lex, 2000b. v. I, tomo I.

DUNNING, John H. (Ed.). *Making globalization good. The moral chalenge of global capitalism*. Oxford: Oxford University Press, 2002.

DYER, Carl L. et al. Service markets in the 21st century: the impact of the new WTO regime. In: FATEMI, Khornow (Ed.). *International trade in the 21st century*. Oxford: Pergamon, 1997.

DYSON, Kenneth; FEATHERSTONE, Kevin. *The road to Maastricht. Negotiating economic and monetary union*. Oxford: Oxford University Press, 1999.

Referências bibliográficas | 351

ECOTEC et al. *Data collection on eco-industries in the European Union: a report to Eurostat.* [s.l.]: Eurostat, 1997.

EICHENGREEN, Barry. One money for Europe? Lessons from US currency union. *Economic Policy*, n. 10, p. 112-187, 1990.

_____ et al. *Globalization. Chalenges and opportunity.* New York: Foreign Affairs, 2002.

EIJFFINGER, Sylvester. Tax competition and tax harmonisation. In: LA CONFERENCE INTERGOVERNAMENTALE 2000 ET AU-DELÀ, 2000. *Annales...* Bruxelles, 2000.

_____; DE HAAN, Jakob. *European monetary and fiscal policy.* Oxford: Oxford University Press, 2000.

_____; SCHALING, E. *Central bank independence: theory and evidence.* Center for Economic Research, Tilburg University, 1993. (Discussion paper n. 9325).

EL AGRAA, Ali. M. International economic integration. In: GREENAWAY, David (Ed.). *Current issues in international trade.* New York: Macmillan; Basingstoke: St. Martin's Press, 1996.

_____. *Regional integration. Experience, theory and measurement.* 2. ed. London and Basingstoke: Macmillan, 1999.

_____. Measuring the impact of economic integration. In: EL-AGRAA, Ali M. (Ed.). *The European Union. Economics & policies.* 6. ed. London: Financial Times/Prentice Hall Europe, 2001a.

_____. The common agricultural policy. In: EL-AGRAA, Ali M. (Ed.). *The European Union. Economics & policies.* 6. ed. London: Financial Times/Prentice Hall Europe, 2001b.

_____. The common fisheries policy. In: EL-AGRAA, Ali M. (Ed.). *The European Union. Economics & policies.* 6. ed. London: Financial Times/Prentice Hall Europe, 2001c.

_____. (Ed.). *The European Union. Economics & policies.* 6. ed. London: Financial Times/Prentice Hall Europe, 2001d.

_____; JONES, A. J. *The theory of customs unions.* Oxford: Philip Allan, 1981.

EMERSON, M. et al. *The EC commission's assessment of the economic effects of completing the internal market.* Oxford: Oxford University Press, 1988.

_____; GROS, A. *Interaction between EU enlargement, Agenda 2000 and EMU — the case of Portugal*. Brussels: CEPS, 1998.

_____; HUHNE, C. *The ECU report*. London: Pan Books, 1991.

ERNST, WHITNEY. *Costs of the 'New Europe': illustrations in the road haulage sector*. Study for the European Commission. Nov. 1987.

ESTEVADEORDAL, A. *Negotiating preferential market access: the case of Nafta*. Intal/Washington, DC: Inter-American Development Bank, 1999. (ITD Working paper n. 3).

_____; GOTO, J.; SAEZ, R. *The new regionalism in the Americas: the case of Mercosur*. Washington, DC: Inter-American Development Bank, 2000. (Intal/ITD Working paper n. 5).

ESTY, Daniel C. *Greening the Gatt. Trade, environment and the Gatt*. Washington, DC: Institute for International Economics, 1994.

ETHIER, W. The new regionalism. *The Economic Journal*, n. 108, 1998.

EUROPA. NOVAS FRONTEIRAS. A estratégia de Lisboa. A agenda europeia para o desenvolvimento económico e social. n. 9-10, jun./dez. 2001.

_____. O impacto do alargamento na política de coesão da União Europeia. n. 12, dez. 2002.

EUROPEAN ECONOMY. The economics of 1992: an assessment of the potential economic effects of completing the internal market of the European Community. n. 35, Oct. 1988.

_____. One market, one-money. An evaluation of the potential benefits and costs of forming an economic and monetary union. n. 44, Oct. 1990.

_____. The economics of EMU, background studies for European economy, one market one money. 1991.

_____. The climate challenge, economic aspects of the community's strategy for limiting CO_2 emissions. n. 51, May 1992a.

_____. The economics of limiting CO_2 emissions. 1992b.

_____. The CAP and enlargement. Economy effects of the compensatory payments. n. 2, 1996.

_____. The CAP and enlargement. Agrofood price developments in five associated countries. n. 2, 1997.

_____. Autumn 2003. Economic forecasts. n. 5, 2003.

FACULDADE DE DIREITO DA UNIVERSIDADE DE LISBOA. *Estudos jurídicos e económicos em homenagem ao professor João Lumbrales*. Coimbra: Coimbra, 2000.

FAGERBERG, Jan; VERSPAGEN, Bart. Heading for divergence? Regional growth in Europe reconsidered. *Journal of Common Market Studies*, v. 34, p. 431-348, 1996.

FAIÑA, J. Andrés. *Las competencias de los gobiernos centrales y los problemas de ampliación y profundización de la Unión Europea: un ensayo de economía política constitucional*. In: LA CONFÉRENCE INTERGOUVERNAMENTALE 2000 ET AU-DELÀ, 2000. Annales... Bruxelles, 2000.

FAIRHURST, John; VINCENZI, Christopher. *Law of the European Community*. 4. ed. Harlow: Longman, 2003.

FANELLI, J. M.; GONZÁLES-ROSADA, M.; KEIFMAN, S. Comercio, régimen cambiario y volatilidad. Una visión desde la Argentina de la coordinación macroeconómica en el Mercosur. In: FANELLI, J. M. (Coord.). *Coordinación de políticas macroeconómicas en el Mercosur*. Madrid y Montevideo: Siglo XXI de Argentina Editores y Red de Investigaciones Económicas del Mercosur, 2001.

FARIA, Werter R. *Livre advocacia, estabelecimento e serviços dos advogados na Comunidade Européia*. Porto Alegre: Juruá, 2003.

FARRELL, Sheila. *Financing European transport infrastructure. Policies and practice in Western Europe*. London and Basingstoke: Macmillan, 1999.

FARVAQUE, Étienne; LAGADEC, Gaël (Dir.). *Intégration économique européenne. Problèmes et analyses*. Bruxelles: De Boeck Université, 2002.

FATÁS, Antonio. EMU: countries or regions? Lessons from the EMS experience. *European Economic Review*, v. 41, p. 743-751, 1997.

FATEMI, Khornow (Ed.). *International trade in the 21st century*. Oxford: Pergamon, 1997.

FAUGÈRE, Jean-Pierre. *Economie européenne*. 2. ed. Paris: Presses de Sciences PO et Dalloz, 2002.

FAULL, Jonathan; NIKPAY, Ali (Eds.). *The EC law of competition*. Oxford: Oxford University Press, 1999.

FAYOLLE, Jacky; LECUYER, Anne. Croissance regionale, appartenance nationale et fonds structurels europeens. *Revue de l'OFCE*, n. 73, 2000.

FEDERAÇÃO INTERNACIONAL DE DIREITO EUROPEU (FIDE). *Les aspects nouveaux de la libre circulation des personnes: vers une citoyennete europeenne*. Lisboa: Associação Portuguesa de Direito Europeu, 1992.

FEENSTRA, Robert C.; GROSSMAN, Gene M.; IRWIN, Douglas A. (Eds.). *The political economy of trade policy*. Cambridge, Mass., and London: The MIT Press, 1996.

FEITOR, R.; DIOGO, A.; MARQUES R. *A indústria portuguesa face à adesão à CEE: impacto e perspectivas*. Lisboa: Ministério da Indústria e Energia, 1982.

FEKETEKUTY, Gaza. *International trade in services. An overview and blueprint for negotiations*. Cambridge, Mass.: Ballinger Publishing Company (Haper & Row), 1988.

FERNANDES, António José. *Relações internacionais. Factos, teorias e organizações*. Lisboa: Editorial Presença, 1991.

_____. *União Europeia e Mercosul: dois processos de integração*. Braga: Universidade do Minho e Comissão Europeia, 1998.

FERNANDES, Francisco Liberal. *Liberdade de circulação dos trabalhadores na Comunidade Europeia*. Coimbra: Coimbra, 2002.

FERREIRA, Eduardo de Sousa; PAIVA, Amadeu; PATACÃO, Helena. *Hermes revelado. Lições de comércio internacional*. Lisboa: McGraw-Hill, 1997.

FERREIRA, Graça Enes. *A teoria da integração económica internacional e o modelo de integração do espaço económico europeu*. Porto: Legis, 1997.

FERREIRA, João E. Pinto. *Política da concorrência*. In: ROMÃO, António. *Economia européia*. Oeiras: Celta, 2004. p. 131-158.

FINE, Frank. *Mergers and joint ventures in Europe. The law and policy of the EEC*. 2. ed. London: Graham & Trotman/Martinus Nijhoff, 1994.

FISCHER, S. *Modern central banking*. In: CENTRAL BANKING SYMPOSIUM. 1994. June 9.

FITOUSSI, Jean-Paul. *O debate-tabu. moeda, Europa, pobreza*. Lisboa: Terramar, 1997.

Referências bibliográficas | 355

_____ (Dir.). *Rapport sur l'état de l'Union Européenne, 2000*. Paris: Fayard e Presses de Sciences Po, 2000.

_____; LE CACHEUX, Jacques. *Rapport sur l'état de l' Union Européenne 2004*. Paris: Fayard e Presses de Sciences Po, 2003.

FLAD (FUNDAÇÃO LUSO-AMERICANA PARA O DESENVOLVIMENTO). *A Organização Mundial do Comércio e a resolução de litígios*. Lisboa: Faculdade de Direito da Universidade de Lisboa e Georgetown University Law Center, 1998.

FLÔRES, Renato G. Jr. The Bush initiative, the Mercosul and Latin America integration: a view from parallel 26°53'43" S. In: DEWATRIPONT, M.; GINSBURGH, V. *European economic integration: a challenge in a changing world*. Amsterdã: North-Holland, 1994.

_____. A avaliação do impacto das integrações regionais. *Temas de Integração*, n. 1, p. 51-61, 1996a.

_____. Pode a performance do Mercosul levantar dúvidas sobre a performance dos economistas? Sim! *O Estado de S. Paulo*, 16 dez. 1996b.

_____. The gains from Mercosul: a general equilibrium, imperfect competition evaluation. *Journal of Policy Modeling*, v. 19, p. 1-18, 1997.

_____. Competition and trade in services: the airlines' global alliances. *The World Economy*, v. 21, n. 8; 1095-1108, 1998.

_____. Portugal e Brasil: convergência e parceria nos próximos 500 anos. In: ALBUQUERQUE, Roberto Cavalcanti de; ROMÃO, António (Orgs.). *Brasil-Portugal. Desenvolvimento e cooperação. O diálogo dos 500 anos*. Rio de Janeiro: EMC, 2000.

_____. Concorrência no Mercosul: para além do Protocolo de Fortaleza. *ARCHÉ Interdisciplinar*, v. 10, n. 29, p. 47-62, 2001.

_____. Sabemos avaliar as integrações regionais? *Temas de Integração*, n. 15-16, p. 231-240, 2003.

_____; MARCONINI, M. (Eds.). *Acordo Mercosul-União Européia: além da agricultura*. Rio de Janeiro: Fundação Konrad Adenauer, 2003.

FLYNN, James; STATFORD, Jemime. *Competition. Understanding the 1998 Act*. Brembridge: Palladium Law Publishing, 1999.

_____. Comentário ao art. 91. In: CONSTANTINESCO, V. et al. (Eds.). *Commentaire du traité instituant la CEE*. Paris: Economica, 1992-94.

FONTOURA, Maria Paula. Efeitos do comércio da integração econômica. O caso de Portugal. In: ROMÃO, António. *Economia européia*. Oeiras: Celta, 2004. p. 79-94.

FOUQUIN, Michel; SIROËN, Jean-Marc. Regionalisme et multilateralism sont-ils antinomiques? *Économie Internationale*, n. 74, p. 3-14, 1998.

FOUÉRÉ, Erman. Emerging trends in international environmental agreements. In: CARROL, John E. (Ed.). *International environmental diplomacy*. Cambridge: Cambridge University Press, 1990.

FOURÇANS, André; VON WOGAU, Karl (Eds.). *Monnaie unique et fiscalité de l'epargne. Quelle Europe financière?* Sévres: Agora Europ, 1998.

FRANCO, António Luciano de Sousa. Crescimento sustentado de mãos dadas com o caminho para o euro. *Europa. Novas Fronteiras*, n. 1, p. 50-55, 1997.

_____. Euro e o dólar: desafio para o futuro. In: *Estudos em homenagem ao professor doutor Pedro Soares Martinez*. Coimbra: Almedina, 2000.

_____. Facing Europe and the EMU: reform or die. In: CUNHA, P. P.; PORTO, Manuel (Coords.). *O euro e o mundo*. Coimbra: Almedina, 2002.

FRANÇOIS, J. E.; SHIELLS, C. R. (Eds.). *Modeling trade policy: applied general equilibrium assessments of North American Free Trade*. Cambridge: Cambridge University Press, 1994.

FRANKEL, J. A.; STEIN, E.; WEI, S. J. Trading blocs and the Americas: the natural, the unnatural and the supernatural. *Journal of Development Economics*, n. 47, p. 61-95, 1995.

FRAZER, T. *Monopoly, competition and the law: the regulations of business activity in Britain, Europe and America*. 2. ed. New York: Harvester/Wheatsheaf, 1992.

FREDRIKSSON, Per G. (Ed.). *Trade, global policy, and the environment*. Washington, DC: World Bank, 1999. (Discussion paper n. 402).

FREESTONE, David. The 1992 Maastricht Treaty. Implications for European environmental law. *European Environmental Law Review*, v. 1, p. 23-26, 1992.

FREUDENBERG, Michael; GAULIER, Guillaume; UNAL-KESENCI, Deniz. La regionalisation du commerce international. *Économie Internationale*, n. 74, p. 15-41, 1998.

FRIEDEN, Jeffrey; JONES, Erik; TORRES, Francisco (Eds.). *Joining Europe's monetary club: the challenges for smaller member states*. New York: St. Martin's Press, 1996.

FRIEDMAN, Thomas. *Compreender a globalização. O Lexus e a oliveira.* Lisboa: Quetzal, 2000.

FRIEDMANN, John. *Regional development policy: a case study of Venezuela.* Cambridge, Mass.: The MIT Press, 1966.

_____. A generalized theory of polarized development. In: HANSEN, N. M. (Ed.). *Growth centers in regional economic development.* New York: The Free Press, 1972.

_____. *Urbanization, planning and national development.* Beverly Hills: Sage, 1973.

FROUFE, Pedro Madeira. A aplicação dos artigos 81º e 82º do Tratado CE: o novo regime instituído pelo regulamento (CE) nº 1/2003 do conselho. *Temas de Integração,* n. 19, p. 161-221, 2005.

FUNCK, Bernard; PIZZATI, Lodovico (Eds.). *European integration, regional policy and growth.* Washington, DC: World Bank, 2003.

GABEL, H. Landis; CADOT, Olivier. High-definition television in Europe. In: CADOT, Olivier et al. (Eds.). *Industrial and trade policy (European casebook on).* London: Prentice Hall, 1996.

_____; NEVEN, Damien. Fair trade in commercial aircraft: Boeing vs. Airbus, Boeing's case against Airbus e in defense of Airbus industry. In: CADOT, Olivier et al. (Eds.). *Industrial and trade policy (European casebook on).* London: Prentice Hall, 1996.

GABEL, Markus. Huit nouveaux pays dans l'UE. Quelles consequences economiques pour l'Allemagne? *Le Courrier des Pays de l' Est,* n. 1031, p. 36-47, 2003.

GALVÃO FLÔRES, M. C. De Iguaçu a Ouro Preto: a árdua jornada do Mercosul. *Temas de Integração,* n. 17, p. 43-57, 2004.

GARCIA, Fernando Camaño. *A política comum dos transportes.* Lisboa: Cargo Edições, 1999.

GARCIA-MARGALLO, José Manuel; MÉNDEZ DE VIGO, Iñigo. *La apuesta europea: de la moneda a la unión política.* Madrid: Biblioteca Nueva, 1998.

GASIOREK, M.; VENABLES, A. Modelling the efect of Central and East European trade on the European Community. *European Economy,* n. 6, p. 519-538, 1994.

GASPAR, Vitor. Portugal e o processo de realização da união económica e monetária. In: MINISTÉRIO DO PLANEAMENTO E DA ADMINISTRAÇÃO DO TERRITÓRIO. *Fundos estruturais. Que futuro?* Lisboa, 1992.

_____. As transferências no contexto da Europa comunitária: algumas considerações a propósito da Agenda 2000. In: CONSELHO ECONÓMICO E SOCIAL. *Colóquio "Agenda 2000 da UE: as suas implicações para Portugal"*. Lisboa, 1998. (Série Estudos e Documentos).

_____. A nova estratégia do BCE explicada. *Economia Pura*, p. 26-30, 2003.

GASPARD, Michel. Élargissement, cohésion et croissance. Un scénario pour les financements européens a l'horizon 2025. *Revue du Marché Commun et de l'Union Européenne*, n. 422, p. 600-616, 1998.

GASTINEL, E. Concentration. In: BARAV, Ami; PHILIP, Christian (Eds.). *Dictionnaire juridique des Communautés Européennes*. Paris: Presses Universitaires de France, 1993.

GAVALDA, Christian; PARLIANI, Gilbert. *Droit des affaires de l'Union Européenne*. Paris: Litec, 1998.

GEHRELS, F. Customs unions from a single country viewpoint. *Review of Economic Studies*, v. 24, 1956/57.

GERRITSE, Ronald (Ed.). *Producer subsidies*. London and New York: Pinter, 1990.

GHANNADIAN, Farhad F.; JOHNSON, Victoria E. Mergers and acquisitions in an integrated Europe. In: FATEMI, Khornow (Ed.). *International trade in the 21st century*. Oxford: Pergamon, 1997.

GHYMERS, C. *La problemática de la coordinación de políticas económicas*. Santiago: Cepal, 2001.

GIAMBIAGI, F. Unificação monetária dos países do Mercosul. *Revista de Economia Política*, v. 17-4, n. 68, p. 5-30, 1997.

GIORDANO, P. (Ed.). *An integrated approach to the European Union-Mercosur association*. Paris: Chaire Mercosur de Sciences Po, 2002.

GIULIANI, Jean-Domenique. *Quinze + dix. Le grand élargissement*. Paris: Fondation Robert Schuman/Albin Michel, 2003.

GOH, Jeffrey. *European air transport law and competition*. Chichester: John Wiley & Sons, 1997.

GOHON, Jean-Pierre. *Les marches publics européens*. Paris: Presses Universitaires de France, 1991.

GOLISH, Vicki L. From competition to collaboration: the challenge of commercial-class aircraft manufacturing. *International Organization*, v. 46, p. 899 e segs., 1992.

GOODMAN, S. F. *The European Union*. 3. ed. Basingstoke: Macmillan, 1996.

GORJÃO-HENRIQUES, Miguel. Aspectos gerais dos acordos de Shengan e perspectiva da livre circulação de pessoas na União Europeia. *Temas de Integração*, n. 2, p. 47-95, 1996.

_____. A Europa e o "estrangeiro": Talo(s) ou Cristo. *Temas de Integração*, n. 6, p. 23-50, 1998.

_____. *Direito comunitário*. 3. ed. Coimbra: Almedina, 2005.

GOULDER, Lawrence H. Energy taxes: traditional efficiency effects and environmental implications. *Tax Policy and the Economy*, n. 8, p. 105-158, 1994.

GOURDIN, Kent N. Global airline competition in the 21st century: what's ahead for US carriers. In: FATEMI, Khornow (Ed.). *International trade in the 21st century*. Oxford: Pergamon, 1997.

GOWLAND, David. *International economics*. London and Camberra: Croom Helm; Totowa, NJ: Barner & Noble, 1983.

GOYDER, D. G. *EC competition law*. 4. ed. Oxford: Oxford University Press, 2003.

GRAAL, Jacques. *L'agriculture*. Bruxelles: Le Monde Editions, 1994.

GRABBE, Heather; HUGHES, Kirsty. *Enlarging the European Union eastwards*. London: The Royal Institute of International Affairs, 1998.

GRAHL, John; TEAGUE, Paul. *1992 — the big market. The future of the European Community*. London: Lawrence & Wishart, 1990.

GREENAWAY, David. *International trade policy. From tariffs to the new protectionism*. London: Macmillan, 1983.

_____. Policy forum: regionalism in the world economy. *The Economic Journal*, v. 102, p. 1488-1490, 1992.

_____ (Ed.). *Current issues in international trade*. New York: Macmillan; Basingstoke: St. Martin's Press, 1996.

_____; WINTERS, L. Alan (Eds.). *Surveys in international trade*. Oxford e Cambridge, Mass.: Blackwell, 1994.

GREGORY, Denis. Employment and the environment: some reflections. *Transfer-European Review of Labour and Research*, v. 2, p. 493-499, 1996.

GRETHER, J.-M.; MELO, J. de; OLARREAGA, M. *Who determines Mexican trade policy?* Washington, DC: World Bank, 1999.

GRIECO, Joseph M.; IKENBERRY, G. John. *State power and world markets.* New York and London: Norton, 2002.

GRILLI, Vittorio; MASCIANDARO, Donato; TABELLINI, Guido. Political and monetary institutions and public financial policies in the industrial countries. *Economic Policy*, v. 13, p. 341-392, 1991.

GRIMWADE, Nigel. *International trade policy. A contemporary analysis.* London and New York: Routledge, 1996.

_____. *International trade. New patterns of trade, production and investment.* 2. ed. London and New York: Routledge, 2000.

GROS, Daniel. Seignoriage and EMU: the political implications of price stability and financial market integration. *Journal of Political Economy*, v. 101, 1993.

GRUBEL, Herbert G.; LLOYD, Peter J. *Intra-industry trade. The theory and measurement of international trade in differentiated products.* London and Basingstoke: Macmillan, 1975.

GRUPO TINDEMANS. *Europe: your choice: five options for tomorrow's Europe.* London: The Harvill Press, 1996.

GRYNFOGEL, Catherine. *Droit communnautaire de la concurrence.* Paris: Librairie Generale de Droit et de Jurisprudence, 1997.

GUILLOCHON, Bernard; KAWECKI, Annie. *Économie internationale. Commerce et macroeconomie.* 4. ed. Paris: Durod, 2003.

_____; _____. *Economia internacional.* 2. ed. Lisboa: Planeta, 1998.

GUIMARÃES, Maria Helena. A explicação institucionalista neoliberal do regulamento sobre entraves ao comércio. *Temas de Integração*, n. 5, p. 224-234, 1998.

_____. Os EUA e os acordos bilaterais de comércio: pertinência de uma análise da economia política internacional. *Temas de Integração*, n. 19, p. 31-46, 2005.

GULBENKIAN, Paul; BADOUX, Ted (Eds.). *Entry and residence in Europe. Business guide to immigration rules.* 3. ed. Chichester: John Wiley & Sons, 1997.

GUYADER, Maurice. Élargissement de l'Union Européenne à la suite du Conseil Européen de Copenhague de décembre 2002. *Reflects Perspetives de la Vie Économique. Qui a Peur de l'Élargissement de l'Union Européenne?*, n. 3, p. 35-45, 2003.

HABERLER, Gottfried. Integration and growth of the world economy in historical perspective. *The American Economic Review*, v. 14, p. 1-22, 1964.

_____. Strategic trade policy and the new international economics: a critical analysis. In: JONES, Ronald W.; KRUEGER, Anne O. (Eds.). *The political economy of international trade*. Oxford: Basil Blackwell, 1991.

HAMILTON, Bob; WHALLEY, John. Geographically discriminatory trade arrangements. *The Review of Economics and Statistics*, v. 67, p. 446-455, 1985.

HANDOLT, John. *Free movement of persons in the EU*. Chichester: John Wiley & Sons, 1995.

HARMSEN, Richard; LEIDY, Michael. Regional trading arrangements. FMI. *International trade policies. The Uruguai Round and beyond, background papers*. Washington, DC: FMI, 1994.

HARRISON, Bary; HIEALEY, Michael. European monetary union, progress, problems and prospects. In: HEALEY, Nigel M. (Ed.). *The economics of the new Europe. From community to union*. London and New York: Routledge, 1995.

HARRISON, G. W.; RUTHERFORD, T. F.; TARR, D. G. *Trade policy options for Chile: a quantitative evaluation*. Washington, DC: World Bank, 1997. (Policy Research Working Paper, WPS 1783).

HARROP, Jeffrey. *The political economy of integration in the European Union*. 3. ed. Cheltenham and Northampton, Mass.: Edward Elgar, 2000.

HAUG, Jutta. *Relatório do Parlamento europeu A4-0105/99*. 1999.

_____. *Relatório do Parlamento europeu 2001/2019/INI*. 2003.

HAZARI, Bharat R.; SGRO, Pasquale M. Tourism and growth in a dynamic model of trade. *The Journal of International Trade & Economic Development*, v. 4, p. 243-252, 1995.

HEALEY, Nigel M. (Ed.). *The economics of the new Europe. From community to union*. London and New York: Routledge, 1995.

HEFFERNAN, Shelag; SINCLAIR, Peter. *Modern international economics*. Oxford: Basil Blackwell, 1990.

HEIMERL, Daniela. Copenhague acte II. Le nouveau defi européen. *Le Courrier du Pays de l'Est*, n. 1.031, p. 8-20, jan. 2003.

HELD, David; McGREW, Anthony (Eds.). *The global transformations reader. An introdution to the globalization debate*. 2. ed. Cambridge: Polits Press, 2003.

HERTEL, T. W.; TSIGAS, M. E. Structure of GTAP framework. In: HERTEL, T. W. (Ed.). *Global trade analysis: modeling and applications*. Cambridge: Cambridge University Press, 1994.

HIGGINS, B. Trade-off curves and regional gaps. In: BHAGWATI, J. N.; ECKHAUS, R. S. (Eds.). *Economic development and planning: essays in honour of Paul Resenstein-Rodan*. London: Allen & Unwin, 1972.

HINE, Robert E. International economic integration. In: GREENAWAY, D.; WINTERS, L. Alan (Eds.). *Surveys in international trade*. Oxford and Cambridge, Mass.: Blackwell, 1994.

_____. *The changing world trade environment: regionalism and multilateralism*. Coimbra, 1997. (Conferência na Faculdade de Direito da Universidade de Coimbra).

HINOJOSA MARTINEZ, Luis Miguel. *La regulación de los movimientos internacionales de capital desde una perspectiva europea*. Madrid: McGraw-Hill, 1997.

HINOJOSA-OJEDA, R.; LEWIS, J. D.; ROBINSON, S. Mercosul e Nafta: convergência e divergência na integração das Américas. In: VELLOSO, J. P. dos Reis (Coord.). *Mercosul & Nafta: o Brasil e a integração hemisférica*. Rio de Janeiro: José Olympio, 1995.

_____; _____; _____. ¿Simón Bolivar vuelve a cabalgar? Hacia una integración entre el TLCAN, el Mercosur y la Región Andina. *Integración & Comercio*, n. 1, p. 103-132, ene./abr. 1997.

HIRSCHMAN, Albert O. Investment policies and "dualism" in underdeveloped countries. *The American Economic Review*, v. 47, p. 550-570, 1957.

_____. *The strategy of economic development*. New Haven: Yale University Press, 1958.

HIRST, Paul; THOMPSON, Graham. *Globalization in question*. Cambridge and Oxford: Polity Press/Blackwell, 1996.

HITIRIS, Teodor. *European Union economics*. 5. ed. London: Prentice Hall, 2003.

HODGES, M. et al. (Eds.). *Agriculture in the Uruguai Round*. London: Macmillan; New York: St. Martin's Press, 1994.

HOEKMAN, Bernard; KOSTECKI, Michel. *The political economy of the world trading system. From Gatt to WTO*. 2. ed. Oxford: Oxford University Press, 2001.

HOLLAND, Stuart. *Capital versus the regions*. London and Basingstoke: Macmillan, 1976.

_____. Squaring the circle. The Maastricht convergence criteria, cohesion and employment. In: COATES, K.; HOLLAND, S. *Full employment for Europe*. Nottingham: Spokesman, 1995.

HOLLIER, Robert; SUBREMON, Alexandre. *Le tourisme dans la Communauté Européenne*. 2. ed. Paris: Presses Universitares de France, 1992.

HOUSE OF LORDS. *A reformed CAP? The outcome of Agenda 2000*. London: Select Committee on the European Communities, 1999.

HREBLAY, Verdalin. *La libre circulation des personnes. Les accords de Shengen*. Paris: Presses Universitaires de France, 1994.

HUFBAUER, G. C.; SCHOTT, J. J. *North American free trade: issues and recommendations*. Washington, DC: Institute for International Economics, 1992.

IMF (INTERNATIONAL MONETARY FUND). *International trade policies. The Uruguai Round and beyond, background papers*. Washington, DC: FMI, 1994.

INSTITUT FÜR WIRTSCHAFTSFORSCHUNG (IFO). *An empirical assessment of factors shaping regional competitiveness in problems regions*. Munich, 1987.

INSTITUTO DE ESTUDOS ESTRATÉGICOS E INTERNACIONAIS (IEEI). A integração aberta. Um projecto da União Europeia e do Mercosul. In: FORUM EURO/LATINO-AMERICANO. *Anais...* Lisboa, 1995.

INSTITUTO DE RELACIONES EUROPEO-LATINOAMERICANAS (IRELA). *Mercosur: prospects for an emerging bloc*. 1997.

INSTITUTO EUROPEU DA FACULDADE DE DIREITO DA UNIVERSIDADE DE LISBOA. *Aspectos jurídicos e económicos da introdução do euro*. Lisboa, 1999.

INSTITUTO NACIONAL DE ESTATÍSTICA (INE). *Estudo sobre o poder de compra*. Coimbra: Núcleo de Estudos Regionais, Direcção Regional do Centro, 2000.

INTER-AMERICAN DEVELOPMENT BANK (IDB). *Development beyond economics — economic and social progress in Latin America, 2000 report*. Washington, DC: IDB, 2000.

IRWIN, Douglas. *Free trade under fire*. Princeton and Oxford: Princeton University Press, 2003.

ISARD, Walter. *Location and space economy. A general theory relating to industrial location, market areas, land use, trade and urban structure*. Cambridge, Mass.: MIT, 1956.

JACKSON, Tim. *The new battleground. Japan, America, and the new European market*. Boston and New York: Houghton Mifflin, 1993.

JACOBS, David M.; STEWART-CLARK, Jack. *Competition law in the European Community*. 2. ed. London: Kogan Page, 1991.

JACQUEMIN, Alexis; SAPIR, André (Eds.). *The European internal market. Trade and competition*. Oxford: Oxford University Press, 1989.

JALLES, Isabel. Os monopólios estatais de carácter comercial (art. 37 do Tratado da CEE). Sua relevância no quadro de adesão de Portugal às comunidades europeias. *Boletim do Ministério da Justiça*, 1979.

JENSEN, Carsten Strøby. Neo-functionalism. In: CINI, Michelle (Ed.). *European Union politics*. Oxford: Oxford University Press, 2003.

JESUS, Avelino de; SILVA, Joaquim Ramos; BARROS, Carlos. *O impacto sobre Portugal do alargamento da UE aos Pecos*. Lisboa: Centro de Estudos e Gestão do Iseg, 1998.

JIMÉNEZ, Adolfo J. Martin. *Towards corporate tax harmonization in the European Community. An institutional and procedural analysis*. London: Kluver, 1999.

JOHNSON, Christopher. *In with the euro, out with the pound. The single currency for Britain*. London: Penguin, 1996.

JOHNSON, Debis; TURNER, Colin. *Trans-European networks. The political economy of integrating European infrastructure*. Basingstoke: Macmillan, 1997.

JOHNSON, Harry G. The formation of customs unions. *The Journal of Political Economy*, v. 73, p. 256-283, 1965a.

_____. An economic theory of protectionism, tariff bargaining and the formation of customs unions. *The Journal of Political Economy*, v. 73, p. 256-283, 1965b.

JOMINI, P. et al. *Salter: a general equilibrium model of the world economy*. Camberra: Industry Commission, 1991.

JONES, Christopher. Aerospace. In: KASSIM, Hussein; MENON, Anand (Eds.). *The European Union and national industrial policy*. London and New York: Routledge, 1996.

JONES, Robert. *The politics and economics of the European Union. An introductory text.* 2. ed. Cheltenham and Northampton, Mass.: Edward Elgar, 2001.

JOSLING, Timothy E. The reform of the common agricultural policy. In: EVENS, D. (Ed.). *Britain in the EEC.* London: Gollance, 1973.

_____; TANGERMANN, Stefan; WARLEY, T. K. *Agriculture in the Gatt.* London: Macmillan; New York: St. Martin's Press, 1996.

JOVANOVIC, Miroslav N. *European economic integration. Limits and prospects.* London and New York: Routledge, 1997.

_____. Where are the limits to the enlargement of the European Union? *Journal of Economic Integration*, 1999.

KAHN, A. I. Surprises of airline deregulation. *The American Economic Review, Papers and Proceedings*, v. 78, p. 316-322, 1988.

KALDOR, Nicholas. *Causes of the slow rate of economic growth of the United Kingdom.* Cambridge: Cambridge University Press, 1966.

_____. The case for regional policies. *The Scottish Journal of Political Economy*, p. 337-347, 1970.

KASSIM, Hussein. Air transport. In: KASSIM, Hussein; MENON, Anand (Eds.). *The European Union and national industrial policy.* London and New York: Routledge, 1996.

_____; MENON, Anand (Eds.). *The European Union and national industrial policy.* London and New York: Routledge, 1996.

KAVANAGH, Elle et al. The political economy of EMU in Ireland. In: FRIEDEN, Jeffrey; JONES, Erik; TORRES, Francisco (Eds.). *Joining Europe's monetary club: the challenges for smaller member states.* New York: St. Martin's Press, 1996.

KEELER, T. E. Airline deregulation and market performance: the economic basis for regulatory reform and lessons from the US experience. In: BANISTER, D.; BUTTON, K. J. (Eds.). *Transport in a free market economy.* London: Macmillan, 1990.

KEMP, Murray C. *A contribution to the general equilibrium theory of preferential trading.* Amsterdam: North-Holland, 1969.

KENT, Penalope. *European Union law.* 3. ed. London: Sweet & Maswell, 2003.

KIM, H. S.; WESTON, A. A North American Free Trade Agreement and East Asian developing countries. *Asean Economic Bulletin*, n. 9, p. 287-300, 1993.

KINDLEBERGER, Charles. *The world in depression, 1929-39.* Berkeley: University of California Press, 1973.

KING, M.; DE GRAAF, G. L'accord sur les marches publiques dans le cadre de l'Uruguai Round. *Revue du Marché Unique Européen*, n. 4, p. 67-82, 1994.

KOL, Jacob. Regionalization, polarization and blocformation in the world economy. In: CURSO DE ESTUDOS EUROPEUS. *Integração e especialização. Integration and specialization.* Coimbra: Faculdade de Direito da Universidade de Coimbra, 1996.

KORAH, Valentine. *An introductory guide to EC competition law and practice.* 7. ed. London: Sweet & Maxwell, 2000.

_____. *Cases & materials on EC competition law.* 2. ed. Oxford and Portland: Hart, 2001.

KOVAR, J. P. *Code europeen de la concurrence.* Paris: Dalloz, 1996.

KRÄMER, Ludwig. *EC environmental law.* 4. ed. London: Sweet & Maxwell, 2000.

KRAUSS, Melvyn B. Recent developments in customs union theory: an interpretative survey. *Journal of Economic Literature*, v. 10, n. 1, p. 413-461, Mar. 1972.

KREININ, Mordechai E. On the dynamic effects of customs unions. *The Journal of Political Economy*, v. 72, p. 193-195, 1964.

KRUEGER, Anne O. *Liberalization attempts and consequence.* New York: Ballinger, 1978.

_____ (Ed.). *Strategic trade policy and the new international economics.* Cambridge, Mass.: MIT Press, 1988.

_____. Free trade is the best policy. In: LAWRENCE, Robert Z.; SCHULTZE, Charles L. (Eds.). *American trade strategy. Options for the 1990's.* Washington, DC: The Brookings Institution, 1990.

_____. *American trade policy. A tragedy in the making.* Washington, DC: The American Enterprise Institute Press, 1995a.

_____. *Free trade agreements versus customs unions.* Washington, DC: NBER, 1995b. (National Bureau of Economic Research Working Paper n. 5084).

_____. *The WTO as an international organization.* Chicago: The University of Chicago Press, 1998.

KRUGMAN, Paul. Scale economies, product differentiation and the pattern of trade. *The American Economic Review*, v. 70, p. 950-959, 1980.

_____. Import protection as export promotion: international competition in the presence of oligopoly and economies of scale. In: KIERKOWSKI (Ed.). *Monopolistic competition and international trade*. Oxford: Oxford University Press, 1984.

_____. Economic integration in Europe: some conceptual issues. In: RELATÓRIO PADOA-SCHIOPPA. *Efficiency, stability and equity*. Oxford: Oxford University Press, 1987.

_____. Policy problems of a monetary union. In: DE GRAUWE, Paul; PAPADEMOS, Lucas (Eds.). *The European monetary system in the 1990's*. London and New York: Longman, 1990.

_____. *Geography and trade*. Cambridge, Mass.: MIT Press, 1991a.

_____. The move to free trade zones. In: POLICY IMPLICATIONS OF TRADE AND CURRENCY ZONES CONFERENCE. *Proceedings...* Jackson Hole, 1991b.

_____. Lessons of Massachusetts for EMU. In: TORRES, Francisco; GIAVAZZI, Francesco (Eds.). *Adjustment and growth in the European Monetary Union*. Cambridge: Cambridge University Press, 1993.

_____; OBSTFELD, Maurice. *International economics. Theory and policy*. 5. ed. Reading, Mass.: Addison-Wesley, 2003.

LAFFAN, Brigid; McDONNELL, Rory; SMITH, Michael. *European experimental union. Rethinking integration*. London and New York: Routledge, 2000.

LAFER, Celso. *A OMC e a regulamentação do comércio internacional: uma versão brasileira*. Porto Alegre: Livraria do Advogado, 1998.

LAL, Deepak. Trade blocs and multilateral free trade. In: BULMER, Simon; SCOTT, Andrew (Eds.). *Economic and political integration in Europe. Internal dinamics and global context*. Oxford and Cambridge: Blackwell, 1994.

LAMFALUSSY, Alexandre; BERNARD, Luc D.; CABRAL, António J. (Eds.). *The eurozone: a new economic entity?* Brussels: Bruylant, 1999.

LARANJEIRO, Carlos. Os passos da união económica e monetária. In: CURSO DE ESTUDOS EUROPEUS. *A União Europeia*. Coimbra: Faculdade de Direito da Universidade de Coimbra, 1994.

_____. *Lições de integração monetária europeia*. Coimbra: Almedina, 2000.

LARY, Henri. *La libre circulation des personnes dans l'Union Européenne*. 2. ed. Paris: Presses Universitaires de France, 1996.

LATOUCHE, Serge. *The westernalization of the world*. Cambridge: Polity Press, 1996.

_____. *Os perigos do mercado planetário*. Lisboa: Instituto Piaget, 1999.

LAWRENCE, Robert Z. Emerging regional arrangement: building blocs or stumbling blocs? In: O'BRIAN, Richard (Ed.). *Finance and the world economy*. London: Oxford University Press, 1991. v. 5.

_____. *Regionalism, multilateralism and deeper integration*. Washington, DC: The Brookings Institution, 1996.

_____; BRESSAND, Albert; ITO, Takatoshi. *A vision for the world economy. Openness, diversity, and cohesion*. Washington, DC: The Brookings Institution, 1996.

_____; SCHULTZE, Charles L. (Eds.). *American trade strategy. Options for the 1990's*. Washington, DC: The Brookings Institution, 1990a.

_____; _____. Evaluating the options. In: LAWRENCE, Robert Z.; SCHULTZE, Charles L. (Eds.). *American trade strategy. Options for the 1990's*. Washington, DC: The Brookings Institution, 1990b.

LAWTON, Thomas C. (Ed.). *European industrial policy and competitiveness. Concepts and instruments*. Basingstoke: Macmillan; New York: St. Martin's Press, 1999.

LEE, Norman. Transport policy. In: ARTIS, Michael; LEE, Norman (Eds.). *The economics of the European Union. Policy and analysis*. 2. ed. Oxford: Oxford University Press, 1997.

LEGRAIN, Philippe. *Open world: the truth about globalization*. London: Abacus, 2002.

LEIBENSTEIN, Harvey. Allocative efficiency versus X-efficiency. *The American Economic Review*, v. 56, p. 392-415, 1966.

LEIDY, Michael. Antidumping: solution or problem in the 1990's? In: FMI. *International trade policies. The Uruguai Round and beyond, background papers*. Washington, DC: FMI, 1994.

LEIVA, Patricia (Ed.). *America Latina y la Union Europea. Construyendo el siglo XXI*. Santiago del Chile: Celare, 1997.

LEMOS, Maria Teresa. Linhas gerais do novo sistema comum IVA apresentado pela Comissão Européia (COM (96) 328). *Ciência e Técnica Fiscal*, n. 382, p. 49-60, 1996.

LES DOSSIERS DE L'ETAT DU MONDE. *Mondialisation au-dela des mythes*. Paris: La Décourverte, 1997.

LÉVY, Philip. A political economy analysis of free-trade agreements. *The American Economic Review*, v. 87, p. 506-519, 1997.

LÉVY, Philip I.; SRINIVASAN, T. N. Regionalism and the dis(advantage) of dispute-settlement access. *The American Economic Review: Papers and Proceedings*, v. 86, p. 93-98, 1996.

LEYGUES, Jean-Charles. Evaluation des politiques internes communautaires et de leurs depenses. *Revue Française de Finances Publiques*, n. 45, p. 97-164, 1994a.

_____. *Les politiques internes de l'Union Européenne*. Paris: Librairie Generale de Droit et de Jurisprudence, 1994b.

LIMA, Marcos Costa. Mercosul: a frágil consistência de um bloco regional emergente e a necessidade de aprofundar a integração. In: DANTAS et al. *Processos de integração regional — Político — Econômico — Jurídico*. Curitiba: Juruá: 2000.

LIMA, Maria Antonina. Regionalisation, globalisation and the emerging world economy: the case of the World Trade Organisation, the regional integration agreements and the European Union. *Notas Económicas*, n. 11, p. 65-81, 1998.

LINDSEY, Alistair. *The EC merger regulation: substantive issues*. London: Sweet & Maxwell, 2003.

LIPSEY, Richard G. The theory of customs unions: trade diversion and welfare. *Economica*, v. 24, p. 40-46, 1957.

_____. The theory of customs unions: a general survey. *The Economic Journal*, v. 70, p. 496-513, 1960.

_____. *The theory of customs unions: a general equilibriun analysis*. London: Weidenfeld e Nicolson, 1970.

_____; LANCASTER, Kelvin. The general theory of the second best. *Review of Economic Studies*, v. 24, p. 11-32, 1956-57.

LITTLE, Ian M.; SCITOVSKY, Tibor; SCOTT, Maurice F. *Industry and trade in some developing countries*. London: Oxford University Press, 1970.

LLOYD, Peter. The changing nature of regional trading arrangements. In: BORA, Bijit; FINDLAY, Christopher (Eds.). *Regional integration and the Asia-Pacific*. Oxford: Oxford University Press, 1996.

LOBO, Carlos. Impostos ambientais. *Fisco*, n. 70-71, p. 73-97, 1995.

LOBO-FERNANDES, Luís. Estado regulador e democracia privatizada: para uma teoria do poder na União Européia. *Temas de Integração*, n. 19, p. 22-30, 2005.

LOPES, António Calado. Agenda 2000. Uma estratégia pouco ambiciosa do alargamento e da consolidação da União Europeia. *Brotéria*, v. 146, p. 379-395, 1998.

LOPES, António Simões. Regional development and integration. In: CONFERÊNCIA INTERNACIONAL SOBRE ECONOMIA PORTUGUESA, 2. *Anais...* Lisboa, 1979. v. II.

LOPES, José da Silva. Portugal and the EEC. The application for membership. *Economia*, v. 4, p. 519-545, 1980.

_____ (Ed.). *Portugal and EC membership evaluated*. London: Pinter, 1993.

_____. Prós e contras da integração monetária europeia. In: INSTITUTO EUROPEU DA FACULDADE DE DIREITO DA UNIVERSIDADE DE LISBOA. *Aspectos jurídicos e económicos da introdução do euro*. Lisboa, 1999.

LORENZO, F.; NOYA, N.; DAUDE, C. Tipos de cambio reales bilaterales y volatilidad: la experiencia uruguaya con los socios del Mercosur. In: FANELLI, J. M. (Coord.). *Coordinación de políticas macroeconómicas en el Mercosur*. Madrid y Montevideo: Siglo XXI de Argentina Editores y Red de Investigaciones Económicas del Mercosur, 2001.

LÖSCH, A. *Die Raümliche Ordnnung der Wirtschaft*. Heidenheim, 1939.

LOURENÇO, Camilo. Porque a união monetária protege as pequenas economias. *Europa. Novas Fronteiras*, n. 1, p. 56-57, 1997.

LOYAT, Jacques; PETIT, Yves. *La politique agricole commune (PAC)*. 2. ed. Paris: La Documentation Française, 2002.

LUDLOW, Peter. Beyond Agenda 2000. *CEPS Review*, n. 5, p. 1-9, 1997/98.

LUND, John Diderik. Can a small nation gain from a domestic carbon tax? The case with R&D externalities. In: ANDERSON, Torben M.; MORENE, Karl O.; SORENSEN, Peter Birch. *Tax policy in small open economies*. Oxford: Blackwell, 1996.

MACEDO, Jorge Braga de. Caminhando gradualmente para a moeda única. In: SECRETARIA DE ESTADO DA INTEGRAÇÃO EUROPEIA. *A Europa após Maastricht.* Lisboa: Imprensa Nacional-Casa da Moeda, 1992.

_____. Portugal e a União Monetária Europeia: vender estabilidade internamente, ganhar credibilidade externa. *Análise Social*, v. 31, p. 891-923, 1996.

_____; CORADO, Cristina; PORTO, Manuel. *The timing and sequencing of trade liberalization policies: Portugal 1948-1986.* Faculdade de Economia da Universidade Nova de Lisboa, 1988. (Working paper n. 114).

MACHINEA, J. L. *Mercosur: En busca de una nueva agenda. La inestabilidad cambiaria en el Mercosur: causas, problemas y posibles soluciones.* Buenos Aires, 2003. (Working Papers – Siti. BID/Intal–ITD DT-Ieci-06D).

MACHLUP, F. (Ed.). *History of thought on economic integration.* London: Macmillan, 1979.

MADDISON, Angus. *L'economie mondiale, une perspective millenaire.* Paris: OCDE, 2001.

MADDISON, David et al. *The true costs of road transport.* London: Earthscan, 1996.

MADURO, Miguel Poiares. *We the court. The European court of justice & the European economic constitution.* Oxford: Hart, 1998.

MAGNETTE, Paul; REMACLE, Eric (Eds.). *Le nouveau modele européen.* Bruxelles: Institut d' Études Européennes, 2000.

MAGNINI, Stefano. The evolution of income disparities among the regions of the European Union. *Regional Science and Urban Economics*, v. 29, p. 257-281, 1999.

MAGONE, José M. *European Portugal. The difficult road to sustainable democracy.* Basingstoke: Macmillan; New York: St. Martin's Press, 1997.

MAIOR, Paulo Vila. *O modelo político económico da integração monetária europeia.* Porto: Universidade Fernando Pessoa, 1999.

_____; MARQUES, Nuno Castro. Anatomia do alargamento da Europa Comunitária aos países do Leste e do Mediterrâneo. *Revista da UFP*, n. 5, p. 331-350, 2000.

MANZAGOL, Claude. *La mondialisation. Données, mecanismes et enjeux.* Paris: Armand Colin, 2003.

MARQUES, Alfredo. Incentivos regionais e coesão. Alcance e limites da acção comunitária. *Notas Económicas*, n. 1, p. 24-38, 1993.

_____. A moeda única na perspectiva das economias menos desenvolvidas. *Notas Económicas*, n. 10, p. 41-55, 1998.

_____. State aid policy and structural funds. Conflicts and complementarities. In: XUREB, P. G. (Ed.). *Getting down to gearing up for Europe*. Malta: Progress, 1999a.

_____. EU structural funds: scope and limits. In: XUREB, P. G. (Ed.). *Getting down to gearing up for Europe*. Malta: Progress Press, 1999b.

_____. Concentrações de empresas. Forças motrizes e consequências económicas. *Temas da Integração*, n. 9, p. 17-45, 2000.

_____. A política comunitária de auxílios de Estado e a coesão económica e social. *Europa. Novas Fronteiras*, n. 12, p. 17-22, dez. 2002.

_____; SOUKIAZIS, Elias. Per capita income convergence across countries and across regions in the European Union. Some new evidence. Cedin (Iseg). *Questões de economia europeia*. Lisboa, 1999. v. 2.

MARQUES, Maria Isabel Mendes. *Política industrial no contexto europeu: fundamentos, alcance e limites*. 2000. Dissertação (Mestrado) — Faculdade de Economia da Universidade de Coimbra.

MARQUES, Maria Manuel Leitão. *Um curso de direito da concorrência*. Coimbra: Coimbra, 2002.

MARQUES, Walter. *Moeda e instituições financeiras*. 2. ed. Lisboa: Dom Quixote/ISG, 1998.

MARSH, John. The common agricultural policy. In: STAVRIDIS, Stelios et al. (Eds.). *New challenges to the European Union: policies and policy-making*. Dartmouth: Aldershot, 1996.

_____; TANGERMANN, Stefan. *Preparing Europe's rural economy for the 21st century*. Brussels: LUFPIG, 1996.

MARTIN, Hans-Peter; SCHUMANN, Harold. *A armadilha da globalização. O assalto à democracia e ao bem-estar social*. Lisboa: Terramar, 1998.

MARTIN, John P. X — inefficiency, managerial effort and protection. *Economica*, v. 45, p. 273-286, 1978.

MARTIN, Reiner. Revising the economic case for regional policy. In: HART, M.; HARRISON, R. (Eds.). *Spatial policy in a divided nation*. London: Jessica Kingsley, 1992.

_____. *The regional dimension in European public policy. Convergence or divergence?* Basingstoke: Macmillan; New York: St. Martin's Press, 1999.

MARTIN, Stephen. Competition policy. In: ARTIS, Michael; NIXSON, Frederick. *The economics of the European Union. Policy and analysis*. 3. ed. Oxford: Oxford University Press, 2001.

MARTINEZ, Pedro Soares. *Economia política*. 8. ed. Coimbra: Almedina, 1998.

MARTINS, Ana Maria Guerra. *A natureza jurídica da revisão do tratado da União Europeia*. Lisboa: Lex, 2000.

MARTINS, Ives Gandra da Silva. Desafios sem perspectivas imediatas. In: MARTINS, Ives Gandra S. (Coord.). *Desafios do século XXI*. São Paulo: Pioneira, 1997.

MARTINS, Margarida Salema d'Oliveira. *O princípio da subsidiariedade em perspectiva jurídico-política*. Coimbra: Coimbra, 2003.

MASSON, Paul R.; KRUEGER, Thomas H.; TURTELBOOM, Bart G. (Eds.). *EMU and the International Monetary System*. Washington, DC: IMF, 1997.

MASSOT MARTI, A. *El acuerdo de Berlin sobre la Agro-Agenda 2000. El preludio de una nueva reforma de la PAC*. Bruxelas: Parlamento Europeo, 1999.

MATEUS, Augusto. A globalização e os novos caminhos da competitividade: União Européia e Mercosul, Portugal e Brasil. In: ALBUQUERQUE, Roberto Cavalcanti de; ROMÃO, António (Orgs.). *Brasil-Portugal. Desenvolvimento e cooperação. O diálogo dos 500 anos*. Rio de Janeiro: EMC, 2000.

_____ et al. *Portugal XXI: cenários de desenvolvimento*. 2. ed. Venda Nova: Bertrand, 1995.

MATLÁRY, Janne Haaland. *Energy policy in the European Union*. Basingstoke and London: Macmillan; New York: St. Martin's Press, 1997.

_____. Energy policy: from a national to a European framework? In: WALLACE, Helen; WALLACE, William (Eds.). *Policy making in the European Union*. 4. ed. Oxford: Oxford University Press, 2000.

MATOS, Pedro Verga; RODRIGUES, Vasco. *Fusões e aquisições. Motivações, efeitos e política*. Cascais: Principia, 2000.

MATTLI, Walter. *The logic of regional integration. Europe and beyond*. Cambridge: Cambridge University Press, 1999.

MATTOO, Aaditya. The government procurement agreements. Implications of economic theory. *The World Economy*, v. 19, p. 695-720, 1996.

MAYES, D. G. EC trade effects and factor mobility. In: EL-AGRAA, A. M. (Ed.). *Britain within the European Community: the way forward*. London: Macmillan, 1983.

MAYHEW, Alan. *Recreating Europe. The European Union's policy towards Central and Eastern Europe*. Cambridge: Cambridge University Press, 1998.

MAYSTADT, Philippe. L'euro et le systeme monetaire international. In: THEVENOZ, Luc; FONTAINE, Marcel (Dir.). *La monnaie unique et les pays tiers (the euro and non-participating countries)*. Bruxelles: Bruylant, 2000.

McCORMICK, John. *The European Union. Politics and policies*. 2. ed. Boulder and Oxford: Westview Press, 1999.

McDONALD, Frank. Market integration in the European Union. In: McDONALD, Frank; DEARDEN, Stephen (Eds.). *European economic integration*. 3. ed. New York: Longman, Harlow, 1999.

_____; DEARDEN, Stephen (Eds.). *European economic integration*. 3. ed. New York: Longman, Harlow, 1999.

McGOWAN, Francis. Energy policy. In: KASSIM, Hussein; MENON, Anand (Eds.). *The European Union and national industrial policy*. London and New York: Routledge, 1996.

_____. Competition policy. In: WALLACE, Helen; WALLACE, William (Eds.). *Policy making in the European Union*. 4. ed. Oxford: Oxford University Press, 2000.

_____; SEABRIGHT, Paul. Deregulating european airlines. *Economic Policy*, n. 9, p. 283-344, 1989.

McKINNON, R. Optimum currency areas. *The American Economic Review*, v. 51, p. 717-725, 1963.

MEADE, James E. The theory of international economic policy. In: MEADE, J. E. *Trade and welfare*. London: Oxford University Press, 1955.

_____. *The theory of customs unions*. Amsterdam: North-Holland, 1956.

_____. *The pure theory of customs unions*. Amsterdam: North Holland, 1968.

MEDEIROS, Eduardo Raposo de. *Blocos regionais de integração económica no mundo*. Lisboa: Instituto Superior de Ciências Sociais e Políticas, 1998.

_____. Organização Mundial de Comércio (OMC). In: CAMPOS, J. M. (Coord.). *Organizações internacionais. Teoria geral. Estudo monográfico das principais organizações internacionais de que Portugal é membro*. Lisboa: Fundação Calouste Gulbenkian, 1999.

_____. *Economia internacional*. 6. ed. Lisboa: Instituto Superior de Ciências Sociais e Políticas, 2000.

MELO, Jaime de; PANAGARIYA, David (Eds.). *New dimensions in regional integration*. Cambridge: Cambridge University Press, 1993.

MELO, João Joanaz de; PIMENTA, Carlos. *Ecologia (o que é)*. Lisboa: Difusão Cultural, 1993.

MENDES, A. J. Marques. The contribution of the European Community to economic growth. *Journal of Common Market Studies*, v. 24, p. 261-277, 1986.

_____. *Economic integration and growth in Europe*. London: Croom Helm, 1987.

_____. The case for export-led growth. *Estudos de Economia*, v. 9, p. 33-41, 1988.

_____. The development of the Portuguese economy in the context of the EC. In: LOPES, José da Silva (Ed.). *Portugal and EC membership evaluated*. London: Pinter, 1993.

_____; COELHO, Lina. *Comércio externo e adesão à CEE: condicionantes e potencialidades de Portugal e da Região Centro*. Coimbra: Comissão de Coordenação da Região Centro, 1990.

MENDES DE LEON, Pablo. O impacto dos regimes de concorrência nas alianças internacionais de companhias aéreas. *Temas de Integração*, n. 15-16, p. 105-130, 2003.

MENDONÇA, António. A integração monetária na Europa: da União Européia de pagamentos ao euro. In: ROMÃO, António. *Economia européia*. Oeiras: Celta, 2004. p. 95-130.

MESSERLIN, Patrick. *La nouvelle Organisation Mondiale du Commerce*. Paris: Dunod, 1995.

MICHIE, Jonathan; SMITH, John Grieve (Eds.). *Creating industrial capacity. Towards full employment*. Oxford: Oxford University Press, 1996.

MINC, Alain. *La mondialisation heureuse*. Paris: Plon, 1997.

MINGASSON, Jean Paul. Pour que l'Europe s'elargisse à l'Est: l'Agenda 2000. *Regards sur l'Actualité*, n. 239, p. 3-13, 1998.

MINISTÉRIO DAS FINANÇAS. *Portugal e a transição para a União Económica e Monetária*. Lisboa, 1991.

MINISTÉRIO DO PLANEAMENTO. *Portugal — Plano de Desenvolvimento Regional 2000-2006*. Lisboa, 1999.

MINISTÉRIO DO PLANEAMENTO E DA ADMINISTRAÇÃO DO TERRITÓRIO. *Fundos estruturais. Que futuro?* Lisboa, 1992.

MOLINA DE POZO, Carlos. *Integracion euro — Latino America*. Buenos Aires: Ciudad Argentina, 1996.

MOLLE, Willem. *The economics of European integration. Theory, practice and policy*. 4. ed. Aldershot: Ashgate, 2001.

MONIZ, Carlos Botelho. Circulação de advogados. *Revista da Ordem dos Advogados*, v. 55, 1995.

MONNET, Jean. *Mémoires*. Paris: Fayard, 1976.

MONTI, Mario. *The single market and tomorrow's Europe. A progress report from the European Commission*. Luxembourg: Office for Publications of the European Communities; London: Kegan Page, 1996.

MORAIS, Luís. *O mercado comum e os auxílios públicos. Novas perspectivas*. Coimbra: Almedina, 1993.

MOREIRA, José António Cardoso. *Integração económica e bem-estar. A economia portuguesa e a adesão à CEE em 1986: uma estimação empírica dos efeitos resultantes da reafectação de recursos induzida pelas alterações aduaneiras*. 1995. Dissertação (Mestrado) — Faculdade de Economia, Universidade do Porto.

MOREIRA, Teresa. O novo mecanismo de resolução de litígios da OMC. A perspectiva de Portugal. In: FLAD. *A Organização Mundial do Comércio e a resolução de litígios*. Lisboa: Faculdade de Direito da Universidade de Lisboa e Georgetown University Law Center, 1998.

MOREIRA, Vital Martins. *Auto-regulação profissional e administração pública.* Coimbra: Almedina, 1997.

_____; MAÇÃS, Fernanda. *Autoridades reguladoras independentes, estudo e projecto de lei-quadro.* Coimbra: Coimbra, 2003.

MORTENSEN, J. (Ed.). *Improving economic and social cohesion in the European Community.* Centre for European Policy Studies (Ceps). Basingstoke: Macmillan; New York: St. Martin's Press, 1994.

MOTTA, Massimo; THISSE, Jacques-François. Does environmental dumping lead to delocation? *European Economic Review,* v. 38, p. 563-576, 1994.

MOURÃO, Fernando Albuquerque. The Brazilian and South African foreign policy for Southern Africa. In: GUIMARÃES, S. Pinheiro (Ed.). *South Africa and Brazil. Risks and opportunities in the turmoil of globalisation.* Brasília: Irri, 1996.

MOUSSIS, Nicolas. *Access to European Union. Law, economics, policies.* 12. ed. Brussels: European Study Service, 2003.

MUNDELL, Robert A. International trade and factor mobility. *The American Economic Review,* v. 47, p. 321-335, 1957.

_____. A theory of optimal currency access. *The American Economic Review,* v. 51, p. 509-517, 1961.

_____. Tariff preferences and the terms of trade. *Manchester School of Economic and Social Studies,* v. 32, p. 1-13, 1964.

MURPHY, Anna. The European Community and the international trading system. In: MURPHY, A. *The European Community and the Uruguay Round.* Brussels: Centre for European Policy Studies (Ceps), 1990.

MUSGRAVE, Richard; MUSGRAVE, Peggy. *Public finance in theory and practice.* 4. ed. New York: McGraw-Hill, 1989.

MYRDAL, Gunnar. *Economic theory and underdeveloped regions.* London: Duckworth, 1957a.

_____. *Rich lands and poor.* New York: Harper & Row, 1957b.

NAGARAJAN, N. La evidencia sobre el desvío de comercio en el Mercosur. *Integración & Comercio,* n. 2, p. 3-34, sept./nov. 1998.

NEVEN, Damien; GOUYETTE, Claudine. Regional convergence in the European Community. *Journal of Common Market Studies*, v. 33, p. 47-65, 1995.

_____; NUTTAL, R.; SEABRIGHT, P. *Competition and merger policy in the EC*. London: Center for Economic Policy Research (CEPR), 1993.

_____; SEABRIGHT, Paul. European industrial policy: the Airbus case. *Economic Policy*, n. 21, p. 315-358, 1995.

NEVES, João César das. Políticas regionais e estruturais na União Económica e Monetária. In: MINISTÉRIO DAS FINANÇAS. *Portugal e a transição para a União Económica e Monetária*. Lisboa, 1991.

_____. A economia da moeda única. *Europa. Novas Fronteiras*, n. 1, p. 58-67, 1997.

_____; REBELO, Sérgio. *Executivos interpelam Portugal. Questões-chave da nossa economia*. Lisboa: Verbo, 1996.

NEVIN, Edward. *The economics of Europe*. London: Macmillan, 1991.

NICOLL, Sir William; SALMON, Trevor C. *Understanding the European Union*. Harlow: Longman, 2001.

NIELSEN, Jørgen Ulff Moller; HEINRICH, Hans; HANSEN, Jørgen Drud. *An economic analysis of the EC*. London: McGraw-Hill, 1991.

NUNES, António Avelãs. O keynesianismo e a contra-revolução monetarista. *Boletim de Ciências Económicas*, v. 34, p. 14-73, 1993.

NUNES, Manuel Jacinto. *De Roma a Maastricht*. Lisboa: Publicações D. Quixote, 1993.

OCKENDEM, Jonathan; FRANKLIN, Michael. *European agriculture. Making the CAP fit the future*. London: Pinter, 1995.

O'DONNELL, Rosa. Policy requirements for regional balance in economic and monetary union. In: HAMMEQUART, Achille (Ed.). *Economic and social cohesion in Europe. A new objective for integration*. London: Routledge, 1992.

OHLIN, Bertil. *Interregional and international trade*. Cambridge, Mass.: Harvard University Press, 1933.

OHMAE, Kenichi. Becoming a triad power: the new global corporation. *The McKinsey Quarterly*, p. 2-25, Spring 1985a.

_____. *Triad power: the coming shape of global competition*. New York: The Free Press, 1985b.

_____. *The end of the nation state. The rise of regional economics. How new engines of prosperity are reshaping global markets.* New York: The Free Press; London: Harper Collins, 1995.

OLARREAGA, M.; SOLOAGA, I. Endogenous tariff formation: the case of Mercosul. *The World Bank Economic Review*, v. 2, n. 2, p. 297-320, 1998.

_____; SOLOAGA, I.; WINTERS, A. What's behind Mercosul's CET. 1999. ms.

ORGANIZAÇÃO DE COOPERAÇÃO E DESENVOLVIMENTO ECONÔMICO (OCDE). *Deregulation and airline competition.* Paris, 1988.

_____. *Taxer l'energie: comment et pourquoi.* Paris, 1993.

_____. *Internalising the social costs of transport.* Paris, 1994.

_____. *Sustainable agriculture. Concepts, issues and policies in OECD countries.* Paris, 1995.

_____. *Regionalism and its place in the multilateral trading system.* Paris, 1996.

_____. *L'avenir du transport aerien international. Quelle politique face aux mutations mondiales?* Paris, 1997.

_____. *EMU. One year on.* Paris, 2000.

_____. *Les tendences des migrations internationales.* Paris, 2003.

PABST, Haroldo. *Mercosul. Direito da integração.* Rio de Janeiro: Forense, 1997.

PACOTE DELORS I. *Realizar o acto único. Uma nova fronteira para a Europa.* COM (87) 100, Bruxelas, 1987.

PACOTE DELORS II. *Do acto único ao pós-Maastricht. Os meios para realizar as nossas ambições.* COM (92) 2000, Bruxelas, 1992.

PAIS, Sofia Oliveira. *O controlo das concentrações de empresas no direito comunitário da concorrência.* Coimbra: Almedina, 1996.

PANAGARIYA, Arvind. The free trade area of the America: good for Latin America? *The World Economy*, v. 19, p. 445-515, 1996.

_____. Preferential trade liberalization: the traditional theory and new developments. *Journal of Economic Literature*, v. 38, p. 287-331, 2000.

_____; FINDLAY, Ronald. A political-economy analysis of free-trade areas and customs unions. In: FEENSTRA, Robert C.; GROSSMAN, Gene M.; IRWIN, Douglas A. (Eds.).

The political economy of trade policy. Cambridge, Mass., and London: The MIT Press, 1996.

PANDOVAN, Claude. Le role des groupes d'interêt dans l'Union Européenne. In: FARVAQUE, Étienne; LAGADEC, Gaël (Dirs.). *Intégration économique européenne. Problèmes et analyses.* Bruxelles: De Boeck Université, 2002.

PAPAGEORGIOU, Demetrios; CHOKSI, Armeane M.; MICHAELY, Michael. *Liberalizing foreign trade in developing countries. The lessons of experience.* Washington, DC: World Bank, 1990.

PAPPALARDO, A. La reglementation communautaire de la concurrence (deuxieme partie: le controle des concentrations d'entreprises. Récents développements). *Revue Internationale de Droit Economique,* n. 3, p. 299-365, 1996.

PASSET, René. *Éloge du mondialisme par un "anti" presumé.* Paris: Fayard, 2001.

PEARCE, David. Environmental policy. In: ARTIS, Michael; NIXSON, Frederick. *The economics of the European Union. Policy and analysis.* 3. ed. Oxford: Oxford University Press, 2001.

PEARSON, Mark. Equity issues and carbon tax. In: OCDE. *Climate change: designing a pratical tax system.* Paris, 1992.

PECHMAN, Joseph A. Making economic policy: the role of the economist. In: GREENSTEIN, Fred; POLABY, Nelson W. (Eds.). *Handbook of Political Science.* Addison: Wesley Publishing Company, 1975.

PEGO, José Paulo Fernandes Mariano. Controlo de concentrações de empresas: "quid novi" na sentença do Tribunal de Justiça "Tetra Laval BV"? *Temas de Integração,* n. 19, p. 143-160, 2005.

PELKMANS, Jacques. Economic theories of integration revisited. *Journal of Common Market Studies,* v. 18, p.166-194, 1980.

_____. *Market integration in the European Community.* Haia: Martins Nijhoff, 1984.

_____. *European integration. Methods and economic analysis.* 2. ed. Harlow: Financial Times/Printice-Hall, 2001.

_____; GREMMEN, H. The empirical measurement of static customs unions effects. *Rivista Internazionale di Scienze Economiche e Commerciali,* v. 30, p. 612-622, 1983.

PERROUX, François. Note sur la notion de pôle de croissance. *Economie Appliquée,* p. 309-320, 1955.

PERTEK, Jacques. *L'Europe des diplomes et des professions*. Bruxelles: Bruylant, 1994.

PESCATORE, Pierre. *Observations critiques sur l'acte unique européen*. In: UNIVERSITÉ LIBRE DE BRUXELLES. *L'Acte Unique européen*. Bruxelles, 1986.

PETITH, H. European integration and the terms of trade. *The Economic Journal*, v. 87, p. 262-272, 1977.

PETTIPOR, Ann. *Real world economic outlook. The legacy of globalization: debt and deflation*. Basingstoke: Palgrave Macmillan, 2003.

PHILIP, C.; BOUTAYER, C. Subsidiarité (principe de). In: BARAV, Ami; PHILIP, Christian (Eds.). *Dictionnaire juridique des Communautés Européennes*. Paris: Presses Universitaires de France, 1993.

PHINNEMORE, David. *Association: stepping-stone or alternative to EU membership?* Sheffield: Sheffield Academic Press, 1999.

PIGOU, A. C. *The economics of welfare*. London: Macmillan, 1920.

PINDER, John. Positive integration and negative integration: some problems of economic union in the EEC. *The World Today*, v. 24, p. 88-110, 1968.

PINHEIRO, Gabriela. *A harmonização da fiscalidade directa na União Europeia*. Porto: Universidade Católica Portuguesa, 1998.

PINTO, Alexandre Mota. Apontamento sobre a liberdade de estabelecimento das sociedades. *Temas de Integração*, n. 17, p. 89-120; n. 18, p. 141-156, 2004. (Partes 1 e 2).

PIRES, Francisco Lucas. *Portugal e o futuro da União Europeia. Sobre a revisão do tratado em 1996*. Lisboa: Difusão Cultural, 1995.

_____. *Schengen e a comunidade de países lusófonos*. Coimbra: Coimbra, 1997.

PIRES, Luís Madureira. *A política regional europeia e Portugal*. Lisboa: Fundação Calouste Gulbenkian, 1998.

PITT, William. *More equal than others, a director's guide to EU competition policy*. Hemel Hempstead: Director Books, 1995.

PLUMMER, Michael G. Efficiency effects of the accession of Spain and Portugal to the EC. *Journal of Common Market Studies*, v. 29, p. 317-325, 1991.

POMFRET, Richard. Theory of preferential trading arrangements. *Weltwirtschaftliches Archiv*, v. 122, 1986.

_____. *International trade. An introduction to theory and policy.* Cambridge, Mass.: Basil Blackwell, 1991a.

_____. The new trade theories, rent-snatching and jet aircraft. *The World Economy*, v. 14, p. 269-277, 1991b.

_____. Blocs: the threat to the system, and Asian reactions. In: BORA, Bijit; FINDLAY, Christopher (Eds.). *Regional integration and the Asia-Pacific.* Oxford: Oxford University Press, 1996.

PONTES, José Pedro. *Regional convergence in Portugal in the context of the European Union.* Lisboa: Iseg/Universidade Técnica de Lisboa, 2000. (Working paper).

POOLE, Peter A. *The EU's Eastern enlargement.* London: Praeger, Westport, 2003.

PORTER, Michel. *The competitive advantage of nations.* London and Basingstoke: Macmillan, 1990.

_____. Construir as vantagens competitivas de Portugal. In: MONITOR COMPANY E FÓRUM PARA A COMPETITIVIDADE. Lisboa, 1994.

PORTO, Manuel C. L. A coordenação fiscal dos transportes rodoviários internacionais. *Boletim de Ciências Econômicas*, v. 14, 1972.

_____. O argumento das indústrias nascentes. *Boletim da Faculdade de Direito*, 1979. Número especial.

_____. Os movimentos de capitais e o desenvolvimento regional. *Desenvolvimento Regional*, 2. sem. de 1980, 1981.

_____. Estrutura e política alfandegárias — o caso português. *Boletim de Ciências Econômicas*, v. 25, 26 e 27, 1982.

_____. Do Acto Único à "nova fronteira" para a Europa. *Boletim da Faculdade de Direito.* Coimbra, 1988. Número especial.

_____. A política regional e o aproveitamento dos fundos estruturais em Portugal. In: COMISSÃO DE COORDENAÇÃO DA REGIÃO CENTRO (CCRC). *Portugal e os fundos estruturais comunitários: experiência e perspectivas regionais.* Coimbra: CCRC, 1989.

_____. A problemática do défice dos transportes colectivos urbanos de passageiros: apreciação e sugestão de soluções. *Boletim de Ciências Econômicas*, v. 30, 1990.

_____. A participação dos países na União Europeia. In: SECRETARIA DE ESTADO DA INTEGRAÇÃO EUROPEIA. *A Europa após Maastricht.* Lisboa: Imprensa Nacional-Casa da Moeda, 1992a.

Referências bibliográficas | 383

_____. A coesão económica e social e o futuro da Europa. In: MINISTÉRIO DO PLANEAMENTO E DA ADMINISTRAÇÃO DO TERRITÓRIO. *Fundos estruturais. Que futuro?* Lisboa, 1992b.

_____. A localização do novo aeroporto de Lisboa e a sua articulação com os demais modos de transporte. *Estudos para o Planeamento Regional e Urbano*, n. 38, 1992c.

_____. A integração comunitária e o desenvolvimento regional em Portugal. *Estudos Autárquicos*, 1993a.

_____. Os actuais acordos de cooperação da Comunidade Europeia com a América Latina. *Revista Brasileira de Direito Comparado*, v. 7, p. 107-127, 1993b.

_____. *Portugal, o Uruguai Round e a União Europeia, intervenções parlamentares.* Coimbra: Grupo LDR, 1994a.

_____. A dimensão espacial da União Monetária. In: CURSO DE ESTUDOS EUROPEUS. *A União Europeia*. Coimbra: Faculdade de Direito da Universidade de Coimbra, 1994b.

_____. *O ordenamento do território face aos desafios da competitividade.* Coimbra: Almedina, 1996a.

_____. Coesão e integração numa Europa alargada. *Temas de Integração*, n. 1, p. 27-49, 1996b.

_____. *O financiamento do alargamento da União Europeia.* Parlamento Europeu, doc. 218 272 (PO/DT/301), 17 jun. 1996c.

_____. *Portugal e a Agenda 2000.* Coimbra: Almedina, 1998a.

_____. *O não de um regionalista, face a um projecto sem justificação, numa Europa concorrencial e exigente.* Coimbra: Almedina, 1998b.

_____. *A Europa no dealbar do novo século. Intervenções parlamentares.* Coimbra: Grupo PPE (PSD), 1999a.

_____. As implicações externas do euro. In: INSTITUTO EUROPEU DA FACULDADE DE DIREITO DA UNIVERSIDADE DE LISBOA. *Aspectos jurídicos e económicos da introdução do euro.* Lisboa, 1999b.

_____. Regras fiscais europeias. In: HENDERSON, D.; NEVES, J. C. (Eds.). *Enciclopédia de economia.* Lisboa: Principia, 2000a.

_____. *O equilíbrio de poderes na União Europeia.* In: CONSELHO ECONÓMICO E SOCIAL, MESA REDONDA SOBRE A CONFERÊNCIA INTERGOVERNAMENTAL (CIG). Lisboa, 2000b.

_____. *Teoria da integração e políticas comunitárias*. 3. ed. Coimbra: Almedina, 2001.

_____. Fugir da globalização? *Revista da Escola de Magistratura Regional Federal*, v. 5, p. 219-230, 2002a.

_____. *A racionalização das infraestruturas de transportes: o TGV, a OTA e as autoestradas*. Coimbra: Audimprensa, 2002b.

_____. Os méritos e os deméritos de um imposto geral sobre a energia. *Boletim de Ciências Económicas*, v. 45, p. 907-925, 2002c.

_____. Alargamento e coesão. *Europa. Novas Fronteiras*, n. 12, p. 55-58, dez. 2002d.

_____. The evolution of the "rapport de forces" at world level. In: CUNHA, P. P.; PORTO, Manuel (Coords.). *O euro e o mundo*. Coimbra: Almedina, 2002e.

_____. O sonho da convergência real. In: RIBEIRO, Maria Manuela Tavares; MELO, António Barbosa de; PORTO, Manuel (Eds.). *Portugal e a construção Europeia*. Coimbra: Almedina, 2003a.

_____. A reforma das políticas estruturais. *Economia Pura*, n. 58, p. 22-26, jun./jul. 2003b.

_____. Os países pequenos e a Constituição europeia. *Temas de Integração*, n. 15-16, p. 341-370, 2003c.

_____. Serviços públicos e regulação em Portugal. *Revista de Direito Público da Economia (RDPE)*, n. 3, p. 161-186, jul./set. 2003d.

_____. *Economia. Um texto introdutório*. 2. ed. Coimbra: Almedina, 2004.

_____. As perspectivas financeiras para 2007-2013. In: *Livro de homenagem ao Dr. José Guilherme Xavier de Basto*. Coimbra: Coimbra, 2005a.

_____. The other transatlantic dialogue: European Union-Latin América. In: SEMINÁRIO DE GUADALAJARA A VIENA. *Comunicação...* Santiago de Chile: Cepal, 2005b.

_____. Abertura ao mercado e regulação: uma primeira avaliação da experiência portuguesa nos sectores de energia, das comunicações e dos transportes. *Revista de Direito Público da Economia (RDPE)*, n. 10, p. 169-189, abr./jun. 2005c.

_____; CALVETE, Vitor. O Fundo Monetário Internacional. In: CAMPOS, J. M. (Coord.). *Organizações internacionais. Teoria geral. Estudo monográfico das principais organizações internacionais de que Portugal é membro*. Lisboa: Fundação Calouste Gulbenkian, 1999.

_____; JACINTO, Rui; COSTA, Fernanda. As grandes infraestruturas de ligação terrestre de Portugal aos demais países comunitários (TGV e Auto-Estrada). *Desenvolvimento Regional*, 1990.

_____; LARANJEIRO, Carlos. Monetary Union and structural policies. In: LA CONFÉRENCE INTERGOVERNAMENTALE 2000 ET AU-DELÀ. 2000. *Annales...* Bruxelles, 2000.

POUNDSTONE, William. *Prisoner's dilemma*. New York: Anchor Books, 1992.

PRICE, Victoria Curzon. *The essentials of economic integration. Lessons of EFTA experience*. London: Macmillan, 1974.

_____. Competition and industrial policies with emphasis on industrial policy. In: LOGUR, Mehmet (Ed.). *Policy issues in the European Union. A reader in the political economy of European integration*. Dartford: Greenwich University Press, 1995.

_____. Industrial policy. In: EL-AGRAA, A. M. (Ed.). *The European Union. Economics & policies*. 6. ed. London: Financial Times/Prentice Hall Europe, 2001.

QUADROS, Fausto. *O princípio da subsidiariedade no direito comunitário após o tratado da União Europeia*. Coimbra: Almedina, 1994.

QUELHAS, José Manuel Santos. A Agenda 2000 e o sistema de financiamento da União Europeia. *Temas de Integração*, n. 5, p. 53-109, 1998.

QUESNAY, François. *Tableau économique*. 1758. Disponível em: <http://socserv2.socsci.mcmaster.ca/~econ/ugcm/3ll3/quesnay/tabeco.htm>. Acesso em: 20 maio 2005.

RAINELLI, Michael. *L'Organization Mondiale du Commerce*. 6. ed. Paris: La Découverte, 2002.

_____. *La nouvelle theorie du commerce international*. 3. ed. Paris: La Découverte, 2003a.

_____. *Le commerce international*. 9. ed. Paris: La Découverte, 2003b.

RAMOS, Rui M. Moura. *Das comunidades à União Europeia. Estudos de direito comunitário*. 2. ed. Coimbra: Coimbra, 1999.

_____. *Direito comunitário, programa, conteúdos e métodos de ensino*. Coimbra: Coimbra, 2003.

RAYMOND, Robert. *L'unification monétaire en Europe*. 2. ed. Paris: Presses Universitaires de France, 1996.

READ, Robert. The EC internal banana market: the issues and the dilemma. *The World Economy*, v. 17, p. 219-235, 1994.

REDWOOD, John. *Our currency, our country. The dangers of European Monetary Union*. London: Penguin, 1997.

REHN, Olli. *Financiamento do alargamento da União Europeia: política agrícola*. Parlamento Europeu, doc. 216.971, 6 jun. 1996.

REIS, José. A Europa e a coesão: um percurso em fio de navalha. In: ALBUQUERQUE, Roberto Cavalcanti de; ROMÃO, António (Orgs.). *Brasil-Portugal. Desenvolvimento e cooperação. O diálogo dos 500 anos*. Rio de Janeiro: EMC, 2000.

RELATÓRIO CHECCHINI. *A grande aposta para a Europa. O desafio de 1992, perspectivas e realidades*. Lisboa, 1988.

RELATÓRIO COATS. *Relatório sobre uma estratégia de emprego coerente para a União Europeia*. Comissão Temporária do Emprego, Parlamento Europeu, doc. A4-166/95, 13 jul. 1995.

RELATÓRIO COCKFIELD. *Completing the internal market*. COM (85) 310 final. 1995.

RELATÓRIO DELORS. *Relatório sobre a União Económica e Monetária*. SEC (90) 1659 final, 13 set. 1990.

RELATÓRIO EUROPA 2000 +. *Europa 2000 + cooperação para o desenvolvimento do território europeu*. Bruxelas e Luxemburgo, Comissão Europeia, 1994.

RELATÓRIO McDOUGAL. *Report of the study group on the role of public finance in the European Community*. SEC 1977.

RELATÓRIO NEUMARK. Report of the fiscal and financial committee. In: INTERNATIONAL BUREAU OF FISCAL DOCUMENTATION. *The EEC reports on tax harmonization*. Amsterdam, 1963.

RELATÓRIO PADOA-SCHIOPPA. *Efficiency, stability and equity*. Oxford: Oxford University Press, 1987.

RELATÓRIO DOS "SÁBIOS". *A caminho de horizontes melhores*. Bruxelas, Comissão Europeia, 1992.

RELATÓRIO WERNER. Economic and monetary union in the community. *Bulletin of the European Communities*, n. 7, 1970.

RENOUF, Yves. Le reglement des litiges. In: FLORY, Thiébaut (Dir.). *La Communauté Européenne et le Gatt. Evaluation des accords du Cycle d'Uruguai*. Rennes: Édtions Apogée, 1995.

RIBEIRO, José Joaquim Teixeira. *Economia política*. Coimbra, 1962/63.

_____. Reflexões sobre o liberalismo económico. *Boletim de Ciências Económicas*. Coimbra, 1992.

_____. *Lições de finanças públicas*. 5. ed. Coimbra: Coimbra, 1994.

RIBEIRO, Maria Manuela Tavares; MELO, António Barbosa de; PORTO, Manuel (Eds.). *Portugal e a construção europeia*. Coimbra: Almedina, 2003.

RIBEIRO, Sérgio. *Não à moeda única. Um contributo*. Lisboa: Avante, 1997.

RICHARDSON, J. David. *Understanding international economics: theory and practice*. Boston and Toronto: Little, Brown and Company, 1980.

ROBSON, Peter. *The economics of international integration*. 4. ed. London and New York: Routledge, 2000.

ROCHA, Isabel. *A política energética na Comunidade Europeia*. Porto: Porto, 1996.

ROCHA, Maria da Conceição Ramos. *Mercosul. Implicações da união aduaneira no ordenamento jurídico brasileiro*. Rio de Janeiro: Lumen Juris, 1999.

ROCHA, Mário de Melo. *A avaliação de impacto ambiental como princípio do direito do ambiente nos quadros internacional e europeu*. Porto: Publicações Universidade Católica, 2000.

ROLLO, Jim. Economic aspects of EU enlargement to the East. In: MARESCEAU, Marc (Ed.). *Enlarging the European Union. Relations between the EU and Eastern Europe*. London and New York: Longman, 1997.

_____; SMITH, A. The political economy of Eastern European trade with the European Community: why so sensitive? *Economic Policy*, n. 16, p. 139-181, 1993.

ROMANO, Frank. *Mondialisation des politiques de concurrence*. Paris: L'Harmattan, 2003.

ROMÃO, António. *Economia européia*. Oeiras: Celta, 2004.

ROSAMOND, Ben. *Theories of European integration*. Basingstoke: Macmillan; New York: St. Martin's Press, 2000.

_____. New theories of economic integration. In: CINI, Michelle (Ed.). *European Union politics*. Oxford: Oxford University Press, 2003.

ROSS, G. Assessing the Delors era in social policy. In: LEIBFRIED, S.; PERSON, P. (Eds.). *European social policy: between fragmentation and integration*. Washington, DC: Brookings Institution, 1995.

ROSSETTI, José Paschoal. *Introdução à economia*. 20. ed. São Paulo: Atlas, 2003.

ROTEMBERG, Julio; WOODFORD, Michael. Energy taxes and aggregate economic activity. *Tax Policy and the Economy*, n. 8, p. 159-195, 1994.

RUIZ, Nuno. O princípio da subsidiariedade e a harmonização de legislações na Comunidade Europeia. In: CUNHA, Paulo de Pitta et al. *A União Europeia na encruzilhada*. Coimbra: Almedina, 1996.

SACHS, Jeffrey; WARNER, Andrew. Economic reform and the process of global integration. *Brookings Papers on Economic Activity*, n. 96, p. 1-118, 1995.

SALAMA, P.; VALIER, J. *Pauvretés et inégalités le Tiers-Monde*. Paris: La Découverte, 1994.

SALEMA, Margarida. *O exercício das actividades profissionais e o mercado interno*. Coimbra: Grupo LDR, 1991.

SALIN, Pascal. *La concurrence*. Paris: Presses Universitaires de France, 1995.

SALVATORE, Dominick. *International economics*. 7. ed. New Jersey, John Wiley & Sons, 2001.

SAMPAIO, Carlos Almeida. A harmonização fiscal nas comunidades europeias. O IVA e o modelo económico português. *Cadernos de Ciência e Técnica Fiscal*, n. 131, 1984.

SANDE, Paulo de Almeida. *O sistema político na União Europeia (entre Hesperna e Phosphorus)*. Cascais: Principia, 2000.

SANDHOLTZ, Waynz. Membership matters: limits to the functional approach to European institutions. *Journal of Common Market Studies*, n. 34, p. 403-429, 1996.

SANTOS, António Carlos dos. Integração europeia e abolição das fronteiras fiscais. Do princípio do destino ao princípio da origem? *Ciência e Técnica Fiscal*, n. 372, p. 7-91, 1993.

_____. *Auxílio de Estado e fiscalidade*. Coimbra: Almedina, 2003.

SANTOS, Boaventura de Sousa (Org.). *Globalização: fatalidade ou utopia?* Porto: Afrontamento, 2001.

SANTOS, José Gomes. Uma estratégia comunitária para melhorar a eficiência energética. O imposto sobre o CO_2. *Ciência e Técnica Fiscal*, n. 365, p. 113-124, 1992a.

_____. Principais tendências de convergência dos sistemas fiscais dos países comunitários. Uma perspectiva quantificada. In: CENTRO DE ESTUDOS FISCAIS. *A internacionalização da economia e a fiscalidade*. Lisboa, 1992b.

SANTOS, Luís Máximo. O mecanismo de resolução de litígios da OMC: um elogio merecido? In: FLAD. *A Organização Mundial do Comércio e a resolução de litígios*. Lisboa: Faculdade de Direito da Universidade de Lisboa e Georgetown University Law Center, 1998.

SANTOS, Margarida Lopes dos. *ECU (European Currency Unit). Moeda europeia?* Coimbra: Coimbra, 1991.

SANTOS, Maria Cecília de Andrade. *Controlo de concentrações de empresas. Estudo da experiência comunitária e a aplicação do artigo 54 da lei brasileira n. 8.894/94*. 1999. Dissertação (Mestrado) — Faculdade de Direito, Universidade de Coimbra.

SAPIR, André; WINTER, Chantal. Services trade. In: GREENAWAY, D.; WINTERS, L. Alan (Eds.). *Surveys in international trade*. Oxford e Cambridge, Mass.: Blackwell, 1994.

SCHERER, F. M. *Competition policies in an integrated world economy*. Washington, DC: The Brookings Institution, 1994.

SCHOR, Armand-Denis. *La monnaie unique*. 2. ed. Paris: Presses Universitaires de France, 1997.

_____. *Économic politique de l'euro*. Paris: La Documentation Française, 1999.

SCHUKNECHT, Ludger. *Trade protection in the European Community*. Churs: Harwood Academic Publishers, 1992.

SCITOVSKY, Tibor. *Economic theory and Western European integration*. London: George Allen & Unwin, 1958.

SECRETARIA DE ESTADO DA INTEGRAÇÃO EUROPEIA. *A Europa após Maastricht*. Lisboa: Imprensa Nacional-Casa da Moeda, 1992.

SEDELMEIER, Ulrich. East of Amsterdam: the implications of the Amsterdam Treaty for Eastern enlargement. In: NEUNREITHER, Karlheinz; WIENER, Antge (Eds.). *European integration after Amsterdam. Institutional dynamics and prospects for democracy*. Oxford: Oxford University Press, 2000.

SEIDEL, Baruhard. The regional impact of community policies. In: MORTENSEN, J. (Ed.). *Improving economic and social cohesion in the European Community*. Centre for European Policy Studies (Ceps). New York: Macmillan; Basingstoke: St. Martin's Press, 1994.

SENIK-LEYGONIE, Cláudia. L'élargissement à l'Est. Risques, couts et bénéfices. In: FARVAQUE, Étienne; LAGADEC, Gaël (Dirs.). *Intégration économique européenne. Problèmes et analyses*. Bruxelles: De Boeck Université, 2002.

SERENS, Manuel N.; MAIA, Pedro. *Legislação comunitária e nacional de defesa da concorrência*. Coimbra: Almedina, 1994.

SERRA, Jaime et al. *Reflections on regionalism. Report of the study group on international trade*. Washington, DC: Carnegie Endowment for International Peace, 1997.

SHAPIRA, Jean. *Le droit europeen des affaires*. Paris: Presses Universitaires de France, 1996.

_____; LE TALLEC, Georgeo; BLAISE, Jean-Bernard. *Droit europeen des affairs*. 6. ed. Paris: Presses Universitaires de France, 1996.

SHIBATA, Hirofuma. The theory of economic unions: a comparative analysis of customs unions, free trade areas and tax unions. In: SHOUP, Carl (Ed.). *Fiscal harmonization in common markets*. New York and London: Columbia University Press, 1967.

SIDJANSKI, Dusan; BARROSO, José M. Durão. Os grupos de pressão na Comunidade Europeia. *Assuntos Europeus*, v. 1, p. 201-223, 1982.

SILGUY, Yves Thibault de. *Le syndrome du diplodocus. Un nouveau soufle pour l'Europe*. Paris: Albin-Michel, 1996.

SILVA, Aníbal Cavaco. A Europa após Maastricht. In: SECRETARIA DE ESTADO DA INTEGRAÇÃO EUROPEIA. *A Europa após Maastricht*. Lisboa: Imprensa Nacional-Casa da Moeda, 1992.

_____. E depois da moeda única... *Europa. Novas Fronteiras*, n. 1, p. 91-97, 1997.

_____. *União Monetária Europeia. Funcionamento e implicações*. Lisboa e São Paulo: Verbo, 1999.

SILVA, António Neto da; REGO, Luís Alberto. *Teoria e prática da integração econômica*. Porto: Porto, 1984.

SILVA, C. J. da. Antecedentes históricos do processo de integração latino-americana: Alalc, MCCA, Pacto Andino. In: SEITENFUS, V. M. P.; DE BONI, L. A. (Eds.). *Temas de integração latino-americana*. Petrópolis: Vozes, 1990.

SILVA, Joaquim Ramos. A política comercial comum. In: ROMÃO, António. *Economia européia*. Oeiras: Celta, 2004. p. 225-267.

_____; LIMA, Maria Antonina. *L'experience européene des "pays de la cohesion": rattrapage ou peripherisation accrue?* Orléans: Institut Orléonais de France, 1997.

SIMPSON, J. P. North America Free Trade Agreement: rules of origin. *Journal of World Trade Law*, n. 28, p. 33-41, 1994.

SINCLAIR, P. J. N.; STEWART-ROPER, C. J. K. The rival merits of single and common currencies — singular problems and common benefits. In: DRIFFIL, John; BEBER, Massimo (Eds.). *A currency for Europe. The currency as an element of division or of union of Europe.* London: Lothian Foundation Press, 1991.

SLATER, J. C.; ATKINSON, B. *The common agricultural policy and EU enlargement to the East.* London, 1995.

SMITH, Alasdair. Measuring the effects of "1992". In: DYKER, David (Ed.). *The European economy.* London and New York: Longman, 1992.

SMITH, Stephen. The distributional consequences of taxes on energy and the carbon content of fuels. *European Economy*, 1992.

_____. *'Green' taxes and charges: policy and practice in Britain and Germany.* London: The Institute for Fiscal Studies, 1995.

_____. Taxation and the environment. In: DEVEREUX, Michael P. (Ed.). *The economics of tax policy.* Oxford: Oxford University Press, 1996.

SMITS, Catherine. Les enjeux de la politique commerciale commune: la question du commerce des services. In: MAGNETTE, Paul; REMACLE, Eric (Eds.). *Le nouveau modele européen.* Bruxelles: Institut d' Études Européennes, 2000.

SNAPE, Richard H. Which regional trade agreements? In: BORA, Bijit; FINDLAY, Christopher (Eds.). *Regional integration and the Asia-Pacific.* Oxford: Oxford University Press, 1996.

SOARES, Cláudia Alexandra. *Os instrumentos de promoção da qualidade ambiental. O imposto ecológico.* 1999. Dissertação (Mestrado) — Faculdade de Direito, Universidade de Coimbra.

_____. *O imposto ambiental. Direito fiscal do ambiente.* Coimbra: Almedina, 2002.

SOARES, Mario Ângelo Coelho Bento. O acordão "Inspire Act LDT": novo incentivo jurisprudencial à mobilidade das sociedades na União Europeia. *Temas de Integração*, n. 17, p. 123-159, 2004.

SOROS, Georges. *Le defi de l'argent.* Paris: Plon, 1996.

_____. *On globalization.* New York: Public Affairs, 2002.

SOUSA, Fernando Freire de. Economic integration and unequal development in Europe: the pitfalls of cohesion and convergence. In: CURSO DE ESTUDOS EUROPEUS. *Integração e especialização. Integration and specialization.* Coimbra: Faculdade de Direito da Universidade de Coimbra, 1996.

_____; ALVES, I. *A adesão de Portugal à CEE: o impacto do desarmamento aduaneiro português*. Porto: Direcção de Estudos Económicos e de Marketing, 1985.

SOUSA, Sara Rute Silva e. *O alargamento da União Europeia aos países da Europa Central e Oriental (Peco): um desafio para a política regional comunitária*. 2000. Dissertação (Mestrado) — Faculdade de Economia, Universidade de Coimbra.

SOUTY, François. *La politique de la concurrence aux Etats-Unis*. Paris: Presses Universitaires de France, 1995.

_____. *Le droit de la concurrence de l'Union Européenne*. Paris: Montchretien, 1997.

SPENCER, Barbara J.; BRANDER, James A. International R&D rivalry and industrial strategy. *Review of Economic Studies*, v. 50, p. 707-722, 1983.

SPENCER, John E. European Monetary Union and the regions. In: DRIFFIL, John; BEBER, Massimo (Eds.). *A currency for Europe. The currency as an element of division or of union of Europe*. London: Lothian Foundation Press, 1991.

STAVRIDIS, Stelios et al. (Eds.). *New challenges to the European Union: policies and policy-making*. Dartmouth: Aldershot, 1996.

STEELE, Keith (Ed.). *Anti-dumping under the WTO*. London: Kluwer, 1996.

STEGEMANN, Klaus. Strategic trade policy. In: GREENAWAY, David (Ed.). *Current issues in international trade*. New York: Macmillan; Basingstoke: St. Martin's Press, 1996.

STEINBERG, Richard H. Transatlanticism in support of multilateralism? Prospects for great power management of the world trading system. In: SEMINÁRIO EU/US/ASIA DA TRANSATLANTIC POLICY NETWORK. *Proceedings...* Brussels, 28 May 1997.

STEINHERR, Alfred. *Has the case for EMU weakened since September 1992? Policy and practice in Britain and Germany*. London: The Institute for Fiscal Studies, 1994.

STERDYNIAK, Henri et al. *Vers une fiscalité européenne*. Paris: Centre d'Etudes Prospectives et d'Informations Internationales. Economica, 1991.

STEVENS, Christopher. EU policy for the banana market: the external impact of internal policies. In: WALLACE, Helen; WALLACE, William (Eds.). *Policy making in the European Union*. 4. ed. Oxford: Oxford University Press, 2000.

STEVENS, Handley. *Transport policy in the European Union*. Basingstoke: Palgrave Macmillan, 2004.

STIGLITZ, Joseph E. *Globalization and its discontents*. New York: W. W. Norton & Company, 2002.

STRANGE, Susan. Protectionism and world policies. *International Organization*, v. 39, p. 233-260, 1985.

SUBRAMANIAN, Arvind; UIMONEN, Peter. Trade and the environement. In: FMI. *International trade policies. The Uruguai Round and beyond, background papers*. Washington, DC: FMI, 1994.

SUTHERLAND, Peter Denis. EMU. *Europa. Novas Fronteiras*, n. 1, p. 98-102, 1997.

SWANN, Dennis. *The economics of Europe. From common market to European Union*. 9. ed. London: Penguin, 2000.

SWINBANK, Alan. CAP reform, 1992. *Journal of Common Market Studies*, v. 31, p. 359-372, 1993.

_____. *EU agriculture, Agenda 2000 and the WTO commitments*. Oxford: Blackwell, 1999.

TANG, Helena (Ed.). *Winners and losers of EU integration. Policy issues for Central and Eastern Europe*. Washington, DC: World Bank, 2000.

TANGERMANN, Stefan. *Agenda 2000: tactics, diversion and frustration*. London: Agro-Europe, 1999.

TAVARES DE ARAÚJO, J.; TINEO, L. Harmonization of competition policies among Mercosur countries. *The Antitrust Bulletin*, v. 43, n. 1, p. 45-70, 1998.

TAVÉRA, Christophe (Ed.). *La convergence des économies européennes*. Paris: Economica, 1999.

TAYLOR, Christopher. *EMU 2000? Prospects for European Monetary Union*. London: The Royal Institute of International Affairs, 1995.

TÉNIER, Jacques. *Intégrations regionales et mondialisation. Complémentarité ou contradiction*. Paris: La Documentation Française, 2003.

TERCINET, Anne. *Droit europeen de la concurrence. Opportunités et menaces*. Paris: Montchretien, 2000.

THARAKAN, P. K. Mattew. Antidumping measures and strategic trade policy. In: CURSO DE ESTUDOS EUROPEUS. *Integração e especialização. Integration and specialization*. Coimbra: Faculdade de Direito da Universidade de Coimbra, 1996.

_____. WAELBROECK, Jan. Antidumping and countervailing duty decision in the ECand in the US — an experiment in comparative political economy. *European Economic Review*, v. 38, p. 171-193, 1994.

THE ECONOMIST. *Economics, making sense of the modern economy*. London, 2001.

_____. *Pocket world in figures*, 2004 edition. London, 2003.

THE GROUP OF LISBON. *Limits to competition*. Cambridge, Mass. and London: The MIT Press, 1995.

THIRLWALL, A. P. The balance of payments constraint as an explanation of international growth rate difference. *Banca Nazionale del Lavoro Quarterly Review*, v. 32, p. 45-53, 1979.

_____. A plain man's guide to Kaldor's growth laws. *Journal of Post Keynesian Economics*, v. 5, 1983.

THORP, Rosemary. *Progresso, pobreza e exclusão. Uma história económica da América Latina no século XX*. Washington, DC: IDB, EU, 1998.

THUROW, Lester. *Head to head. The coming economic battle among Japan, Europe and America*. London: Nicholas Brea, 1994.

_____. *The future of capitalism. How today's economic forces shape tomorrow's world*. London: Nicholas Brealey, 1996.

TIETENBERG, Tom. *Environmental and natural resource economics*. 5. ed. Reading, Mass.: Addison Wesley Longman, 2000.

TINBERGEN, Jan. *International economic integration*. 2. ed. London: Elsevier, 1965.

TOBEY, James A. The effects of domestic environmental policies on patterns of world trade: an empirical test. *Kyklos*, v. 43, p. 191-209, 1990.

TONOL, Gabriele. Regional policy. In: ARTIS, Michael; NIXSON, Frederick. *The economics of the European Union. Policy and analysis*. 3. ed. Oxford: Oxford University Press, 2001.

TORRES, Francisco. *The politics of economic transition in Portugal (1985-93)*. Lisboa: Centro de Estudos Europeus (ECO 8/03), Universidade Católica Portuguesa, 1993. (Working paper).

_____. *A UEM e a Conferência Inter-Governamental de 1996*. Lisboa: Centro de Estudos Europeus, Universidade Católica Portuguesa, 1995.

_____. Portugal towards EMU: a political economy perspective. In: FRIEDEN, Jeffrey; JONES, Erik; TORRES, Francisco (Eds.). *Joining Europe's monetary club: the challenges for smaller member states*. New York: St. Martin's Press, 1996.

_____. EMU: economic and political misgivings. *Europa. Novas Fronteiras*, n. 1, p. 103-111, 1997.

_____. As novas dinâmicas da coesão na UEM. *Europa. Novas Fronteiras*, n. 12, p.23-26, 2002.

_____; GIAVAZZI, Francesco (Eds.). *Adjustment and growth in the European Monetary Union*. Cambridge: Cambridge University Press, 1993.

TOVIAS, Alfred. A survey of the theory of economic integration. *Revue d'Intégration Européenne. Journal of European Integration*, v. 15, p. 5-23, 1991.

TRACY, Michael. *Agricultural policy in the European Union and other market economies*. Brussels: Agricutural Policy Studies, 1996.

TREBILCOCK, Michael J.; CHANDLER Marsha A.; HOWAE, Robert. *Trade and transition. A comparative analysis of adjustment policies*. London and New York: Routledge, 1990.

_____; HOWSE, Robert. *The regulation of international trade*. 2. ed. London and New York: Routledge, 1999.

TSOUKALIS, Loukas. *The new European economy revisited*. Oxford: Oxford University Press, 1997.

_____. *What kind of Europe?* Oxford: Oxford University Press, 2003.

TYSON, Laura d'Andrea. Managed trade: making the best of the second best. In: LAWRENCE, Robert Z.; SCHULTZE, Charles L. (Eds.). *American trade strategy. Options for the 1990's*. Washington, DC: The Brookings Institution, 1990.

VALLADÃO, A. G. A. (Ed.). *The costs of opting out: the EU-Mercosur agreement and the free trade area of the Americas*. Paris: Chaire Mercosur de Sciences Po, 2003.

_____; BOUZAS, R. (Eds.). *Market access for goods and services in the EU-Mercosur negotiations*. Paris: Chaire Mercosur de Sciences Po, 2003.

_____; PAGE, S. (Eds.). *Agriculture and agribusiness in the EU-Mercosur negotiations*. Paris: Chaire Mercosur de Sciences Po, 2003.

VAN BAEL, Ivo; BELLIS, Jean-François. *Competition law of the European Community*. 2. ed. Brussels: Europe Bruylant, 1994.

_____; _____. *Anti-dumping and other trade laws of the EC*. 3. ed. Bicester: CCH Edition, 1996.

VAN DEN BERG, Hendrik. *International economics*. Boston: McGraw-Hill, 2004.

VASQUES, Sérgio. *A integração económica na Africa. Textos fundamentais*. Lisboa: Fim de Século, 1997.

VENABLES, A. J. Regional integration agreements: a force for convergence or divergence? In: ANNUAL WORLD BANK CONFERENCE ON DEVELOPMENT ECONOMICS. *Proceedings*... Paris, June 1999.

VENTURA, Deisy. *Les asymétries entre le Mercosul et l'Union Européenne. Les enjeux d'une association interrégionale*. Paris: L'Harmattan, 2003.

VERDON, Amy. *European responses to globalization and financial market integration. Perceptions of economic and monetary union in Britain, France and Germany*. Basingstoke: Macmillan; New York: St. Martin's Press, 2000.

VERNON, Raymond. Passing through regionalism: the transition to global markets. *The World Economy*, v. 19, p. 621-633, 1996.

VICKERMAN, R. W. *The single European market*. New York: Harvester-Wheatsheaf, 1992.

VILAÇA, José Luís da Cruz. A modernização da aplicação das regras comunitárias de concorrência segundo a Comissão Europeia. Uma reforma fundamental. *Boletim da Faculdade de Direito da Universidade de Coimbra*, n. 75, p. 717-789, 2003.

_____; SOBRINO HEREDIA, José Manuel. A União Europeia e a transformação do Pacto Andino na Comunidade Andina: do Protocolo de Trujillo à Acta de Sucre — tentativa de reanimar um moribundo ou oportunidade para relançar a cooperação internacional? *Temas de Integração*, n. 3, p. 5-51, 1997.

VILHENA, Maria do Rosário. *O princípio da subsidiariedade no direito comunitário*. Coimbra: Almedina, 2002.

VINDT, Gérard. *A mundialização. De Vasco da Gama a Bill Gates*. Lisboa: Temas e Debates, 1999.

VINER, Jacob. The most favoured nation clause. *Index*, v. 6, 1931.

_____. *The customs union issue*. Washington, DC: Carnegie Endowment for International Peace, 1950.

VISSOL, Thierry. Qui a peur de l'élargissement? *Reflect, Perspectives de la Vie Économique, Qui a Peur de l'Élargissement de l'Union Européenne*, n. 3, p. 5-22, 2003.

VON NEUMANN, John; MORGENSTERN, Oskar. *Theory of games and economic behavior*. Princeton: Princeton University Press, 1944.

WALLACE, Helen; WALLACE, William (Eds.). *Policy making in the European Union*. 4. ed. Oxford: Oxford University Press, 2000.

WARÊGNE, Jean-Marie. *L'Organisation Mondiale du Commerce, regles de fonctionnement et enjeux économiques*. Bruxelles: Crisp, 2000.

WEBER, Alfred. *Uber den Standort der Industrien*. Tübingen, 1929.

WEI, S.-J.; FRANKEL, J. A. Open regionalism in a world of continental trade blocs. *IMF Staff Papers*, v. 45, p. 440-453, 1998.

WEINTRAUB, S. Evaluación del TLCAN. *Integración & Comercio*, n. 1, p. 3-34, mayo/ago. 1997.

WEISS, Linda (Ed.). *States in the global economy. Bringing domestic institutions back in*. Cambridge: Cambridge University Press, 2003.

WHITELEGG, J. *Transport policy in the EEC*. London: Routledge, 1988.

WILLIAMS, Allan M. *The European Community*. 2. ed. Oxford: Blackwell, 1994.

WILLIAMS, R. H. *European Union spatial policy and planning*. London: Paul Chapman, 1996.

WILS, G. ECU (Unité de Change Européenne). In: BARAV, Ami; PHILIP, Christian (Eds.). *Dictionnaire juridique des Communautés Européennes*. Paris: Presses Universitaires de France, 1993.

WINNICK, L. *Place prosperity vs. people prosperity: welfare considerations in the geographical redistribution of economic activity*. Los Angeles: University of California, 1961.

WOLF, Martin. *The resistible appeal of fortress Europa*. London: Center for Economic Policy Studies, 1994.

WOOLCOCK, Stephen. The European acquis and multilateral trade rules: are they compatible? In: BULMER, Simon; SCOTT, Andrew (Eds.). *Economic and political integration in Europe. Internal dinamics and global context.* Oxford and Cambridge: Blackwell, 1994.

WOOTON, I. Towards a common market: factor mobility in a customs union. *Canadian Journal of Economics*, v. 21, p. 525-538, 1988.

WORLD BANK *Trade blocs*. New York: Oxford University Press, 2000a.

_____. *World Development Report 1999/2000. Entering the 21st century*. New York: Oxford University Press, 2000b.

_____. *Little data book 2003*. Washington, DC: The World Bank, 2003.

WORLD TRADE ORGANIZATION (WTO). *Regionalism and the world trading system*. Geneva: World Trade Organization, 1995a.

_____. *The results of the Uruguay Round of multilateral trade negotiations. The legal texts*. Geneva: World Trade Organization, 1995b.

_____. *Trade and foreign direct investment*. Geneva: World Trade Organization, 1996.

_____. *From Gatt to the WTO: multilateral trading system in the new millennium*. Haia: Kluwer, 2000.

YEATS, Alexander. *Does Mercorsul's trade performance justify concerns about the effects of regional trade arrangements? Yes!* Washington, DC: International Trade Division, World Bank, 1996.

_____. Does Mercosur's trade performance raise concerns about the effects of regional trade agreements? *The World Bank Economic Review*, v. 12, n. 1, p. 1-28, 1998.

YOUNG, David; METCALFE, Stan. Competition policy. In: ARTIS, Michael; LEE, Norman (Eds.). *The economics of the European Union. Policy and analysis*. 2. ed. Oxford: Oxford University Press, 1997.

Anexos

Anexo 1

A teoria estática das uniões aduaneiras considerando apenas efeitos sobre a produção

A situação de se considerarem apenas efeitos sobre a produção pode ser representada como na figura A-1, em que a curva da procura, D, é absolutamente rígida (sendo, portanto, fixas as unidades consumidas).[231]

Figura A-1

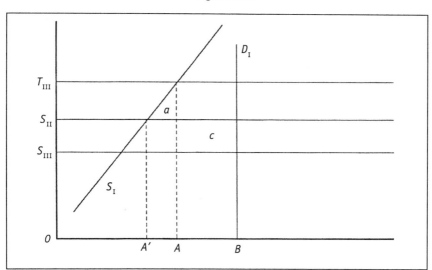

Como na exposição feita no texto, também aqui se considera que o preço mundial ($S_{III}O$) é o preço mais baixo, sendo $S_{II}O$ o preço do parceiro na união aduaneira.

---

[231] Gowland (1983:56-57).

Antes de esta estar formada, ou seja, sendo igualmente tributados (com T) os bens vindos do exterior, importa-se do país externo, chegando o bem ao consumidor por $T_{III}O$.

Com esta nova situação a produção diminui de OA para OA', sendo as importações de A'B.

Assim, há um efeito de criação de comércio representado por *a* e um efeito de desvio de comércio representado por *c*, não havendo, diante do pressuposto de que se parte quanto à procura, nenhuma redução (nem custo de bem-estar) em relação ao consumo.

Anexo 2

A teoria estática das uniões aduaneiras considerando a oferta não infinitamente elástica do(s) país(es) parceiro(s)

Nos exemplos dados consideramos uma oferta infinitamente elástica do país (ou dos países) com que nos integramos na união aduaneira, não subindo o seu preço ($S_{II}O$) quando passa(m) a ocupar uma parcela do mercado que era ocupada antes pelo(s) país(es) externo(s) e pelo nosso país (só por este, se estávamos em economia fechada).

É provável que em grande parte dos casos a sua curva da oferta seja crescente, nos termos da figura A-2, em que consideramos em *a* o que se passa no nosso país (I) e em *b* o que se passa no país com que nos integramos.

Figura A-2

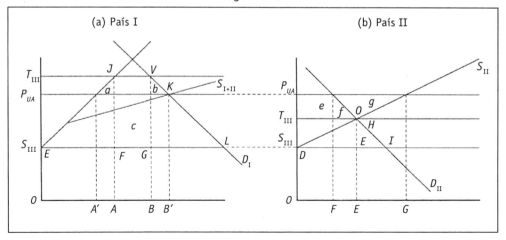

S_{III} continua a ser a curva da oferta mundial, mais uma vez infinitamente elástica e mais baixa do que as curvas da oferta dos países que se integram na união aduaneira. Entre estas continua por seu turno a ser mais baixa a curva da oferta de II, todavia agora — é o elemento novo em relação às figuras anteriores — com uma elasticidade não infinita (tendo uma inclinação crescente).

Antes da formação da união com o imposto de T_{III} o nosso país importava em alguma medida do país III, sendo o preço interno, com o acréscimo do imposto alfandegário, de $T_{III}O$. Mais precisamente, a nossa procura, de OB, era satisfeita em OA pela oferta interna e em AB pelas importações vindas de III. Tratava-se de situação mais favorável do que a de importarmos de II, com uma curva da oferta (S_{II}) mais elevada que S_{III}.

Deixando de haver restrições entre I e II, passa a valer mais a pena importar de II, com um preço que — nos quantitativos considerados — é inferior ao preço de III acrescido da tributação alfandegária.

Acontece que, acrescendo à oferta que satisfaz o seu próprio mercado a oferta que satisfaz o nosso mercado, é mais elevado por isso o preço praticado pelo país II, $PuaO$; devendo passar a ser feita em relação a este a medição dos efeitos de criação e de desvio do comércio.

No nosso país, sendo a oferta constituída pelo somatório da oferta interna com o que importamos de II — ou seja, sendo a oferta representada pela curva S_I + II — a procura é satisfeita no ponto de interseção K.

Temos assim um ganho de criação de comércio representado pelos triângulos a e b, sendo o desvio de comércio representado pelo retângulo c.

Além do que se passa no país I podemos ver também o que se passa no país II. Admitindo agora aqui, para simplificar o exemplo, que este país nada importava de III (estava em economia fechada), há nele um ganho para os produtores de $e + f + g$ e uma perda para os consumidores, por passarem a consumir menos e mais caro, de $e + f$, ficando conseqüentemente um ganho líquido de g.

Temos neste exemplo necessariamente um ganho no país II, em relação à situação anterior, porque estava em economia fechada.[232] Se assim não acontecesse também aqui poderia haver ganho ou perda líquidos, que deveriam ser comparados com o ganho ou a perda líquidos verificados em I.

---

[232] Conforme vimos, havendo então apenas o efeito de criação de comércio, mais sensível, mas sendo uma situação menos favorável do que a de haver livre-comércio.

A teoria estática das uniões aduaneiras | 405

Podendo acontecer que haja um ganho líquido para o conjunto da união aduaneira mas que um dos países perca, compreende-se que este só aceite integrá-la se beneficiar de alguma compensação, tornada possível — mas não deixando de suscitar sempre dificuldades — com o benefício geral conseguido.[233]

---

[233] As perdas podem verificar-se também, em cada país, para um ou outro dos fatores, o que requer igualmente alguma compensação, do país ou da união aduaneira, ao fator prejudicado. No país I ficam melhor os consumidores à custa dos produtores, dando-se o inverso no país II (ver McDonald, 1999:19-20 e principalmente 23).

Índice de assuntos

Nota: nomes de países, como os EUA, ou os dos componentes dos dois blocos — e os dos mesmos (Mercosul e União Européia) — não constam neste índice. As únicas exceções são a Bolívia e o Chile, membros associados do Mercosul.

A

Abusos de posições dominantes 93-94
Accises (ver tributação específica)
Accountability 208, 209
Acordo(s)
    de Admissão de Títulos e Graus Universitários 309
    de Blair House 247
    de Compras Governamentais, ou Públicas (Agreement on Government Procurement — AGP) 103
    europeus 262
    de livre-comércio (ver área de ...)
    Monetário Europeu 90, 118
    restritivos da concorrência 91-93
    de Schengen 122-123
ACP (países da África, Caribe e Pacífico) 81
Acquis communautaire (acervo comunitário) 18, 29

Agenda 2000 145-150, 193, 204, 207, 269, 275
Agrícola(s)
    culturas 322
    produtos 285, 320
    setor 319
Agricultura (ver também Política Agrícola Comum) 314, 319, 321
    multifuncionalidade 149
    (em) tempo parcial 136
Airbus 62-63, 163
Aladi 280-282
Alargamento (da União Européia) 259-276
    evolução recente 259-260
    números 260-262
    razões determinantes 262-265
    dificuldades básicas 265-271
        com a PAC 266-269
        com a política regional 269-271

a insuficiência orçamentária 271-276
Alca 72, 286, 312-315, 325
Ambiente (ver política do)
American Airlines 96
Antidumping 79, 98, 301, 314, 316
Apec 72
Área
    de livre-comércio (ALC) 15-16, 41-43, 283, 285-286, 290, 311-312, 322
    de Livre-Comércio da América do Norte (vide Nafta)
    monetária ótima 248
Argumento
    das indústrias nascentes 49, 60-62, 64, 155, 157-158, 190
    das indústrias senescentes 158
    das regiões nascentes 190
Asean 70
Associação Latino-Americana de Livre-Comércio (Alalc/Lafta) 16, 281-282
Ato Único (Europeu) 15, 17, 27-28, 67, 78, 91, 106, 109, 156, 159-160, 163, 175-177, 192, 215-221, 239
Auto Europa 101
Auxílios estatais 98-101
Avaliações
    do Acordo de Livre-Comércio Mercosul-União Européia 320-321
    da Alca 315-319
    sobre o Chile 293, 321-322
    dos efeitos de integração 51-53
    do Mercosul 292-296
    outros 321

B

Bananas (painel e "organização comum") 81, 140

Banco
    Central Europeu (BCE) 236, 252-253
    Europeu de Investimento (BEI) 183, 196, 256
    Europeu de Reconstrução e Desenvolvimento (Berd)
    Interamericano de Desenvolvimento (BID) 308, 313
    Nacional de Desenvolvimento Econômico e Social (BNDES) 308
Barreiras
    fiscais (tributárias) 218-219
    físicas 217-218
    não-tarifárias ou não-visíveis 16, 27, 216-217, 290, 321
    técnicas 218
Benign neglect (ver "negligência benigna")
Bens públicos (explicação pelo fornecimento de) 55
Bloco(s) (ver também estratégias dos)
    de comércio "natural" 293
    formal 18
    informal 18, 69-70
BNDES (ver Banco Nacional de Desenvolvimento Econômico e Social)
Boeing 62-63
Bolívia 283, 285, 311
Bretton Woods 118
BRI's (Boletins de Registos de Importação)
British Airways 96
Building blocs 12, 72

C

Cabotagem 107, 110
Câmbio 290, 303-304
Cancún (reunião de) 80

Caricom (ver Mercado Comum do/as Caribe/Caraíbas)
Carta dos Direitos Fundamentais da União Européia 57
Carvão 166-167, 175
Ceca (Comunidade Européia do Carvão e do Aço) 15, 85, 94, 109, 124, 165
Cecchini (relatório) 29, 38, 219-221, 234
Chile (ver também avaliações sobre o) 282, 283, 285, 306, 311, 313, 314
Choques assimétricos (fundo para) 250
Cláusula
   de Capacitação — Gatt, 1999 280
   da nação mais favorecida 79
   de *opting out* 228
Clube de Roma (relatório) 177
CO_2 171-172
Cockfield (relatório) 215
Coesão
   Fundo de 192-196, 258
   países da 192, 197-201, 256-258, 273, 276
Combustíveis sólidos 174
Comecon (Conselho de Auxílio Econômico Mútuo) 14, 70
Comércio
   deflexão (*deflection*) de 42
   intrabloco 69, 72, 75
   extrabloco 70-72, 75
Comissão
   de Comércio 298
   Temporária de Emprego 158
Comp (Direção Geral da Concorrência) 101
   Compras governamentais, ou públicas (*public procurement*; ver também acordo de ...) 76, 78, 101-103, 285, 313, 314, 319

setores excluídos nas 103
Comunidade Andina 16, 281, 282-284, 286, 307, 312
Concentrações de empresas (*mergers*) 94-96
Conferência
   de Estocolmo de 1962 177
   do Rio de Janeiro de 1992 170
Conflitos, solução de (ver Litígios)
Conselho Europeu
   de Amsterdã (1997) 97, 104, 122-123, 180, 221, 252-254
   de Berlim (1999) 143, 213-214
   de Bruxelas (1985) 215
   de Bruxelas (1988) 206
   de Bruxelas (2005) 253
   de Copenhague (2002) 213-214, 274
   de Dublin (1984) 215
   de Dublin (1997) 252
   de Edimburgo (1992) 206, 224, 256, 258
   da Feira (2000) 218, 228
   de Fontainebleau (1984) 215
   de Haia (1970) 118
   de Helsinque (1999) 261
   de Lisboa (2000) 160, 164
   do Luxemburgo (2005) 192, 276
   de Maastricht (1997) 119, 164, 223, 254
   de Nice (2003) 260
   de Paris (1972) 120, 181
Conselho do Mercado Comum 292, 298, 299, 309
Constituição Européia (ver Tratado Constitucional)

Continental Can (caso) 94
Convergência
   nominal 119, 225-227, 239-240, 251
   critérios de 225-228
   real 119, 239, 252
Crescimento 188-189, 237-239, 242, 270
Crawling peg 237, 244
Cúpula das Américas 312-313, 314
Custo
   de distorção no consumo 24, 26, 35
   de distorção na produção 24, 26, 35, 136, 155, 161
   da não-Europa 219-221

D

De Havilland (caso) 95
De minimis (regra) 93
Declaração de San José de Costa Rica 314
Defficiency payments 132
Delors (relatório) 225, 257
Deseconomias externas 112-113, 190
Desemprego, problema do 149, 158-159, 169, 190, 211-214, 251
Desenvolvimento
   (regiões) motores de 188, 194
   multipolar 194
   sustentável 179-182
"Dilema do prisioneiro" 48-49, 72
Dinâmicos (ver efeitos dinâmicos *e* avaliações)
Direitos niveladores agrícolas 133-135, 138-139, 205-206
Dólar 118, 240-241
Dumping 97
   ecológico ou "ambiental" 98, 180, 266
   social 97-98

E

Economia(s)
   de escala (aproveitamento de) 33-36, 42
   externas 155, 161, 163, 197
   política da proteção 295
ECU (*European Currency Unit*) 120-121, 224
Efeito(s)
   de aprendizagem (*learning effects*) 34, 37
   backwash 185-187
   de bumerangue 97
   do "chuveiro frio" (*cold shower effect*) 38
   de criação de comércio 23, 25-26, 39-41, 52
   de desvio de comércio 23, 25-26, 29, 34-39, 42, 52, 59, 78, 291
   dinâmicos 36-38, 43, 52-53
   de dominó 78
   greenhouse 112
   da integração (vide avaliação dos ...)
   de polarização (*polarization effects*) 185
   de rendimento 38, 43, 52, 73, 79
   de *spread* 185
   (de) *trickledown* 185
"Eficiência X" (de Leibenstein) 38
Efta (European Free Trade Association) 14-16, 28, 41
Eletricidade 175
Emprego (informação sobre) 123
Empresas públicas (e regras de concorrência) 96

Índice de assuntos | 411

Enabling Clause, Gatt, 1999 (ver Cláusula de Capacitação)
Energia (ver política energética)
Entente 91
ENTR (Direção-Geral da Indústria, DG-III) 154
Escola
  dos economistas 119
  dos monetaristas 119
Especialização, aproveitamento da 33, 42
Espaço Econômico Europeu (EEE) 14, 18, 28, 42, 64
Especulação 240-241
Estabelecimento, liberdade de 126-127
Estabilidade de preços (objetivo) 237
Estratégia(s)
  dos blocos 72-73
  de Lisboa 160, 164
Estruturais (apoios) 172-173, 181, 197, 250, 253, 255, 257
Eurotom (Comunidade Européia da Energia Atômica) 85, 165-166
Euro (ver também política e união monetária)
  -esclerose 215
  -lândia 228, 258
  -pessimismo 120, 215
  (e Portugal) 242-248
Euros (Serviços de Emprego Europeu) 123
Eurossistema (ver Sistema Europeu de Bancos Centrais)
Excises (ver tributação específica)

F

Fatores (circulação dos) 125-127
Feder (ver Fundo Europeu de Desenvolvimento Regional)

"Federalismo orçamental" 255
Feoga
  -Garantia 47, 137-145, 149-150, 204-205, 266
  -Orientação 138, 141, 195, 205
FMI (ver Fundo Monetário Internacional)
Ford-Volkswagen (projeto) 101
"Fortaleza Europa" (*Fortress Europe*) 28, 67
Funcionalismo 18
Funções públicas 122
Fundo(s)
  para os choques assimétricos (ver choque assimétrico)
  de Coesão 64, 172, 192, 196, 201, 256, 258
  estruturais 173, 194, 201, 212
  Europeu de Desenvolvimento Regional (Feder) 110, 192, 195
  Monetário Internacional (FMI) 90, 118
  Social Europeu (FSE) 124, 195

G

Gás 174-175
Gatt (*General Agreement on Tariffs and Trade*) 27, 59, 65, 68, 72, 78-81, 98, 127, 180, 280
Gats (*General Agreement on Trade in Services*) 127, 307
Globalização 11, 71, 155
Greening
  the CAP 148
  do orçamento 180
Grupo
  Andino (ver Comunidade Andina)
  do Mercado Comum 298-299, 300

de Monitoramento Macroeconômico 303
"Grupos de pressão" 60-61, 143, 145, 264

H

Hidrovia Tietê-Paraná-Paraguai 308

I

Imposto(s)
    sobre a energia 167-173
    alfandegários 89
Indústria(s) (ver também política industrial)
    de ambiente 170
    em crise 158-159
    nascentes (ver argumento das)
    senescentes (ver argumento das)
Inflação 190, 237-238, 244
Iniciativa Bush (para as Américas) 312
Instituto Monetário Europeu 225, 227
Instrumento Financeiro de Orientação da Pesca (Ifop) 153, 195
Integração positiva e negativa 18-19
Investimento (direto estrangeiro — IDE) 79-80, 285, 305-307
Isenções por categoria 92
IVA (ver também recurso) 218

J

"Justo retorno" 210

L

Litígios, solução de 299-300, 314
Livre-cambismo 11-12, 59-63, 68, 72-79

Livro branco
    Crescimento, competitividade e emprego 158
    do mercado único 27, 91, 109, 215, 217-218
Livro verde
    sobre os mercados públicos na União Européia 103
    sobre a política de pesca 153
Lockheed 62

M

Managed trade 65, 72
Mão-de-obra (livre circulação) 122-124
Marrakech (reunião de) 80
McDonnell Douglas 62-63, 96
McDougall (relatório) 254
Medição dos efeitos da integração (vide avaliação dos...)
Mercado(s)
    comum 17, 29-31, 41, 121-127, 284, 289
        Centro-Americano (MCCA) 16, 282, 284-286, 307
        do/as Caribe/Caraíbas (Caricom) 281, 284
    imperfeições 155, 187
    públicos 101-103
    único (ou interno) 16-17, 27-29, 78-79, 254
    Único de 1993 16-17, 23, 28, 38, 41, 57, 154, 215-221, 234, 239, 264
Mergers (ver concentrações de empresas)
Mezzogiorno 102, 183
Modelo(s) (ver também avaliações)
    agrícola europeu 149-150

Índice de assuntos | 413

americano 123
de causação cumulativa 185
de centro-periferia 185
dinâmicos 294, 318
de equilíbrio geral aplicado (EGA) 292-293, 318, 321
de formação da TEC 295-296, 317-319
social europeu 123, 149
Moeda (ver também política monetária)
única e abertura do comércio 57, 65, 79
Monopólios nacionais 103-105
"Montantes compensatórios agro-monetários" 134
Multinacionais (empresas) 76, 160
Multiplicador do comércio exterior 38, 43

N

"Nação mais favorecida" (vide cláusula da)
Nafta (*North American Free Trade Area*) 16, 18, 77, 80, 285, 300, 312, 313, 316, 321-322
Não-econômicas (razões não-econômicas para a integração) 57
"Negligência benigna" 241
Neumark (relatório) 124
'Novas Fronteiras' (caso) 110
Novo
    protecionismo 27, 90, 158
    regionalismo (ver segundo regionalismo)
NUT (unidade estatística regional) 187, 200, 205

O

OMC (Organização Mundial do Comércio) 27, 65, 72, 77-81, 98, 127, 150, 180, 285, 292, 305, 307, 313-314, 325
Open regionalism 72-73
Orçamento (da União Européia) 137-143, 212-214, 271-276
Organização Internacional do Trabalho (OIT) 98
"Organizações Comuns do Mercado" (OCM's) 81, 140, 142
Ótimo de Pareto (ver Pareto)

P

PAC (ver Política Agrícola Comum)
Pacote
    Delors I 160
    Delors II 159, 251, 253-254, 256, 258
Pacto de Estabilidade e Crescimento (PEC) 158, 252-253, 258
Paddoa-Schioppa (relatório) 107-108, 158
"País pequeno" (*small country case*) 24, 45
Parc (ver Política Agrícola e Rural Comum)
Pareto (ótimo de) 39
Pauta alfandegária (ver tarifa)
Pecos (Países da Europa Central e Oriental) 70, 184, 204, 213-214, 260-276
Pedágios (portagens) 113
People's prosperity 191
Perrier (caso) 96
Perspectivas Financeiras
    2000-2006 138, 150, 192, 196, 209, 274-275

2007-2013 150, 192, 209, 214, 255, 276
Pesca (ver política de)
Pesquisa e desenvolvimento tecnológico (ver política de)
Petróleo 46, 116, 120, 174-175
Phasing out 194
Philip Morris (caso) 94
Philips (curva de) 190, 273
Picking the winners 48, 60, 157-163
Pilares (da União Européia) 223
Place prosperity 191
Plano(s)
   de ação para o mercado único 221
   Barre 118-119
Política
   comercial estratégica 47-49, 60-61, 72-73, 98
   da concorrência 89-105, 217, 313-314
   de *open skies* 110
   de pesca 150-153
   de substituição de importações 11, 284
Política Agrícola Comum (PAC) 15, 47, 129-150, 204, 254, 256, 275, 320
   caminho(s) a seguir 131-145
   excedentes 134-135, 147
   objetivos 129-131
   preferência comunitária 131
   princípios 131
   reformas 47, 145-150, 269
   set-aside 147
   solidariedade financeira 131
   unicidade do mercado 131
Política Agrícola e Rural Comum (Parc) 149, 150
Política do ambiente 175-182, 265-266
   início 175-176

filosofia e problemas 176-177
   objetivos, princípios e vias de atuação 177-182
   e desenvolvimento sustentável 179-180
   e emprego 180
   e comércio internacional 180
   e política regional 181
   programas-quadro 181-182
Política energética
   primórdios 164-166
   filosofia 166-167
   tributação 167-173
   diversificação e racionalização 174-175
Política industrial 61, 64, 153, 159
   início 153-154
   filosofia de atuação 154-156
   grandes projetos europeus 157, 163
   indústrias em crise 158-159
Política monetária
   1ª fase 117-118
   2ª fase 118-120
   3ª fase 120-121
      a criação do euro 223-258
      antecedentes e passos dados 224-230
      benefícios e custos 231-248
      os riscos e as exigências de equilíbrio e competitividade 248-252
      o Pacto de Estabilidade e Crescimento (ver Pacto)
      a necessidade de reforçar as políticas estruturais 253-258
Política de pesquisa e desenvolvimento tecnológico (P&D)
   início 159-160

atuação 160-164
Política regional 63-64, 183-214
   origem 183-187
   razão de ser 187-191
   evolução 191-196
   resultados 197-210
   políticas contraditórias 204-210
   futuro 210-214
Política de transportes
   liberalização 107-110
   harmonização de normas 108-110
   infra-estrutura 110-113
   custos sociais 112-113
   melhor opção modal 114-117
Pólos de crescimento 185
Posições dominantes (ver abusos de)
"Preferências imperiais" (britânicas) 15
Primeiro ótimo, intervenção de 13, 26, 40, 65, 133, 138, 153, 155-156, 158, 160-161, 168, 170-171, 270, 272, 274
Princípio
   da adicionalidade 192-193
   da concentração de fundos 192-193
   da correção na fonte 178
   do destino (no IVA) 218-219
   da nacionalidade (nos transportes) 109
   da origem (no IVA) 218-219
   da parceria 192-193
   da precaução 178
   da prevenção 178
   do poluidor-pagador 169, 178-179
   da programação 192-193
   da subsidiariedade 61-62, 64, 113, 156, 165, 176, 255, 272
   da territorialidade (nos transportes) 109

Privatizações 76, 305-306
Programa
   de Ações Piloto para o Transporte Combinado (Pact) 117
   Equal 195
   Interreg 195
   Leader 195
   Urban 195
Propriedade intelectual 285, 314
Protecionismo 11, 13, 15, 27, 59, 68, 72
Protocolo(s) de
   Brasília 299-300
   Fortaleza 299, 301
   Integração Cultural 309
   Integração Educacional 309
   Olivos 297, 299-300
   Ouro Preto 290, 297-298
Public utilities 104

Q

Quadro Comunitário de Apoio
   1º 192
   2º (1994-99) 193, 201, 273
   3º (2000-06) 212
Quota 25

R

Recurso(s)
   IVA 205-209
   PNB (ou RNB) 206-209
   próprios comunitários 16, 138, 205-209
   tradicionais 206-207
Região(ões)
   nascentes (ver argumento das)

Objetivo 1   184, 194-195, 199, 204, 213, 256, 269-270
Objetivo 2   194-195
Objetivo 3   194-195
Regio (Direção Geral da Política Regional, DG-16)   101
Regional (ver política)
Regra(s)
   de minimis (ver *de minimis*)
   de origem   42, 316
Regressividade   136-137, 141, 143, 168, 171, 205-210, 219
Relatório
   Cecchini (ver Cecchini)
   Cockfield (ver Cockfield)
   Delors (ver Delors)
   Neumark (ver Neumark)
   Paddoa-Schioppa (ver Paddoa-Schioppa)
   Werner (ver Werner)
Renda dos consumidores   25
Represália (luta de)   48
Reservas de emissão   240
Restrições
   cambiais   89-90, 117
   quantitativas   89
Rodada(s)
   de Genebra   79
   do Milênio   80-81, 103, 148, 150, 325
   multilaterais (do Gatt e da OMC)   79
   Tóquio   79
   Uruguai   47, 77, 79-80. 98, 103, 134, 144, 146-147, 305, 320
Rover (caso)   96

S

Secretaria (do Mercosul)   298
"Segundo regionalismo"   12, 67-72
Segurança social (harmonização)   124
Senhoriagem, ganhos de   240, 247
"Serpente monetária"   119-120
Serviço(s) (ver também Gats)   279, 305-306, 313-316, 319
   circulação e prestação de
      advogados   127
      médicos   127
   de (tele)comunicações   127, 305, 317
   financeiros   305, 307, 319
   de geração de energia   305, 307
   de interesse econômico geral   96-97
   (liberdade de prestação de)   126-127
   público (ver serviços de interesse econômico geral)
   de saneamento
   de transporte   305, 307-308
Sindicatos   122
Sistema
   Europeu de Bancos Centrais (SEBC)   235, 237
   Europeu de Difusão de Ofertas e Procura de Emprego e de Compensação Internacional (Sedoc)   123
   de Incentivos de Base Regional (SIBR)   101
   Integrado de Incentivos ao Investimento (S-III)   101
   Monetário Europeu (SME)   15, 120, 224-225, 229, 238-239
   de Preferências Generalizadas (SPG)   15

Sociedade européia 156
Stumbling blocs 12, 72

T

TACs (*total allowable catches*) 151
Tarifa 205, 321
    contingencial (TRQS) 320
    externa (comum — TEC) 283-284, 290-293, 295-296, 311, 322
    nula 319
Tarjeta 113
"Taxa de câmbio verde" 134
Telecomunicações (ver serviços de (tele)comunicações)
Teorema
    de Heckscher-Ohlin 30, 97, 121, 124
    da Teia de Aranha 135
Teoria(s)
    do autoequilíbrio regional 184-187
    do bem-estar 21
    do desequilíbrio regional 185-187
    das divergências domésticas 18, 21, 75
    das escolhas públicas (ou *public choice*) 145
    estática das uniões aduaneiras 21-21, 39-48
    dos jogos estratégicos 46
    do segundo ótimo 39-43, 61
Termos do comércio (argumento ou promoção) 45-47, 60, 72-73
Teste
    de Bastable 60, 62, 190
    de Kemp 60, 62, 190
    de Mill 190

TGV 110-111, 116
Transporte(s) (ver também política de *e* serviços de)
    combinado 114, 117
    custos (de) 111-113, 293-295
    sociais (dos) 112-113
    equipamentos de 321
    margem de 293
    redes transeuropéias (de) 111
Tratado
    de Amsterdã 97, 104, 121, 159, 175, 216
    de Assunção 284, 289, 294
    Constitucional 57, 99, 164, 179, 210, 260
    de Maastricht 15, 61, 64, 100, 111, 119, 121, 126, 142, 154, 156, 159, 175-180, 192, 207, 216, 224-225, 234, 236, 250-252, 258, 272
    de Nice 259-260
    de Roma 17, 27, 37, 97, 105, 121-122, 124-125, 127, 129, 153-154, 183
"Tríade" (EUA, Japão e Europa) 43, 65, 103, 155-156, 159-160, 169
Tribunal
    Arbitral 300
    de Justiça das Comunidades 90, 263
    de Primeira Instância 263
    Permanente de Revisão (ver também Protocolo de Olivos) 300
Tributação
    de bebidas alcoólicas 219
    específica 219

(harmonização) 124
de óleos minerais 219
de tabaco 219
Túnel monetário 119-120
Turismo 164-165

U

União
    aduaneira 16, 281, 283-284, 290-291, 312
    Européia de Pagamentos (UEP) 90, 118
    monetária (a moeda única) 223-258

V

Visegrado (países do) 261, 267-269

Z

Zollverein 13, 16
Zona de livre-comércio (v. área de)

W

Werner (relatório) 119-120, 224

Esta obra foi impressa pela
Markgraph Gráfica e Editora Ltda. em papel
off set Paperfact para a Editora FGV
em janeiro de 2006.